KB217285

20개의 핵심 개념으로 읽는
# 디지털 기술사회

20개의 핵심 개념으로 읽는

# 디지털 기술사회

2022년 9월 7일 초판1쇄 인쇄
2022년 9월 22일 초판1쇄 발행

**지은이** 김상배·강하연·김도승·민병원·박경렬·배영자·백욱인·송경재·송태은·양종민·우하린·유지연·
윤정현·이승주·이원경·이호영·정원모·조현석·최은창·최항섭

**편집** 이현지·권도민
**디자인** 김진운
**본문조판** 민들레
**마케팅** 최민규

**펴낸이** 고하영·권현준
**펴낸곳** ㈜사회평론아카데미
**등록번호** 2013-000247(2013년 8월 23일)
**전화** 02-326-1545
**팩스** 02-326-1626
**주소** 03993 서울특별시 마포구 월드컵북로6길 56
**이메일** academy@sapyoung.com
**홈페이지** www.sapyoung.com

ISBN 979-11-6707-077-7 93300

* 이 저서는 2020년 서울대학교 국제문제연구소의 지원을 받아 수행된 연구임.

# 20개의 핵심 개념으로 읽는
# 디지털 기술사회

김상배 강하연 김도승 민병원 박경렬 배영자 백욱인
송경재 송태은 양종민 우하린 유지연 윤정현 이승주 이원경
이호영 정원모 조현석 최은창 최항섭 지음

사회평론아카데미

# 머리말

　이 책은 2004년 9월에 시작해서 어언 18년 동안 공부 모임을 진행하고 있는 〈기술사회연구회〉(이하 〈기사연〉)의 회원들이 중심이 되어 펴낸 네 번째 글 모음이다. 〈기사연〉 공부의 첫 번째 성과는 2008년 4월 『인터넷 권력의 해부』(한울)라는 이름으로 엮여 나왔고, 두 번째 성과는 2014년 2월에는 『소셜 미디어 시대를 읽다: 인터넷 권력의 해부 2.0』(한울)이라는 이름으로 출판되었다. 2018년 6월에는 『인공지능, 권력변환과 세계정치』(삼인)라는 제목으로 세 번째 작업을 내놓았다. 이번에는 『20개의 핵심 개념으로 읽는 디지털 기술사회』라는 제목을 달고 네 번째 책을 펴내게 된 것이다.

　되돌아보니 대략 4년을 주기로 〈기사연〉 공부 모임의 결과물을 묶어서 낸 셈인데, 당시 기술사회의 변화와 이를 이해하는 지적 고민의 흔적을 담았다는 점에서 새삼 그 의미를 되새길 만하다. 인터넷 사용이 보편화되던 이른바 웹1.0 시기에는 그 권력적 함의를 들여다보고, 웹2.0의 시대에는 소셜미디어의 관계변환적 성격을 연구했다면, 인공지능과 빅데이터의 부상으로 대변되는 웹3.0의 시대에는 기술발달이 가져올 인간 권력과 사회구조의 변화를 탐구했다. 이번 네 번째 작업은 주제의 범위를 좀 더 넓혀서 4차 산업혁명이 초래할 디지털 전환이 과학기술 사회에 미치는 영향에 천착했다.

이번 작업은 필자들의 오래된 문제의식을 바탕에 깔았지만, 구체적으로 보면 지난 2년 동안 진행된 작업의 결과물이다. 2020년 7월 22일의 첫 모임에서는 과학기술 사회를 이해하는 데 필요한 20개의 핵심 개념을 선정했다. 2020년 9월부터 2021년 5월까지 진행된 중간발표를 겸한 월례 모임에서는 각 개념에 대한 발표와 토론이 이루어졌다. 2021년 6월 25~26일에는 '기술사회의 진화와 인터넷 거버넌스: 학제 간 연구의 새로운 지평을 찾아서'라는 제목으로 최종 컨퍼런스를 개최했다. 갑작스러운 코로나 19 바이러스COVID-19 팬데믹의 발생으로 줌ZOOM 화상회의로 세미나를 진행할 수밖에 없었던 사정 등으로 인해서 연구 작업은 예정했던 것보다 지체되어 이제야 세상에 나오게 되었다.

이 책에 담긴 개념은 학제적으로 구성된 〈기사연〉의 특성상 정치외교학, 사회학, 법학, 기술경영학, 행정학 등 여러 분야에 걸쳐 있다. 필자들이 오랜 연구 과정에서 애지중지했던 개념들이기도 하다. 이 책에서는 다섯 부분으로 나누어 이들 개념을 실었다. 제1부에서는 과학기술 사회의 근간을 이루는 개념으로서 기술, 데이터, 정보, 지능을 다룬다. 제2부에서는 사회체제와 법제도 관련 개념으로서 시스템, 리스크, 공정, 불평등을 살펴본다. 제3부에서는 사회·문화 개념으로서 시간, 혁신, 가상현실, 디지털 문화를 탐구한다. 제4부에서는 정치학 개념으로서 디지털 권력, 플랫폼, 디지털 국가, 디지털 민주주의를 검토해본다. 제5부에서는 국제정치(경제) 개념으로서 디지털 외교, 디지털 안보, 디지털 무역, 상호의존을 들여다본다.

이 책에서 시작된 〈기사연〉의 '디지털 기술사회의 개념'에 대한 연구는 계속 이어지고 있다. 2021년 하반기와 2022년 상반기에는 '디지털 기술사회의 기본가치'에 대한 연구를 진행했다. 디지털 사회에서 국민이 누려야 할 기본가치 또는 기본권리가 무엇이냐는 연구 질문을 바탕으로 열 개의 개념을 선정한 다음 세 개의 범주로 나누어 탐색했다. 첫째, 디지털 기술사회의 '근본가치'로서 존엄, 자유, 평등, 정의를 분석했으며, 둘째, 디지털 기술사회의 '실행가치'로서 안전, 교육, 노동을 살펴보았고, 끝으로 디지털 기술사회의 '구현가치'로서 민주, 평화, 지속가능성을 다루었다. 적어도 2023년 1학기에는 강의 교재로 사용하겠다는 목표를 세우고 출판을 위한 마지막 마무리 작업을 진행 중이다. 이후에도 디지털 기술사회의 개념 연구를 시리즈로 수행해보려고 한다.

이 책이 나오기까지 많은 분의 도움을 얻었다. 무엇보다도 개념을 섭렵하는 고된 작업을 같이해주신 필자분들에게 감사드린다. 특히 〈기사연〉 조현석 회장님의 세심한 배려와 지원이 없었다면 책이 나오기 힘들었을 것이다. 직접 집필 작업에 참여하진 않았지만 지난 2년 동안 세미나에 참여해주신 〈기사연〉의 다른 선생님들께도 감사의 말씀을 전한다. 최종발표회의 개최를 재정적으로 지원해준 한국인터넷진흥원, 정보통신정책연구원, 중앙대학교 국익연구소의 관계자분에게도 고마운 마음뿐이다. 이 책의 작업이 진행되는 동안 〈기사연〉의 조교를 맡아준 서울대학교 정치외교학부 대학원 석사과정의 이수연과 김우식의 수고에도 고마움을 전한다. 또한 성심껏 이 책의 출판 작업을 맡아준 사회평론아카데미 출판사의 관계자분들에게도 감사드린다.

2022년 8월

김상배

# 차례

# 기술·데이터·정보·지능

# 01

# 기술

TECHNOLOGY

**배영자**
건국대학교 정치외교학과

20세기 후반 이후 PC, 인터넷, 휴대폰이 등장하면서 가속화된 정보통신 기술의 발전은 현재 5G, 사물인터넷, 인공지능, 자율주행 자동차, 가상현실의 출현으로 이어졌다. 경제는 물론 정치, 군사, 외교, 문화 등 다양한 영역에 걸쳐 정보통신기술이 광범위하고 심원한 변화를 이끌면서, 기술과 인간 및 사회의 관계에 대해 새롭게 이해해야 할 필요성도 증대되었다. 기존에는 기술을 인간이나 사회변화의 도구 및 환경으로 이해했다면, 이제는 인간과 사회를 보다 능동적으로 구성해가는 주요한 요소로서 받아들여야 한다는 요청이 제기되고 있다.

　기술에 대한 적극적이고 새로운 이해가 요청되는 현실을 배경으로 급속한 기술발전뿐만 아니라 이로 인해 제기되는 다양한 도전들이 주목받았다. 특히 인공지능이나 생명공학 기술의 빠른 발전은 근대 이후 세계 정치경제 질서에서 보편적 가치로 받아들여진 인간의 존엄성, 자유, 평등, 정의, 민주주의, 평화, 공동체 등에 대한 도전과 위협을 가시화하면서 인류와 문명의 지속가능성에 의문을 던진다.

　이 장에서는 '기술이란 무엇이다'라고 규정하고 정의하기보다는, 기술 개념이 형성되고 부상한 과정, 그리고 기술과 인간 및 사회 간 관계에 대한 담론에 초점을 맞추어 기술에 관한 이해를 넓히고자 한다. 아울러 기술이 특히 세계정치 연구에서 어떻게 이해되어왔으며, 기술과 세계정치에 대한 연구가 어떻게 진행되어왔는지, 또 기술 개념의 변화와 함께 세계정치 연구에 어떤 도전들이 야기되는지 정리해보고자 한다.

# Ⅰ. 기술 개념 및 기술과 사회변화에 관한 담론

## 1. 기술 개념의 역사적 형성

'기술이 과연 무엇이며 어떻게 정의할 수 있는가'라는 질문은 다분히 현대적인 맥락에서 제기될 수밖에 없다. 기술 개념이 본격적으로 논의되기 시작한 것은 1930년대 이후이다. 그 이전에 기술 개념이 존재하지 않았던 것은 아니지만, 학문이나 일상생활의 핵심적인 관심에서 벗어나 있었다. 오래전부터 기술은 관념적이고 이론적인 지식에 비해 열등한 지식으로 이해되어왔고(Marx, 1997; Schatzberg, 2018), 사상이나 학문의 중심 개념이 되지 못했다. 기술 개념은 갑자기 등장한 것이 아니라 역사적 맥락 속에서 형성되고 발전해왔기 때문에 고대, 중세, 근세에 걸쳐 기술이 어떻게 이해되어왔는지를 간단히 살펴보는 것은 기술 개념을 이해하는 데 도움이 될 것이다.

아리스토텔레스는 그의 저서 『니코마코스 윤리학Nicomachean Ethics』에서 지식을 세 영역으로 나누어 구분했다. 에피스테메episteme는 필연적이고 영원한 것에 대한 지식을 의미하며, 프로네시스phronesis는 우연의 영역에서 실천적 행위와 관련된 지식praxis을 지칭하고, 테크네techne는 무언가를 만드는 것poiesis에 관한 실용적 지식을 가리킨다. 당시 지식은 공고한 위계질서 속에서 이해되었는데, 테크네는 지식 가운데 가장 낮은 위치를 차지했고, 이에 조응하여 현실에서 실용적 지식을 소유한 노동자나 장인들의 사회적 지위도 낮았다. 테크네는 로마에서 'art'로 번역되어 쓰였으며, 수사학이나 의학까지도 포함하여 현재 기술이 지칭하는 것보다 광범위한 영역을 포괄했다.

중세에 수도원을 중심으로 노동과 수공업에 대해 긍정적인 가치를 부여하기 시작했으나, 여전히 육체노동과 실용적 지식은 정신적인 활동에 종속된 것으로 여겨졌다. 오늘날 기술에 해당하는 개념은 실용적 지식me-chanical arts이었고, 이는 구체적으로 베 짜기, 무기 제조, 농업, 사냥, 상업, 의학, 연극 등을 포함했다. 13세기 중반 토마스 아퀴나스Thomas Aquinas는 그의 저작 『신학대전Summa Theologiae』(1485)에서 철학 및 과학과 분리된 실용적 지식을 철학의 한 분야로 포함시켰지만, 실용적 지식은 여전히 전체 지식체계에서 사생아와 같은 지위로 받아들여졌다.

근대 도시국가가 발흥하고 군사와 경제가 융성하게 되면서 무기, 금속, 건축 등을 다루는 실용적 지식과 자연철학 및 과학이 밀접하게 관련되고, 양자의 간격이 좁혀지기 시작했다. 프랜시스 베이컨Francis Bacon은 고대의 엄격한 지식 위계질서, 특히 에피스테메와 테크네의 구분에 반대하며 실용적 지식의 중요성을 강조하고 실용적 지식을 자연과학 안으로 통합하기 위해 노력했다. 실제로 수공업자나 장인 가운데 소수 엘리트 계층이 형성되고, 실용적 지식에 기반하여 인쇄술, 총포, 나침반 등이 발명됨으로써 광범위한 사회변화가 진행되었다. 그럼에도 여전히 실용적 지식은 이론적 지식과 동등하게 취급받지도, 그 중요성을 높게 인정받지도 못했다.

근대 이후 예술fine arts은 철학 및 과학, 실용적 지식으로부터 독립적인 범주로 분리되었다. 한편 과학이 산업과 연계되면서 응용과학applied science 개념이 부상했고, 이것이 기존의 실용적 지식을 대신하여 사용되는 경우가 많아졌다. 기존 자연철학자들이 자신들의 영역을 순수과학pure science으로 지칭한 반면, 발명가와 수공업자 들은 자신들의 작업을 응용과학으로 구분해서 부르기 시작했다.

20세기 초반 철도, 철강, 자동차 등 기술발전이 가속화되었고 이러한 변화가 초래하는 급속한 사회변화를 응용과학, 실용적 지식, 발명 등의 개념으로는 적절하게 표현하기 어려워졌다. 이러한 어휘 진공semantic void 상황에서 기술technology이라는 개념이 떠오른다(Marx, 1997). 테크네와 로고스logos가 결합된 'technology'는 17세기부터 유럽 문필가들의 저작에서 간헐적으로 사용되었고 특히 실용적 지식과 유사한 의미로 자리 잡았지만, 영어권에서는 대중적으로 쓰이지 않았다. 기술 개념은 독일어권에서 발전했다.

예컨대 18세기 중반에 쓰인 요한 베크만Johann Beckmann의 『기술에 대한 매뉴얼Anleitung zur Technologie』(1777)에서는 기술이 장인적 지식이나 자연 생산물에 관한 지식을 의미하는 것으로 사용되었다. 이후 독일 사상계에서 기술 개념이 'technik' 혹은 'technologie'로 표기되고, 특히 사회과학 전통 안에서 논의되면서 발전하기 시작했다. 다소 단순화해서 정리해보면, 프리드리히 엥겔스Friedrich Engels는 카를 마르크스Karl Marx의 저작을 해석한 『자본론Das Capital』 3권(1894)에서 역사의 토대가 되는 경제와 생산관계가 기술technik에 의해 결정된다고 주장하면서 기술결정론적 관점을 드러냈다. 반면 베르너 좀바르트Werner Sombart는 『문화와 기술』에서 기술이 문화 밖에서 문화에 영향을 미치는 것이 아니라, 문화의 한 요소로서 문화의 물질적 측면을 구성하며 문화와 상호작용한다고 보았다(Sombart, 1911). 이렇듯 당시 독일에서는 기술에 대한 도구적 관점과 문화적 관점에 대한 논의가 진행되었고, 기술 개념이 담론의 핵심으로 부상했다. 이러한 논의는 영어권의 산업적 지식industrial arts, 실용적 지식 등의 개념이 담는 범위와 깊이를 훌쩍 능가했으며, 근대 기술 개념 발전의 구심점이 되었다.

소스타인 베블런Thorstein Veblen은 독일 사상계의 기술 담론을 'technology'로 번역하여 미국에 소개하고 대중화하는 데 중요한 역할을 했다. 그 이전 미국에서는 기술에 대한 표현으로 'technique', 'technics', 'technology' 같은 용어들이 혼용되었으나, 점차 'technology'라는 표현이 우세해졌다. 이 '기술'이라는 개념은 당시 진행 중이었던 급속한 물질적 변화를 야기하는 지식knowledge과 실행practice을 지칭하는 포괄적인 의미로 사용되었다. 애초 베블런은 기술을 도구적인 동시에 문화적인 것으로 이해했지만, 그의 논의가 확산되는 과정에서 학자에 따라 어느 한쪽의 성격을 더 부각하여 기술 개념을 규정했다. 예를 들어 찰스 비어드Charles Beard는 기술을 사회변화의 주요 동인으로 보는 도구적 관점을 강조했는데, 이에 따라 기술 개념이 진보와 연관되었고 기술의 지배technocracy에 관한 논의도 함께 제기되었다. 반면 베블런과 교우했던 루이스 멈퍼드Lewis Mumford는 'technics'라는 용어를 사용했고, 기술이 사회적 맥락과 독립된 체계가 아니라 문화의 한 요소이며 인간 행위와 선택의 산물임을 강조하면서 문화적 관점을 계승·발전시켰다.

1861년 미국에서 매사추세츠 공과대학Massachusetts Institute of Technology: MIT 설립 당시에도 기술은 대중적인 개념이 아니었기 때문에 'School of Industrial Science and Art', 'Polytechnic School in Boston' 등의 이름과 경합했다. 그러나 베블런 등의 영향으로 20세기 초 이후 영미권에서 기술 개념이 점차 관심을 끌게 되었고, 물질적 생활이 급속히 발전하는 가운데 1930년대를 전후하여 기술이 근대성의 중요한 기초 개념으로 논의되었다. 기술은 과학에 종속되거나 경합하는 것으로 이해되기도 했지만, 점차 과학의 응용, 산업 지식, 도구적 이성 등 다양한 의미를 포괄하는 것으로 받아들여졌으며, 특히 기술변화의 사회적 측면에 대한 담론이 활발하게 개진되었다.

이상 살펴본 바와 같이 기술은 시대를 막론하고 실용적 지식과 관련된 것으로 인식되었다. 또한 근대 초기까지 지식체계 내에서 철학 및 과학에 비해 열등한 지위를 차지했으며, 이는 실제 사회적 위계질서와 조응했음을 확인할 수 있다. 근대 이후 실용적 지식의 위상이 조금씩 높아지기는 했지만 1900년대 전반까지는 크게 변화가 없었다. 본격적인 기술변화가 진행되는 1930년대를 전후로 기술 개념이 대중화되고 독자적인 개념으로 자리 잡았고 기술을 사회진보의 동력으로 보는 도구적 관점과, 기술발전에서 인간의 역할을 강조하는 문화적 관점이 함께 발전했다.

## 2. 제2차 세계대전 이후 기술 개념의 변화

제2차 세계대전 이후 미국이 주도하는 세계 질서가 구축되고 미국 내에서 기술혁신이 강조되면서 기술 개념이 본격적으로 주목받기 시작했다. 기술 개념은 여전히 독립적인 범주로서 확립되지는 못했지만 더 자주 논의되었고 기술로 인한 사회변화에 대한 관심도 확대되었다. 다만 기술이 가져오는 물질적 진보와 경제성장에 대한 낙관론과, 유럽 대륙의 지적 전통에 뿌리를 둔 기술에 대한 비판적 시각이 팽팽하게 대립했다.

마르틴 하이데거Martin Heidegger는 그의 저작 『기술에 관한 물음Die Frage nach der Technik』(1953)에서 기술의 본질과 존재론을 언급했다(안미현, 2020; 이선일, 1994; Heidegger, 1977). 그에 따르면, 기술은 모든 사물을 자신의 대상으로 만드는 특징을 지닌다. 나아가 이렇게 대상화된 사물들을 틀 짓고 닦달함Gestell으로써 모든 대상을 변형하고 전환하며 이를 통해 대상을 통제한다. 이렇듯 기술이 자연이나 사물을 인간에게 유용한 것으로 변형하려는 억압적인 의지로서 이해되면서, 기술에 대한 통제가 주요한 관심사로 제기되었다. 하이데거는 기술은 멈추지 않고 점점 더 빠른 속도로 발전할 것이며, 기술적 장치와 배치의 형태로 인간을 강요하고 끌고 다닐 것이라고 보았다. 또한 기술이 인간의 의지를 벗어날 가능성이 커질수록 기술을 지배하려는 인간들의 욕망 또한 강해질 것이라고 주장했다.

한편, 이 시기에는 과학과 기술의 관계에 대한 논의가 활발하게 진행되었다. 이미 독립된 범주로 굳건하게 자리 잡은 과학과 별도로 기술의 영역을 확립하려는 노력이 진행되었으며, 그 결과 1958년 미국에서 '기술사학회Society for the History of Technology'가 창립되었다(Kranzberg, 1959). 이 학회의 저널인 『기술과 문화Technology and Culture』 창간호에서는 이제까지 기술이 사회와 분리되어 이해되어왔음을 지적하면서 기술과 사회의 관련성, 근대 기술발전에서 인간의 역할 등을 돌아볼 것을 강조한다. 아울러 그간 통일된 기술 개념이 부재했기 때문에, 기술이 실용적 지식으로서 물질적 도구, 언어와 같은 비물질적 도구, 인간이 관여하는 과정, 장인적 기술, 과학적 지식, 응용과학 지식, 농업과 의학을 포함한 엔지니어링, 조직 형태, 지배적인 문화체계 등 다양한 방식으로 이해되었다고 지적한다.

1960년대에도 기술 개념은 맥락이나 입장에 따라 서로 다르게 인식되었다. 기술혁신 연구, 과학기술학, 기술문명 비판 등 서로 다른 분야에서 기술 개념이 논의되었고, 기술의 정의와 범위에 대한 개념 규정이 여전히 명확하지 않았기 때문이다. 그러나 기술이 사회변화에 미치는 압도적 영향력에 대한 인식이 증대되면서 기술을 인간 행위의 산물로서 이해하는 문화적 관점보다 기술결정론과 기술비관론이 더 널리 받아들여지는 분위기였다. 예컨대 앞서 언급한 멈퍼드의 경우, 초기에는 도구적 관점과 문화적 관점이 혼재된 기술관을 드러냈으나, 일본 히로시마·나가사키 원자폭탄 투하 사건 이후 기술비관론 쪽으로 기울었다. 그는 기술을 자기 영속성과 확장을 위해 인간과 물질적 요소를 통제하는 포괄적인 시스템으로 보았고, 이를 '메가머신megamachine'이라 불렀다. 이 시기에는 스스로가 목적이 되어 확장해가는 기술에 대한 민주적 통제의 필요성을 주장하는 논의들이 꾸준히 제기되었는데, 이러한 논의들은 공공정책으로 발전하여 1972년 미국 '기술평가국Office of Technology Assessment: OTA'의 수립으로 이어지기도 했다.

1970년대 중반 이후 PC, 인터넷, 휴대폰과 같은 정보통신기술의 발전이 가속화되고 이로 인한 광범위한 사회변화가 진행됨에 따라 기술에 대한 관심이 전반적으로 증가했다. 기술이 광범위하게 활용되고 이것이 정보와 지식의 생산 및 확대 과정과 밀접하게 맞물리면서, 기술과 인간 및 사회의 상호작용이 심화되었다. 이러한 맥락에서 기술과 인간 및 사회의 관계를 결합, 네트워크, 상호 구성의 관점에서 접근하는 시도들이 등장했다. 여전히 기술에 대한 도구적 관점과 기술결정론이 우세한 가운데, 기술과 인간의 관계를 새롭게 이해하고자 하는 몇몇 시도가 등장한 것이다.

질베르 시몽동Gilbert Simondon은 『기술적 대상들의 존재 양식에 대하여 Du Mode d'Existence des Objets Techniques』(1958)라는 저작을 통해 기술의 존재 가치를 독자적으로 이해할 필요성을 강조하고, '기술과 인간의 앙상블' 을 강조하는 독창적인 기술철학을 제시했다(김재희, 2013, 2016; Simondon, 2016). 그는 기술(적 대상들)이 어떠한 과정을 거쳐 독특한 형상과 구조, 개체성과 특수성을 갖추게 되는지를 다른 것들과의 관계 속에서 파악하는 '발생적 생성'의 관점에서 접근했다. 즉, 기술(적 대상)은 주체에 의해 단번에 완성되는 것이 아니라, 내적·외적 네트워크 안에서 개별적인 존재로 발생하고 구체화되며, 자신의 개별적인 구조나 작동 방식에 따라 인간 및 세계와 관계 맺으면서 고유한 존재 방식으로 개체화된다고 주장했다. 이렇듯 기술은 고유의 내적 필요성에 의해 진화하지만, 기술의 개체화는 물질적 인과성뿐 아니라 정보의 소통을 통해서도 진행된다. 이때 정보의 소통이란 단순한 메시지의 전달을 넘어, 이질적인 요소들 사이에서 새로운 구조와 형태를 만들어내는 것을 말한다.

그는 인간을 기계의 경쟁자가 아니라, 기술(적 대상들)의 '발명가'이자 다양한 관계를 조직하고 정보화하는 '조정자'로 파악했다. 그에 의하면 기술(적 대상들)과 인간은 마치 오케스트라와 지휘자처럼 각자 고유의 존재 방식과 기능적 역할을 맡은 동등한 존재자들로서 상호 협력적으로 관계를 맺는다. 따라서 우리가 기술을 이해할 때는 인간 중심적 관점을 걷어내고,

기술 그 자체의 관점에서 기술적 대상들의 고유한 존재 방식을 들여다보며, 인간과 기계를 평등한 시각에서 바라보아야 한다. 기술(적 대상들)은 그 자체로 자연과 인간의 혼합물이며 그 구조와 작동을 통해 자연과 인간의 관계를 매개하기 때문에, 인간과 사물, 사물과 사물, 인간과 인간의 새로운 관계를 가능하게 하고 새로운 가능성을 열어준다. 이는 기술이 인간을 틀 짓고 몰아세우면서 본질로부터 소외시킨다는 하이데거의 주장이나 기술 비관론의 관점과는 대조된다. 인간과 기술의 앙상블이라는 시몽동의 관점은 이후에 브뤼노 라투르Bruno Latour, 베르나르 스티글레르Bernard Stiegler 등에 의해 계승된다.

라투르는 인간과 기술의 앙상블을 '행위자-네트워크actor-network'개념으로 발전시켜 기술을 위시한 다양한 비인간 행위자들을 네트워크로 엮음으로써 인간 중심적 기술관을 해체하고자 시도했다(홍성욱, 2016; Latuor, 1996, 2005). 그는 서구 인식론을 구성해온 주체와 객체, 주체와 대상의 구분을 비판하면서 '행위자-네트워크'라는 표현을 도입한다. 행위자는 선험적으로 존재하는 것이 아니라, 질적 요소들이 결합하여 네트워크를 만들어가는 과정에서 역동적으로 구성되는 것, 즉 다양한 요소들의 네트워크 자체다. 그는 이러한 의미에서 양자를 결합시켜 행위자-네트워크로 표현했다.

라투르는 사회적인 것 안에 인간, 자연, 기술, 텍스트, 지형 등 이질적인 요소들이 결합되어 있으므로, 이제까지 당연시해온 기술/사회, 자연/문화, 인간/비인간 등의 엄격한 구분을 해체하는 새로운 분석 방식이 필요하다고 역설했다. 특히 사회를 이해할 때, 이제까지 간과되었던 비인간적 요소들의 행위자적 역할을 드러내는 것을 통해 근대 인간 중심주의의 오류인 비대칭적 분리를 극복할 수 있다고 주장했다. 그에 따르면 오늘날의 세계에서 점점 더 인간-비인간의 '동맹'이 확산되고 있는데, 그중에서도 인간과 비인간의 잡종적 동맹인 기술은 인간과 관계를 맺음으로써 새로운 행위와 네트워크를 가능하게 하는 요소다. 그는 기술이 적절하게 작동하게 하기 위해서는 기술이 포함된 네트워크를 민주화하는 사물의 정치가 중요하다고 강조했다.

정리하자면, 제2차 세계대전 이후 기술에 대한 논의는 과학과 기술의 차이점에 대한 이슈를 한 축으로, 기술과 사회의 관계에 대한 담론을 다른 한 축으로 전개되었다. 기술이 실용적 지식, 응용과학, 산업적 지식 등으로 다양하게 이해되는 가운데 기술이 사회와 분리된 독자적인 범주로서 존재하며 인간 및 사회변화의 도구라는 관점이 우세했지만, 기술이 인간과 사회의 산물임을 강조하는 문화적 관점도 지속적으로 존재했다. 특히 1960년대를 전후하여 기술과 사회변화의 속도가 빨라지고 양자의 관계가 밀접해지면서 기술에 대한 논의가 확장되었다. 기술에 대한 도구적 이해에 토대한 낙관론과 비관론이 공존하는 상황에서 기술의 독자성과 중요성을 회복함과 동시에, 기술과 인간 및 사회와의 관계를 보다 적절하게 담을 수 있는 개념들을 모색하기 위한 시도들이 진행되었다. 이러한 과정에서 기술과 사회의 앙상블, 인간과 비인간의 행위자-네트워크 같은 개념이 제시되었다.

이러한 논의들이 가지는 의미는 크게 두 가지다. 첫째, 사회 이곳저곳에 묻어 있으나 명시적으로 인식되지 않았던 기술의 모습을 끄집어내고 기술의 중요성을 강조하면서 기술에 대해 주시할 것을 요청했다는 점이다. 다시 말해 무대 뒤의 숨은 실력자인 기술을 무대 중앙으로 불러들인 셈이다. 둘째, 기술이란 인간과 동등한 행위자로서 인간의 의도에 따라 전적으로 구성되지 않는 독립성과 자율성을 지닌 동시에, 인간 등 다양한 요소들과의 네트워크 속에서 내적으로 상호 구성된다는 이중성에 대한 인식을 확산시켰다는 점이다. 기술의 독립적인 발전 궤적에 주목하면서도 과거와 미래의 기술을 주어진 그대로 전적으로 받아들이는 대신, 다양한 요소 간에 어떤 정보가 어떤 지점에서 소통되는지, 어떻게 상호작용하는지, 어떤 선택들이 이루어질 수 있는지를 눈여겨봐야 할 필요성을 강조했다.

20세기 후반 이후 정보통신기술의 급속한 발전과 인공지능 및 생명공학 기술 등의 부상으로 기술이 인간과 사회에 제기하는 도전이 증대되는 상황에서, 기술과 사회를 둘러싼 담론은 여전히 도구적이고 기술결정론적 관점을 중심으로 전개되고 있다. 우리는 사회를 구성하는 기술적 요인들에 더 관심을 기울이면서, 우리가 어떤 기술과 사회를 원하는지가 기술발전 경로에서 매우 중요한 문제임을 인식하고, 기술과 사회를 앙상블과 행위자-네트워크 등의 개념으로 이해하는 관계적·문화적·상호공존적 기술관에 보다 더 주목해야 할 것이다.


## II. 기술과 세계정치 연구

### 1. 기술과 세계정치의 관계

근대 이후 기술은 세계정치의 주요 동인으로 작용해왔다. 가깝게는 핵무기의 출현이 국제관계에서 전쟁과 평화의 의미를 변화시키면서 새로운 전략 개념을 부상시켰고, 19세기 후반 이래 가속화된 통신기술의 발전은 세계무역, 금융, 투자, 문화 등의 다양한 영역에서 의미 있는 변화들을 이끌었다. 하지만 전통적인 국제정치 이론들은 기술과 세계 정치경제 질서의 관계를 본격적으로 분석하지 않았으며(배영자, 2004, 2021), 현실주의 국제정치 이론가들의 저작에서도 세계정치의 중요한 요소로 기술을 명시적으로 언급하는 경우를 찾기는 쉽지 않다. 다만 저작들의 행간을 통해 기술이 근대 국민국가의 물질적 기반인 군사력 및 경제력과 밀접히 관련되며, 국가 이성을 실현하는 부국강병을 위한 수단으로 인식되고 있음을 유추해 볼 수 있다. 이들에게 기술은 근대 국민국가의 도구로 이해되었다.

1970년대 이후 국제관계에서 군사적 분쟁보다 무역, 투자 등에서 경제적 갈등이 부각되었다. 특히 초국적 기업의 위상이 부상하면서, 근대국가 간 군사적 갈등에 주로 관심을 가졌던 현실주의 국제정치 이론의 한계에 대한 비판과 함께 자유주의적 전통을 수용한 상호의존론이 등장했다. 이 이론에서는 급격한 기술발전이 국가 간 상호의존 관계의 심화에 주요한 배경 요인으로 작용했으며, 이러한 상호의존성은 당시 국민국가의 위상과 국제 정치경제 질서에 큰 변화를 야기했다고 설명한다. 그 외 몇몇 국제정치 이론가들도 기술발전이 국제 정치경제 질서 변화의 주요 요인임을 명시적으로 언급했다. 그러나 기술은 여전히 변화의 배경에 놓인 비정치적인 환경이며 국가가 적응해가야 하는 외재적 변수로 이해되었고, 기술과 세계정치의 관계는 본격적으로 이론화되지 않았다.

1990년대 이후 몇몇 학자들이 세계정치에서 기술이 지니는 의미에 주목하고 이를 연구하기 시작했다. 예컨대 핵무기나 정보기술 등이 국제관계에 가져온 변화를 군사 및 경제 영역에서 포괄적으로 검토한 유진 스콜

니코프Eugene Skolnikoff는 기술발전으로 인해 국제정치 구조가 근본적으로 변모되지는 않았으나, 기술발전이 근대국가의 내적·정치경제적 구조를 변화시킴으로써 혹은 거대 기술체계의 국제적 관리에 대한 요구를 증대시킴으로써 국제관계가 기존과는 다른 모습으로 진화하게 했다고 주장했다(Skolnikoff, 2012). 또한 철도와 원자력을 사례로 국제체제와 기술 변화의 관계를 연구한 제프리 헤레라Geoffrey L. Herrera에 따르면, 기술, 국가, 국제체제는 끊임없는 상호 구성 관계에 있기 때문에 환원적으로는 설명될 수 없다(Herrera, 2006). 즉, 국가는 특정한 국제체제와 기술적 환경하에서 권력을 추구하고, 기술환경의 변화는 권력의 성격 및 전반적인 세력 균형에 영향을 미치며, 국제체제는 국가에 새로운 제한이 부과되고 기술의 효율성이 증대되는 가운데 변화한다는 식이다. 나아가 그는 기술변화와 국제체제의 관계를 제대로 파악하기 위해서는 무정부나 힘의 배분 상태 등으로만 이해되어온 국제체제의 개념을 주요 행위자의 속성, 국제환경의 성격까지 아우르는 것으로 넓게 이해해야 하며, 기술이 주요 행위자의 속성과 국제환경 변화를 통해 국제체제를 변화시켜왔다고 주장했다. 이들은 모두 기술을 국제정치의 외재적 변수가 아닌 내재적 변수로 인식하면서 국가 중심적 시각에서 기술과 국제정치의 관계를 분석했다.

## 2. 최근 연구 동향

현재까지 기술과 세계정치에 관한 새로운 이론이나 분석틀이 확립되어 있지는 않다. 그러나 최근 기술의 관점에서 근대 이후 세계 정치경제 질서의 형성 및 전개 과정을 조망하는 시도들이 등장했다. 이는 기술이 세계

정치경제 질서의 주요 행위자들이 활용하거나 적응해야 하는 외적 변수에 그치지 않고, 국제관계의 주요 행위자와 그들 간의 관계를 형성하고 변화시키는 내적 구성요소로 작용한다는 인식이 확대된 데 따른 것이다. 예컨대 로널드 디버트Ronald J. Deibert는 의사소통과 관련된 매체로서 통신기술에 주목하고, 인쇄술의 발전과 근대 국제정치 질서의 형성 간의 관계 그리고 인터넷과 같은 하이퍼미디어의 등장과 탈근대 국제정치 질서의 발전 간의 관계를 분석했다(Deibert, 1997). 그에 따르면, 특정한 유형의 통신기술 발전은 그 기술과 선택적 친화성을 보이는 특정 집단 혹은 사회세력을 강화하거나, 정책을 수행하는 데 드는 비용이나 효과를 변화시킨다. 그는 이렇듯 기술이 사회세력 간의 물질적 힘의 배분 관계와 사회적 인식 및 사고체계의 변화를 매개함에 따라, 국제 정치경제 질서의 변화 또한 구성하게 된다고 주장했다.

한편 맥시밀리언 메이어Maximilian B. Mayer는 기술혁신에 주목하면서 기술이 문명의 전개, 패권국의 흥망, 국가의 권력 배분 양상에 다양한 방식으로 관계되어왔으나 세계정치 연구가 이를 탐구하지 못했다고 지적했다(Mayer, 2017). 그는 기술과 사회의 관계를 기술결정론이나 사회구성론이 아닌 새로운 방식으로 접근하고자 하는 시도들과 관련된 '공동구성co-constitution', '공동생산co-production', '조합assemblage', '조정mediation' 등의 개념들을 활용하여 물질성과 사회적 행위들이 엉켜 있는 앙상블ensembles, 세계 기술정치global technopolitics의 형성과 변모 과정을 분석해야 한다고 강조했다. 그는 기존 국제정치 이론을 지식의 구획화, 존재론적 환원주의, 이성 중심, 이원론 등을 특징으로 하는 데카르트식 복합체Cartesian complex라고 비판하면서, 기술이 지니는 행위자로서의 위상을 인정하고 실체와 과정을 모두 포함하는 확장된 존재론에 토대한 포스트 데카르트주의적 관점으로 이행해야 한다고 보았다. 또한 이를 통해 세계 기술정치의 조합as-sembling-분해disassembling-재조합reassembling 과정을 탐구해야 한다고 주장했다.

또 대니얼 매카시Daniel R. McCarthy는 사회와 기술의 관계를 적절하게 분석하는 데 기여할 수 있는 이론적 틀로서 기술의 사회구성론social construction of technology: SCOT, 행위자-네트워크 이론actor-network theory: ANT, 기술비판이론critical theory of technology, 신유물론new materialism, 포스트 휴머니즘posthumanism 등을 소개하고, 세계정치 연구가 보다 적극적으로 이들을 활용할 것을 권고했다(McCarthy, 2018).

이러한 이론들은 기술의 형성 및 발전에서 국제적인 것이 어떻게 상호작용해왔는지에 초점을 맞춘다. 특히 핵, 인터넷 거버넌스, 컨테이너, 군사무기, 우주기술, 환경 등의 다양한 사례에서 기존의 기술결정론과 사회구성론을 넘어 기술과 국제적인 것이 결합된 새로운 존재론과 인식론을 발전시키려 시도한다.

최근에는 인공지능, 로봇, 드론, 알고리즘, 사물인터넷의 확산과 함께 세계정치가 어떻게 바뀔지에 대한 논의도 시작되었다. 예컨대 자이러스 그로브Jairus Grove는 인공두뇌형cybernetic 기계의 경우 열역학에 기반한 기존 기계와는 달리 목표를 추구하고 베르그송적 생명력élan vital을 가진다고 보았다(Grove, 2020). 나아가 그는 이들을 움직이는 명령 코드를 초보적인 의지로 볼 수 있다는 점에서 인공지능 기술에 주목하고, 이것이 세계정치에 미칠 영향에 대해 논의했다. 그는 인공지능 무기와 로봇이 실제로 전쟁에 배치되면 전투나 주요 결정 과정에서 인간의 역할이 점점 배제될 것이고,

인터넷 인프라가 가장 중요한 전략적 자산이 될 것이라고 예측했다.

그에 따르면, 미래에는 인공지능 무기나 로봇의 배치에 시민이 관여하지 않은 채 일부 군사 전문가와 소프트웨어 엔지니어들이 주도하게 되면서, 기술 전문성에 토대한 실용성이 전략적·도덕적 사고를 대신하게 될 것이다. 또 로봇과 인간의 외형이 비슷해지고 결합이 가속화되면, 타자Otherness의 문제가 철학적 차원의 실험 문제가 아닌 실질적인 세계정치 이슈로 등장하고, 호모 사피엔스와 다양한 안드로이드의 공존이 마치 비서구 지역에 대한 서구의 제국적 팽창이나 인종 갈등의 양상과 유사하게 진행될 수 있다. 그는 노동기계, 전쟁기계 등을 아우르는 메가머신과, 지정학geopolitics을 대신할 지기학geotechnics의 등장을 예견하면서, 지기학의 세계에서는 협력이나 평화보다는 정복, 갈등, 지배가 일상화될 것이고 세계정치의 행위자와 구조가 완전히 달라질 것으로 보았다.

또한 미국과 중국의 기술 패권 갈등이 불거지면서 기술과 패권의 상호 구성에 대한 관심이 증가하고 이에 대한 연구도 활발해졌다. 리더십 장주기leadership long cycle 이론은 세계 정치경제 질서의 패권국 교체와 50년 주기의 경기 순환 콘트라티에프 주기가 공진화coevolution해왔다고 주장했고, 이를 이어 현재 많은 연구가 새로운 기술혁신 주기와 세계정치 패권의 관점에서 미중 기술패권 경쟁을 분석한다. 대부분의 연구가 미국과 중국 가운데 누가 신기술 부문의 승자가 될 것인지, 누가 패권국 지위를 차지하게 될 것인지에 초점을 맞추지만, 패권 경쟁이 기술의 발전 방향을 어떻게 형성할지 대한 연구 역시 진행되어야 한다. 인공지능, 생명공학 기술 등은 인류의 존엄성, 생명의 가치 등에 대한 중대한 도전을 내포한다. 따라서 기술을 어떤 방식으로 발전시켜가야 할지에 대한 신중한 논의와 합의 및 규제가 필요하며, 이는 패권 경쟁의 승패만큼 중요하다.

아울러 신기술과 군사혁신 및 전력의 변화, 신기술과 패권 이외에도 기술과 세계정치의 상호 구성이라는 관점에서 흥미롭고 다양한 연구 주제들이 떠오르고 있다. 디지털 경제, 데이터, 플랫폼 기업 등의 부상, 세계무역·금융·투자 질서의 변화, 스마트 팩토리의 확산, 노동 부문과 글로벌 밸류 체인global value chain의 변화 역시 중요한 연구 주제들이다. 인터넷 거버넌스, 사이버 전쟁, 프라이버시 등 신기술과 관련된 글로벌 거버넌스global governance도 현실적인 해결책이 모색되어야 한다. 신기술의 영향력이 확산됨에 따라 국내 및 국제 수준의 민주주의가 어떻게 진화해갈지 또한 중요하게 연구되어야 한다.


## 나가며


기술은 오랫동안 세계정치의 도구와 환경으로만 이해되었다. 1990년대 이후 일부 연구자들이 과학기술의 사회적 구성에 영향을 받으면서, 세계정치와 기술의 상호 구성을 명시적으로 연구하는 하나의 흐름이 형성되었다. 예컨대 철도, 핵, 통신기술의 등장이 세계정치를 어떻게 변화시켰는지, 미사일이나 반도체 기술의 발전에 세계정치가 어떤 역할을 했는지 등의 연구들이 진행되었으며, 여기에는 다양한 개념과 이론 들이 사용된다. 기술과 사회의 앙상블, 행위자-네트워크 이론 역시 세계정치와 기술 연구에서 활용되기 시작했다.

그러나 세계정치 연구에서 기술에 대한 관심은 여전히 충분하지 않고,

세계정치와 기술의 관계에 대한 체계적인 분석틀이나 이론, 과학기술의 세계정치론은 여전히 미흡한 상황이다. 따라서 세계정치와 기술의 상호구성에 대한 관심을 바탕으로 구체적 사례들을 연구하고 이론이나 분석틀을 정교화하는 작업이 필요하다. 무엇보다도 이러한 작업을 통해 세계가 당면한 기술적 도전들을 깊이 있게 인식하고 그 대응방안을 모색하는 것이 중요하다. 로마노 과르디니Romano Guardini는 "기술이 가져오는 현상의 부정적인 측면, 위험과 파괴의 가능성을 우선으로 고려해야 한다. 비관주의나 보수주의자가 되라는 말이 아니다. 기술이 성취할 수 있는 것들에 대한 긍정적인 염려를 가져야 한다는 것이다"라고 언급한 바 있다(Guardini, 1981/1998). 이 말처럼 기술과 세계정치의 앙상블, 행위자-네트워크의 관점에서 기술의 세계정치 형성과 전개에 주목하면서, 기술에 대한 비관주의나 보수주의를 넘어 기술발전에 대한 '긍정적인 염려'를 토대로 책임 있는 선택을 해야 한다.

현재 인공지능과 생명공학 기술의 발전은 근대 이후 세계정치 질서에서 보편적 가치로 자리 잡아온 인간의 존엄성, 자유, 노동, 정의, 공동체에 의문을 제기한다. 또한 이 기술들의 발전은 우리가 어떤 세계를 만들어나가고 있는지 혹은 만들어나가기를 희망하는지 재고할 것을 요청한다. 미국과 중국 간의 기술패권 경쟁이 심화되면서 인공지능과 생명공학 기술의 무기화가 진행되고, 플랫폼에 토대한 디지털 경제의 확대로 세계적 수준에서 부의 불평등이 증가하는 사회는 장기적 관점에서 볼 때 지속 가능하지 않다. 기술과 인간 및 사회의 공존과 지속 가능한 발전을 위해 필요한 규범과 제도에 관한 논의가 활발하게 진행되어야 할 것이다.

제1부  기술·데이터·정보·지능

## 참고 문헌

김재희(2013), 「질베르 시몽동에서 기술과 존재」, 『철학과 현상학 연구』 제56집.

김재희(2016), 「인간과 기술의 공생이 우리의 미래를 개방한다: 질베르 시몽동의 새로운 휴머니즘」, 이광석 외, 『현대 기술 미디어 철학의 갈래들』, 그린비.

배영자(2004), 「과학기술의 국제정치학을 위한 시론: 글로벌 거버넌스 개념을 중심으로」, 『한국정치학회보』 38(3).

배영자(2021), 「과학기술의 세계정치 연구: 현황과 전망」, 『국제정치논총』 61(3).

안미현(2020), 「하이데거의 기술철학에 대한 비판적 고찰- STS와 ANT의 관점에서」, 『독일언어문학』 제89집.

이선일(1994), 「하이데거의 기술의 문제」, 서울대학교 박사학위 논문.

홍성욱(2016), 「테크노 사이언스에서 사물의 의회까지: 부뤼노 라투르의 기술철학」, 이광석 외, 『현대 기술 미디어 철학의 갈래들』, 그린비.

Deibert, R. (1997), *Parchment, Printing, and Hypermedia: Communication in World Order Transformation*, New York: Columbia University Press.

Grove, J. (2020), "From geopolitics to geotechnics: Global futures in the shadow of automation, cunning machines, and human speciation", *International Relations 34*(3).

Guardini, R. (1998), 『코모 호숫가에서 보낸 편지-기술과 인간』, 전헌호(역), 성바오로출판사(원서출판 1981)

Heidegger, M. (1977), *The Question Concerning Technology and Other Essays,* Trans. William Lovitt, New York: Harper and Row.

Herrera, G. (2006), *Technology and International Transformation: The Railroad, the Atom Bomb, and the Politics of Technological Change*, State University of New York Press.

Kranzberg, M. (1959), "At the start", *Technology and Culture 1*(1).

Latuor, B. (1996), *Aramis or the Love of Technology*, Harvard University Press.

Latour, B. (2005), *Reassembling the Social: An Introduction to Actor-Network-Theory*, Oxford University Press.

Latour, B. & Weibel, P. (2005), *Making Things Public: Atmospheres of Democracy*, MIT Press.

Marx, L. (1997), "Technology: The emergence of a hazardous concept", *Social Research 64*(3).

Mayer, M. (2017), "The unbearable lightness of international relations: Technological innovations, creative destruction and assemblages", PhD. Dissertation University of Bonn.

McCarthy, D. ed. (2018), *Technology and World Politics: An Introduction*, Routledge.

Mumford, L. (1934), *Technics and Civilization*, Harcourt Brace.

Schatzberg, E. (2018), *Technology: Critical History of a Concept*, The University of Chicago.

Simondon, G. (2011), 『기술적 대상들의 존재양식에 대하여』, 김재희(역), 그린비(원서출판 1958).

Simondon, G. (2016), *On the Mode of Existence of Technical Objects*, Univocal Publishing.

Skolnikoff, E. (2012), *The Elusive Transformation: Science, Technology and the Evolution of International Politics*, Princeton University Press.

Sombart, W. (1911), "Technik und Kultur", Archiv für Sozialwissenschaft und Sozialpolitik 33, "Technology and Culture", AdairToteff, C. ed. (2005), *Sociological Beginnings: The First Conference of the German Society for Sociology*, Liverpool University Press.

Veblen, T. (1906), "The place of science in modern civilization", *American Journal of Sociology 11*(5).

# 02
# 데이터
## DATA

**박경렬**
카이스트 과학기술정책대학원

데이터의 폭발적 증가와 그것을 수집, 저장, 분석하는 디지털 융합기술의 발전은 기술과 사회의 관계를 연구하는 데 새로운 기회와 인식론적 도전 과제를 동시에 준다. 일찍이 앨빈 토플러가 '정보혁명'을, 마누엘 카스텔이 '네트워크 사회'를 주창한 이후 정보기술 사회에 대한 많은 학술적 논의가 진행되었다. 최근 팬데믹으로 더욱 촉발된 전방위적인 디지털 전환의 시기에 데이터는 기술 간 융합을 가속화하고 새로운 사회경제적 가치를 창출하는 '연료'로 여겨진다.

학술연구에서 개념에 대한 명확한 정의를 내리는 것이 매우 중요함에도 그간 '정보'와 '데이터'에 대한 이론화 작업은 부족했던 것이 사실이다. 확률분포의 불확실성에 따라 정보의 양과 의미를 산출하는 전산학의 정보이론과 달리, 사회과학적 연구에서 데이터, 정보, 지식 간의 개념적 관계는 모호하다. '날raw것'으로서의 데이터와 '처리된processed 것'으로서의 정보에 대한 개념은 자주 혼용되어왔고, 이로 인한 모호성은 비판의 대상이었다.

이 글에서는 데이터에 관한 다양한 이론적 분석틀을 소개하면서 디지털사회의 핵심 개념으로 데이터가 주는 함의에 대해 비판적으로 탐색하고자 한다. 데이터·정보·지식체계로 이어지는 층위적 관점부터, 기술결정론적 시각, 과학기술학의 구성주의 관점, 데이터의 인식론적 가정과 윤리적 문제에 질문을 제기하는 비판데이터 연구, 시스템의 관점에서 데이터를 바라보는 정보시스템 이론 등을 소개한다. 아울러 빅데이터와 공공데이터 사례를 통해 디지털 기술사회에서의 기대효과와 위험요인에 대해 논의하며 미래 연구의 방향을 전망할 것이다.

# Ⅰ. 데이터, 정보, 지식의 개념

정보시스템 연구자인 얼 매키니Earl McKinney와 찰스 유스Charles Yoos는 정보에 대한 관점을 크게 토큰token, 신택스syntax, 표상representation, 적응 adaptation으로 나누어 설명한다(McKinney & Yoos, 2010). 토큰의 관점에서는 정보가 데이터와 동일하게 여겨지는 것을 비판하는데, 정보와 데이터의 관계를 연구하는 데 기존 연구의 모호성을 지적한다. 데이터와 정보는 '자동화된 프로세스에 의해 처리manipulate된 토큰'으로 볼 수 있으며, 기계, 조직, 사고체계 내에서 이루어지는 모든 프로세스의 투입input과 산출 output을 의미한다. 프로세스에 의해 토큰을 처리하는 과정에서 정보는 코드화된 바이너리binary 혹은 다른 등가물로 치환되는 과정을 거친다고 본다.

신택스의 관점에서는 정보엔트로피information entropy에 착안하여 정보를 '정량화 가능한 토큰들 간의 관계the measurable relationship among tokens that reduces entropy'로 정의한다. 정보이론information theory에서는 열역학의 엔트로피 개념을 가져와 정보엔트로피를 데이터의 단위로 이해하고자 한다. 신택스 관점은 한 시스템 안에서 엔트로피를 줄이는 형태로 정보를 인식하고자 한 것이다. 즉, 정보엔트로피가 높을수록 불확실성이 커지며, 정보의 관계성, 확률함수를 바탕으로 엔트로피를 줄일 수 있다고 가정한다. 예를 들어 자음과 모음으로 구성된 단어는 경우의 수가 매우 많지만, 특정 자음과 모음 뒤에 나올 수 있는 경우의 수는 그보다 적다. 예를 들어 'ㅅ' 'ㅏ' 'ㄹ' 다음에 자음이 와서 글자가 만들어진다면 100퍼센트의 확률로 'ㅁ'이 와 '삶'이라는 단어가 완성되게 된다. 앞선 두 토큰 관점과 신택스 관점에서 데이터는 모두 객관적으로 개념화되며 관찰자에 대해 독립적인 것으로 규정된다. 이들 관점의 대표적 학자로는 『커뮤니케이션의 수학적 이론The Mathematical Theory of Communication』(1963)을 쓴 클로드 섀넌Claude Shannon과 워런 위버Warren Weaver가 있다.

다음으로 의미에 초점을 맞추어 정보를 '표상'으로 보는 시각을 살펴보겠다. 피에르 부르디외Pierre Bourdieu의 아비투스habitus 관점에서 정보는 특정한 환경과 제도에 배태된 사고, 판단, 인지를 통해 형성된다. 즉, 정보는 '그 대상object의 기호sign가 특정한 관찰자에 의해 구성된 것'이다. 이러한 표상의 과정에서 대상의 실재reality는 언제나 단순화 및 재배열re-presentation되는데, 이 경우 정보나 데이터가 '누구에 의해 만들어졌는가'라는 질문은 매우 중요하다. 따라서 정보와 데이터는 보편적인 기준으로 단순히 계량화될 수 없다. 루치아노 플로리디Luciano Floridi는 정보를 패턴, 지문, 나이테 같은 '사실factual정보', 명령, 알고리즘, 요리법 같은 '지시instructional 정보', 지도, 기차 시간표 같은 '의미semantic 정보' 세 가지로 나누어 설명했는데 표상으로서의 정보는 모두 의미 정보에 가깝다(Floridi, 2013).

마지막으로 '적응'의 관점은 데이터와 정보에 대한 존재론적인 패러다임 전환을 제안한다. 이는 지각으로부터 독립된 객관적 실재가 있다는 믿음에서 실재 자체도 인식의 대상이라는 사고의 전환을 의미하기 때문이다. 정보는 주체에게 '차이를 만들어 내는 차이'로 이해되는데, 만약 비만 판정을 받은 어떤 사람이 적정 체중과 현재 몸무게의 차이를 인식하고 몸무게를 줄이려고 시도한다면 그것은 정보로 볼 수 있다. 그러나 인식이 아무 차이도 만들어내지 못한다면 그것은 정보가 아니게 된다는 것이다. 여기에서 주관적 기준의 주체는 개인일 수도 있고, 조직이나 국가 등 사회시스템일 수도 있다. 이러한 상대론적 관점은 실제 연구에서는 분석틀로 사용되기 어렵지만, 앞으로 설명할 데이터와 정보, 지식의 관계에서 철학적 통찰력을 제공할 수 있다.

로버트 키친Robert Kitchin은 모티머 애들러Mortimer Adler와 데이비드 매캔들리스David McCandless의 개념화(Adler, 1986; McCandless, 2010)를 바탕으로 데이터, 정보, 지식의 개념 사이의 위계에 대해 다음 쪽 [그림 1]과 같은 피라미드로 설명했다. 키친은 데이터를 일반적으로 '범주화, 측정, 다양한 표상의 형식(숫자, 기호, 문자, 이미지, 소리, 전파, 비트 등)을 이용하여 실재의 추상화를 통해 얻어진, 가공되지 않은 재료'로 정의한다. 데이터에 의미를 더해 가공된 정보는 분석과 해석의 대상이 되며, 보다 '조직된 지식'으로 산출된다. 이 과정에서 데이터는 정보와 지식을 생산하는 '빌딩 블록building block'을 구성한다. 여기에서 데이터는 그것을 처리하고 분석하는 데 사용되는 알고리즘, 아이디어, 도구, 맥락, 정보 및 지식과 독립적으로 존재하지 않는다(Kitchin, 2014).

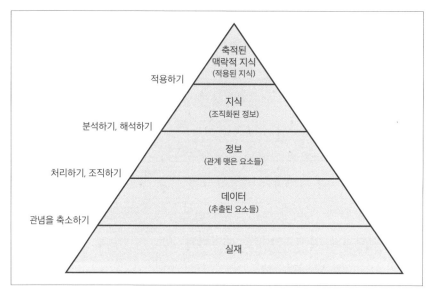

[그림 1] 키친의 데이터, 정보, 지식의 체계

# Ⅱ. 데이터를 바라보는 관점

## 1. 경제합리성 Economic Rationality

데이터는 자본이나 노동, 토지 같은 자원, 그리고 문자 그대로 '연료'인 석유나 에너지 등과 함께 디지털 경제의 핵심 생산요소로 인식된다. 지식과 앎에 대한 인식론적 논쟁은 그 역사가 오래되었으나 지식의 원천으로서 정보, 데이터를 개념화하고 그것을 계량화하여 경제적인 가치를 부여하기 시작한 것은 20세기에 들어와서의 일이다. 1950년대 경제학자 이디스 펜로즈Edith Penrose는 자원 기반 경쟁의 중요성을 최초로 주장하여 지식의 계량화·자원화의 개념적 분석틀을 제공했다. 특히 1980~1990년대 정보기술의 발달과 함께 지식경제knowledge economy 개념이 대두되면서 데이터, 정보, 지식으로 이어지는 지식산출 과정의 원천으로서 데이터의 중요성은 더욱 커졌다. 데이터를 바라보는 주류 실증주의 시각에는 '데이터는 객관적이며 계량할 수 있고 탈정치적'이라는 가정이 담겨 있다. 디지털 환경에서 매 순간 '클릭'에 따라 엑사바이트Exabyte: EB 수준으로 생성되고 수집되는 빅데이터의 시대에는 다양한 사회경제적 가치를 창출하기 위해 데이터를 활용한다. 예측분석predictive analytics과 기업에서는 비즈니스 애널리틱스business analytics를 바탕으로 합리적이고 효율적인 의사결정이 이루어지며 이는 소위 각 분야의 디지털 전환에 핵심으로 인식된다.

하지만 무수히 많은 사용자의 디지털 발자국digital footprint이 쌓이고 발전된 표집기술로 인한 정형 데이터의 양이 기하급수적으로 늘어남에도 수집된 데이터의 비정형성과 표본편향은 빅데이터의 객관성에 대해 질문을 제기한다. 더 나아가 데이터의 생산과 처리·분류·보급 과정에서 주관성, 정치성을 배제한 객관적이고 중립적인 데이터가 존재할 수 있을지에 대한 본질적 의문을 던지며, 데이터는 곧 '권력'이라는 문제로 연결된다는 점을 상기시킨다.


## 2. 사회구성주의 Social Constructionism

사회구성주의적 시각에서는 엄밀한 의미에서 완벽하게 객관적인 데이터란 존재하지 않는다고 간주한다. '기술의 사회적 구성주의social construction of technology: SCOT' 관점에서 보듯, 데이터가 생산되는 과정에서 관련된 사회집단relevant social group의 다양한 역할에 주목하며, 데이터가 객관적으로 계량 및 평가되는 '원재료' 혹은 '날것' 그대로 쓰이지 않고 사회가 구성한 알고리즘, 사람이 선택적으로 설치한 기기에 의해 생산, 저장, 적용, 전이되는 과정을 분석한다. 데이터를 측정하는 방법, 분류하는 기준, 데이터를 처리·분석하여 도출되는 결과물이 인간 및 사회에 의해 적극적으로 구성된다는 점을 데이터 개념의 본질로 보는 것이다.

리사 지틀만Lisa Gitelman은 『 " 로 데이터 " 란 말은 모순이다 "Raw Data" Is an Oxymoron』라는 책에서 디지털 이전 통계의 시기로부터 현재 디지털 시기까지 여덟 개의 흥미로운 사례를 들어 데이터가 어떻게 '요리'되고 정치적으로 구성되는지 탐구했다(Gitelman, 2013). 수치적으로 타당한 모델과 실험을 설계하여도 이것이 의미하는 바는 연구자의 해석을 통하여 규명되므로 데이터에 대한 해석이 가치중립적인 것은 아니라고 말할 수 있다(Boyd & Crawford, 2012: 667). 특히 데이터는 분석의 과정에서 수학적 모델에 부합하는 형태로 변환되고, 결과는 종종 시각화되는데, 분석 및 해석의 과정에서 맥락으로부터 이탈한 데이터는 본질적으로 기존의 의미를 잃을 수 있다. 즉, 수치화된 데이터를 그래프 및 차트로 시각화하는 프로세스가 곧 동질적인 정보를 전달하는 것을 의미하지는 않는다는 뜻이다.

필자는 세계은행 이노베이션 랩Innovation Labs에서 근무할 때 사하라 사막 이남Sub-Saharan Africa의 개발협력지표development indicator를 공공데이터화하는 작업을 수행했는데, 이때 해당 국가의 다양한 기술적·통계적 역량, 시간의 촉박성, 대표성, 그리고 무엇보다 정치적 이해관계에 따라 데이터가 선택적으로 표집·측정·산출되는 과정을 자세히 관찰할 수 있었다. 데이터를 객관적인 '날것'으로 보는 주류적 관점에서는 이를 '데이터의 질'

제1부 기술·데이터·정보·지능

문제로 치환하지만, 본질적으로 데이터가 사회적으로 구성될 수 있음을 상기시켜주는 예시다. 따라서 데이터를 비정치적이며 중립적 의사결정 도구로만 보는 것에 대해 문제제기할 필요성이 있으며, 데이터를 해석할 때 숫자 이면에 있는 권력관계를 고려한 비판적인 이해가 필요하다.

　이는 데이터가 구성되는 과정 자체가 옳고 그르다는 문제가 아니다. 사회의 다양한 현상들을 수치화·계량화를 할 때 실재의 단순화 과정을 거치면서 잃어버리는 의미를 간과하게 된다는 점을 인식해야 한다는 것이다. 특히 실무적으로 데이터를 수집하고 이를 가공하여 정보를 만드는 과정에는 많은 비용과 노동력, 전력, 연산 능력computational power이 요구되므로 데이터를 분석하고 그 데이터를 어떤 범위에서, 어떤 우선순위로 수집 및 공유할지 결정하는 문제는 본질적으로 사회정치적인 과정으로 해석할 수 있다.

## 3. 비판데이터 연구 Critical Data Studies

　비판데이터 연구는 특히 2010년대 들어 부각된 빅데이터 현상에 대한 지식사회학적 이해를 도모하는 과정에서 등장한 일련의 학술연구를 가리키며 앞서 언급한 사회구성주의가 관점의 토대가 되었다. 앤드루 이리아디스Andrew Iliadis와 페데리카 루소Federica Russo는 비판데이터 연구를 "빅데이터가 야기하는 고유의 문화적·윤리적 도전을 탐색하는 작업"으로 정의한다(Iliadis & Russo, 2016: 2).

　초기의 비판데이터 연구는 크게 두 가지 경향으로 전개되었다. 첫째, 빅데이터의 양과 처리·분석 속도의 급격한 증가에 주목하고, 사회과학에서 지식을 생산하는 인식론적인 전환 및 그 경향에 대해 탐색했다. 빅데이터와 데이터 분석 기술의 발전은 필연적으로 인문학과 사회과학의 인식론을 재편한다. 또한 기존과는 비교할 수 없을 정도로 늘어난 데이터의 양과 발전한 연산력을 통해 연구결과를 얻는 것에서, 더 나아가 빅데이터 생산자들이 학습의 의미를 어떻게 바꾸는지, 이러한 지식 생산체계로부터 새로운 가능성과 한계가 어떻게 나타날지를 질문해왔다. 둘째, 기존의 데이터과학을 탈정치화된 것으로 비판하며 실증적인 문제점을 탐색하면서 데이터가 생산·가공되어 사회 전반에 비가시적인 권력을 행사하는 방식을 추적하는 연구들이다. 빅데이터에 부여된 객관성, 정확성, 진실성에 대한 사회적 믿음이 어떻게 형성되어가는지에 대한 질문들이 여기에 해당한다.

빅데이터 관련 연구는 학제에 따라 매우 다양하지만, 비판데이터 연구에서는 다음의 세 가지 논의가 크게 부각되었다. 먼저 빅데이터의 객관성과 정확성에 대한 비판이다. 다나 보이드Danah Boyd와 케이트 크로퍼드Kate Crawford는 빅데이터에 대해 기술적 현상을 넘어 사회정치적 상호작용을 이해하고자 하는 인식론적 질문을 제기했다(Boyd & Crawford, 2012). 특히 비판데이터 연구자들은 맥락에 따라서는 보다 많은 데이터가 항상 더 정확하고 질적으로 완성된 결과를 산출하지 않는다는 점을 이론적·실증적으로 지적해왔다.

둘째, 알고리즘과 디지털 감시digital surveillance를 둘러싼 윤리적 문제를 지적하는 연구들이다. 빅데이터와 관련해 공정성fairness을 추구하는 사회운동적 흐름과 함께 알고리즘과 데이터의 기술적 편향성을 지적하고 이를 사회적으로 배태된 고정관념, 편견, 차별 같은 윤리적 문제와 연결지어 이해하고자 하는 다양한 학술적 움직임이 있었는데, 이들 연구가 이에 해당한다.

셋째, 데이터 격차, 데이터의 수집·분석 과정에서 알고리즘적 정확성 algorithmic accuracy의 차이에 의해 새로운 디지털 격차digital divide가 발생하는 것에 대한 비판적 연구다. 이들 연구는 정보통신과 발전ICT and development 분야의 오랜 주제인 정보 격차, 디지털 격차가 빅데이터의 잠재력과 기술발전으로 새로운 형태의 데이터 격차로 연결되는 점에 주목했다. 특히 국제 개발협력 현장에서는 최근 데이터의 새로운 기회를 탐색하고 위험요인을 국제적인 공동의 노력으로 해결하려는 움직임이 활발해졌다(박경렬, 2020).

## 4. 사회기술시스템 Socio-technical System

정보시스템information systems의 관점에서는 데이터, 정보, 시스템을 분리된 객체로 인식하는 것이 아니라 하나의 통합된 사회기술시스템의 관점에서 이해하며, 사회마다 데이터의 기능적·기술적·경제적·사회정치적·문화적 정의가 다를 수 있음을 논의한다. 특히 데이터가 정보·지식·정치·사회·경제 행위로부터 연결되는 물질적·비물질적(제도, 문화 등) 시스템에 주목하며 다음의 두 가지 전제에 기초함으로써 기술합리성을 비판한다. 첫째, 인간 행위자와 비인간 행위자(기술 데이터 등)가 끊임없이 상호작용을 한다는 점이고(Barley & Leonardi, 2010), 둘째, 기술이 사회적 맥락에 항상 배태되어 있다embedded는 전제다(Avgerou, 2002; Orlikowski, 1991).

이러한 관점에서 최근의 '데이터 집합체data assemblage'의 개념도 사회 구성주의적 관점과 연결지어 생각할 수 있다. 로버트 키친과 트레이시 로

리얼트Tracey Lauriault는 데이터가 단순히 숫자나 기호가 아니라 그것을 둘러싼 '뭉치'로 이해해야 하며, 이는 데이터의 생산과 처리, 그리고 이를 바탕으로 하는 지식 생산의 맥락이 되는 사회기술시스템의 집합체로 인식해야한다고 주장한다(Kitchin & Lauriault, 2014). 또한 키친은 데이터 집합체를 '데이터의 생산에 얽혀 있는 장치들과 요소들로 이루어진 사회기술적 체계'로 정의했다. "데이터의 하부구조는 결코 가치중립적이거나 객관적이지 않다. 원시데이터란 존재하지 않으며, 데이터는 반드시 특정한 목적의식을 가진 사회제도 안에서 생산된다"고 역설했다(Kitchin, 2014).

데이터 집합체가 외부 세계에 작동하는 방식과 연관된 인식틀은 이언 해킹Ian Hacking이 제시한 '고리 효과looping effect'로도 설명할 수 있다. 고리 효과는 데이터를 범주화하고 해석하는 주체인 사회적 시스템이 데이터의 존재 자체를 규정하며 실재를 재구축하는 현상을 가리킨다. 해킹은 『영혼을 다시 쓰기Rewriting the Soul』라는 책에서 원래는 존재하지 않던 '다중인격'이라는 개념을 만들고 분류하자 '다중인격자'라는 특정한 유형의 데이터가 쌓이기 시작했다고 말한다. 해킹의 주장에 많은 비판이 있었으나, 데이터 집합체 속에서 데이터의 주체가 계량화와 통계적 기술을 통해 지식화되어 정당화되고, 지식은 관료적 통치행위를 가능하게 하는 사회규범을 낳는다는 설명은 데이터에 달려 있는 여러 사회기술적 '뭉치'들을 이해하는 데에 중요한 영감을 준다.

# III. 데이터와 디지털 사회

## 1. 빅데이터

빅데이터big data에 대한 학술적 정의는 기술적·개념적으로 다양하게 이루어져왔지만, 일반적으로는 2001년 가트너 그룹Gartner Group의 더그 레이니Doug Laney가 2001년에 「3D 데이터 관리 : 데이터의 속도, 크기, 다양성 조절3D Data Management: Controlling Data Volume, Velocity, and Variety」 보고서에서 언급한 속도Velocity, 크기Volume, 다양성Variety이라는 이른바 '3V' 정의로 그 특성을 설명한다. 스티븐 스프라트Stephen Spratt와 저스틴 베이커Justin Baker는 빅데이터를 발전의 관점에서 "사회적으로 다양한 경제적·환경적·인권적·인간개발의 가치를 새롭게 창출해내고 파괴할 수도 있는, 데이터를 생성해내고 관리하고 분석하고 종합하는 일련의 역량"으로 파악했다(Baker & Spratt, 2015). 빅데이터를 통해 기존에 파악하지 못했던 문제를 인식하고, 그것의 원인을 분석하여 앞으로의 예측 및 의사결정을 혁신적으로 수행할 수 있는 다양한 사례들이 정책 및 산업현장에서 주목받아왔다(World Bank, 2014).

많은 연구자들이 주지하듯이, 빅데이터는 기회와 위험을 동시에 가져다준다. 정보사회학자나 정보통신기술과 발전Information and Communication Technology for Development: ICT4D 학계의 연구자들은 디지털기술의 확산과 불평등의 관계에 대한 이론적·실증적 연구를 축적해왔다. 빅데이터가 주는 기회뿐 아니라 프라이버시 침해, 디지털 감시, 데이터 편향 등 새로운 위험요인에 대해 지적해왔다. 특히 개발도상국에서 통계 역량, 인프라, 인적자원 부족과 글로벌 정치경제에서 기술 및 데이터 생산의 종속과 같은 구조적 문제로 새로운 종류의 디지털 격차가 필연적으로 생겨날 수 있음에 주목해야 한다(박경렬, 2022).

조나단 시나몬Jonathan Cinnamon은 데이터 격차에 대해 데이터 접근의 격차, 데이터 흐름 관리의 격차, 대표성의 격차 세 가지로 나누어 설명했다(Cinnamon, 2020). 인터넷 접근성, 스마트폰 사용자의 숫자와 활용능력의 차이는 데이터 접근성 차이의 직접적 원인이 되고 이는 플랫폼 등 다양한 빅데이터의 디지털 생산 환경에서 개발도상국, 여성, 노인, 유색인종 등이 과소대표되는 원인이 된다. 데이터 분석 전문인력 및 교육 부족의 문제는 데이터 관리의 차이로 이어지며, 특히 정보통신기술에 대한 투자가 활발한 나라일수록 데이터 과학자, 컴퓨터기술과 관련된 고급 인력이 많아 여러 국제 정책적 논의에서 선진국, 특정 계층이 과다하게 대표될 수 있다.

데이터 기반의 알고리즘은 본질적으로 과거 및 현재의 현상에 대한 경로 의존성이 크다. 미래가 지금까지와 같은 패턴에 의해 이루어질 것이라는 경험론적 가정은 특히 발전이라는 개념이 과거의 경로와 다른 미래를 추구한다는 철학적 방향성과 상호 모순된다. 따라서 다양한 데이터 기반 의사결정 과정Data-Driven Decision Making: DDDM 및 정책 분석에서 경로에 없었던 우연성, 특수성, 맥락적 이해에 보다 주목할 필요가 있다. 이러한 고려가 데이터 생성 프로세스, 데이터 구조, 데이터 분석 및 해석에서 발생하는 제도적·기술적 문제들을 연구하는 데 기여할 것이다. 이는 최적화된 데이터 채널과 사용자 분석을 위한 API 등을 직접 개발, 디자인하는 데에도 기술적·실천적 함의를 줄 수 있을 것이다.

## 2. 공공데이터

공공데이터open data에 대한 역사적 뿌리는 정보자유권Freedom of Infor-
mation과 정보접근권Access to Information에 관한 오래된 논의로 거슬러 올라
간다. 이는 정부의 투명성, 정보 공유, 정부의 책임과 관련된 논의로 진화
했다. 1980년대 신자유주의 시기에 등장한 '신공공행정론new public man-
agement'은 정부의 역할을 최소화하고 투명성과 효율성을 높이고자 했으
며, 이를 위해 소위 '굿 거버넌스good governance'에서 공공영역 정보public
sector information의 공개는 핵심 사안이었다. 민간에서도 헨리 체스브로Hen-
ry Chesbrough의 오픈이노베이션open innovation, 오픈소스open source 논의를
비롯해서 데이터의 공개 및 공유에 대한 논의가 매우 활발해졌다.

2007년 말 오라일리 미디어O'Reilly Media의 팀 오라일리Tim O'Reilly와 퍼
블릭 리소스Public Resource의 칼 말라무드Carl Malamud가 주도한 '공공데이
터의 여덟 가지 원칙'은 디지털 사회에서 공공데이터의 역할에 대한 논의
에 큰 영향을 미쳤다. 이 원칙들은 완결성complete, 원천성primary, 시의적절
성timely, 접근성accessible, 기계 판독성machine processable, 비차별성non-dis-
criminatory, 비소유성non-proprietary, 비라이센스성license-free이었다. 여기
에 팀 버너스 리Tim Berners-Lee의 웹 파운데이션Web Foundation, 영국의 ODI
Open Data Institute, 국제투명성기구Transparency International, PWYFPublish
What You Fund와 같은 민간조직도 시민사회에서 공공데이터에 대한 인식 수
준을 높이며 다양한 사회실험을 주도하고 정책 형성 과정에 참여했다.

공공데이터, 특히 대중교통, 토지 사용, 주거정보, 보건정보 등을 이용
한 프로젝트를 보면, 기존 문제에 대한 새로운 문제해결 방식을 찾고 정부

서비스 혁신과 시민 참여에 많은 기회를 주고 있음을 알 수 있다. 2010년 대 초부터 세계은행에서 지원했던 인도의 'I paid a bribe(나는 뇌물을 주었다)' 프로젝트, 이집트의 '하라스맵HarrassMap' 플랫폼, 필리핀의 'Check My School(내 학교 체크하기)' 프로젝트 등은 개발도상국에서도 데이터 공유 플랫폼을 이용해 기존의 권력구조를 깨고 민주적 의사결정을 위한 시민 참여를 독려하는 프로젝트들이 적지 않은 기대를 받으며 진행되었다.

하지만 현장에서 항상 성과가 있었던 것은 아니다. 필자가 참여했던 케냐 정부의 공공데이터 프로젝트open data initiative 역시 초기에는 괄목할 만한 성과로 주목받았지만 지속가능성 측면에서는 큰 과제를 남겼다. 성과가 미약했던 사례들은 공공데이터의 가장 중요한 공급자인 정부의 통계적·기술적 역량, 사회문화적 요소 등 다양한 맥락을 고려하기보다는 공공데이터의 도입 자체에 목적을 둔 경우가 많았기 때문이다. 데이터를 공유하고 제공할 때 언제(시의적절성), 어떤 정보를(명확성), 어떤 방법으로(사용자 중심) 제공하는지에 따라 그 효과는 매우 달라진다.

공공데이터 실패 사례는 대부분 데이터의 공급에만 초점을 맞춘 나머지 정책의 실질적인 수요를 파악하고 사용자 중심의 체계를 구축하지 못한 것에 기인했다. 즉, 데이터의 공개는 그 자체로 투명성을 제고할 수는 있지만 자동적으로 공공 혹은 민간 서비스의 주체들의 책임성을 높이거나 시민의 참여를 담보하지는 않는다(Wittemyer et al., 2014). 시민의 역량을 강화할 수 있는 방향으로 데이터가 이용되려면 데이터의 공개 및 투명성은 기본적인 선결조건이고, 공개된 데이터가 다양한 행위자들에게 접근 가능하고, 이 데이터를 다양한 방식의 정보로 전환시키는 역량이 필요하며, 시민과 정부 간 긴밀한 대화로 정부가 수요 중심의 정책을 실행해야 하는 것이 필수적이다.

## 나가며

'데이터 혁명.' 유엔UN은「셀 수 있는 세계: 지속가능발전을 위한 데이터 혁명」이라는 사무총장 독립 전문가 자문기구가 발간한 보고서에서 다음의 15년을 이렇게 규정했다(United Nations, 2014). 사회 모든 부문의 디지털화와 데이터화를 중심으로 한 현재의 변화가 과연 '혁명적'인 것인지 여러 논란이 존재한다. 하지만 규모를 파악할 수조차 없는 많은 데이터가 우리 주변에 생산 및 저장되고, 그것을 분석하는 다양한 기계학습의 가능성이 열리고 있음은 부인할 수 없다. 클라우드컴퓨팅, 인공지능AI, 디지털 트윈 등 디지털 전환의 화두들이 기술의 영역을 넘어 산업전략, 공공영역의 의사결정 등 전방위적으로 논의되며, 그 논의의 중심에는 데이터가 있다.

폭발적으로 늘어나는 데이터의 양, 기존에 공개되지 않던 다양한 공공 데이터의 등장, 생산 주체와 생산방식의 다양화, 이를 통해 얻은 데이터를 전례 없이 빠른 속도로 처리하는 기술 등 디지털사회 연구에서 데이터와 관련된 논의는 핵심이다. 동시에 사물인터넷IoT, 원격 센싱remote sensing을 통해 다양한 데이터 수집이 가능해짐에 따라 지도학습supervised learning, 비지도학습unsupervised learning, 강화학습reinforcement learning 등 다양한 기계학습을 이용한 분석에도 실천적 확장성이 존재한다. 특히 데이터 간의 연결성, 그리고 데이터와 다양한 디지털기술과의 융합이 강화되는 것은 새로운 기회와 위험을 동시에 준다. 데이터의 양과 처리 속도도 중요하지만, 다른 데이터와의 관계성relationality을 분석하고 삼각화triangulation(연구의 타당성과 신뢰성을 높이기 위해 동일 현상 연구에서 다양한 대상, 관점, 방법, 자료를 활용하는 기법) 과정을 거치는 것은 학술연구뿐 아니라 데이터 기반의 정책 결정 과정에서도 중요하다.

디지털 기술사회에서 데이터를 바라보는 관점은 여전히 기술결정론적 사고가 존재함을 알 수 있다. 기술혁신이 정치·사회·산업·문화의 모든 영역으로 확산되어 작용하며, 기존 구조에 파괴적 변화disruptive change를 일으킨다는 시각이다. 데이터는 물질성materiality이 있는 투입요소로서 가장 중요한 '자원'으로 여겨지며 계량화되고 동시에 디지털 사회의 지식 자체이자 디지털 경제의 원료로 개념화된다. 기술사회의 발전 측면에서도 다른 생산요소, 즉 자본이나 노동보다 과학기술, 그중에서도 디지털기술의 활용을 사회·경제 발전의 가장 핵심으로 보는 기저에는 기술 낙관적 기대가 존재한다.

이에 반해 데이터에 대한 비판적 학술연구는 상대적으로 덜 주목받아온 것이 사실이다. 그러나 결정론과 기술합리성을 넘어 다양한 사회문화적 맥락을 반영하는 학술연구는 디지털 사회의 여러 도전과제에 대한 실천적 함의를 줄 수 있을 것이다. 특히 코로나 19 바이러스COVID-19로 전면화된 디지털 전환의 시기에 데이터를 중심으로한 기술사회 연구는 향후 핵심적인 연구과제로 자리 잡을 것이다. 데이터와 데이터의 생산 및 소비 주체를 하나의 사회적 유기체로 간주하고, 데이터가 수집·저장·분석·처리·활용되는 과정에서 다양한 행위자와 끊임없이 상호작용하는 역동적인 과정에 주목할 필요가 있다.

과학철학자 이언 해킹은 『우연을 길들이다The Taming of Chance』에서 우연을 법칙으로 포섭하는 통계학의 진화를 중심으로 근대적 결정론이 형성되고 다시 우연의 지위가 회복되는 과정을 그렸다. 양자역학은 '근대의 우리'가 객관적·인과적이라 믿고 있는 자연현상이 근본적으로는 확률적이라는 것을 일깨워주었다. 이러한 비결정론적 세계관으로의 거대한 인식론적인 전환은, 역설적으로 '현대의 우리'가 자연현상과 본질의 실체에 더욱 가까이 다가갈 수 있는 토대를 마련해주었다. 데이터의 파고 속에 살아가는 디지털 사회에서, 우리는 더 많은 데이터와 다양한 기술을 통해 '우연'을 다시 길들일 수 있다고 생각할지, 아니면 해킹의 이야기처럼 '감각의 모든 경로에 쏟아져 내리는' 우연에 마주하며 압도될지 자못 궁금하다.

## 참고 문헌

박경렬(2020). 「개발협력 관점에서 본 '데이터 혁명': 비판적 소고」, 『국제개발협력연구』 12(2), 1-20.

박경렬(2022), 「디지털 전환 시대 비판적 국제개발협력을 위한 이론적 고찰」, 『국제개발협력연구』 14(2), 1-20.

Adler, M. J. (1986), *A Guidebook to Learning: For a Lifelong Pursuit of Wisdom*, Macmillan.

Ali, A. et al. (2016), "Big data for development: applications and techniques", *Big Data Analytics*.

Avgerou, C. (2001), "The significance of context in information systems and organizational change", *Information Systems Journal 11*(1), 43-63.

Avgerou, C. (2002), *Information Systems and Global Diversity*, Oxford University Press.

Baker, J. & Spratt, S. (2015), "Big Data and International Development: Impacts, Scenarios and Policy Options", *Evidence Report 163*.

Barley, S. R. & Leonardi, P. M. (2010), "What's Under Construction Here? Social Action, Materiality, and Power in Constructivist Studies of Technology and Organizing", *The Academy of Management Annals 4*(1), 1-51.

Bergvall-Kåreborn, B., & Lassinantti, J. & Ståhlbröst, A. (2014), "Shaping local open data initiatives: Politics and implications", *Journal of Theoretical and Applied Electronic Commerce Research 9*(2), 17-33.

Boyd, D. & Crawford, K. (2012), "Critical Questions for Big Data. Information", *Communication & Society 15*(5), 662-679.

Cinnamon, J. (2020), "Data inequalities and why they matter for development", *Information Technology for Development, 26*(2), 214-233.

Crespo, N., & Mendonça, S. & Simões, N. (2015), "Inequality in the network society: An integrated approach to ICT access, basic skills, and complex capabilities", *Telecommunications Policy 39*, 3-4.

Davies, T. & Perini, F. (2016), "Researching the Emerging Impacts of Open Data: Revisiting the ODDC Conceptual Framework", *The Journal of Community Informatics 12*(2).

Fisher, D. et al. (2012), "Interactions with big data analytics", *Interactions 19*(3).

Floridi, L. (2013), *The philosophy of information*, Oxford University Press.

Gitelman, L. (ed.) (2013). *Raw data is an oxymoron*, MIT press.

Hilbert, M. (2016), "Big Data for Development: A Review of Promises and Challenges", *Development Policy Review 34*(1), 135-174.

Iliadis, A. & Russo, F. (2016), "Critical Data Studies: An Introduction", *Big Data and Society 3*(2), 1-7.

Kitchin, R. (2014), *The Data Revolution*, SAGE Publications Ltd.

Kitchin, R., & Lauriault, T. (2014). "Towards critical data studies: Charting and unpacking data assemblages and their work.", Shears, A. J. & Thatcher, J. ed., *Geoweb and Big Data*, University of Nebraska Press.

McCandless, D. (2010), "Data, information, knowledge, wisdom", *Information is beautiful*, 29 November., https://ecolabsblog.com/2010/11/29/data-information-knowledge-and-wisdom/comment-page-1/

McKinney Jr, E. H. & Yoos, C. J. (2010), "Information about information: A taxonomy of views", *MIS quarterly 34*(2), 329-344.

Orlikowski, W. (1991), "The duality of technology: Rethinking the concept of technology in organizations", *Organization Science 3141*.

Schwab, K. (2016), "The Fourth Industrial Revolution: what it means and how to respond", World Economic Forum.

United Nations (2014), "A World that Counts Mobilising the Data Revolution for Sustainable Development", UN Secretary-General's, Independent, *Advisory Group on the Data Revolution for Sustainable Development*.

Wittemyer, R. et al. (2014), "New Routes to Governance: A Review of Cases in Participation, Transparency, and Accountability," Closing the Feedback Loop: Can Technology Bridge the Accountability Gap? World Bank, Washington. DC.

World Bank (2014), "Big Data in Action for Development", https://doi.org/10.1109/MCSE.2011.99.

.

# 03
# 정보 공유

INFORMATION SHARING

**우하린**
한국행정연구원

'발 없는 말이 천 리 간다', '회자인구膾炙人口'와 같은 말은 아주 오래전부터 우리 사회에서 정보 공유 행위가 이루어져왔음을 보여준다. 정보기술의 수준이 낮았던 옛 사회에서 정보 공유는 문제해결을 위한 정보 취득 방법이었고, 집단 차원의 학습수단이었다.

한편, 오늘날과 같은 지식경제 시대에서는 전략적으로 다양한 주체와 조직 간 정보 공유가 수행된다. 문제해결에 요구되는 양질의 정보를 충분한 양만큼 취득하기 위해서는 상당한 거래비용이 소요될 뿐 아니라(Coase, 1937, 1960) 인간이 정보를 처리하는 데는 인지능력의 한계가 존재하므로(Simon, 1947, 1997) 정보 공유는 가장 합리적인 전략이라고 할 수 있다. 제한된 합리성bounded rationality을 지닌 인간과 조직은 상호호혜성을 기대하며 정보 공유에 참여한다. 예를 들어, 최근 코로나 19 바이러스나 사이버 보안 문제와 같이 조직 혹은 국가 단위에서 단독으로 처리할 수 없는 복잡하면서도 대안을 찾기 힘든 문제들을 해결하기 위해 적극적으로 정보 공유와 협력이 이루어지는 경우를 들 수 있다.

이 글에서는 먼저 정보 공유의 개념과 기능을 설명하며, 정보통신기술의 발전에 따라 공유 기능의 편의성이 증대되고 공유 행위자가 증가하게 되면서 일어난 정보 공유의 변화 양상을 공유 주체와 공유 내용의 변화에 초점을 맞추어 알아볼 것이다.

# I. 정보 공유의 개념

정보 공유는 '정보'와 '공유'가 결합한 합성어다. '정보'에 해당하는 영어는 'information'으로서 그 어근인 'inform'은 라틴어 'informare'에서 파생한 단어다. 이 단어는 'in'과 'forma'가 합성되어 '형성하다shape', '묘사하다describe', '가르치다teach'라는 뜻을 지닌다. 정보라는 단어는 그 어원상 '타인에게 어떤 내용을 전달하는' 목적이 담겨 있다는 것을 알 수 있다. 한편, 공유는 영어로 'sharing'인데, 'share'는 군대, 부대, 분할 등을 뜻하는 독일어 'Schar'에서 파생되었다. 이러한 어원으로 짐작해보건대 정보 공유는 '외부의 사실이나 현상을 일정한 형태로 변화시켜 타인에게 가르쳐주거나 묘사하고 그 내용을 나누고자 한다는 의미'를 내포하고 있음을 추론할 수 있다.

정보 공유의 목적은 다양하다. 어떤 사실을 타인에게 알리거나 공급망 관리와 같이 조직 목표를 달성하기 위해 업무 세부사항, 자원, 프로세스와 관련된 정보를 공유하며, 참여자 간 공유된 정보를 바탕으로 공동의 의사결정이나 정책 결정을 내리는 데에도 이를 활용한다.

정보 공유는 데이터 교환data exchange, 정보 전달information transfer, 지식 공유knowledge sharing, 지식 관리knowledge management: KM 같은 유사 개념과 구분 없이 사용되는 경향이 있다. 이러한 유사 개념과 정보 공유를 정확히 구분하기 위해서는 먼저 데이터, 정보, 지식을 명확히 구분할 필요가 있다.

데이터는 관찰을 통해 얻은 내용을 편의를 위해 일정한 형태로 기록해 놓은 것으로, 가공 전까지는 그 자체로는 의미를 지니지 않는다. 반면 정보는 데이터를 사용 목적에 따라 가공한 형태로서 그 자체로서 의미를 지닌다. 지식은 정보를 연결한 것이며, 기존의 정보에 개인의 경험이나 인식, 지혜 등이 더해져 2차적으로 재구성된 가공된 결과물이다. 그러므로 지식은 사용자의 지적 능력과 연관되어 있다고 볼 수 있다. 어떤 사물이나 대상에 대한 사용자 개인의 경험이나 학습을 통해 축적된 이해를 의미하기 때문이다.

지식은 기록 및 전달 가능성에 따라 형식지explicit knowledge와 암묵지tacit knowledge로 나눌 수 있다(Polanyi, 1966). 형식지는 개인이 가진 지식을 언어나 문자를 통해 기록하거나 전달할 수 있는 지식으로서 이때 저장 및 전달되는 수단이 바로 미디어다. 대표적으로 책으로 기록되는 지식이 바로 형식지라고 할 수 있으며, 다수가 동시에 그리고 간접적으로 지식을 취득할 수 있는 비용효율적인 지식이다. 이에 반해 암묵지는 개인이 지닌 기술, 생각, 경험 등에 의해 형성된 지식이다. 지식을 가진 개인에게 체화되어 있기 때문에, 공식적으로 문자나 언어를 사용해 전달하기 어렵다. 즉, 정보 공유는 개인이나 조직 간 기록 및 재가공이 가능한 정보나 형식지를 교환하는 행위라고 볼 수 있다.

이러한 측면에서 데이터 교환, 정보 전달, 지식 공유 등과 정보 공유는 뚜렷하게 구분된다. 데이터 교환은 주로 네트워크 내에서 컴퓨터 간 대상 데이터가 소스 데이터를 정확하게 나타내도록 하는 프로세스를 가리킨다. 인간과 인간, 인간과 조직, 조직과 조직 간 데이터를 교환하는 행위라기보다는 컴퓨터 기술을 뜻한다고 볼 수 있다. 반면 정보 전달은 정보의 전달자와 수신자가 명확하게 구분되어 정보의 흐름이 일방향적으로 나타나는 행위다.

정보를 공유하기 위해서는 발신자와 수신자, 내용(정보, 콘텐츠), 정보를 공유할 수 있는 채널이 필요하다. 그런데 정보 공유는 발신자가 수신자에게 일방적으로 내용을 전송하는 정보 전달과는 달리 발신자와 수신자가 그 역할을 자유롭게 바꾼다는 특성이 있다. 시간상으로 먼저 정보 공유를 주도하는 사람이 발신자가 되고 상대방이 수신자로 그 역할이 정해지지만, '공유'의 목적인 상호 수혜의 영역으로 들어서게 되면 수신자가 최초 발신자에게 새로운 정보를 공유하기도 하고 최초 발신자가 수신자가 되기도 하면서 발신자와 수신자의 경계는 허물어진다. 발신자와 수신자의 참여로 생성된 정보가 개방, 공유되면 이는 조직 학습, 비용 절감, 아이디어 생성, 신제품·신기술 개발 등 혁신을 가속화한다. 이것이 바로 정보 공유의 특징이다.

## II. 정보 공유의 효과와 역효과

경제적 측면에서 볼 때 정보 공유는 문제를 해결하는 데 필요한 정보를 탐색하고 처리하는 비용을 낮춘다. 조직 내부에 공유된 정보는 조직구성원 개개인이 탐색 및 가공하는 시간과 비용을 줄이고 정보의 흐름을 증가시킴으로써 조직 전체의 비용 절감과 업무 효율화, 생산성 향상, 정보 독점 방지 효과를 가져온다. 정보 공유의 발신자와 수신자가 형성한 정보 공유 풀pool에서 참여자의 참여와 공유되는 정보의 양이 증가하면 자연스럽게 양질의 정보와 그렇지 못한 정보가 분류되고, 이는 정보의 질 향상이라는 결과로 연결된다. 정보 공유의 궁극적인 목적이 합리적인 의사결정이라는 점을 고려한다면, 정보 공유는 양질의 정보를 적은 비용으로 수집·생산하여 의사결정의 질적 향상을 가져온다고 할 수 있다. 이와 같은 긍정적인 정보 공유 경험이 축적되면 조직 내 공유문화가 자리 잡음으로써 정보는 조직 전체의 공유물이라는 인식이 확산되고, 정보에 차별 없는 접근성이라는 특징이 부여되면서 조직 민주성에도 기여할 수 있다.

하지만 정보 공유가 항상 이타적인 목적으로 이루어지는 것도, 선한 의도로 정보 공유를 했다고 해서 항상 긍정적인 결과를 가져오는 것도 아니다. 정보 공유는 참여자의 공유 의도나 동기, 참여자 수의 증감, 그리고 참여자 간 신뢰 수준에 따라 공유된 정보가 훼손 또는 조작되거나 부정적으로 활용될 수도 있다. 공유 과정에서 정보가 손실되거나 의도적으로 왜곡·억제되는 경우도 있고, 오히려 의사결정의 모호성과 위험이 증가할 수도 있다.

예를 들어 공급망에서 종종 관찰되는 '채찍 효과Bullwhip effect'는 공급

사슬에서 참여자를 거쳐 전달될 때마다 원래 정보가 왜곡되는 현상을 뜻한다. 즉, 소비자의 실제 수요가 소매상 → 도매상 → 제조업체 → 공급자를 거치면서 수요의 왜곡이 일어나고, 이에 따라 과다수요나 과소수요를 가져와 공급망의 수익성이 저하된다. 이러한 채찍 효과를 해결하려면 정확한 수요예측을 위한 공급자동화 시설을 갖추거나 공급사슬 내 모든 구성원이 수요 및 공급에 관한 최신의 정확한 정보를 공유하고 업데이트함으로써 생산계획상 불확실성을 감소시켜야 한다. 그러나 이러한 기술투자와 조정비용을 감수하며 참여자 간 공유하는 정보의 양을 늘린다고 해서 불확실성이 감소한다고 볼 수는 없다. 왜냐하면 공유되는 정보의 질에 대한 검증과 공유 행위자 간 신뢰도에 따라 문제가 해결되거나 혹은 악화될 수도 있기 때문이다.

역선택이나 도덕적 해이와 같은 정보 비대칭은 대표적인 '정보 공유의 불균등 현상'이다. 접근성의 차이로 인해 발생하는 정보 격차나 불필요한 정보 과잉 문제는 최근 들어 더욱 심각해졌다. 기업 내부에서 경영정보에 대한 접근성이 있는 사람들이 주식 거래를 통해 부당이익을 취득하는 내부자 거래는 정보 공유의 부정적 측면을 보여준다.

정보 비대칭 문제는 자본과 결합할 때 그 부정적 파급력이 더 증가한다. 소수의 자본가가 정보자원을 독점하게 되면 시장 내 참여자 간 자유로운 경쟁이 이루어지지 않고, 정보재의 생산과 이용방식을 둘러싸고 경쟁과 갈등이 증가하며, 새로운 행위자의 시장 진입을 막는 결과를 가져온다.

경쟁이 제한된 시장에서는 정보력과 자본을 앞세운 소수의 자본가만이 살아남게 되고, 결국 독점이 강화되는 악순환이 발생한다. 전 세계 PC 운영체제 시장의 80.5퍼센트(2020년 기준)를 차지하는 마이크로소프트사의 사례가 대표적이다. 윈도Windows 서비스의 경우 초기 개발에 드는 고정비용 이외에는 한계비용의 체증이나 생산량 제약 등이 존재하지 않는 '규모의 경제'를 달성했다. 이러한 비정상적 독점 구조는 새로운 PC 운영체제의 개발이나 혁신을 저해하는 부정적 결과를 초래한다.

빅데이터big data와 인공지능AI, 사물인터넷IoT 등으로 대변되는 오늘날의 데이터 경제Data Economy 또한 마찬가지다. 빅데이터를 수집 및 활용하려면 기본적으로 데이터를 저장할 수 있는 하드웨어와 기술자를 확보해야 하고, 경쟁자와는 차별적인 서비스를 제공함으로써 이용자가 지속적으로 데이터를 제공할 수 있는 구조를 지녀야 한다. 빅데이터를 확보하기 위해서는 자본이 필요하며, 이미 시장에서 자본과 영향력을 지닌 거대 사업자는 신규 사업자의 진입을 막을 힘을 갖게 된다. 다시 말해, 빅데이터 활용이 강조될수록 일부 자본가들에 의한 데이터 독점과 비교류가 증가하는 '공유의 역설'이 발생하게 된다.


## III. 기술과 정보 공유

인간은 언제부터 정보를 공유해왔는가? 정보 공유가 발생하기 위한 필요조건인 행위자와 내용, 채널의 측면에서 정보 공유의 역사를 살펴보자.

2017년 인도네시아 술라웨시Sulawesi섬 남부에 위치한 석회암 동굴인 리앙 불루 시퐁 4Leang Bulu' Sipong 4에서 발견된 구석기 벽화는 지금까지 발견된 벽화 중 가장 오래된 동굴 벽화로, 최대 4만 3900년 전에 그려진 것으로 알려져 있다. 이 벽화에는 여덟 명의 사람이 창과 밧줄을 사용해 두

마리의 멧돼지와 네 마리의 물소를 사냥하는 장면이 그려져 있다. 이 벽화는 '사냥'에 대한 정보 공유를 위한 것이 아니었을까?

그러나 벽화를 효과적인 정보 공유의 방법으로 보기에는 큰 한계가 존재한다. 정보를 취하기 위해서는 벽화가 기록된 특정 장소를 찾아가야 한다는 지리적 제약이 그것이다.

정보 공유가 본격적으로 시작된 시기는 기원전 3000년 쐐기문자가 발명되면서라고 볼 수 있다. 문자의 발명은 선사시대로부터 역사시대로의 전환, 즉 정보나 지식을 '형태'로서 기록할 수 있게 된 전환점이다. 인류는 구전되어오던 암묵지를 형식지로 전환할 수 있게 되었으며, 정보를 점토판이나 돌, 종이와 같은 매체에 저장할 수 있게 됨으로써 보편적으로 전달되고 공유되기 시작했다.

이후 1377년 세계 최초의 금속활판이 발명되어 『직지심체요절』이 인쇄되었다. 1439년 독일의 요하네스 구텐베르크Johannes Gutenberg가 발명한 인쇄술은 새로운 정보기술information technology로 인한 정보의 상업화를 가능하게 한 계기가 되었다. 인쇄술의 발명으로 인해 정보를 기록 및 전달하는 속도가 더욱 빨라졌고, 정보를 파급시키거나 취득하는 비용도 낮아졌다. 또 필요한 정보를 접할 수 있는 공간과 시간의 제약이 상대적으로 줄어들어 정보의 보급이 수월해짐에 따라 유럽 내 성서의 대량 인쇄가 가능하게 되면서 당시 성직자와 일부 지식인들만 읽을 수 있던 성서가 대중화되고 상업출판이 유행하게 되었다.

구텐베르크의 활판인쇄술 발명 이후 50년간 유럽 내에 205개의 활판인쇄소가 생겼다. 인쇄 기술의 지역화는 운송비용transport costs을 획기적으로 낮추었고, 이로써 성서, 신문, 책과 같은 정보매체가 증가했다. 또 유럽

내 인쇄소와 도서관의 등장은 정보 공유가 도시 단위로 활성화되는 계기가 되었다. 인쇄술이라는 새로운 정보기술은 기술에 대한 수요를 발생시켰을 뿐 아니라 일자리 창출, 인력의 도시 집중, 기술의 전파 및 새로운 기술 발명, 일부 계층에 의해 독점되었던 지식의 보편화 같은 파급 효과를 가져왔다.

즉, 새로운 기술의 개발로 인해 지리적 제약을 넘어 지적·인적 자원의 이동이 가능해졌고, 이는 새로운 기술 개발이 정보를 경제적으로 공유하는 수단이 되었음을 의미한다. 기술의 발전이 정보 공유를 좀 더 수월하게 만들고, 정보 공유를 통해 지식의 교류가 발생함으로써 새로운 기술 개발이 가능해지는 선순환이 일어나게 된 것이다.

19세기에 들어 정보통신기술의 혁신을 바탕으로 정보 공유는 내용과 방식 면에서 혁신을 이루었다. 1837년 새뮤얼 모스Samuel F. B. Morse가 만든 유선 전신기는 전선을 통해 멀리 떨어진 곳까지 부호 처리를 한 정보를 보낼 수 있게 해주었고, 이는 전기를 이용한 통신기술이 발달하게 되는 계기가 되었다. 그 결과 정보 공유에서 거리의 제약이 큰 폭으로 줄어들어 멕시코 전쟁, 미국 남북전쟁 등의 이슈를 신문 속보를 통해 신속하게 전달하는 데 활용되었다.

이후 1876년 유선 전화기와 1896년 무선 전신기의 발명은 음성신호를 원거리까지 보낼 수 있게 된 획기적인 계기가 되었다. 이제 구전 정보까지도 시공간의 제약을 넘어 공유할 수 있게 된 것이다. 라디오(1920년)와 텔레비전(1936년) 방송 기술은 동 시간대 다수의 수신자에게 실시간으로 정보를 전파할 수 있게 해주었으며, 이로써 인류의 삶은 이전과는 완전히 다른 국면을 맞이하게 되었다.

현대에 들어 이러한 변화의 폭과 속도는 더욱 폭발적이다. 1946년 범용 컴퓨터 에니악ENIAC의 개발은 대량의 정보를 부호화codify하여 저장할 수 있게 된 획기적인 사건이었다. 컴퓨터의 발명은 정보를 정확하고 빠른 속도로 처리할 수 있게 해주었고, 정보의 기록·가공·전달·저장 방식에도 변화를 가져왔다. 또 1962년 최초의 통신 위성인 '텔스타telstar'의 등장으로 거리나 지형의 한계를 극복한 위성 중계가 가능하게 되었으며, 이는 내비게이션, 일기예보, 국가 간 통신 등에 커다란 도움을 주었다.

이후 1969년 군사적 목적으로 개발된 패킷 스위칭 네트워크인 아파넷 ARPANET과 1990년대 이후 상용 인터넷, 1980년대 PC의 등장과 휴대전화의 발명은 정보 공유 참여자의 확장 및 개인의 영향력 확대를 이끌었고, 사용자 간 연결성connectivity을 폭발적으로 증가시켰다. 오늘날 인터넷은 전세계를 하나의 거대한 네트워크로 연결하여 수많은 사람들이 정보를 공유할 수 있는 장場일 뿐만 아니라, 시간과 공간의 제약이 거의 없고 비용도 0에 가까운, 가장 효율적인 정보 취득 수단이다.

인터넷이 등장하기 이전의 정보 공유는 개인 또는 소수의 제한적 네트워크에 의존한 형태였다면, 인터넷 상용화 이후에는 실시간으로 개방적이고 능동적인 정보 공유가 가능하게 되었다. 또 정보 공유에 참여하는 참여자의 숫자도 그 한계가 없어졌는데, 인터넷에 연결할 수만 있다면 개인 대 개인, 개인 대 다수, 다수 대 다수 간 정보 공유가 실시간으로 가능해졌기 때문이다. 더불어 현재 활발하게 개발되고 있는 네트워크 기반 사물인터넷과 인공지능의 발전은 태그나 키워드를 매칭함으로써 필요한 사람들에게 적절한 시기에 적절한 정보를 제공할 수 있는 맞춤형 정보 공유를 가능하게 할 것이다.

요약하자면, 정보통신기술의 발전이 정보 공유에 미친 영향은 다음과 같다.

첫째, 스마트폰이나 인터넷과 같은 통신기술의 발전은 시간과 공간의 제약을 감소시킴으로써 정보 공유의 편의성을 증대시켰다. 특히 인터넷의 상용화로 사회적 연결망을 통한 정보의 수집·가공·확산·재생산이 고도화되었고, 이는 정보 공유가 폭발적으로 증가하게 하는 계기가 되었다. 둘째, 컴퓨터와 음성·영상 편집 프로그램과 같은 기술로 공유되는 정보가 디지털화되고 그 유형이 다양해졌다. 과거 문자로 저장되던 정보가 음성, 이미지, 영상, 데이터 등 다양한 형태의 정보로 저장되고 디지털화되어 자유롭게 공유되게 된 것이다. 셋째, 전파나 케이블, 서버와 같은 새로운 기술의 개발은 자본, 인력, 시설의 자유로운 이동과 확대를 가져왔으며, 이는 새로운 정보의 공유와 학습을 가능하게 함으로써 사회 전반에 혁신을 이끌었다.


## Ⅳ. 정보 공유의 개념적 분석틀과 사례

정보 공유의 기본적 특징은 상호의존성이다. 정보 제공과 수신이라는 행위는 구성원의 참여 없이는 이루어질 수 없다. 공유 행위는 전송과 달리 행위자의 참여에 따라 쌍방향적인 관계가 형성된다. 서로가 상호호혜성 reciprocity을 기대하기 때문이다. 즉, 정보를 제공하는 자와 제공받는 자 모두 공유 행위로부터 얻게 될 편익을 기대하고 정보 공유 행위에 참여한다. 상호의존성과 상호호혜성을 바탕으로 이루어지는 정보 공유는 행위자들의 적극적 참여가 뒷받침될 때 그 효용이 극대화된다.

기술이 발전하고 시간이 흐름에 따라 행위자의 경계가 낮아지며, 공유되는 정보의 내용은 더욱 다양해지고 풍부해진다. 또 정보통신기술의 급격한 발달과 함께 정보 공유 미디어도 다변화되었다. 활자에서 인터넷이라는 새로운 공간으로, 초기 온라인 게시판Bulletin Board System: BBS 형태에서 소셜미디어로, 그리고 다양한 플랫폼으로 확장되고 있다.

정보 공유는 사회과학의 여타 아이디어나 이념과는 달리 개인이나 조직 혹은 시스템 간 실제 상호작용으로 실현되는 행위이기 때문에 실제 행위자나 공유하는 내용에 따라 다양한 형태로 나타난다. 여기에서는 정보 공유의 행위자와 내용의 측면으로 나누어 거버먼트Government, 統治와 거버넌스Governance, 協治, 데이터와 정보의 차원에서 정보 공유가 어떻게 이루어져왔는지, 그리고 사회변화에 따라 정보 공유의 개념이 어떻게 변화해왔는지 논의해볼 것이다.

## 1. 거버먼트 vs 거버넌스

정보는 가치를 지닌 '자원'으로 인식되어왔다. 역사적으로 사회의 일부만이 중요한 정보에 접근하고 그 정보를 소유할 수 있었다. 정보의 흐름 측면에서 볼 때 거버먼트는 소수의 참여자들이 공유할 정보의 양이나 내용, 공유할 대상, 공유 방법에 대해 중앙집권적이고 하향적으로 통제하는 것을 의미한다. 따라서 거버먼트는 정보 비대칭의 직접적인 원인이 되기도 한다. 전통적으로 정부는 필요 이상의 많은 정보를 수집하고 보유하는 집단으로 여겨지는데, 이들이 보유하고 있는 정보는 일부 관계 기관 간에만 폐쇄적으로 공유된다.

그에 반해 거버넌스는 다양하고 이질적인 참여자 간 수평적·분산적·산발적으로 정보를 공유하는 형태다. 통상 정부에 대한 관료제적 통치에 대한 대응 개념으로서 민간부문과 관료의 협력 혹은 비정부부문Non Government Organization: NGO과 시민사회, 더 나아가서는 국제적 협조까지 포괄하는 협력적 통치, 즉 '협치'라는 개념으로 널리 받아들여진다. 따라서 정보 공유의 참여자 혹은 행위자 측면에서 볼 때 거버먼트와 거버넌스는 연속된 스펙트럼상에 존재하는 양단이라고 할 수 있다.

그러나 거버넌스는 단순히 참여자의 확대라는 측면을 넘어 참여자 간 조정과 커뮤니케이션 확대의 측면에서 이해되어야 한다(조현석, 2008). 정보 공유 행위 참여자가 증가하면 조정비용의 증가, 정보의 왜곡과 훼손 등 다양한 문제가 발생하기 때문에 정보 공유 참여자의 경계가 확장된다는 면에서 거버넌스가 거버먼트보다 더 우월하다고 말할 수는 없다.

또한 누가 정보를 제공 및 소유하는가 하는 측면에서 볼 때 거버넌스 체제에서도 여전히 정부는 정보 집중 기관이며, 규제를 통해 민간부문과 시민사회를 제약할 수 있는 권위를 지닌다(Feldman & March, 1981). 다만 거버먼트에서 거버넌스로의 변화는 개인 혹은 소수의 정보 집중 조직이 일방향적으로 정보를 제공하는 전통적인 하향식top-down 정보 공유 방식에서 네트워크 내 여러 참여자들 간 정보를 함께 생성 및 공유하는 상향식bottom-up 방식으로의 변화를 의미한다. 또한 거버넌스는 정보를 생산할 때도 다양한 참여자들이 공동의 목적을 위해 협력하는 공동생산co-production 방식을 취하는 것이 특징이다.

정보 공유에서 거버먼트에서 거버넌스로의 이동은 문제를 해결하는 데 필요한 주요 정보 자체 혹은 정보처리 능력을 정부가 아닌 민간부문 혹은 시민사회가 보유할 수도 있음을 암시한다. 예를 들어 집행비용의 효율성을 고려하지 않는 관료적 공급에 의한 정부 실패의 경우, 이를 해결하려는 관료집단의 의지가 유일한 해결책으로 여겨져왔다. 그러나 시민사회와 민간부문의 역할이 강조되고 정보기술이 발전함에 따라 관료집단에 의한 서비스 공급을 감시 및 감독하는 시스템이 개발되기도 하고 실제로 비용 낭비를 막는 실효를 얻기도 했다.

그러나 거버넌스 체제에서도 참여자 간에 항상 균등하고 수평적으로 정보가 공유되는 것은 아니다. 거버넌스는 다양한 참여자 간 협의와 참여를 지향하지만 완벽하게 탈중앙화를 추구하는 것은 아니기 때문이다. 거버넌스 체제에서도 중심에 위치한 행위자의 정보 독점으로 인해 참여자 간 동일한 내용의 정보가 균등하게 공유되거나 필요한 정보에 즉각적으로 접근할 수 없는 것이 현실이다. 예를 들어 안보 관련 정보의 경우 미국은 정보 탐색 면에서 다른 어떤 국가보다 우위에 있으며, 정보 수집을 위한 여러 기관을 운영한다. 그러나 전통적으로 파이브 아이즈Five Eyes로 불리우는 우방국과 공유하는 안보 정보는 그 이외의 국가들에게는 차별적으로 제공되거나, 중요도에 따라 차별적 접근을 허용하는 상황이다.

## 2. 데이터 vs 정보

데이터와 정보의 관계는 위계적·포괄적이라고 볼 수 있다. 정보는 이용하고자 하는 의도나 목적에 따라 데이터를 재가공한 것이기 때문이다. 다시 말해, 서로 다른 행위자가 동일한 데이터를 공유하더라도 사용 목적에 따라 결과물은 달라질 수 있다. 그러므로 단순히 문제 상황에 대한 사실을 전달하는 것이 아니라 문제를 해결하려는 목적이 있다면 행위자들은 데이터를 교환하는 것이 아니라 정보를 공유해야 한다.

한편, 오늘날 우리의 생활은 모두 데이터로 기록될 수 있으며, 개인의 정형/비정형 데이터를 통합 및 가공하여 새로운 정보를 만들기도 한다. 빅데이터의 시대로 표현되는 현대는 데이터 접근 가능 여부, 데이터의 가공 및 재가공 기술 보유 여부에 따라 새로운 가치를 창출하거나 자원을 확보하는 등 경쟁력을 높일 수 있다. 즉, 이전에는 일부 계층에 집중되었던 권력과 자원이 데이터의 활용에 따라 재편성되고 재창출될 수 있는 시대로 변화하는 것이다.

정보는 수직성과 수평성이라는 특성도 지닌다. 전통적으로 정보는 수직적인 위계 체계에 따라 분류·관리·처리된다. 예를 들어 도서관에 새로운 서적이 들어오면 먼저 학문 분류체계에 따라 주제를 분류한 후 서적과 관련된 정보를 저장한다. 이후 사용자는 서지정보를 검색한 후 분류된 서적을 이용할 수 있다.

그러나 스마트폰의 높은 보급률, SNS 이용 증가, 클라우드 기술의 발전은 개인이 정보의 생산자이자 가공자의 역할을 할 수 있게 하고, 정보의 흐름이 개인 대 개인으로 수평적으로 급속하게 확장되는 데 기여한다. 과거 매체에 기록된 정보는 정보가 저장된 특정 장소를 방문해야 취득할 수 있었다면, 오늘날의 정보는 스마트폰과 인터넷만 있으면 시간과 공간의 제약 없이 접근 가능하다.

데이터를 가공하여 생성된 정보는 시장이나 사회에서 조직의 생존에 직접적인 영향을 미치는 자원이자 전략이다. 조직 외부 환경의 변화에 대한 정보를 시의적절하게 취득하지 못한 조직은 위기나 기회 상황에 대한 인지 능력이 저하되고, 결국 경쟁에서 도태될 것이기 때문이다. 조직이 보다 정확하고 시의적절한 정보를 취득하고자 자원을 투자하는 이유다. 현대 사회에서 정보는 더 이상 여유자원이 아닌 필수자원이다. 그리고 조직이 필요로 하는 정보를 시간과 비용 면에서 효율적으로 취득하는 방법이 바로 정보 공유다.

## 3. 공유 행위자와 공유 대상에 따른 정보 공유의 유형

앞서 살펴본 바와 같이 정보 공유의 유형은 공유 행위자의 특성과 공유 내용의 형태에 따라 달라진다. 다음 쪽 [그림 1]은 정보 공유의 행위자 간 관계(거버먼트와 거버넌스), 그리고 데이터의 가공 정도에 따른 정보 공유의 유형과 예시를 나타낸 것이다.

먼저 가장 기초적인 형태의 정보 공유는 정보를 소유하고 있는 소수에 의해 공유되는 내용, 대상자, 방법 등이 결정되고 통제되는 유형이다([그림 1]의 3사분면). 이러한 유형의 정보 공유 행태는 정보를 공공자원이라기보다는 사유재로 보기 때문에 정보의 원천이나 소유자가 단속적斷續的으로 정보를 제공하는 형태로 정보 공유가 이루어진다. 이는 진정한 의미의 쌍방향 공유 행위라고 보기 어려우며, 일방적인 데이터 전송이나 행위자 간 단순 연결 상태가 이런 경우에 해당한다.

컴퓨터나 인터넷과 같은 정보통신기술이 본격적으로 발전하게 전에는 개인 혹은 조직 내부에 산발적으로 존재하던 데이터나 정보를 행위자 간 연결하거나 대량으로 전송하기가 어려웠다. 이러한 단순 정보 공유 형태

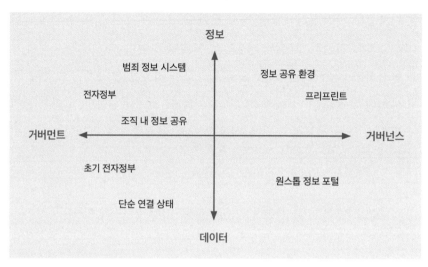

[그림 1] 정보 공유의 개념적 분석틀

는 초기 전자정부, 도서관, 게시판 등에서 관찰되는데, 정보를 필요로 하는 사용자가 정보를 보유한 소유자에게 간헐적으로 접근하여 정보를 취득하는 경우이다.

이러한 정보 공유는 정보통신기술이 본격적으로 발전하기 이전에 이루어진 유형으로, 구성원 간 대량의 정보를 공유할 수 없었기 때문에 정보의 확산이나 조직학습이 이루어지기 어렵다. 이 경우 정보 공유는 정보의 질이나 참여자의 확장성보다는 정보에의 접근성이 효용의 기준이 되며, 구성원 간 신뢰보다는 필요로 하는 정보를 취득하고자 하는 목적에 의해 정보 공유가 이루어진다.

이보다 조금 진화한 형태가 특정 조직이 정보에 접근하거나 소유하고는 있지만 공유하는 정보가 공공을 위해 활용될 수 있는 경우 혹은 대량의 정보를 다수와 공유할 수 있는 경우다([그림 1]의 2사분면). 이러한 유형은 정보통신기술이 일정 수준 이상으로 진화한 이후에 나타나는데, 대표적으로 컴퓨터와 인트라넷을 활용한 조직 내 정보 공유나 정보를 요청하고 수신할 수 있는 현재의 전자정부가 이런 경우라고 할 수 있다.

기존의 정보 공유 유형([그림 1]의 3사분면)과의 공통점은 정보를 공유할 상대나 참여자를 결정하는 주체가 정보를 보유한 소수의 집권적 개인 혹은 기관이라는 것인데, 이 두 유형은 공유하는 내용에서 구분된다. 즉, 정보는 특수한 목적에 의해 데이터를 가공한 결과물이므로 이 형태의 정보 공유는 목적성을 지닌 행위이며, 단순 연결 상태를 넘어 공유 대상과 내용, 방법 등이 이미 결정된 경우다.

이러한 사례로 범죄 정보 시스템Domain Awareness System: DAS을 들 수 있다. DAS는 뉴욕 지역 내 범죄를 예방하기 위해 뉴욕 경찰청과 마이크로소프트가 뉴욕에 설치된 6000개 이상의 CCTV와 번호판 인식기를 이용해 감시 대상 인물을 추적하고 그 정보를 지역사회에 공유한 것이다. 정보기술을 지닌 민간부문과 정보를 보유한 정부 간 정보 공유를 통해 문제를 해결하고자 한 경우라고 볼 수 있다.

기술이 발전하고 사회가 변화함에 따라 정보 공유의 유형도 변하고 문제해결의 방법도 다양해졌다. 정보통신기술의 비약적 발전으로 정보 공유 행위에 동시에 참여하려는 행위자의 수가 기하급수적으로 증가해도 정보의 손실이나 훼손 없이 안정적으로 정보를 공유할 수 있게 되었다. 이제 우리는 이미지, 문자, 동영상, 음악 등 다양한 종류의 정보 콘텐츠를 공유할 수 있으며, 공유하거나 공유될 수 있는 정보의 양에도 제약이 없다. 또한 행위자 간에 위계적이고 집약적이라기보다는 자유롭고 느슨한 연계를 바탕으로 관계를 맺는다.

이러한 형태의 정보 공유는 보다 많은 양의 다양한 정보를, 불특정 다수의 행위자를 대상으로, 차별 없이 상호호혜적 관계를 추구하면서 수평적으로 이루어진다는 점에서 민주적이다. 원스톱 정보 포털이나 인터넷상에서 이루어지는 상품 리뷰처럼 불특정 다수를 대상으로 하는 대규모의 정보 공유 행태가 이런 유형이라고 할 수 있다([그림 1]의 4사분면).

한편 '공유'의 목적에 가장 부합하는 형태의 정보 공유는 공통된 목적 아래 다양한 참여자가 정보를 공유하는 형태다([그림 1]의 1사분면). 전통적으로 정보 공유가 가장 활발하게 이루어지는 분야는 안보 분야다. 특히 2000년대 들어 미국은 중요한 정보의 취합과 유통을 담당하는 정보의 중심 역할을 하면서 우방국과 함께 군사 및 안보 관련 정보를 밀접하게 공유하는 정보 동맹intelligence alliance을 맺었다.

이들이 공유하는 정보는 사이버보안까지도 포함하는데, 이들의 동맹 관계를 보여주는 대표적인 사례가 2017년 발생한 워너크라이WannaCry 공격이다. 이 사건은 2017년 5월 러시아, 우크라이나, 스페인, 대만, 영국 등을 비롯해 전 세계 99개 국가의 12만 대 이상의 컴퓨터를 무차별적으로 공격한 사건이다. 이들은 악성 프로그램의 일종인 랜섬웨어Ransomware를 이용해 정부기관, 병원, 은행, 기업, 통신사, 방송국뿐 아니라 일반 가정 내 컴퓨터까지도 공격해 사용 불능으로 만들었다.

미국 국토안보부Department of Homeland Security: DHS는 워너크라이 공격이 본격적으로 시작되기 직전인 2017년 5월 12일에 아시아·태평양 지역을 시작으로 유럽으로 이어지는 사이버공간에서 비정상적 활동을 감지하고 대응책을 마련하였다. DHS는 이 사태를 미국에 대한 사이버공격의 차원을 뛰어넘은 전 지구적 위협으로 인식하고, 다양한 참여자의 공동대응을 촉구했다. 미국 내에서는 민간과 공공이 함께하는 집단 방어를 강조했는데, 연방정부 최고정보책임자Chief Information Officer: CIO뿐 아니라 구글, 마이크로소프트, 페이스북 같은 민간 IT 기업 및 사이버보안 업계의 파트너십을 통한 공동대응을 촉구한 것이다.

또한 국제적 파트너십을 통한 정보 협력과 정보 및 첩보 교환을 통한 안보 협력을 촉구했다. 미국과 정보 동맹을 맺고 있는 영국, 독일 등의 국가들은 즉각적으로 사이버공격의 근원지에 대한 정보를 공유하고, 이를 북한의 소행으로 단정 짓고 공개적으로 강력하게 비난했다. 이러한 민간 IT 기업과 공공기관 그리고 국제적 협력 체계를 통한 거버넌스 대응은 워너크라이의 확산을 약화시키고 그 피해를 최소화할 수 있게 해주었다. 이 사례는 사이버공간에서 이루어지는 정보 공유가 민간과 정부 간 파트너십, 국제 거버넌스 체계의 구축을 통한 문제해결의 핵심적인 수단이 될 수 있음을 보여준다.

거버넌스적 관계를 바탕으로 한 정보 공유의 또 다른 사례로는 프리프린트preprint를 들 수 있다. 프리프린트는 논문 심사 같은 절차로 출판까지 오래 걸리는 학계의 관행에서 벗어나 초기 논문을 프리프린트 서버에 공유함으로써 학자들 간 의견 및 정보를 자유롭고 빠르게 공유하기 위해 과학자들이 자발적으로 구축한 네트워크다. 이러한 정보 공유 유형은 최근 코로나 19 바이러스와 같은 예측 불가능한 상황에서 더욱 그 가치가 빛난다. 과학자들과 의료계가 프리프린트를 통해 코로나 19 바이러스 관련 정보를 신속하게 공유함으로써 방역에 대처하고, 백신이나 치료제와 같은 의약품의 개발이 빠르게 이루어지는 데 기여하는 것이다. 또한 다양한 참여자들에 의해 정보의 질에 대한 검증이 이루어짐으로써 정보의 신뢰성을 확보할 수 있다.


## 나가며

정보 공유는 인간의 이타성과 합리성에 근거한 행동이라고 볼 수 있다. 정보통신기술의 발전은 정보의 축적, 가공, 전달 과정을 디지털화함으로써 정보 공유의 편의성 증가와 참여자의 확대를 가져왔다. 소수의 행위자 및 기관만 참여 가능했던 과거와 달리 오늘날에는 수평적이고 다원적인 참여가 이루어진다. 공유 비용은 낮아지고 참여자는 폭발적으로 확대됐으며, 공유의 내용과 그 양의 제한도 대폭 줄어들어 이제는 거의 한계가 없는 수준에 이르렀다.

정보 공유를 통해 축적된 지식은 인류 전체의 지적 수준을 향상시켰고, 기술혁신은 이를 바탕으로 이루어졌다. 그러나 정보 공유가 항상 긍정적인 결과를 가져오는 것은 아니다. 정보 공유에 대한 지나친 강조는 오히려 소수 행위자의 정보 독점이나 정보 비대칭을 초래하고, 이로 인해 정보 취득 비용의 증가, 잘못된 정보 공유 등의 결과가 발생하기도 한다. 또한 활발한 정보 공유를 위해서는 공유되는 정보에 대한 지적재산권이나 개인정보 보호에 대한 법적 체계 마련이 선행되어야 할 것이다.

## 참고 문헌

조현석(2008), 「우리나라 과학기술 거버넌스 연구: 참여정부의 개혁을 중심으로」, 『과학기술학연구』 8(1), 29-54.

Coase, R. (1937), "The Nature of the Firm", *Economica, 4*(16), 386-405.

Coase, R. (1960), "The Problem of Social Cost", *Journal of Law and Economics 3*, 1-44.

Feldman, M. S. & March, J. G. (1981), "Information in Organizations as Signal and Symbol", *Administrative Science Quarterly 26*(2), 171-186.

Polanyi, M. (1966), *The Tacit Dimension*, University of Chicago Press.

Simon, H. A. (1947), *Administrative Behavior: A Study of Decision-Making Processes in Administrative Organization*, New York: Macmillan.

Simon, H. A. (1997), *Models of Bounded Rationality. Volume 3: Empirically Grounded Economic Reason*, Cambridge, MA: The MIT Press.

# 04

# 지능

## INTELLIGENCE

**유지연**

상명대학교 휴먼지능정보공학과

지능은 '인간의 지적 능력'으로 정의된다. 하지만 이 개념 정의만으로 지능을 이해하기에는 여전히 충분하게 설명되지 않는 부분이 많다. 지적 능력이라는 것은 축적된 정보를 의미하는가? 혹은 두뇌의 우수함이나 적응 능력을 의미하는가? 지능을 '객관적으로' 파악하는 것은 가능한가?

'지능'이라는 단어를 생각할 때 뇌, 생각, 지능지수IQ, 첩보, 지성, 다중지능, 감성지능 등 다양한 단어들이 함께 연상되는 것도 이 같은 개념 정의의 불명확성에서 비롯된 다양한 해석 가능성에 기인한다. 즉, '지능이란 무엇인가'라는 물음에 대해 표준 정의는 존재하지 않는다.

최근 지능에 대한 개념 정의의 필요성이 다시금 제기되었다. 인공지능 기술이 발전하면서 인간 지능과 인공지능의 차이, 인공지능의 인격체 여부에 대한 논의가 활발하게 이루어졌지만, 인공지능이 인간 지능과 어떻게 다르며 서로 어떤 관계에 있는지, 기술은 어떤 역할을 하게 될지 등에 대한 답을 내리기에는 지능의 개념에 대한 논의도 충분치 않은 상황이다. 이러한 논의와 연구는 여러 시각에 기반한 통찰이 필요한 동시에, 오랜 시간 탐구한다 하더라도 어떤 결론에 도달하기는 어려운 주제다.

이 글에서는 인간과 기술, 그리고 지능에 대한 통합적 고찰이 필요한 현재의 시점에서 이러한 논의의 시작을 위해 지능 관련 개념들을 소개하고, 지능 관련 이론의 변화를 다루며, 지능의 개념과 의미에 대해 생각해 보고자 한다. 그리고 지능과 관련된 논의가 사회 환경 변화와 기술 패러다임과 어떤 관련이 있는지에 대해서도 살펴볼 것이다.

# Ⅰ. 지능의 정의

먼저, 어원을 통해 '지능'의 개념과 의미를 살펴보자. 지능知能, intelligence은 고대 그리스어의 철학 용어인 'nous'에서 파생된 라틴어 'intellectus'에서 유래되었다. 여기서 'nous'는 무엇이 진실이고 실재인지를 이해하는 데 필요한 인간 정신 능력을 말하며, 세 가지의 철학적 의미를 내포한다. 고대 그리스어로 '마음의 집을 짓다', '지각知覺', '마음의 행동' 등을 의미하는 'νοῦς' 또는 'νόος', 라틴어로 '이해', '분별력', '지식' 등을 의미하는 'intellēctus' 또는 'intellegentia', 그리스어로 '순수 이성의 인식 작용', '의도하는', '아이디어' 등을 의미하는 'noēsis' 또는 'noeîn'이 그것이다. 그리고 이러한 어원적 의미의 차이는 현재 지능, 첩보, 지성으로 각각 표현된다.

지능은 특히 'intellectus'에서 유래하여 '~사이에between'를 의미하는 'inter'와 '읽다to read'와 '선택하다to choose', 그리고 '수집하다to collect'를 의미하는 'legere'가 결합된 것으로, 말과 생각 등을 주고받는 데 필요한 것, 즉 '이해하다understand'라는 의미를 지닌다고 간주된다. 이러한 의미에 기반하여 지능의 의미를 보다 구체적으로 정의하면, '사물과 사실을 이해하기 위해 그들 사이의 관계를 발견하고 개념과 합리적인 지식으로 연결하는 정신적 능력'이라고 할 수 있다. 즉, 지능은 '각 개인이 목적에 따라 합리적으로 행동하고 자신의 환경을 효율적으로 처리하는 종합적인 능력'을 가리킨다.

한편 '첩보'는 지능과 마찬가지로 'intellectus'에서 유래하며, 말과 생각 등을 '수집하다'는 의미에 집중하여 '소식을 전하다message'를 뜻하는 경우가 많다.

그리고 종종 지능과 같은 의미로 사용되는 '지성'은 'voῦς' 또는 'vóoς'와 'noēsis' 또는 'noeîn'에서 유래하며, '추론하여 이해하는 능력', '새로운 인식을 낳는 능력과 마음' 등을 지칭한다. 지능은 '분명한 대답이 있는 질문에 대해 신속하고 적절한 답변을 이끄는 능력'이라고 한다면, 지성은 '명백한 답이 없는 질문에 대해 대답을 탐구하는 능력'이라고 할 수 있다. 지능은 '사물을 명확하게 이해하고 판단하는 두뇌활동'으로, '지능이 높다', '지능이 뛰어나다' 등으로 사용되며 사람 이외에 개나 고양이 등의 동물에도 사용한다. 반면, 지성은 감각에 의해 얻은 것들을 정리, 판단하여 새로운 인식을 만들어내는 정신기능이다. '지성이 있다', '지성이 풍부하다' 등의 의미로 쓰이며 이른바 '지성 있는 사람'은 판단력, 사고력, 상상력, 이해력 등 다양한 능력이 뛰어난 사람을 가리킨다.

정리하자면, 지능은 지식과 기술을 활용하는 능력으로서 새로운 대상이나 상황에 부딪혀 그 의미를 이해하고 합리적인 적응 방법을 알아내는 지적활동이며, 지성은 새로운 인식을 열어가는 능력으로서 지각된 것을 정리하고 통일하며 이것을 바탕으로 새로운 인식을 만들어내는 정신작용이다. 그래서 인공지능artificial intelligence: AI은 있으나 아직 인공지성artificial intellect이라 할 만한 것은 나타나지 않았으며, 인간만이 '예상expectation'이라는 것을 할 수 있는 것으로 알려져 있다.

## II. 지능의 작동 원리

지능의 개념에 대한 다양한 해석이 가능하고 표준 정의가 존재하지 않는 것은 그 원리의 이해가 충분하지 않기 때문이기도 하다. 개념 정의는 해당 개념을 관통하는 공통 의미를 말하지만, 그 개념에 내재한 공통 원리와 구조로 정의되기도 한다.

'지능이 무엇인가'라는 질문에 대답하기 위해 지능을 형성하는 구조, 즉 '이해하다'라는 행위가 이루어지는 논리적 과정, 그리고 이 구조를 성립시키는 인지과학적 과정을 살펴보자.

수정란에서 발생한 뇌는 DNA를 포함하는 각 분자끼리의 반응, 그리고 환경에 적응하는 과정에서 진화하며 복합적인 과정을 통해 '이해'라는 기능을 수행한다. '이해하다'라는 명령을 통해 신경세포가 시냅스를 만들어가면서 거대한 네트워크 안에서 신호를 주고받으며 '사고'를 하는데, 이 과정을 통해 우리는 세상을 인지하고, 감정과 욕구를 느끼며, 상황을 판단하고, 의사결정을 내린다. 근육운동과 뇌 신경세포의 상호작용이 이루어지고 시냅스 연결이 강화되면, 그 연결망은 '정보 고속도로'가 되어 강하고 신속한 정신작용을 가능하게 한다. 이처럼 구조적 과정으로 본 지능은 '이해'의 과정을 뇌의 작용으로 보며, 뇌가 탄생할 때 형성되는 타고난 기질로 바라보는 경향이 있다(Masayuki, 2019).

다른 한편으로 '이해'는 논리적 과정으로, 추론 등 사고(판단, 개념)의 처리를 논리합, 논리곱, 논리부정 등 논리 바탕의 규칙을 통해 이해한다. 지능을 논리적 과정으로 보는 관점은 인간 생각(사고)의 법칙을 체계적으로 설명 가능한 형태로 만드는 수리논리학으로 발전해 컴퓨터와 인공지능 기술로 이어졌다.

마지막으로 '이해'의 구조를 성립시키는 인지과학적 과정으로 페르디낭 드 소쉬르Ferdinand de Saussure의 '커뮤니케이션 회로speech circuit model'를 고려할 수 있다. 소쉬르는 커뮤니케이션의 표현 방식에 있어서 '기호sign'를 '생각을 표현하는 것이며 기호 표현signifier과 기호 내용signified의 결합체로서 자의성을 지닌 것'으로 간주했다.

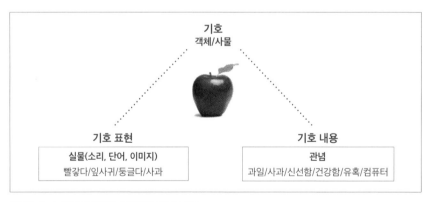

[그림 1] 소쉬르의 '커뮤니케이션 회로' 모델
출처 : https://the1knowledge.blogspot.com/2017/05/signifier-and-signified.html

　　　　　　　　　　　　　　　　　제1부　기술·데이터·정보·지능

뇌는 어떤 정보를 받아들일 때 이러한 멘탈모델을 통해 각 주체가 이미 알고 있는 지식이나 경험으로부터 습득한 관념 개념concept을 결합하여 그 것이 무엇이며 어떤 의미를 지니고 무엇을 지시하는지를 인지하고 파악한 다. 이를 파악하는 과정에서 감각기관인 눈[目]을 통해 외부세계의 사상(물 체)이 대뇌에 전달되어 하나의 시각상이 형성되는 의미작용-signification과, 물체가 눈앞에 없어도 기호에 의해 사고할 수 있게 하는 지시작용-indifica-tion이 이루어진다. 즉, '이해'는 어떤 대상의 표현과 인지가 이루어지는 뇌 의 복합적인 작용이다.

또한 이러한 구조적·논리적·인지과학적 과정은 뇌, 행동, 감각이 각각 복합적 구조를 형성하고 자기조직화self-organization하는 과정이기도 하다. 이처럼 지능은 복잡한 원리와 구조로 이루어지기 때문에 이를 하나의 형 태로 정의하기에는 한계가 있다.


# III. 지능 신화와 지능이론의 발전

## 1. 지능 신화와 지능 측정 검사

앞서 살펴본 것처럼, 지능은 통일된 정의가 존재하지 않고 그 범위도 명 확하지 않다. 현재는 추리 능력, 새로운 과제에 대한 이해와 대응, 지식의 양과 운용 능력, 개념화 능력 등을 포함하는 것으로 이해하고 있으며, 최근 에는 여기에 사회적 능력과 대인관계 능력도 포함된다. 지능에 대한 관심 은 조작적 정의를 통한 지능의 개념화로 이어졌고, 그 구체적인 시작은

19세기에 등장한 '지능 측정'부터라고 할 수 있다.

지능에 대한 탐구는 2000년 전 플라톤Plato이 『국가Politeia』에서 "지능의 개인차가 사회적·정치적 질서의 규정 원인"이라고 말하는 데에서 볼 수 있듯 오래전부터 이루어져온 것으로 생각되지만, 지능의 본질이 과학적 연구의 대상이 된 것은 19세기부터다. 19세기에는 특히 생물학과 통계학을 통해 인간의 개인차가 진화와 유전에 기인한다는 사고방식이 관심을 끌었다.

영국의 과학자 프랜시스 골턴Francis Golton은 사촌 찰스 다윈Charles Darwin의 진화론에 관심을 갖고 그의 이론에 따라 개인차에 대한 과학적 연구, 특히 지능의 개인차 연구에 착수했다. 심리학 연구 방법으로 통계적 방법과 상관의 방법을 고안해낸 골턴은 1890년경에 지능의 측정 결과가 정규 분포할 것으로 예측했다. 그는 지능은 많은 특성과 능력의 함수라고 생각하고 다양한 측정법을 개발했지만 유효한 지능 측정 검사를 만드는 데는 실패했다.

그리고 1900년대 초에 영국의 심리학자 찰스 스피어먼Charles Spearman이 지능의 구조를 일반요인general factor: g와 특수요인special factor: s로 설명한 'g요인 이론'을 제시했다. 그는 지능이 모든 지적 활동에 포함된 단일한 추론 능력(일반요인)과 특정 과제를 수행하는 데 포함된 구체적 능력(특수요인)으로 구성되어 있다고 보았다. 그의 이론에 따르면, 다양한 언어 기술(어휘력, 독해력, 철자 암기 능력 등)의 측정치들은 모두 일반지능이자 특수지능인 '언어 지능'을 반영하고 있기 때문에 상관도가 높다. 이 이론은 현재까지도 이어지는 지능 신화의 기반 이론이 되었다.

한편, 지능을 연구하던 프랑스의 심리학자 알프레드 비네Alfred Binet는

1900년대 초 실용 지능 검사를 처음으로 고안했다. 현재 광범위하게 사용되는 지능 측정 검사에는 첫째, 생득적으로 결정된 어떤 종류의 '지능'이라는 속성이 각 개인에게 있으며, 둘째, 그것을 객관적으로 측정할 수 있다는 신념이 존재한다.

하지만 이러한 신념은 당시 지능 측정의 개념을 만들어낸 당시 심리학자들이 말하듯 반드시 명확한 근거를 가지는 것은 아니다. 명백한 근거를 갖추지 못했음에도 누구나 믿는다는 의미에서 이 신념은 하나의 신화로 취급된다. 원래 지능 측정에 대한 비네의 아이디어는 초등학교 수업을 따라가지 못하는 지체아를 선발해 특수학급에 수용하는 것을 목적으로 한 것이었다. 이후 제1차 세계대전 중 미국 육군에서 효과적인 인원 배치를 위해 지능 측정 검사를 실시하면서 최종적으로 약 175만 명에 달하는 병사의 데이터가 집적되었다. 이 검사의 내용과 실시 방법은 군의 기밀로 취급되었지만 전후 해제되면서 이를 바탕으로 1919년 '표준형 국민 지능 검사 National Intelligence Test: NIT'가 만들어졌다.

그리고 20세기 초부터 지능은 개인마다 소유한 고유의 질적 기능으로, 측정이 가능한 일정한 기준을 가진 것으로 개념화되었다. 이 개념화는 지능에 대한 개념 정의가 설정되지 않은 상태에서 개인 고유의 질적 기능을 상대적 수준으로 비교하며 측정 가능하다고 생각한다는 점에서 논리 오류가 있음에도 이러한 견해는 현재까지도 받아들여지며, 심리학자들은 여전히 지능의 유형과 수치에 대해 토론한다.

지능에 대해 이처럼 지속적인 관심을 기울이는 이유 중 하나는 지능이 상대적으로 고정된 기준을 가진 질적으로 독특한 능력으로 간주되는 자연주의 이론을 지원하기 위해 지능 측정이 사용되었기 때문이다. 역사적으로 자연주의 이론의 지지자들은 측정을 표준화하여 지능을 안정적으로 측정하는 정치적 권력을 지닌 사람들을 설득하는 데 성공했다. 이 측정은 제1차 세계대전 당시 미군, 일반 학교에 다니는 어린이, 발달장애인을 포함한 수많은 개인에 대한 중요한 결정을 내리는 데 사용되었다. 지능 측정 운동의 역사를 문서화한 문헌이 상당수 존재하는 것은 이 때문이다.

이와 유사한 맥락에서 지능이론가들 사이에서는 인간 지능에 일반적인 특성이 존재한다는 스피어먼의 g요인 이론이 상당히 최근까지도 수용되었지만, 최근 몇 년 동안은 지능을 하나의 일반적인 특성이 아니라 여러 가지 다른 특성 또는 능력으로 간주하는 다른 이론이 제시되었다. 이 추세는 강경한 g요인 이론가들에 의해 비판되지 않는 추세다(Gottfredson, 1998).

예를 들어 로버트 스턴버그Robert J. Sternberg의 삼원주의 이론에서 우리가 지능이라고 부르는 것은 세 가지 유형의 지능(분석적 지능, 창의적 지능, 실용적 지능)을 모두 포함하여 구성된다(Sternberg, 1984).

또한 하워드 가드너Howard Gardner는 다중지능이론theory of multiple intelligences을 제창하여 지능을 직접 보거나 셀 수 없는 일종의 잠재력이라고 간주하고 측정에 익숙하지 않은 영역에 이르기까지 지능의 범위를 확장하고자 했다(Gardner, 1983). 다중지능은 언어 지능, 논리-수학 지능, 음악 지능, 공간 지능, 신체운동 지능, 인간관계 지능, 자기성찰 지능, 자연주의 지능으로, 요인 분석 연구factor-analytic studies에 의하지 않는다면 이러한 지능은 다른 기준에 의해 설명되어야 한다. 그래서 가드너는 다음의 여덟 가지 기준을 제시했다.

① 뇌 손상 연구에서 다른 기능의 독립성이 증명되었다.

② 진화심리학에서 진화적 타당성이 나타난다.

③ 그 지능의 핵심 구성 요소가 되는 모듈인 정보처리 과정이 존재한다.

④ 자신의 기호 체계를 가진다.

⑤ 고유의 발달 과정이 존재한다.

⑥ 그 지능만을 특이하게 발달시킨 천재가 존재한다.

⑦ 다른 지능과 쉽게 병렬 처리할 수 있다는 실험심리학적 증거가 있다.

⑧ 만일 검사로 측정한 경우 다른 지능과 약한 상관관계를 보인다.


그리고 최근 들어 심리학자들은 '삶의 경험으로 바꿀 수 없는, 유전적으로 주어진'(Goleman, 1995) 지능에 대한 관습적이고 좁은 개념에서 훨씬 멀리 나아가 '감성지능'을 포함하는 개념으로 이동했다. 존 메이어John Mayer는 감성지능을 '감정을 인식하고, 생각을 통합하고, 이해하고, 관리하는 네 가지 영역에서 감정으로 추리할 수 있는 능력'으로 정의한다(Mayer, 1999). 그리고 감성지능의 개념을 대중화한 대니얼 골먼Daniel Goleman과 같은 심리학자들은 "우리 아이들이 더 나은 삶을 살 수 있도록 무엇을 바꿀 수 있습니까?"와 같은 도전적인 질문에 답할 필요가 있다고 믿는다. 감성지능에는 자기 통제, 열성 및 끈기, 자신에게 동기를 부여하는 능력 등이 포함된다(Goleman, 1995).


## 2. 지능이론의 발전

그런데 이와 같은 지능 개념의 변화를 살펴보면, 산업혁명이 발생한 시점과 유의미한 연관성을 발견할 수 있다. 이러한 변화는 각각 개별적으로

[표 1] 시대적 변화와 지능이론의 발전

| 혁명 시기 | 지능 관련 주요 개념과 이론 | | |
| --- | --- | --- | --- |
| | 주요 지능이론 | 등장 시기 | 설명 |
| 제2차 산업혁명 | 2요인 지능이론과 지능 측정 | 1900년대 | 일반적인 기준에 따른 지능의 구분과 계량화가 이루어지며 지능 신화가 시작됨. |
| 정보화 혁명 | 다중지능이론 | 1990년대 | 정보화, 네트워크화에 따라 인간 지능을 단순한 정보처리 능력을 넘어 보다 다양한 능력으로 이해함. |
| 지능 혁명 | 감성지능이론 | 2010년대 | 인공지능 발전에 따라 기계와 비교되는 인간 고유의 능력이 부각됨. |

발생했지만, 한편으로 기술발전과 산업혁명을 통한 사회환경 변화가 지능에 대한 조작적 개념과 이론 들을 촉발한 것으로 볼 수도 있다.

먼저 전기동력으로 인한 기술혁신과 제2차 산업혁명으로 시작된 대량생산은 획일화된 방식의 사회구조를 낳았다. 그리고 이는 인간에 대한 획일적이고 경직된 접근으로 이어졌고, 지능 수준에 따라 인간을 구분하는 방향으로 지능 연구가 이루어졌다. 그 결과 지능구조를 일반요인(g요인)과 특수요인(s요인)으로 나눈 2요인 지능이론이 스피어먼에 의해 제창되고, 지능을 객관적으로 측정하기 위한 지능검사가 비네에 의해 개발되어 현재까지도 사용된다.

이후 정보화 혁명으로 정보처리 속도가 빨라지고 정보 축적 및 상호 교류가 가능해지면서 지금껏 인간만의 지적 능력으로 여겨온 수학적 문제해결 능력과 단일 추론 능력, 언어 지능, 음악 지능 등에 주목하게 되었고, 다중지능이론이 등장했다. 이러한 맥락에서 정보를 정확하고 효과적으로 처리하는 데에는 단순한 정보처리와 분석 활동뿐만 아니라 타인과 상황에 대해 적절하게 인식하고 처리하는 '감성지능'이 필요하다는 이론이 대두된 것으로 보인다.

지능의 개념에 대해서는 다양한 해석이 가능하며, 이를 어떻게 이해하느냐에 따라 그 정의도 달라진다. 지능은 인간이 지닌 능력으로, 이 '능력'은 시대의 가치관과 개인의 사고 및 관점에 영향을 받기 때문이다. 즉, 지능을 어떻게 바라볼 것인지는 그 사회와 개인이 결정한다고 할 수 있다.

## 나가며

지능은 인간의 지적 능력으로, 인간의 존재 가치를 나타내기 위해 만들어낸 구성 개념[1]이다. 그리고 인공지능이라는 '눈에 보이는' 형태로 지능이 구현되는 가운데 이러한 구성 개념이 다중지능이론, 감성지능이론 등 보다 정교한 형태로 발전하는 것으로 보인다. 즉, 지능은 다차원적이고 다각적인 구조와 과정으로 이해해야 하며, 기술사회 패러다임에 의해 더욱 다양하고 풍부한 개념으로 정의될 것이다.

지능 개념 논의에 기반하여 인공지능을 바라보면, 인공지능은 '상황 맥락을 이해하고' '합리적으로 적응 방법을 알아내는' 지적활동을 만들어내는 것으로, 인공지능에서 '사고 범위 문제'[2]가 왜 중요한지를 이해할 수 있

---

1    과학적 연구 방법이나 논리적인 이론에 근거하여 이를 설명하기 위해 조작적으로 만들어낸 개념.
2    프레임 문제. 술어 논리에 의하여 변화하는 세계를 표현할 때 변화된 사실뿐만 아니라 변화하지 않은 사실에 대한 기술도 필요한 데에서 야기되는 기술량의 폭발 문제.

다. 지능은 구조적·논리적·인지과학적 과정이 복합적으로 작용하여 프레임 문제를 해결하기 때문이다. 이러한 관점에서 생각해보면, 인공지능이 인간 지능과 같은 작업을 수행하는 것은 아직 요원해 보인다. 또한 인공지능의 합리적 구성을 위해서는 투명성transparency(인공지능이 내린 결정은 추적 가능해야 한다), 책임성accountability(인공지능이 내린 결과에 대한 책임과 그 책임을 보장하기 위한 메커니즘이 마련되어야 한다), 신뢰성reliability/robustness and safety(인공지능의 수명 주기에서 오류나 불일치를 처리할 수 있을 정도로 안전하고 신뢰할 수 있으며 강력한 알고리즘으로 구성되어야 한다)이라는 '윤리적 이슈'가 중요하다는 것도 이러한 맥락에서 이해할 수 있다.

인공지능은 인간 지능화라는 목표를 향해 계속해서 발전할 것이나, 지능 개념에 기반을 두고 본다면 일부에서 우려하는 바와 같이 인간을 위협하는 존재가 되기는 어려울 것으로 보인다. 따라서 다가올 지능 정보 사회에서 우리가 할 일은 인간 고유의 존재 가치인 '지성'을 보다 향상시키는 방향으로의 고민일 것이다. 즉, 교육을 재설계하고, 사회적 관계 속에서 지성을 발전시킬 수 있는 시스템을 구성하는 작업이 필요하다.

**참고 문헌**

Detterman, D. K. & Sternberg, R. J. (1986), *What is intelligence? Contemporary vies in its nature and definition*, Ablex.

Ferrari, M. & Shavinina, L.V. ed., (2004). *Beyond knowledge: Extracognitive aspects of developing high ability*, Routledge, 187-194.

Gardner, H. (1983), *Frames of mind: The theory of multiple intelligences*, NYC: Basic Books.

Goleman, D. (1995), *Emotional intelligence*, New York: Bantam.

Gottfredson, L. S. (1998), "The general intelligence factor", *Scientific American Presents 9*, 24-29.

Greenfield, P. M. (1998), *The rising curve: Long-term gains in IQ and related measures*, American Psychological Association, 81-123.

Masayuki, Y. (2019), "How "Intelligence" is called as "Intelligence"?", The 33rd Annual Conference of the Japanese Society for Artificial Intelligence.

Mayer, R. E. (1999), *Fifty years of creativity research*, Cambridge: Cambridge University Press.

Neisser, U. (1996), "Intelligence: Knowns and unknowns", *American Psychologist 51*, 77-101.

Schlinger, H. (2003), "The myth of intelligence", *The Psychological Record 53*, 15-32.

Sternberg, R. J. (1984), "Toward a triarchic theory of human intelligence", *Behavioral and Brain Sciences 7*(2), 269-315.

Sternberg, R. J. (1997), "The concept of intelligence and its role in lifelong learning and success", *American Psycologist 52*, 1030-1037.

Wechsler, D. (1939), *The measurement of adult intelligence*, Williams & Wilkins, 229.

제2부

# 시스템·법·제도

# 05

# 시스템

SYSTEM

**민병원**
이화여자대학교 정치외교학과

오늘날 기술의 발전은 그 범위와 속도가 상상을 초월할 정도다. 기술과 사회의 관계에서 이러한 양적인 측면을 넘어 우리가 특히 주목해야 할 것은 다양한 기술 사이에 상호작용이 일어나면서 예측하지 못했던 변화들이 나타난다는 점이다. 이를 과거의 기술과 비교해본다면, 과거에는 특정한 '기능function'을 수행하기 위한 목적에서 특정 기술이 개발되었지만, 오늘날에는 기술들 사이에 상호 영향을 주고받으며 인간의 목적과 의도에서 벗어나거나 예측 또는 통제가 불가능한 정도의 결과로 이어지기도 한다. 최근의 융합기술이나 4차 산업혁명의 추세는 이러한 질적 변화, 즉 다양한 기술 사이의 복합적 상호작용과 예측 불가능성, 대단히 빠른 시너지 효과 등을 가속화한다.

이 장에서는 이러한 맥락에서 오늘날 기술을 이해하기 위한 개념적 도구로서 '시스템'에 주목한다. 기술이 인간의 생활과 역사에서 중요한 역할을 맡아왔다는 점에 대해서는 이견의 여지가 없지만, 이를 바라보는 시각에는 커다란 편차가 존재하며 특히 기술이 인간의 삶의 질을 높이기 위한 수단이어야 한다는 인식은 최근 들어 더욱 강화되었다는 점을 언급할 필요가 있다. 기술이 인간에 의해 창출되고 또 인간의 복리를 위해 활용되어야 한다는 전제는 오늘날 다양한 국가와 공동체 내에서 당연한 것으로 간주되기 때문이다. 하지만 이와 같은 전제가 항상 옳은 것인지, 또는 바람직한 것인지에 대해서는 지속적인 논쟁이 존재한다. 이 장에서는 이러한 인식에 어떤 문제가 있는지를 짚어보고, 그에 대한 대안으로서 기술 패러다임을 이해하는 데 시스템 사고가 필요하다는 주장을 전개하고자 한다.

# I. 기술발전과 시스템 사고의 필요성

기술 간 상호작용이나 복합적 효과는 예전부터 존재해왔지만, 오늘날의 기술변화는 이러한 현상이 질적 차원에서 새로운 형태의 변화로 인식되어야 할 필요성을 보여준다. 양적 변화가 누적되다가 일정한 수준에 도달하게 되면 질적 전환을 초래하기 때문이다. 다시 말해, 기술 발전이 지속적으로 이루어지다가 '임계치critical point' 또는 '전환점tipping point'에 다다르면 그 기술은 외부의 환경과도 연계되며, 특히 사회적·정치적 인프라를 변화시키거나 상호 영향을 미치기 시작한다. 이는 기술이 해당 분야 내에서 원래 의도했던 기능이나 목표에 국한되지 않고 예상하기 어려운 부작용이나 의도하지 않았던 결과를 초래하면서 사회적 규제나 목표의 재설정을 유도하기 때문이다.

20세기 후반에 들어서면서 이러한 기술의 복합적 영향에 대한 성찰과 재평가가 본격적으로 이루어졌는데, 가장 주목받은 사례는 1960년대 초에 발간된 레이첼 카슨Rachel Carson의 『침묵의 봄Silent Spring』이었다. 카슨은 경제성장 우선주의가 DDT를 비롯한 지나친 살충제 남용으로 이어졌고, 그로 말미암아 조류를 포함한 자연환경에 의도치 않게 피해를 야기했다는 점을 강조했다(Carson, 1962/2011). 이러한 시각은 '기술'이 독립적이면서도 고유한 영역이 아니며 언제든 인간의 의도를 벗어나 통제하기 어려운 상황을 초래할 수도 있다는 점을 중점에 두었으며, 기술발전의 토대 위에 이룩된 경제성장의 논리가 빠뜨리고 있는 점을 부각했다.

1970년대 로마 클럽Club of Rome은 이러한 기술 중심의 패러다임을 본격적으로 성찰한 최초의 사례였다. 로마 클럽의 관심은 지속적인 개발과 자원 남용이 초래할 '한계'에 있었는데, 경제성장이 한창이던 1970년대 초반의 상황에서 기술과 자원의 한계에 대해 논한 로마 클럽의 보고서 『성장의 한계Limits to Growth』는 인류에게 경종을 울리기 충분했다(Meadows et al., 1972). 이후 인구 폭발, 경제성장의 부작용, 자원의 한계, 환경 파괴 등 인간의 삶에 영향을 미치는 다양한 요인이 복합적으로 고려되면서 1950년대부터 제기된 '시스템 사고systems thinking'에 대한 관심이 커지게 되었다. 그리하여 20세기 후반의 기술 패러다임은 기술 이외의 영역에서 초래되는 다양한 효과와 부작용을 함께 고려한 형태로 변모했으며, 이를 위해 '시스템'이라는 거시적 개념을 동원하기 시작했다.

시스템이라는 개념이 사용된 데에는 공학 분야의 '기계mechanism' 개념과 생물학 분야의 '유기체organism' 개념의 역할이 컸다. '기계'가 기술의 기능과 목적을 대표하는 비유로서 인간의 의도를 반영한 결과물이라면, '유기체'는 그보다 훨씬 범위가 넓으면서도 인간의 의도를 벗어날 수 있는 포괄적 단위체라는 의미를 담고 있었기 때문이다. 이러한 대조적 의미를 동시에 내포하는 개념이 바로 '시스템'이었다. 이 개념은 초기에는 공학적 의미로 사용되었으나 점차 생물학적 의미로 확장되었다. 특히 '기계'로서의 시스템이 한정된 범위 안에서 수행하는 제한적 기능을 중시했다면, '유기체'로서의 시스템은 경계 바깥 환경의 영향을 함께 고려하면서 내적 기능과 정체성을 일관성 있게 유지하는 '자기조직적self-organizing' 속성에 초점을 둔 개념이었다. 시스템 개념은 20세기 내내 이러한 의미 변화를 거치며 오늘날 기술사회의 변화를 포용할 수 있는 포괄적 개념으로 간주되어 왔다.

시스템 사고는 근대 과학의 전형적인 '분석' 사고와는 달리 모든 요소를 고려한 총체적 접근을 중시한다. 근대 과학이 변수들 사이의 관계를 엄밀하게 측정하기 위해 철저하게 분석적인 작업을 통해 진리에 도달하고자 했던 반면, 시스템 사고는 생물체와 같은 완전한 개체의 생존과 작동 메커니즘을 설명하는 데 주안점을 두었다. 또한 분석적 사고가 변수들 사이의 선형적 영향이나 상호작용의 통제 가능성을 전제로 했다면, 시스템 사고는 수많은 변수 간 관계가 현실에서는 각각 분리하기 어렵다는 점을 인정하는 데서 출발한다.

우리가 현실세계를 이해하기 위해서는 구성요소들을 쪼개어 살펴보는 것만으로는 충분하지 않다. 하위 체계들의 상호작용을 통해 거시적 차원에서 새로운 속성들이 나타나는 창발적emergent 측면에 대해서도 살펴보아야 한다. 이런 점에서 "전체는 부분들의 합보다 크다"라는 현대 과학의 경구는, 현실세계를 기계적인 '분석'만으로는 올바로 이해할 수 없다는 점을 잘 말해주는 시스템 사고의 대표적인 표현이다(von Bertalanffy, 1976/1990).

## II. 기술시스템이란 무엇인가

### 1. 시스템의 이해

현실세계의 다양한 요소들을 하나의 '시스템'으로 인식하려는 시도는 일반 시스템 이론General Systems Theory을 통해 학문적 토대를 구축하려는 노력으로 이어졌다. 이 이론은 다양한 학문 분야에 걸쳐 탐구 대상을 일반적인 의미의 '체계' 또는 '시스템'으로 인식하기 위한 보편적인 프레임워크를 제공한다. 즉, 물리학이나 생물학뿐 아니라 인간 사회를 포함하는 지구 생태계와 우주 등 거시적 대상에 이르기까지 여러 수준의 시스템에 존재하는 일반적 속성을 규정한다.

이는 서로 다른 분야의 관찰 대상에서 구조적 유사성 또는 동형성iso-morphism을 발견하려는 경향으로 이어졌다. 이는 규모나 속성이 다른 대상이라 할지라도 그것들을 지배하는 원리에는 일정한 유사성이나 법칙성이 존재한다는 뜻이다. 따라서 일반시스템이론은 서로 다른 시스템 사이에 존재하는 상호 연관성을 이해할 수 있도록 해주는 범용 모형을 제공해왔다.

일반 시스템 이론은 물리학 분야에서 시작된 전통적인 '시스템' 개념을 넘어서고자 한다. 전통적인 시스템 개념은 하나의 '시스템'이 외부 '환경'과 구분되며, 양자 사이에는 '경계boundary'가 존재한다고 가정한다. 그리하여 시스템 내부의 작동 과정에 초점을 맞춤으로써 물리적 작동 방식이나 속성을 분석적으로 파악하는 데 주안점을 둔다. 반면, 일반 시스템 이론에서는 '전체'와 '부분'이라는 전통적인 구분법을 넘어 시스템과 환경 사이의 관계를 한층 유기적인 연관성을 지닌 것으로서 이해한다. 예를 들어 과거의 시스템 이론에서는 시스템이라는 개념이 단지 '전체성totality'만을 의미하는 것으로 사용되었기 때문에, 전체는 부분으로 구성된 '합'이라고 인식되었다. 하지만 그 전체가 부분들의 층위에서 '어떻게' 하나의 단위체로 작동하는지에 대해서는 명확한 설명이 결여되어 있었다(Luhmann, 1984/2007).

기술의 발전을 이해하는 데 이러한 프레임워크를 적용해보면, 기술시스템도 다른 유형의 시스템과 마찬가지로 그 구성요소와 상호작용, 경계, 외부 환경 등의 개념을 통해 설명할 수 있는 하나의 '총체성'이다. 즉, 기술 자체는 그 자체로서 하나의 단일한 시스템으로 간주되며, 따라서 다른 시스템과 유사한 구조적 특징을 지닌 것으로 추정할 수 있다. 예를 들어 인공지능AI과 같은 특정한 기술은 컴퓨터 과학, 네트워크 통신기술, 신경망 기술, 뇌인지과학 등 다양한 구성요소들로 이루어진 하나의 총체적 기술시스템이라고 볼 수 있으며, 기술적 경계 외부의 다른 시스템들과 구분되는 고유한 특징을 지닌다. 이러한 평가는 정보통신, 자동차, 로봇, 드론 등 오늘날의 다양한 첨단기술 분야에도 그대로 적용될 수 있다.

예를 들어 로봇기술의 사례를 일반 시스템 이론의 프레임워크를 통해 해석해보면, 이 기술은 오늘날의 복잡한 사회현상 속에서 하나의 거대한 집합체로 존재한다. 여기에는 다양한 로봇 관련 기술과 과학자, 기업, 이해당사자들이 서로 얽혀 있으며, 그 자체로서 하나의 생태계를 구축한다. 로봇 관련 기술은 내부적으로 기술이 탄생하고 소멸하는 동안 그것이 적용되는 범위 내에서 스스로 작동하는 시스템적 속성을 지니는데, 아마도 해당 분야에 종사하는 전문가들은 이런 속성에 대해 충분히 파악했을 것이다. 적어도 로봇기술 시스템이 존재하고 작동하는 핵심적인 구성요소와 작동 방식은 여타 시스템과 뚜렷하게 구분된다. 여기에 더하여 로봇 기술 시스템은 경계선 외부의 다른 기술시스템이나 사회시스템과 밀접한 연관성을 띠며, 서로 소통과 투입-산출 관계를 통해 상호작용한다.

로봇기술에 대한 지원과 응용 기반을 제공하는 군사 분야와 산업계 등은 이러한 외부 생태계의 영향을 잘 보여주는 사례다. 외부와의 연계성 없이 로봇 산업이 존재한다고 볼 수는 없다. 또한 로봇기술은 컴퓨터 기술이나 인공지능, 기계공학 시스템과도 밀접한 연관성을 맺으면서 성장해간다는 점에서 다양한 외부 시스템과의 연결고리를 무시할 수 없다. 이처럼 로봇기술 시스템을 내적 구성요소와 작동 메커니즘, 그리고 외부 환경과의 연계성이라는 맥락에서 이해한다면, 이는 일반 시스템 이론의 도움에 힘입은 바 크다.

일반 시스템 이론은 20세기 후반에 자연적·사회적 탐구 대상을 하나의 총체적 유기체로 바라볼 수 있는 학문적 기초를 제공해왔다. 무엇보다도 '기계'를 비유하는 데 그쳤던 초기의 물리학적 시스템 개념을 극복하고, 다양한 유형의 시스템을 한층 더 동적dynamic이면서 상호 간 유사성을 공유한 복합적 대상으로 간주하기 시작했다.

## 2. 열린 시스템으로서 기술시스템

한편, 일반 시스템 이론은 자연과 과학, 사회의 관찰 대상을 보편적인 '시스템'으로 이해하고 설명하는 데 다음과 같은 몇 가지의 특징을 보인다.

첫째, 시스템은 하나의 '열린 시스템open system'으로 인식된다. 과거의 시스템 개념은 경계선 외부 환경과 물리적으로 구분되면서 에너지를 교환하는 '닫힌 시스템closed system' 또는 물질과 에너지가 교환되지 않는 '고립된 시스템isolated system' 차원에 머물러 있었다. 하지만 19세기 이후 물리학, 특히 열역학의 발전은 이러한 전통적 시스템 개념이 지닌 한계를 드러냈다.

시스템에 존재하는 물리량으로서 '엔트로피entropy'가 증가한다는 열역학 제2법칙의 발견은 우리가 관찰하는 대부분의 대상이 닫혀 있거나 고립된 것이 아니라는 성찰로 이어졌다. 다시 말해, 외부와의 상호작용이 이루어지지 않는 시스템에서는 엔트로피가 증가하면서 '무질서'의 정도가 지속적으로 증가한다는 것인데, 이와 같은 시스템은 스스로를 지탱하지 못한 채 소멸할 수밖에 없다는 의미를 함축한다. 궁극적으로 인간과 자연은 모두 물리적으로 사라지고 말 운명에 처해 있다는 의미다. 엔트로피의 증가 현상은 이처럼 무질서와 소멸을 향해 나아가는 우주 만물의 근본 원칙을 가리킨다.

하지만 우리의 관심은 기술, 인간, 사회시스템뿐 아니라 자연시스템에서 관찰할 수 있는 '생성' 현상에 더 쏠려 있다. 이는 엔트로피가 증가하는 모습보다는 오히려 감소하는 모습에 더 관심을 기울인다는 뜻이다. 다시 말해, 우리는 바위나 흙처럼 고립된 시스템 또는 '닫힌 시스템'보다는 새롭게 태어나거나 살아 있는 존재, 즉 '열린 시스템'에 더 많은 관심을 보인다. 이런 점에서 기술을 하나의 '열린 시스템'으로 이해한다는 것은 기술과 외부 환경 간의 관계와 상호작용을 염두에 두고 있음을 의미한다. 살아 있는 모든 생명체나 유기체와 마찬가지로, 기술도 '살아 움직이는 시스템'으로 보는 것이다(von Bertalanffy, 1976/1990). 이러한 관점에서 기술시스템을 하나의 '시스템'으로 이해하면, 그것은 '닫힌 시스템'으로서 주어진 관찰 대상에 그치는 것이 아니라 지속적으로 변화하면서 살아 움직이는 열린 시스템이자 유기체로서 받아들일 수 있다.

둘째, 우리의 관심 대상을 '열린 시스템'으로 바라보면 다양한 시스템 사이에 유사한 경로와 지향점을 의미하는 '등종국성equifinality'을 파악할 수 있다. 등종국성의 개념은 생물학에서 유래한 것으로, 유전자와 종種의 발전 과정이 다양한 생명체에 걸쳐 매우 비슷한 경로를 따라 전개되는 것을 가리킨다. 이것은 곧 생명의 탄생에서 볼 수 있는 질서의 증가 또는 엔트로피의 감소를 뜻한다.

닫힌 시스템의 경우 시간의 흐름에 따라 시스템이 도달하게 되는 최종적인 상태는 최초의 조건에 의해 결정된다. 말하자면, 바위와 같이 죽은 시스템은 처음이나 끝이 동일할 수밖에 없지만 열린 시스템의 경우에는 초기 조건도 다를 뿐 아니라 시간이 경과하면서 여기에 작용하는 우연성의 영향에도 민감하게 반응하기 때문에 닫힌 시스템과 같이 최종적인 상태가 미리 결정될 수 없다. 예를 들어 태풍이나 지진 등의 자연현상은 거대한 시스템으로서 우리에게 엄청난 영향을 미치지만, 항상 복잡하게 움직이는 자연시스템의 원리를 충분하게 이해하고 예측하는 일은 여전히 요원하다.

이에 비해 기술시스템은 그것이 인간의 의도에 의해 만들어진 것이라는 점에서 분명한 등종국성을 가진 것처럼 비칠 수 있다. 하지만 기술시스템의 예측 가능한 부분은 지극히 작은 부분에 머물러 있으며, 어떤 기술이 어떤 미래로 이어질 것인지를 예측하는 일 역시 자연현상을 예측하는 일만큼이나 어렵다.

물론 이러한 시스템적 속성을 예측하는 일이 어렵다고 해서 그러한 노력이 의미가 없거나 또는 아주 불가능하다는 것은 아니다. 거대하고 복잡한 열린 시스템은 각자 상이한 조건과 과정임에도 동일하거나 유사한 최종 상태에 도달할 수 있는데, 이러한 유사성의 패턴을 '등종국성'으로 이해할 수 있다.

자연현상에서도 이처럼 보이지 않는 동역학적 유사성이 자주 관찰되는데, 열린 시스템이 외부 환경으로부터 '부負의 엔트로피negative entropy'를 받아들이면서 새로운 생명체 또는 새로운 질서를 만들어내는 경우다. 여기에서 '부의 엔트로피'란 새로운 활동 또는 생명작용이 일어나면서 시스템적 특성이 새롭게 만들어지는 속성을 뜻한다. 기술시스템 역시 그것을 만들어내는 인간의 최초 의도와 별개로 그 자체의 논리적 작용을 통해 발전하면서 인간의 의도에 부합하면서 동시에 인간이 예측하기 어려운 결과로 이어진다고 볼 수 있다.

셋째, 열린 시스템이 '엔트로피의 증가'라는 물리법칙에 반대되는 현상으로서 '부의 엔트로피'를 구현한다면, 그것이 스스로 그와 같은 신진대사 또는 자기유지 작용의 역학dynamics을 가지게 되는 현상은 어떻게 가능한 것일까? 어떤 시스템이건 간에 그것이 '부의 엔트로피' 작용을 통해 생명을 유지하고 질서를 만들어내기 위해서는 시스템 내부에 일정한 속성을 안정적으로 유지하게 해주는 메커니즘이 필요하다. 생물학에서는 이를 가리켜 '항상성homeostasis'이라고 부르며, 복잡계 이론에서는 '자기조직화 self-organizing organization'로 표현하기도 한다. 이는 열린 시스템이 외부 환경과 상호작용을 통해 스스로의 신진대사 기능을 유지하면서 시스템의 생명을 유지해가는 모습을 일컫는다.

이러한 자기조직화 메커니즘은 외부로부터의 충격에 대하여 시스템의 구성요소들이 환류작용feedback을 통해 수많은 물리화학적 변이들을 일정하게 관리함으로써 생명체가 지속될 수 있도록 도와준다. 스피노자 Spinoza는 일찍이 인간의 생명을 유지하는 이러한 시스템의 속성을 '코나투스conatus'라고 불렀는데, 그는 이 개념을 통해 살아 움직이는 시스템은 무의식적으로 개체를 보존하기 위한 활동을 수행한다고 보았다(Damasio, 2003/2007). 자기조직화 또는 코나투스의 개념은 시스템이 온전하게 스스로를 유지하는 메커니즘의 핵심적인 속성을 일컬으며, 마음, 느낌, 정서와 마찬가지로 인간의 의지와 관계없이 인간의 생존에 기여하는 모든 요소들의 총체로서 이해될 수 있다. 이는 생명체의 본질에 관한 생물학적 논의가 발전하면서 등장한 '항상성'의 개념과 합치된다.

이러한 맥락에서, 기술변화와 사회의 상호작용을 하나의 '열린 시스템'으로 보았을 때 우리는 기술이 단순하게 목적 지향적이거나 도구적 역할을 수행하는 것이 아님을 깨닫게 된다. 기술은 그 자체로서 하나의 '질서'를 창출해내는 '부의 엔트로피'로서 사회에 영향을 미치고, 사회를 유지하면서, 동시에 그것을 변화시키는 기능을 수행한다.

우리는 여기에서 기술시스템이라는 것이 인간의 의도와 목적에 들어맞는 맞춤형 도구에 머무르지 않는다는 점에 주목할 필요가 있다. 일찍이 멜빈 크란츠버그Melvin Kranzberg는 "기술은 좋은 것도 아니고 나쁜 것도 아니다. 그렇다고 기술은 중립적인 것도 아니다"라고 말한 바 있다. 이는 기술이 인간의 의지와 통제 가능성에 부합하지 않을 수 있으며, 서로 다른 상황에서 서로 다른 결과를 낳을 수 있음을 뜻한다. 예를 들어 DDT와 같은 기술적 발전은 생태계 파괴라는 치명적인 부작용을 초래했고, 결국 근대 산업사회에서 퇴출되고 말았다(Kranzberg, 1986).

기술발전의 논리 속에는 이처럼 인간과 사회가 제대로 인식하거나 통제할 수 없는 '의도하지 않았던 결과'가 내재되어 있기에 그 결과는 항상 예측의 범위를 뛰어넘는다. 그러나 우리는 또한 기술이 생명체와 같이 '등종국성'의 패턴을 보임을 알 수 있다. 대부분의 기술발전 과정을 살펴보면, 초기의 개발 단계에서 출발하여 그것이 응용되거나 다른 기술과 융합되는 과정을 거치면서 새로운 기술로 뻗어나가고, 인간과 사회의 피드백을 통해 더욱 진전하거나 퇴출당하면서 규제의 대상이 되기도 한다. 이처럼 고대로부터 기술은 인간과 사회의 틀 안에서 하나의 '열린 시스템'으로서 작용해왔고, 앞으로도 그럴 것이다.

## III. 시스템의 사회과학

### 1. 시스템 환경과 기술사회

사회과학 이론은 시스템과 환경 간 관계에 대하여 한층 정교한 프레임워크를 제공해왔다. 니클라스 루만Niklas Luhmann에 따르면, 시스템은 외부와 대비하여 분명한 '차이'를 드러내는 과정, 즉 '시스템 분화Systemdif-ferenzierung'의 결과로서 간주된다. 여기에서 '환경'은 시스템과 그 외부를 통칭하는 새로운 개념으로 제시되었는데, 모든 잠재적 현상을 포괄하는 가능태로 인식될 수 있다(Luhmann, 1984/2007).

즉, 하나의 시스템은 환경이라는 거대한 조건 아래 다양한 방식을 통해 만들어지며, 일정한 경계 내부에 존재하는 구성요소들과 상호작용의 집합체로 규정된다. 이 경우 우리는 환경 속에서 다양한 시스템이 상시 만들어지거나 사라질 수 있고, 다양한 시스템이 복수로 존재한다고 전제할 수 있다. 이러한 논리를 기술사회의 등장에 적용하면, 지구적 차원에서 자연과 인간 모두를 포괄하는 전체를 '환경'으로 간주할 수 있으며, 각각의 기술사회는 외부 환경과 반복적인 상호작용 그리고 정체성 공유를 통해 만들어지는 '열린 시스템'이라고 할 수 있다.

'시스템'과 '환경'에 대한 이와 같은 개념적 차이와 더불어 양자 사이의 상호작용에 대해서도 분명하게 규정할 필요가 있다. 하나의 시스템은 다른 시스템 또는 외부의 여러 요인에 의해 영향을 받는데, 이와 같은 관계를 어떻게 이론적 개념으로 설명할 것인지 하는 문제가 중요해지기 때문이다.

사회과학의 시스템 이론은 이를 위해 시스템과 환경 사이의 차이를 '복잡성'의 수준에서 설명한다. 이러한 설명에 따르면, 시스템 외부의 환경은 모든 총체적 가능성을 가리킨다. 그 어떤 것도 상상할 수 있는 무한의 가능성 중 우리는 일정한 요소들에 집중하고, 그것들로 구성된 일정한 단위체, 즉 시스템을 규정한다. 다시 말해, 시스템은 환경의 부분집합인 동시에 환경 속에서 구현되는 일정한 규칙성이며, 동시에 무수히 많은 가능성 중 구체적으로 현실화된 하나의 '질서'다.

이렇게 보면 시스템의 위상은 한층 더 포괄적이면서 과거의 일반 시스템 이론이 규정했던 범주를 넘어선다. 시스템은 환경과 더불어 더 큰 전체로서 '세계'를 구성하며, 시스템 외부의 환경은 그 자체로서 또 다른 질서 체계, 즉 다른 시스템들의 집합인 것이다. 여기에서 '세계'란 물리적 공간이 아니라 모든 가능성의 총합을 가리킨다.

루만의 시스템 이론은 사회를 하나의 시스템으로 인식해야 한다는 탈코트 파슨스Talcott Parsons의 구조기능주의 시스템 이론을 발전시킨 것이며, 파슨스가 '구조'의 측면을 강조한 데 비해 '기능'의 측면에 초점을 맞춘 이론화를 시도했다는 점에서 차이가 있다. 그가 보기에 파슨스의 이론은 기존의 사회구조와 질서를 정당한 것으로 치부하려는 편향성을 지닌다는 점에서 개선될 필요가 있었고, 루만은 이를 위해 시스템과 환경의 관계를 새롭게 규정하는 작업에 몰두했다.

루만은 전통적인 시스템 이론이 시스템과 환경을 구분한다는 점을 지적하면서, 사실상 이들 두 영역을 포괄하는 '세계'라는 개념을 제시했다. 그에 따르면, 다양한 가능성을 지닌 '환경'과 그로부터 일정한 질서를 만들어낸 결과물인 '시스템'은 분리가 불가능하다. 즉, 수많은 가능성을 지닌 환경으로부터 '관찰 가능한 질서'가 형성되며, 이러한 상태로부터 수많은 가능성이 환경으로 재생산되는 일련의 연결고리가 존재한다는 것이다.

이와 같은 루만의 사회시스템 이론은 시스템이 갖는 '질서'의 측면을 강조한다. 만약 우리가 '기술시스템'이라는 개념을 통해 기술의 시스템적 측면을 부각한다면, 이는 곧 기술시스템이 일정한 수준의 안정성과 자기유지적 속성을 갖추었음을 의미한다. 또한 이러한 속성은 앞서 언급한 '열린 시스템'의 특징이기도 하다. 이러한 점에서 기술이 시스템적 속성을 띤다는 해석은 기술의 사회적 연관성을 이해하는 데 분명 도움을 준다. 기술은 그 자체로서 복잡한 상호작용을 통해 진화를 거듭하지만, 이것이 인간의 이성과 목적으로써만 이해되거나 그에 부합하게끔 작동하는 것은 아니다. 기술은 독자성을 지닌 것처럼 발전해나가기 때문에 스스로 '시스템'의 모습을 갖춘다.

그러나 시스템이 지닌 이러한 속성은 인간의 인지능력으로 모두 이해할 수 없다. 자연과 사회 시스템은 시스템 외부에 존재하는 무한의 복잡성을 우리가 인식할 수 있는 방식으로 줄이려는 경향을 보이는데, 이러한 기능이야말로 시스템이 수행하는 핵심적인 기능이다. 다시 말해, 시스템은 외부 환경의 무한하고 복잡한 가능성 속에서 뚜렷한 질서를 만들어내려는 인간과 자연의 결과물이기도 하다.

이처럼 복잡한 바깥 세계의 속성으로부터 한층 구체적이고 실현 가능한 질서를 구축하는 일련의 과정을 루만은 '복잡성 감축reduction'이라고 불렀다(Kneer & Nassehi, 2000/2008). 그에 따르면, 환경은 시스템에 비하여 훨씬 더 복잡하다는 의미에서 '모든 가능성'을 뜻하며, '시스템'은 그러한 복잡성을 적정한 수준으로 줄임으로써 '구체적인 가능성', 즉 '질서'를 만들어낸다(Luhmann, 1984/2007). 요약하자면 시스템은 복잡한 가능성 중에서 구체적으로 실현된 규칙적 현상들의 결집체라고 볼 수 있다.

인간이 복잡한 세계로부터 인식과 통제가 가능한 소수의 상태를 지향할 수 있게 해주는 것이 시스템의 성격이라면, 이것은 분명 '계몽'의 목표이기도 하다. 지금까지 인간은 외부와의 상호작용이 가져올 복잡한 상황에 맞서 생존 능력을 높여왔고, 이러한 과정에서 '사회시스템'은 중요한 '복잡성 감축'의 기능을 수행해왔기 때문이다. 이런 점에서 우리가 '기술사회'를 하나의 '시스템'으로 인식하는 것은 결코 무리한 일이 아닐 것이다. 기술은 그 자체로서 복잡한 조건을 헤쳐나가기 위한 하나의 질서체계로 구축되었으며, 그럼으로써 인간에게 부과된 복잡함으로부터 한층 예측 가능하고 통제가 수월한 '시스템'으로서 만들어지고 존재하는 것이다.

## 2. 시스템 내의 의미와 소통

사회시스템 이론에서 우리가 얻을 수 있는 또 하나의 시사점은, 시스템 내에서 작동하는 '의미'와 '소통'의 역할에 관한 것이다. 루만의 사회이론은 사회시스템이 내부의 구성요소들을 재생산함으로써 '의미'를 형성한다고 강조한다. 사회시스템은 수많은 가능성으로부터 실현 가능한 상태로 이어지는데, 이 과정에서 일정한 수준의 '의미'가 만들어지며, 이는 시스템 내부에서 상호 공유된다. 어떤 사회시스템이건 간에 내부적으로 '의미'를 지니며, 이러한 의미는 '복잡성을 다루는 사회시스템 내부의 형식'이라고 할 수 있다. 기술사회가 발전할수록 시스템 내부에서 통용 및 확산되는 '의미'는 이런 맥락에서 하나의 시스템 현상이라고 할 것이다.

루만은 또한 시스템 내부의 '의미'는 시스템에 따라 달리 나타나는 선택의 결과로서 그 주체가 '인간'이 아니라 '소통'이라고 주장했다. 즉, 사회시스템이 만들어질 때마다 소통이 이루어지며, 이러한 소통은 끊임없이 구성원들 사이에 공유되는 의미를 생산함으로써 그 시스템을 유지한다. 이와 같은 프레임워크에 따르면, 기술사회의 등장은 그동안 우리를 지배해온 '인간중심주의' 또는 '인본주의'에 근본적인 변화를 요구한다. 하나의 '사회시스템'으로서 기술사회가 인간을 위해 만들어졌으며 인간에 의해 통제되어야 한다는 절대적인 신념이 더 이상 작동하지 않을 것이기 때문이다.

기술을 하나의 '시스템'으로 받아들이면, 우리는 그동안 기술을 인간의 목적을 위한 수단으로만 간주해왔던 전통적인 사고가 왜 충분하지 않은지, 왜 한계에 부딪힐 수밖에 없었는지를 이해할 수 있다. 기술시스템은 인간만을 위한 것이 결코 아니며, 그 안에서 상호작용하는 여러 구성원 간 소통의 결과이기 때문이다.

결국 루만이 보기에 인간은 사회시스템의 단순한 구성 요소가 아니라, 수많은 심리시스템과 사회시스템을 포괄하는 복합적 개체로 간주되어야 한다. 인간 역시 환경 또는 그것의 일부로서 존재하며, 그 자체로서 수많은 독립적 시스템으로 구성되어 있다. 이러한 독립적 시스템들은 자기지시적 self-referential 속성을 지닌 '닫힌 시스템'인데, 그 이유는 인간을 시스템의 기본 단위로 간주하는 경우 수많은 한계와 모순에 봉착할 수 있기 때문이다. 시스템이 외부 환경과 상호작용을 하지 않은 채 자기지시적 행위를 반복한다면 그 시스템은 머지않아 작동을 멈출 것이다.

우리가 관찰 대상을 '소통 기반의 시스템'으로 인식하려는 이유는 그러한 시스템 안에서 지속적으로 이루어지는 상호작용과 그로부터 파생되는 의미를 중시하기 때문이다. 따라서 새롭게 도래하는 '기술사회 시스템 techno-social system'에서는 인간과 같은 전통적인 '행위 주체subject'가 시스템의 기능적 측면에서 더 이상의 의미를 갖지 못하며, 오히려 그 안에서 이루어지는 소통의 내용과 의미가 강조된다.

사회시스템 이론에 따르면, 기술사회 시스템은 전 지구적 차원에서 상상할 수 있는 모든 '환경'과 그로부터 만들어지는 질서의 총합으로서 '시스템'을 만들어낸다. 사회시스템으로서 만들어지는 수많은 시스템들은 외부와의 '차이'를 구분 짓는 경계선을 지니며, 각각의 의미구조를 생성한다. 이런 점에서 '기술사회' 역시 인간이 빚어낼 수 있는 수많은 사회질서의 한 유형이며, 그 의미구조는 지속적으로 변화하는 동태적 양상을 띤다.

루만은 이러한 점에서 전 지구적으로 존재하는 환경, 시스템, 차이의 총합을 '세계사회Weltgesellschaft'라고 불렀다. 전체로서의 세계사회는 모든 가능한 소통이 전 지구적 차원에서 이루어지는 것으로서, 현실세계가 무한한 차이와 다양성으로 이루어진 일종의 '다중심적 세계'라는 점을 강조한다.

## IV. 기술사회 시스템의 등장과 인간의 미래

기술은 사회와 분리될 수 없으며, 따라서 '기술사회'라는 복합적 개념의 필요성에 대해서는 새삼 강조할 필요가 없을 것이다. 이러한 개념적 패러다임의 변화는 일반 시스템 이론과 사회시스템 이론을 통해 이루어져왔지만, 최근 들어 한층 발전된 형태의 기술사회 논의가 전개되었다. 기술사회 시스템은 이런 맥락에서 주목받는 새로운 개념이다.

기술사회 시스템은 시스템의 적응력이 증가하면서 나타나는 복합적 성격의 사회를 가리킨다. 그리고 기술과 사회, 경제, 정치가 분리된 것이 아니라 서로 상호작용하면서 공진화coevolution하는 유기체적 단위체라는 점을 강조한다. 이러한 시스템은 인간의 의지와 별개로 전혀 예상치 못한 상황으로 발전해나갈 가능성이 크기 때문에, 예외와 충격으로 가득 찬 현대사회를 이해하는 데 중요한 프레임워크로 자리 잡았다. 특히 수많은 이질적 행위자들이 서로 긴밀하게 연결되어 있으면서 끊임없이 상호작용을 주고받는 경우, 기술사회 시스템 내부에서는 도미노 효과domino effects와 폭포 효과cascading effects 등 매우 복잡한 연쇄작용이 일어나면서 인간의 예측과 통제의 범위를 넘어서기도 한다(Vespignani, 2009).

이런 점에서 '기술사회 시스템'이라는 표현은 전통적인 기술 또는 사회와 질적으로 그 속성을 달리한다. 여기에서 IT 기술의 발달과 사회구조의 복잡성 증대로 인해 단일성uniformity만을 중시하던 사회연구와 집단적 정책 결정의 패러다임이 바뀌어야 한다는 요구가 커져왔다는 점에 주목해야 한다. 오늘날의 사회는 더 이상 강자의 지배나 독점적인 '사회공학social engineering'이 허용되지 않으며, 다양한 구성원들의 욕구와 이해관계가 서로 얽혀 공존하는 복합적인 '장場'으로 변모해가기 때문이다.

근대과학의 영향으로 끝없이 성장해온 '사회공학'의 유산은 비단 기술시스템뿐 아니라 사회제도와 문화의 영역으로까지 확대되었는데, 그로 인해 우리는 무한대로 증가하는 부작용과 '의도하지 않은 결과'에 부딪혔다. 기술시스템이 단지 인간을 위한 도구라고 간주되던 근대 초기의 오만한 사고방식은 더 이상 통용되기 어렵게 되었으며, 이제는 '기술사회 시스템'이라는 더 확장된 형태로 변모해갈 필요가 있다.

이와 같은 변화는 정부의 역할과 권한에도 중대한 변화를 초래했는데, 과거에 하향식 메커니즘 또는 위계질서hierarchy를 통해 이루어지던 '사회적 선택'의 과정이 이제는 다양한 이해당사자와 행위자들 사이에 상향식으로 분산된 형태로 바뀌었다. 기술로 인한 사회의 변화가 불가피하게 '정치구조'의 변화로 이어지는 것이다.

예를 들어 정치 행태의 변화에 미친 기술의 영향을 들 수 있다. IT나 소셜미디어SNS 등 기술의 발전은 의사소통의 방식과 구조, 선거와 여론, 정책 결정 과정 등 정치의 다양한 측면에 영향을 미친다. 이와 동시에 정치시스템 역시 기술시스템의 효과와 부작용에 주목하면서 적절한 방식으로 지원 또는 규제를 이어간다. 이런 맥락에서 기술시스템은 스스로 지속해가는 자기조직화 과정이면서 동시에 외부의 다양한 자연 및 사회시스템과 영향을 주고받는 '기술사회 시스템', 즉 '열린 시스템'이라고 할 수 있다.

사회구조와 정치구조의 변화가 동시에 일어나면서 전통적인 기술 패러다임에도 변화가 감지된다. 사회과학자들은 오랫동안 '기술결정론'의 위험성을 경고하면서 사회적 요소가 주요 동인으로 작용하는 새로운 패러다임을 강조해왔다. 이러한 변화는 비인간적 요소들로 이루어진 기술 또는 산업정책의 패러다임에 인간적 요소를 부가한다는 의미를 담고 있지만, 동시에 사회시스템을 인식하는 방식이 점차 복잡해진다는 문제를 낳기도 했다(Latour, 1991/2009). 현실은 아마도 이러한 복잡성의 수준을 훨씬 더 뛰어넘는 것이라고 할 수 있다. 인간적 요소와 물질적 요소 사이에 상호작용이 끊임없이 일어나면서 동적 변화를 야기하게 되며, 따라서 전통적인 '단일 사회'의 관념은 더 이상 통용될 수 없기 때문이다.

이런 맥락에서 '기술사회 시스템'의 개념은 오늘날의 사회적·정치적 변화를 반영하는 새로운 기술정책 패러다임의 한 요소가 되었다. 기술적 변화와 더불어 사회적 복잡성의 증가에 기인하는 질적 변화의 모습을 보여주기 때문이다.

이러한 질적 변화 중에서 가장 눈에 띄는 사례 중 하나는 '비선형적non-linear' 집단행동이다. 인간사회의 집단행동은 그 자체로서도 복잡다단한 것으로 간주되지만, 기술시스템이 더 이상 인간의 목적과 의도대로 움직이지 않는다는 사실로 말미암아 사회의 집단행동은 더욱 빠르게 변화하면서 예측 불가능한 형태로 바뀌었다. 기술발전으로 인해 엄청난 규모의 소통이 빠른 속도로 가능해지고, 그로 인하여 사람들 사이의 의견 교환이나 정책 결정이 합리적인 과정을 거치기보다는 쏠림 현상을 통해 왜곡될 가능성도 커졌다. 기술이나 사회 모두 '나비 효과'와 같이 미래의 경로를 예상하기 곤란한 방식으로 복잡해지는 이 시점에서 우리가 기술과 인간, 자연과 사회 모두를 '시스템' 사고 속에서 다루어야만 하는 이유다.

## 나가며

기술은 오랫동안 인간과 사회의 편의를 위한 도구로 인식되어왔다. 이러한 인식에는 기술에 대한 인간의 통제가 가능하다는 낙관론이 깊게 자리 잡고 있는데, 근대 이후 과학의 발전은 이러한 편향성을 더욱 심화시켜왔다.

하지만 근대가 무르익어가면서 우리는 기술이 인간의 의지와는 별도로 움직이는 독립적인 개체라는 점을 깨닫게 되었다. 그리고 다양한 외부 환경의 영향 아래 기술은 인간에게 때로 도움을 주면서, 때로 위해를 가하는 주체로 자리매김해왔다. 이제 기술시스템은 인간의 의도에 꼭 맞게 작동하지도 않지만, 그것이 어떻게 변화해갈지를 예측하는 일도 더욱 어려워졌다.

오늘날 인류가 공동으로 겪고 있는 감염병 문제나 환경 문제, 재난과 자원 문제 등 수많은 이슈들은 모두 '기술시스템'이 얼마나 해결하기 어려운 난제를 안고 있는가를 여실히 보여준다. 기술시스템은 아마도 인간이 추구했던 자연과 기술의 완전한 통제가 왜 불가능한지를 깨닫게 해주는 새로운 개념일 수 있다.

근대의 계몽주의 기획은 수백 년에 걸쳐 과학과 기술의 비약적인 발전으로 이어졌다. 중세의 미몽에서 깨어난 인간은 '이성'이라는 무기를 바탕으로 자신들에게 부여된 모든 문제를 해결할 수 있다는 자신감에 충만해 있었다. 하지만 기술이 발전하면서 인간이 풀어야 할 과제는 더욱 늘어났을 뿐 아니라 그들의 기술적 해법이 만들어낸 예기치 못한 결과와도 씨름해야만 했다.

이제 기술은 단지 인간을 위한 도구와 수단에 머물러 있지 않을 것이다. 인간은 더 이상 만물의 주인도 아니며, 물이나 공기, 대지 등과 같이 가장 비非인간적인 것조차도 인간의 삶에 영향을 미친다는 점이 분명해졌다 (Lovelock, 1979, 1987, 1995/2004). 그리고 기술은 끊임없이 주위의 다른 시스템과 환경 사이에서 공존하고 부딪히면서 독자적으로 발전해나가는 거대한 메가시스템으로 우뚝 솟아 있다. 자연과 기술의 '주인'이라는 지위를 더 이상 누릴 수 없는 우리 인간들은 아마도 가장 피하고 싶은 상태, 즉 기술의 '노예'로 전락하지 않기 위해 새로운 투쟁을 시작해야 할지 모른다. 기술이 하나의 시스템이라는 인식은 이러한 투쟁의 출발점에서 우리를 무장시켜주는 작은 도구일 것이다.

## 참고 문헌

Carson, R. (2011), 『침묵의 봄』, 김은령(역), 에코리브르(원서출판 1962).
Damasio, A. (2007), 『스피노자의 뇌: 기쁨, 슬픔, 느낌의 뇌과학』, 임지원(역), 사이언스북스(원서출판 2003).
Kneer, G. & Nassehi, A. (2008), 『니클라스 루만으로의 초대』, 정성훈(역), 갈무리(원서출판 2000).
Kranzberg, M. (1986), "Technology and History: 'Kranzberg's Law'", *Technology and Culture 27*(3), 544-560.

Latour, B. (2009), 『우리는 결코 근대인이었던 적이 없다』, 홍철기(역), 갈무리(원서출판 1991).

Lovelock, J. (2004), 『가이아: 살아 있는 생명체로서의 지구』, 홍욱희(역), 갈라파고스(원서출판 1979, 1987, 1995).

Luhmann, N. (2007), 『사회체계이론』 1-2, 박여성(역), 한길사(원서출판 1984).

Meadows, D. H. et al. (1972), *The Limits to Growth: A Report for the Club of Rome's Project on the Predicament of Mankind*, Universe Books.

Vespignani, A. (2009), "Predicting the Behavior of Techno-Social Systems", *Science 325*, 425-428.

Vest, C. M. (2011), *Engineering Systems: Meeting Human Needs in a Complex Technological World*, Cambridge: The MIT Press.

von Bertalanffy, L. (1990), 『일반 체계 이론』, 현승일(역), 민음사(원서출판 1976).

# 06

# 리스크

RISK

**최은창**
MIT 테크놀로지리뷰 코리아

●

과학기술의 발달과 근대화를 거치면서 인류는 과거에는 통제 불가능한 영역으로 여겨졌던 재난사고, 자연재해, 질병으로부터 어느 정도 벗어날 수 있게 되었으나, 그와 동시에 미처 경험하지 못한 위해요인과 리스크가 늘어난 이른바 위험 사회 속에서 살아가게 되었다. 원전 붕괴, 핵무기의 위협, 기후변화, 중동호흡기증후군, 신종 인플루엔자, 코로나 19 바이러스, 초미세먼지, 가습기 살균제와 같은 생활화학물질, 약물 남용, 데이터 프라이버시, 사이버 해킹, 인공지능의 편향과 오작동 등 현대 사회에서 위해요인과 리스크는 갈수록 늘어난다. 과학기술이 발달하면서 편익과 함께 시스템 실패, 기술 리스크 역시 증가했으며 이러한 비자발적 위험을 피하려는 욕구도 커졌다. 과학기술에서 비롯되는 리스크를 계량화, 매뉴얼화하여 관리할 수 있다면 안전하다고 여기는 관행은 산업계에 널리 퍼져 있다.

신기술에는 '유용성'과 '리스크'라는 양면성이 수반되기 마련이다. 아직 데이터가 없거나 경험되지 않은 미지의 리스크가 주는 불확실성은 두려움을 일으킨다. 개인들의 리스크 인식은 위해요소에 대한 뉴스 보도의 증가, 과장된 허위정보의 공유, 과학적 무지로 인한 미신으로부터 영향을 받기도 한다. 이 글에서는 리스크의 실체를 파악하려는 접근법들을 살펴보고 재난 위험과 기술 리스크에 대한 개인들의 인식이 국가의 리스크 규제정책의 형성과 수용에 어떤 영향을 주고, 4차 산업혁명의 시대에는 어떠한 리스크 거버넌스의 패러다임이 필요한가를 검토하고자 한다.

# Ⅰ. 리스크의 범주

## 1. 리스크의 개념

위해요인hazard, 위험danger, 리스크risk는 일상에서 혼용하는 단어지만 개념적 차이가 있다. 위해요인은 인체에 부상, 사망 등 피해를 야기하고 시스템, 장비, 재산의 손실을 초래할 수 있는 다양한 요소들을 뜻하며 만일 현실화된다면 손상damage, 피해, 해악harm으로 전환될 수 있다. 해상보험업의 경우는 위험한 상태 또는 위해요인으로 인해 발생하는 해상교통사고의 리스크를 기반으로 보험료를 산정한다.

위험은 위해요인들이 해악으로 발현될 가능성을 의미한다. 'danger'(위험)의 어원을 거슬러 올라가보면 라틴어 'dominus'에서 유래된 프랑스 단어 'dangier'인데 이는 "누군가의 운명을 좌우하거나 해악을 부여할 수 있는 지배자의 권력과 권한"이라는 뜻을 내포한다.

리스크는 손실 발생의 가능성 혹은 손실에 관한 불확실성이다. 따라서 리스크는 의사 결정자가 어떤 위해요인이나 불확실성을 인식하고 능동적으로 선택하여 감수하는 상황을 전제로 한다. 리스크의 어원으로 여겨지는 라틴어 'risicare'는 "절벽의 주변을 항해하다", "위험 속으로 뛰어든다"라는 의미가 담겨 있다.

니클라스 루만Niklas Luhmann은 위험과 리스크의 개념을 만일 해악이나 피해가 자신의 통제 밖에 있는 원인에서 야기되었다면 위해gefahr, danger고, 반면 스스로 감수하기로 선택하여 생겨났다면 리스크risiko, risk라고 구분했다. 즉 리스크에는 자발적 의지가 개입되어 있지만, 위험은 개인들의 의사와는 아무런 상관없이 무작위로 발생한다.

어떤 리스크를 감수하기로 한 의사 결정자의 입장과 그로 인해 비자발적 위험에 노출되는 피결정자의 입장에는 차이가 발생하게 된다. 예컨대, 흡연자는 건강 리스크를 감수하면서 담배를 피우지만 그 공간에 머무는 주변인은 자기 선택과는 무관하게 간접 흡연의 위험에 노출된다. 개인들은 자발적으로 택한 리스크, 예를 들어 자동차 레이싱, 흡연, 음주, 스카이 다이빙, 약물 남용 등은 감수하지만 선택과 무관하게 직면하게 되는 리스크는 거부하려는 경향을 보인다. 원전 건설, 소고기의 특정위험물질SRM, 석면 건축자재, 유해물질의 배출 공장, 다이옥신, 미세먼지에 대한 대중의 과민한 반응이 바로 그것이다. 이와 같은 비자발적 위험을 관리하는 것은 개인들이 아니라 공공정책 담당자의 책무가 되었다.

## 2. 과학의 정치화

과학적 '사실'은 '과학의 정치화politicalization of "science"'에 의해 흔들리

기도 한다. 리스크와 결부된 과학적 '사실'을 부인하는 정치인들의 발언은 미디어를 통해 보도되어 지지자들에게 왜곡된 신념을 심어준다. 예컨대 도널드 트럼프Donald Trump 미국 전 대통령은 광산업계의 일자리와 득표를 의식하고 기후변화의 과학적 사실을 부인했다. 그 결과 미국 정부는 파리기후협약을 탈퇴하고 기후변화 리스크에 대처하기 위한 환경정책과 에너지 전환 조치들을 중단하는 행정명령을 내렸다. 타보 음베키Thabo Mbeki 전 남아프리카공화국 대통령은 1999년부터 2008년까지 인간면역결핍 바이러스HIV 감염증이 HIV 바이러스에서 기인한다는 점을 부정했고 백인들의 음모라고 정치적 선전에 이용했다. 후천면역결핍증후군AIDS 부인론 denialism은 공중보건 상황을 크게 악화시켰으며, 남아프리카공화국은 여전히 인구 대비 HIV/AIDS 유병율이 가장 높다.

비자발적 위험에 대한 대중의 거부감이 드러난 대표적인 사례로는 2008년 미국산 소고기 수입 반대 시위를 들 수 있다. 인간이 프레온 단백질을 매개로 광우병에 감염될 과학적 '리스크'가 극히 낮다고 판단했던 농림수산부는 미국산 소고기의 수입을 재개하기로 결정했지만, 시민들은 정부의 결정으로 인하여 특정위험물질에 노출될 수 있는 '위험'에 처하게 되었다. 미디어 속 전문가들의 엇갈리는 견해는 대중의 혼란을 부채질했다. 2008년 미국산 소고기 수입 반대 시위는 인간 광우병의 발생 가능성으로는 설명되기 어려우며, 프레온 단백질이 인체에 미치게 될 잠재적 위해를 다룬 미디어 보도, 국민 건강을 고려하지 않은 공공정책에 대한 분노가 정치적 항의로 표출된 결과다. 인간이 광우병에 감염될 수 있는 리스크는 과학의 영역이 아니라 정치적 이슈로 돌변하고 말았는데 이는 '과학의 정치화'를 보여준다.

## 3. 과학기술과 위험사회

체르노빌과 후쿠시마 원전 사고, 핵무기의 축적, 오존층 파괴, 기후변화는 인류가 도구적 합리성과 효율성만을 추구한 결과로 이해할 수 있다. 후기자본주의의 '물화Verdinglichung'와 도구적 합리성은 산업화에 필요한 논리를 제공했다. 막스 베버Max Weber가 서양 합리주의의 근거로 제시했던 합리적 생활방식과 과학기술의 가치중립성Wertfreiheit은 현대의 위험사회에서는 더 이상 통용되기 어렵다.

과학기술의 연구개발에 투입되는 막대한 재정과 금전적 보상을 기대하는 연구자들은 리스크와 관련된 데이터의 공개와 경고를 후순위로 미룬다. 연구개발을 기초로 얻은 금전적 보상의 규모와 특허권 등록 건수를 국가 경쟁력의 척도로 여기기 때문에 윤리원칙과 자율규제만으로 과학기술이 가져올 잠재적 리스크를 통제하기는 어렵다. 과학기술에 수반되는 리스크가 얼마나 심각한가를 실제로 증명하는 일은 피해를 입은 개인들이 소송과정에서 제출한 그 과학적 증거를 통해 뒤늦게 판명되고는 한다. 가습기 살균제 사건 발생 당시 유해화학물질관리법은 화학물질의 용도 변경에 따른 화학물질 유해성 재심사제도를 마련하지 못했다. 또한 생활화학제품의 안전규제에 사각지대가 있었다. 인체 위해성이 드러난 가습기 살균제는 제품안전기본법상 안전관리 대상 품목도 아니었다.

그러나 가습기 살균제에 사용된 성분의 인체 유해성에 대해서는 여전히 불확실성이 존재한다. 유럽연합EU에서 인정하는 사전예방원칙precautionary principle에 따르면 인체 건강에 위해를 미칠 가능성이 있다면 그것이 현실화되기 전에도 예방적 조치가 가능하다. 유럽연합과 달리 국내의 안

전제도는 사후 피해구제와 행정조치에 중점을 둔다. 이러한 제도적 여건에서는 공공정책이 선제적으로 인체 위해성 등 과학적 리스크를 미리 차단하기 어려우며 대규모 피해가 발생한 이후에야 사회적 합의와 경계심이 생겨난다.

기술관료적 안전규제는 위험과 리스크를 관리의 대상으로만 파악하고, 명백한 피해의 증거가 없다면 행정조치에 나서지 않기 때문에 선제적 대응이 불가능하다. 그러나 신기술을 상업적으로 이용하려는 기업들은 안전시설 설치 등을 최소화하여 비용을 줄이려는 경향을 보인다.

울리히 벡Ulrich Beck에 따르면 산업화가 가속화될수록 위험요소가 더 늘어나고 대중이 느끼는 불안감도 커진다. 그는 『위험 사회Risikoges-ellschaft』에서 다양한 리스크가 불확실성을 체계적으로 생산하며 잠재적 부수 효과에 머물지 않고 전면화된다고 보았다. 과학기술의 맹신, 위험의 과학화는 리스크를 더 확장시킨다. 과학기술의 혁신과 유용성만이 중시되고 그 통제 가능성은 미지수로 남겨지면서 사회에 잠재된 위험이 어디로 향하는지 알 수 없는 상태가 되었다. 벡은 이같은 불확실성에서 벗어나기 위한 해결책으로 시민들 모두가 미래를 고민하는 일에 적극적인 자세로 관여해야 한다는 '성찰적 근대화reflexive modernization'를 강조했다(Beck, 1986).

정상사고normal accident 개념을 제시한 찰스 페로우Charles Perrow는 시스템 복잡성 때문에 수많은 경고 표시와 보호장치만으로 안전을 보장하려는 기존의 엔지니어링 접근은 실패한다고 전망했다(Perrow, 1984). 예를 들어 1979년 펜실베이니아주 서스쿼해나강에 위치한 스리마일Three Mile섬에 설치된 핵발전소의 노심이 녹아내린 사고는 작은 고장에서 비롯되었다. 일상적으로 발생하는 냉각장치 막힘 현상은 압축공기로 물을 주입하여 어렵지 않게 제거될 수 있었으나, 초기 단계의 작은 실수들과 운전 가이드라인의 위반, 설비의 복잡성이 겹쳐지자 원전의 노심 용융으로 이어졌다. 석유화학 공장, 항공기, 대규모 댐 등 기술 인프라, 우주선 제조, 핵무기 생산 등이 합리적 매뉴얼에 따라 정상적으로 관리한다고 하더라도 과학기술이 발전함에 따라 시스템의 복잡성도 증가하므로 시스템 실패는 발생할 수 있으며 절대적 안전은 있을 수 없다.

## II. 리스크 분석

### 1. 리스크 분석의 관점

리스크를 분석하는 관점은 변화해왔다. 리스크 객관주의Risk-Objectivism는 리스크를 형식적·규범적으로 이해하는 반면 리스크 주관주의Risk-Subjectivism는 심리학적·인지적 입장을 중시한다. 리스크 구성주의Risk-Constructivism는 개인들의 문화적·사회적 배경이 리스크 인식의 차이를 가져온다는 점을 주목한다.

리스크 객관주의는 리스크 유형 분류를 통해 그 수용 가능한 범위를 해명하려 한다. 산업재해, 교통사고, 비행기 추락, 유조선의 침몰, 원자력 발전소 사고 등을 방지하고자 리스크의 척도를 개발하는 데 집중한다. 리스크 객관주의는 리스크도 산술적으로 산정될 수 있다고 보기 때문에 피해를 양적 척도로 규정하며, 이때 리스크는 인명 피해, 건강의 손실, 재산 피해가 실현될 가능성과 심각성을 변수로 삼아 산정된다. '안전safety'은 위해요인 발굴과 리스크 관리를 통해 위험이 수용 가능한 수준 이하로 유지되는 상태다.

리스크 주관주의는 개인들이 특정한 상황과 조건에서 위험을 어떻게 경험하고 평가하는가에 초점을 둔다. 대중이 모든 위험에 불안을 느끼는 것은 아니며, 개인마다 중시하는 불안요소도 다르다. 과학적으로 평가된 발생 가능성이 낮아도 큰 공포감을 주는 위험이 있는가 하면, 어떤 위험은 그 발생 가능성이 높아도 대수롭지 않게 여겨지기도 한다. 예컨대 자동차를 운전하는 것은 비행기 탑승의 경우에 비해 사고 가능성이 통계적으로 더 높다. 그런데도 개인들은 자신의 운전 능력은 과대평가하면서도 항공기 추락 사고를 더 두려워하는 인지적·심리적 편향을 보인다. 건강에 미치는 위험이 천천히 나타나는 흡연이나 음주는 즉각적인 자동차 사고의 위험보다 덜 위험하게 받아들이는 경향이 있다. 이러한 개인의 주관적 리스크 인식 편향은 통계화된 리스크 확률과 차이를 보인다.

문화이론의 영향을 받은 리스크 구성주의는 리스크를 사회적 요소들의 집단적 구성물로 파악하는 관점이다. 과학기술에서 비롯되는 리스크에 대한 태도는 개인의 심리적 과정이 아니라 개인이 속한 집단의 문화적 배경에 따라 달라진다고 여긴다. 예컨대 전자파 위험, 유전자변형식품GMO, 기후변화, 총기, 인공지능에 대한 리스크 인식에는 개인의 문화적 배경, 역사적 경험, 정치적 성향이 영향을 미친다.

에런 월다브스키Aaron Wildavsky와 메리 더글러스Mary Douglas는 어떤 리스크에 대한 관점이 집단별로 다르게 나타나며 그 반응과 평가가 개인들이 속한 집단의 사회문화적 배경에 따라 달라진다는 점을 주목했다(Douglas & Wildavsky, 1983). 관찰연구의 결과, 집단의 상이한 리스크 반응으로부터 확인할 수 있는 문화적 차이가 리스크 인식의 중요한 요소라는 점이 드러났던 것이다. 그 반응은 격자성-집단성grid-group 강도에 따라서 4등분할 수 있다. 즉 집단에 고착화된 문화적 편향은 리스크 인식에도 영향을 미치게 된다. 반응의 양상은 크게 위계주의자hierarchists, 개인주의자individualists, 평등주의자egalitarians, 운명주의자fatalists로 분류된다. 미지의 기술을 두고 리스크의 위협에 대해 공방전을 벌이는 두 집단은 주로 개인주의자와 평등주의자다. 만일 규제정책의 입안자가 개인주의자의 주장만을 고려한다면 자율규제나 자유방임주의를 선택하게 되겠지만, 평등주의자의 두려움과 우려에만 경도된다면 심각성이 낮은 리스크에도 과도한 규제가 적용될 수 있다.

리스크의 수용 및 수용 거부와 관련하여 개인이 속한 사회적 집단이나 커뮤니티의 세계관은 규제정책에 대한 개인들의 태도에 지대한 영향을 미친다. 법학자 단 카한Dan Kahan은 리스크를 규제하고자 세운 공공정책에 대한 대중의 신뢰에 영향을 미치는 요소로 '문화'에 주목했다(Kahan, 2012). 카한은 문화적 인지cultural cognition 분석을 통해 미국 내 리스크 관련 공공정책의 입안과 실행을 둘러싼 정치적 갈등이 문화적 편향과 세계관 차이에 뿌리를 두고 있음을 밝혔다. 리스크 인식risk perception은 개인이 속한 집단과 커뮤니티의 성향, 주변인들의 관점에 따라 달라졌다. 예컨대 총기 규제, 환경 규제, 기후변화와 관련된 태도에서 미국인들은 자신이 속한 집단의 문화적 가치와 세계관을 고수하는 모습을 보였다. 총기 규제가 불필요하다고 여기는 집단은 기후변화나 핵무기의 리스크를 과소평가하고 환경 규제에 반대했으나, 반대로 낙태 규제, 마리화나 규제와 사형제에는 찬성했다. 반면, 기후변화의 리스크를 우려하는 집단은 환경 규제, 핵무기 규제, 총기 규제를 지지하는 한편 낙태 규제, 사형제도, 마리화나 규제에 반대했다.

　개인의 리스크 위험인식은 엄밀한 과학적 데이터에 근거하기보다는 그 개인이 속한 집단이 강력한 영향을 미치며 리스크는 사회적으로 매개된다. 위해요인에 대한 현저한 입장 차이는 '문화적 소속감'이 '과학적 사실'에 우선하여 작용한다. 즉, 과학적 사실이 아닌 비과학적 요소—문화적 편향, 세계관, 정부에 대한 불신— 가 리스크에 대한 개인의 입장을 결정한다. 예를 들어, 코로나 19 바이러스의 치명률이 급증하는 공중보건 위기 상황에서도 마스크 착용 거부를 정치적 신념의 표출로 여기는 사람들이 있다. 감염병을 과학적으로 접근하지 않고 공중보건 조치를 거부하는 백신 거부자들anti-vaxxers도 생겨났다. 이들은 자신의 판단과 자율성을 강조하는 태도를 보이는데 정치적으로는 자유지상주의자며, 일부 미디어의 비과학적인 보도를 사실로 믿기도 한다. 이처럼 질병의 정치화politicalization of disease는 대중이 과학적 사실을 부인하도록 유도한다.

　리스크 구성주의는 지역별·국가별로 나타나기도 한다. 세계경제포럼이 발표한「글로벌 위험보고서 2017」은 열두 가지 창발적 기술 중에서 편익과 위험성이 가장 높은 기술로 '인공지능'을 꼽았다. 인공지능을 적용한 군사용 살상 로봇 개발, 알고리즘의 편향성 등은 새로운 기술 리스크로 부상했다. 인공지능에 대한 글로벌 태도를 조사한 결과, 남미와 카리브해 국가들(49퍼센트)은 리스크 인지가 가장 높게 나타났고 북미 국가들(47퍼센트)이 그 뒤를 이었다. 인공지능의 해악에 대한 우려가 가장 낮게 나타난 지역은 동아시아(11퍼센트)와 남동아시아(25퍼센트)였다. 특히 중국인 응

답자들은 불과 9퍼센트만이 향후 20년 이내에 인공지능이 해악을 미칠 수 있다고 대답했다. 국가별로 다른 인공지능 리스크 인식의 차이는 국가 인공지능 정책에도 영향을 준다.

예컨대 데이터 프라이버시의 리스크 인지는 집단별로 차이가 나타난다. 시민단체들은 디지털 프라이버시 유출을 우려하는 반면 IT 기업들은 차분 프라이버시differential privacy 기술을 사용하면 데이터베이스에서 개인의 신원을 추론하려는 공격자들의 시도를 무력화할 수 있다고 생각한다. 그러나 과잉 연결된overconnected 시대에 데이터 저장소의 통제력 상실과 데이터 유출이 결국은 정보 재난을 초래할 것이라는 우려와 지적도 있다.

## 2. 부정적 외부성으로서의 리스크

기술 리스크technology risk의 증가는 자연재해와는 달리 이성적 사고에 기초한 과학기술의 발전과 사용에서 비롯된 부정적 외부성negative external- ity에 해당한다. 기술 리스크는 실제로 그 수치가 증가하기도 하지만 사회적으로 구성되는 리스크의 인식도가 상황에 따라 높아지기도 한다. 그 이유를 몇 가지로 나누어 생각해볼 수 있다.

첫째, 새로운 위해요인들과 리스크 평가 대상들이 증가함에 따라 그 리스크의 발생 가능성 및 심각성 평가 기준이 정확하고 신속하게 제정되는 것은 아니다. 만약 위해요인의 속성이 파악된 리스크라면 리스크를 저감하고 통제하기 위한 제도가 마련되는 편이 바람직하다. 예컨대 폐수를 무단 방류할 경우, 벌금을 부과하고 정화장치 설치를 의무화하는 것이 그것이다. 하지만 대부분의 법적 규제는 리스크 감소가 아닌 '결과 책임'에 초점이 맞추어져 있어서 사후에 피해를 보상하는 데 그치고 만다.

둘째, 어떤 과학기술에 수반되는 위험과 리스크를 일부 전문가가 경고하더라도 그 과학적 사실이 확정될 때까지는 과학적 불확실성의 영역에 머물게 된다. 과학적 사실의 확증에는 많은 시간과 비용이 소요되지만, 연구결과를 조작하고 은폐하는 청부과학자들을 동원하여 과학적 불확실성을 부각하는 작업은 어렵지 않다. 과학사학자 나오미 오레스케스Naomi Ore-skes에 따르면 담배회사, 정유사 들의 상업적 이해관계에 부합하는 연구를 수행하는 '나쁜 과학자'들은 과학적 사실을 감추는 데 일조한다(Conway & Oreskes, 2010). 담배와 폐암의 관계를 부인하고, 지구온난화에 의심을 심어주고, 산성비의 악영향에 의혹을 제기하는 식이다. 인체 위해성 연구결과의 허점을 찾아내어 공격하고, 위해요소의 평가를 축소해 해석하는 방식으로 과학을 공격한다.

셋째, 뉴스는 과학적 사실을 지나치게 과장하거나 부정확하게 전달하거나 관심을 끌기 위해 선정적 머리기사를 달기도 하는데, 이는 충분한 과학적 사실도 없이 그 안전성이나 해악성을 단정하여 대중의 확신이나 불안감을 증폭시킨다. 과학 뉴스의 오보, 무비판적 전달, 심층분석 기사의 부족, 과학 전문기자들의 감소는 과학기술의 리스크에 대한 대중의 이해와 판단을 저해한다. 과학적 불확실성을 고려하지 않고 특정한 시험조건에서 얻어진 연구의 일부를 마치 확증된 사실처럼 보도한 뉴스들도 많다. 예컨대 GMO, 전자파, 인공지능, 우유, 아스피린의 과학적 리스크를 심각하게 평가하는 뉴스들은 쉽게 찾아볼 수 있다. 과학적 불확실성이 있음에도 특정 물질의 위해 가능성을 마치 공인된 과학적 사실로 보도한 경우도 있다. 미국산 소고기의 위해성 논란이 불거지자 〈PD수첩〉은 인간 광우병 연구에 과학적 한계가 있다는 점과 아직 진위가 밝혀지지 아니한 상태라는 점은 언급조차 하지 않고 일부 연구결과만을 부각하여 이를 과학적 사실이라고 단정적으로 보도한 바 있다. 정정보도 사건에서 대법원 판결에 따르면 과학적 불확실성의 존재를 무시하는 보도행위는 진실하지 아니한 것이다(대법원 2011. 9. 2. 선고, 2009다52649). 그러나 형사재판에서 광우병 보도에 비록 허위사실이 있었어도 비판 보도로서 공공성·사회성이 인정된다는 이유로 〈PD수첩〉 제작진은 무죄 판결을 받았다.

넷째, 과학기술의 유용성과 혁신이 미해결 과제로 남아 있는 사회적 문제들까지 해결해줄 것이라는 과학주의scientism는 기술 리스크를 저평가하도록 한다. 또한 기술 유토피아의 미래상은 기업의 홍보자료나 미디어를 통해 확대·재생산되면서 기술지상주의 세계관 형성에 일조하기도 한다. 나아가, 기술 기업들이 은연 중에 드러내는 테크놀로지 솔루션니즘technology solutionism은 리스크 통제의 불가능성을 중요치 않게 여기도록 유도하거나 반성적 사고를 봉쇄할 수 있다.

다섯째, 기술관료적 절차와 전문가 의견의 수렴 등은 리스크가 관리된다는 착각을 불러일으킨다. 그러나 의견 수렴 이후에 리스크 저감과 회피를 위한 제도적 설계가 실제로 진행되지 않는 경우도 많다. 리스크 정책의 결정권자로서 기술관료주의는 리스크가 실현되더라도 정책 자문위원회, 정부출연 전문연구소 등의 검토 절차를 거쳤다는 점을 근거로 사고가 발생하여도 그 사회적 비난으로부터 벗어나려 한다.

## 3. 루만의 체계이론과 리스크

니클라스 루만에 따르면 리스크를 분석하는 접근방식은 양적 분석에 의존하는 리스크 진단에서 시작하여 리스크와 재난의 임계치를 모색하는 단계로 발전했다(Luhmann, 1990). 그 이후 리스크가 사람들의 인식과 사회적 맥락에서 작용하고, 주변인들의 기대와 관점이 합쳐져 발생한다는 사회적 구성론이 등장했다. 루만은 리스크의 사회적 구성론을 자기생산적au-topoiesis 체계이론Soziale Systeme에 포함시켰으며,『위험의 사회학Soziologie des Risikos』(1991)에서는 리스크를 순수한 소통의 문제로 파악한다.

루만의 체계이론Systemtheorie에 의하면 체계의 기본단위는 인간이 아닌 '소통'이다. 소통은 선택의 과정이다. 정보의 선택, 전달의 선택, 수용/이해의 선택이라는 세 가지 과정으로 구성된다. 정보의 선택, 전달의 선택에서는 일부분의 정보만 타자에 의해서 선별된다. 타자는 자신이 습득한 정보를 모두 전달하지 않고 선택해서 전달한다. 그다음 단계에서 수신자는 '송신자를 거쳐 들어온 정보가 선별된 것'이라고 인식하여 그 정보를 다시 구성하거나 부분적으로 수용한다. 이 과정에서 리스크는 증가되며 감소하지는 않는다.

루만에 의하면 리스크는 사회체계의 소통 속에서 구성된다. 원자력발전소의 방사능 유출 리스크도 사회적 소통에 의해서 구축되는 사회적 구성물이다. 체계이론이 상정하는 여러 기능체계들에는 법, 과학, 정치, 대중매체, 윤리, 도덕 등이 있다. 그 가운데 과학이라는 기능체계에서는 진리혹은 거짓이 코드를 통해서 판단된다. 그러나 그 기능은 폐쇄적이고 개별적인 체계 속에서만 내재적으로만 작동한다. 루만의 관점에서는 '과학적

인식'은 매체가 생산하며, 과학기술이 초래하는 리스크도 대중매체의 소통에 의해 생겨나게 된다. 이를테면, 대중매체가 환경오염의 리스크를 크게 뉴스로 보도하지 않는다면 그 사회에서 환경 리스크는 거의 인식되지 않는다. 체계이론에서 리스크 인식은 '사회적 체계' 속에서 구성되고 이해되므로, 리스크는 개별 행위자가 판단하고 선택하는 리스크가 아닌 사회적 구성물로서의 리스크다. 한편, 루만에 의하면 리스크는 소통의 과정에서 정적인 상태로 머물거나 특정한 의미로 고정되지 않으며, 시간이 흐르거나 외부의 사건들의 영향을 받아서 체계 내에서 새로운 리스크의 의미가 형성된다.

## III. 리스크 거버넌스

### 1. 과학적 불확실성

어떤 과학기술이 인체 건강에 피해와 해악을 미치는지에 대한 여부는 과학적 사실의 영역이다. 과학적 사실은 충분한 과학적 실험의 축적을 전제로 하여 귀납적으로 도출되는데 그 과정에는 비용이 많이 소요될 뿐더러, 그 측정기준과 실험방법에 따라서 데이터가 달라지기 때문에 일부 실험 데이터만을 근거로 단정하기는 어렵다. 어떤 화학물질이나 약물이 인체에 심각한 위해를 미친다는 전문가의 의견이 제기되어도 그 사실을 입증할 만큼 실험결과가 축적되거나 대규모 피해로 이어지기 이전에는 불확실한 사실로 취급된다.

법은 사회에서 발생하는 위험을 배분하기 위한 제도적 설계로서 규제를 통해서 외부 불경제의 효과를 내면화한다. 만일 공장이 가동되어 불가피하게 발생하는 오염물질이 인근 주민들의 건강에 악영향과 피해를 주었다면 금전 배상을 하거나 정화장치를 설치하도록 의무를 강제하여 공해라는 외부 불경제를 해결한다. 그러나 과학적 불확실성Scientific Uncertainty이 존재하기 때문에 어떤 물질의 위해성이 과학적 사실로 인정되려면 충분한 증거가 요구된다. 예를 들어 생활화학제품이나 발암물질로 인한 피해가 발생한 경우 법정에서는 리스크에 대한 과학적 증거의 해석을 둘러싼 공방전이 종종 벌어진다.

## 2. 과학적 증거 찾기

유독물질 불법행위toxic tort 소송이 벌어지면 화학물질의 제조사는 그 리스크가 실제로는 인체에 해악을 야기하지는 않았다는 방어 논변을 위해 '과학적 불확실성'을 끌어온다. 화학물질의 제조사는 문제가 된 물질은 수많은 위해요인들 가운데 하나일 뿐이고, 피해자들의 건강 손상에 결정적 영향을 미치지 않았다고 주장하는 것이다. 특정 화학물질에 의해 인체에 손상을 입었다고 피해자가 주장하는데도 '인과관계'가 불분명하다는 이유로 민사소송에서 피해자들이 손해배상을 받지 못하는 경우도 비일비재하다. 형사소송에서도 예컨대 화학물질 제조업체가 위해요인과 피해 간의 인과관계가 과학적으로 불확실하다고 주장하고 검사가 '합리적 의심이 없는 증명'을 제출하지 못하면 법원은 형사책임을 묻기가 어렵다.

2021년 미국 연방대법원은 존슨앤드존슨J&J이 판매한 베이비파우더의 탈크talc가 난소암 발병의 리스크를 두 배로 증가시켰다고 주장하는 여성들에게 21억 달러를 배상하라는 판결을 확정했다. 탈크 파우더가 아기들에게 안전한지 여부는 논쟁거리였고 과학적 불확실성에 휩싸여 있었으나, 이 판결을 통해 확증되었다. 탈크 파우더에는 석면이 포함되어 있었는데, 피해자들이 승소할 수 있던 데에는 탈크의 발암물질이 난소암의 리스크를 두 배로 증가시켰다고 법정에서 증언했던 전문가 증인expert witness의 역할이 결정적으로 작용했다. 하지만 모든 유독물질 불법행위 소송에서 언제나 전문가 증인을 확보할 수 있는 것은 아니다.

## 3. 리스크 관리

현재 산업계에 시행되는 리스크 관리risk management란 어떤 리스크를 해악 발생 가능성과 심각성을 기준으로 수치화하고 통제한다. 리스크를 계량화하고 매뉴얼로 관리하고 관리자에게 감독 의무를 부과하면 그 자체로 '안전하다'고 여기는 관행이 산업현장들에 퍼져 있다. 비용편익분석 Cost-Benefit Analysis에서 편익이 우선한다면 사회는 그 리스크를 비용으로 여기고 감수하게 된다. 기술관료들은 점검과 관리를 하고 인증검사를 거치면 리스크는 통제될 수 있다고 믿는 경향이 강하다. 즉 일정한 시스템 리스크 수준System Risk Level을 설정하고 그것이 달성되었다면 안전 영역에 있다고 가정한다.

그럼에도 핵발전소 폭발, 유조선 침몰, 화학물질 유출 사고, 사이버 해킹, 건설현장의 붕괴 등이 여전히 발생한다는 것은, 모든 위험요소와 리스크가 언제나 정확하게 수치화되어 관리되기는 어렵다는 사실을 보여준다.

식품안전을 위한 첨가물 규제, 생활화학제품 규제, 농산물 농약 잔류량 검사, 공장 등 산업현장의 안전 시스템이 마련되어 있음에도 사고가 발생하는 이유는 그 제도가 완전하지 않기 때문이다. 매뉴얼에 의존하는 위험관리, 비용편익분석은 실제로는 리스크의 실현을 막지 못한다. 현대 사회는 리스크를 관리할 수 있다는 기대, 리스크 요소에 대한 무지, 예기치 못한 피해 사이의 회색지대에 위태롭게 놓여 있는 셈이다. 나노기술, 바이오화학 기술, 수많은 생활화학제품, 머신러닝과 컴퓨터 알고리즘 등 새로운 과학기술은 새로운 리스크를 생산하나, 리스크에 대한 데이터가 절대적으로 부족하거나 사회구성원들이 리스크를 전혀 학습하지 않아 대처가 어려운 경우가 많다. 이러한 맥락에서 루만은 '안전'이란 지속적으로 노력을 쏟을 대상일 뿐이지, 결코 도달할 수 없기에 '사회적 허구'라고 보았다(Luhmann, 1993).

## 나가며

국내의 식품 안전규제와 화확물질 규제는 과학적 위해성에 대한 증거가 명백한 경우에 행정관청이 제조사에 대한 시정명령과 제품의 수거명령을 내릴 수 있도록 하고 그 명령을 위반한 자를 처벌한다. 이런 처벌규정은 과학기술 리스크를 간접적으로 통제하는 기능을 한다. 그러나 형사처벌을 수단으로 하는 안전규제는 발생한 손상과 해악의 결과와 관리자의 주의의무 위반을 따지기 때문에 잠재적 리스크를 본질적으로 감소시키는 기능에는 한계가 있다. 형사처벌은 사회적 갈등을 해소하는 최후수단이며, 사후에 책임을 묻는다고 리스크가 감소하는 것은 아니다.

　사고와 피해를 겪으면서도 문제의식과 성찰이 부족하다면 제도적 보완과 리스크의 재평가는 이루어지지 못하므로 리스크 사회는 더 가속화될 수 밖에 없다. 특정한 위해요인에 노출되어 피해가 발생하더라도 정량화된 데이터가 없다면, 행정관청은 업체에 경제적 손실을 안겨줄 수 있는 행정조치와 수거명령을 내릴 수 없다. 제품안전기본법의 제품 '수거명령'은 안전성 조사를 거쳐 소비자 피해와의 인과관계가 확인된 때에만 가능하다. 많은 소비자들이 사망하거나 폐 기능에 손상을 입은 가습기 살균제에 첨가된 화학물질이 논란이 되자 인체 위해성을 확인하기 위한 동물실험이 뒤늦게 실시되었다(최예용, 2017). 이와 같은 기술관료적 판단 과정은 가습기 살균제 피해자들의 규모가 증가한 이유로 지목된다.

　국내에는 생활화학물질 등에 대한 사전예방원칙이 도입되지 않았다. 사전예방제도가 없는 국가들에서는 유독물질 불법행위 소송을 통해서 그 물질이 초래하는 리스크의 심각성을 확인하려는 방식이 자주 사용된다. 리스크 거버넌스를 위한 제도적 설계에 국가별 차이가 발견되는 이유는 역사적으로 형성된 규제 문화가 다르고 위해요인을 대하는 관점이 다르기 때문이다. 예컨대 유럽연합은 유전자를 조작한 GMO 식품이 인체 건강에 미치는 해악성을 입증할 만한 과학적 증거가 명백하지 않더라도 사전예방원칙을 적용한다.

　윌다브스키 등은 수많은 리스크를 수반하는 제품들과 시스템을 그 발생가능성에 대한 의심만으로 봉쇄할 수는 없으므로 사전예방 원칙보다 시행착오에 기초한 접근이 공공정책에 채택되어야 한다고 보았다. 작은 단위로 나누어진 시행착오를 관찰한다면 그것은 일종의 '리스크 발견 프로세스'로 기능하게 된다. 이처럼 소규모 시행착오의 결과를 통해 명확하게 드러난 리스크 실체를 파악하고 대처방법을 학습함으로써 미지의 영역으로 여겨지는 리스크 세계를 다룰 수 있다는 것이다.

## 참고 문헌

노진철(2004), 「위험사회학-위험과 사회의 관계에 대한 사회이론화」, 『경제와 사회』 63, 98-123.
노진철(2009), 「위험 연구의 패러다임 전환: Beck의 '위험사회론'에서 Luhmann의 '위험의 사회학'으로」, 『국가위기관리학회보』 1, 1-20.
노진철(2010), 『불확실성 시대의 위험사회학』, 한울아카데미.
박춘서(2012), 「구성주의 시각에서의 위험 소통의 논리」, 『언론과학연구』 12(3), 170-200.
조현석 외(2013), 『빅데이터와 위험정보사회』, 소통북스.
최예용(2017), 「가습기 살균제 참사의 진행과 교훈(Q&A)」, 『한국환경보건학회지』 43(1), 1-22.
최은창(2021), 「인공지능 위험인지의 차이와 거버넌스」, 『인공지능 윤리와 거버넌스』, 박영사.
Beck, U. (1986), *Risikogesellschaft*, Suhrkamp Verlag.
Beck, U. (1992), "From Industrial Society to the Risk Society: Questions of Survival, Social Structure and Ecological Enlightenment", *Theory, Culture and Society 9*(1), 97-123.
Conway, E. M. & Oreskes, N. (2010), *Merchants of doubt*, Bloomsbury Press.
Dake, K. & Wildavsky, A. (1990), "Theories of Risk Perception: Who Fears What and Why?", *Daedalus 119*(4).
Douglas, M & Wildavsky, A. (1983), *Risk and Culture: An Essay on the Selection of Technological and Environmental Dangers*, University of California Press.
Kahan, D. (2012), "Cultural cognition as a conception of the cultural theory of risk", *Handbook of Risk Theory 8*(20).
Loon, J. V. (2002), *Risk and Technological Culture: Towards a Sociology of Virulence*, Routledge.
Luhmann, N. (1990), "Technology, environment and social risk: a systems perspective", *Organization & Environment 4*(3).
Luhmann, N. (1991), *Soziologie des Risikos*, Walter De Gruyter.
Luhmann, N. (1993), *Risk: A Sociological Theory*, Walter de Gruyter.

Luhmann, N. (2007), 『사회체계이론 1』, 박여성(역), 한길사(원서출판 1979).

Passannante, G. (2019), *Catastrophizing: Materialism and the Making of Disaster*, The University of Chicago Press.

Perrow, C. (1984), *Normal Accidents: Living with High-Risk Technologies*, Basic Books,

Revet, S. & Langumier, J ed. (2015), *Governing Disasters: Beyond Risk Culture*, Springer.

# 07

# 공정

FAIRNESS

**김도승**
목포대학교 법학과

인간의 판단과 결정을 기술로 대체하면 우리 사회는 더 공정해질 수 있을까? 오히려 기술에 대한 의존성으로 우리 사회의 차별적 관행이 더 은밀하게 유지되거나 견고해지는 것은 아닐까? '정보기술은 과연 우리 공동체의 공정성에 어떠한 영향을 주는가'는 수많은 질문과 확인이 필요한 거대한 담론이며, 최근 인공지능의 활용을 둘러싼 논란에서 활발하게 제기되었다.

인공지능의 활용이 확산되면서 그 편익과 함께 인공지능을 활용한 자동결정의 부작용에 대한 법적 대응의 필요성도 함께 커진 것은 자연스러운 귀결이다. 인공지능 알고리즘에 의한 의사결정은 무엇보다 투명성이 확보되어야 하고, 그러한 투명성과 관련하여 해당 주체에게는 일정한 책임이 요구된다. 이와 관련하여 유럽연합의 '디지털 서비스법', 미국의 '알고리즘 책임법' 등은 인공지능 기반 의사결정에 관한 일정한 법적 규율을 시도한 것으로 주목할 만하다. 인공지능 알고리즘은 그 고유의 특징으로 편향성과 불투명성의 위험을 내포한다. 결국 알고리즘에 대한 개발자의 권리(영업비밀 또는 지식재산권의 대상으로서 정당한 가치)를 존중하면서도 그러한 편향성과 불투명성을 어떻게 극복할 것인지가 관건이라 할 것이다.

인공지능이 어떠한 인과적 메커니즘을 통해 결괏값을 도출하는지를 투명하게 공개하도록 요구하는 것은 인공지능의 활용에 공정성을 담보하는 첫걸음이다. 인공지능이 가져오는 개인적·사회적 편익을 수용하면서도 기술의 투명성과 설명에 대한 책임을 부여하여 끊임없는 교정과 경계를 통해 공정을 지향하게 하고 불공정한 산물에 책임을 지도록 하는 것이 필요하다.

# Ⅰ. 지능정보기술의 발달과 공정성 담론

지능정보기술의 급속한 발전은 최근 코로나 19 바이러스 팬데믹의 영향에 더하여 디지털 사회로의 전환을 한층 더 가속시켰다. 비대면은 효율을 위한 선택이 아닌 우선적인 원칙이 되었고, 정보기술의 활용은 사회적 생존에 필수조건이 되었다. 가상세계와 현실공간의 생활이 연결된 이른바 '메타버스metaverse'가 새로운 인간의 활동공간으로 주목받았고, 데이터와 지능정보기술을 기반으로 발전하는 디지털 사회는 언젠가 도래할 미래 사회가 아닌 '현재'이며 '이곳'이다.

취업포털서비스 '사람인'이 2020년 구직자 1578명을 대상으로 한 설문조사에 따르면, 구직자 다섯 명 중 두 명이 채용과정에서 불공정을 경험한 적이 있다고 답했다. 면접관이 직무능력과 무관한 질문으로 편향적인 시각을 드러내거나 성별, 지역, 학력 등에 대한 차별이 의심되는 사례가 빈발한 것이다. 공정한 채용을 기대했던 구직자들은 분노했다. 일찍이 고용에 연령차별, 장애인차별, 남녀차별 등을 금지하는 법률이 제정되었고, 나아가 채용절차와 기준에 일반적 차별 금지를 선언한「채용절차의 공정화에 관한 법률」까지 제정되었지만, 효과적인 처방책은 되지 못했다.

인간이 참여하는 한 채용과정에서 발생하는 휴먼에러human error는 우리 공동체가 오랜 역사를 통해 의존했던 법과 제도만으로는 해결할 수 없는 것일까. 이 가운데 채용과정에서 부정의 소지나 면접관의 편견을 해소하기 위해 인공지능을 활용한 면접이 주목받았다. AI 면접은 지원자 모두에게 기술적으로 엄격하게 동일한 평가 기준을 적용하여 학연, 지연, 혈연 등과 관계없이 채용의 객관성과 신뢰성을 확보할 수 있고, 면접시간에 대한 제약도 없다. 여기에 코로나 팬데믹으로 인한 비대면 면접의 장점까지 더해 AI 면접을 활용하는 기업은 빠르게 늘었다. 그렇게 AI 면접은 인간이 가진 공정성의 한계를 정보기술의 진보가 해결할 수 있을 것이라는 기대를 받으며 널리 사용되었다.

그런데 AI 면접 사례가 증가하면서 구직자의 표정, 목소리, 말투, 눈 깜빡임 등을 고려하는 것이 직무수행에 필요하지 않은 신체적 조건을 부당하게 활용하는 것은 아닌지, 무엇보다 인공지능 알고리즘에 반영된 채용 기준은 무엇이며 과연 정당한 기준인지에 대한 의문이 제기되었다. 인간 면접관의 역할을 대신하는 인공지능이 왜곡되거나 편향된 데이터를 학습하게 될 경우 동일한 문제가 발생할 수 있을 거라는 우려가 드러났다. 더욱 심각한 것은 인공지능의 기술적 특성상 이를 사전에 통제하거나 사후에 책임을 묻기 쉽지 않다는 점이다.

실제로 미국 아마존Amazon은 일찍이 AI 채용 시스템을 개발하여 활용해왔는데, 과거 IT기업 지원자 중 남성 지원자가 다수였던 시절의 구직자 데이터를 학습한 인공지능이 여대 출신이나 여성 동호회 활동을 하는 사람을 배제하는 등 여성 지원자에게 불이익을 준 정황이 드러났다. 인공지능의 여성차별적 인식을 교정하기 위해 편향된 데이터를 삭제하는 등 조치를 취했으나 놀랍게도 인공지능은 그러한 명시적 데이터가 없이도 그간의 학습으로 터득한 노하우와 데이터 간 상관관계를 분석해 기어이 여성을 찾아내 불이익을 주는 '진화'를 보였고, 결국 아마존은 2018년에 AI 채용 시스템의 폐기를 선언했다(Dastin, 2018).

인공지능은 기술 활용에 가장 보수적이라 할 수 있는 사법司法의 영역에도 등장했다. 미국 위스콘신주 법원은 형사사건 선고전 조사보고서pre-sentence investigation reports: PSIR에 콤파스Correctional Offender Management Pro-filing for Alternative Sanction: COMPAS라는 '재범 위험평가 알고리즘'을 활용한다. 콤파스 알고리즘은 피고인의 범죄 참여도, 생활방식, 성격과 태도, 가족과 사회적 배제 등을 점수로 환산해 재범 가능성을 계산할 뿐만 아니라 교도소에서의 적정한 감독방식에 대해서도 제안한 것으로 알려졌다.

일례로 에릭 루미스라는 청년이 총격 현장에서 달아나다 체포되었는데, 법원이 콤파스 재범 예측 알고리즘이 제시한 구금 기간을 고려해 형량을 선고하자 이에 반발하며 알고리즘의 공개를 주장했다. 그러나 콤파스 개발사는 이를 거부했고, 이에 에릭 루미스는 콤파스를 활용한 판결이 헌법상 적법절차 원칙을 위반했다고 소송을 제기했다. 위스콘신주 법원은 만일 알고리즘에 의한 위험평가 지수가 범죄자의 구속이나 형량 결정의 유일한 요소였다면 그에 기초한 판결은 위법일 수 있지만 당해 사건에서 콤파스 보고서가 유일한 유죄 인정 근거가 아니었고, 충분히 개별적으로 판단할 자료가 있었으므로 적법절차에 위반한 것은 아니라고 보았다[State v. Loomis, 881 N.W.2d 749(Wis. 2016)]. 그 후 미국 언론사 프로퍼블리카Pro-

Publica에서 콤파스가 흑인의 재범 위험성을 백인보다 두 배 높게 판단하는 등 인종 편향성을 보인다며 콤파스 알고리즘에 대한 공정성을 의심하는 내용의 뉴스를 보도했고, 개발사의 반박이 이어졌다(Austrailian Human Rights Commission, 2018).

눈부신 발전을 거듭한 지능정보기술이 법정에서 사실관계 확인을 비롯해 법관의 판결에 도움을 줄 수 있을 거라 기대하는 것은 어렵지 않다. 미국에서는 콤파스와 비슷한 알고리즘을 가진 소프트웨어들이 보석금을 산정하고, 판결문을 다듬고, 심지어 유무죄 결정까지 관여하는 등 여러 주의 사법시스템에서 중요한 역할을 하는 실정이다. 하지만 그에 상응하여 알고리즘의 투명성과 책임성이 확보되고 있는가에 대해서는 충분한 답을 내놓기 어렵다. 기술적 특성상 인공지능의 알고리즘은 복잡하고 베일에 가려져 있어 그 판단과정을 설명하기 힘들며, 머신러닝을 기반으로 한 강력한 성능의 인공지능일수록 이러한 곤란함은 더 증가하는 것으로 알려져 있다.

인공지능 기반 의사결정이 주는 편익과 인공지능에 내재된 다양한 위험 사이의 균형을 맞추는 문제에 주목하게 된 것은 비교적 최근의 일이다. 2000년대 이후에 기존의 신경망 네트워크, 머신러닝 등의 성능이 획기적으로 개선된 '딥러닝deep learning' 방법을 도입하면서 인공지능의 효율성과 정확성이 높아지고 전방위로 활용되면서 인공지능이 편향적인 판단을 내린다는 불공정 이슈가 제기되었다. 인공지능에 대한 기대가 높아질수록 그 결과를 수용한 판단이 공정한가에 대한 질문은 커지기 마련이다.

디지털 세상을 살아가는 우리는 쉴새 없이 정보를 검색하고, 인터넷에서 뉴스를 읽고, 온라인 몰에서 물건을 구매하고, 소셜미디어SNS에 댓글을 단다. 그리고 매 순간 그 정보는 어딘가에 데이터로 축적된다. 이렇게 축적된 데이터들은 각종 서비스를 개인화하고 스마트화하는 데 도움을 줄 뿐만 아니라 소수 결정권자의 판단에 좌우되던 일들이 데이터 기반의 객관적인 의사결정으로 변화되는 데 영향을 미쳐 과거와는 비교할 수 없는 혁신적인 기회를 제공한다. 사업자들은 방대하고 다양한 데이터를 수집해 이를 상업화하는 데 주력하며, 특히 날로 발전하는 지능정보기술의 활용과 빅데이터big data 기술에 힘입어 초대용량 데이터의 축적이 가능해졌다. 이렇게 축적된 데이터로 기업은 제품 생산의 효율성을 높이고 보다 혁신적인 서비스를 개발하며 효과적인 광고도 내보낸다. 모두의 이익이 커진 셈이다.

그러나 빛이 있으면 그늘이 있듯, 데이터 경제가 활성화됨에 따라 일부 사업자에 의한 데이터 독점 및 진입장벽의 형성을 비롯한 부정적인 면도 함께 나타난다. 그간 데이터 활용을 둘러싼 논의는 주로 개인정보 보호 이슈 차원에서 다뤄졌는데, 최근에는 거대 온라인 사업자의 빅데이터 수집 및 보유가 공정한 경쟁을 저해하는지에 관한 경쟁법적 이슈가 부상했다. 즉, 데이터의 과도한 불균형이 시장지배적 지위를 가진 일부 온라인 플랫폼 사업자에 대한 고객 쏠림 현상을 더욱 강화하는 요인이 될 수 있다는 점에서 불공정 시비를 일으키는 것이다.

최근 많은 온라인 사업자들이 빅데이터를 손쉽게 구축하기 위해 이른바 '데이터 역량 강화 전략data driven strategy'을 사용하여 대량의 데이터 확보를 위한 수단으로서 전략적으로 기업 결합 정책을 추진하는 사례가 증가했다(Grunes & Stucke 2015). 데이터 경제에서 소비자는 그들의 데이터에 사업자의 접근을 허용하는 대가로 사업자로부터 다양한 무료 서비스를 제공받고, 기업은 그렇게 수집된 방대한 데이터를 활용해 품질을 개선하고 혁신할 수 있다는 점에서 데이터는 친경쟁적 특성을 지닌다.

반면 사업자가 대용량 데이터를 수집·저장·관리하고, 새로운 데이터 수집을 위하여 무료 서비스를 제공하기 위해서는 상당히 많은 비용이 필요하기 때문에 신규 진입자나 상대적으로 규모가 작은 사업자가 기존 거대 사업자와 경쟁하기 어려운 환경에 놓이게 된다. 특히 빅데이터 기술의 비약적인 발전으로 데이터 분석 알고리즘을 이용하거나 다양한 데이터 간 결합을 통하여 축적된 데이터로부터 무제한적인 정보의 재창출이 가능해져 데이터의 보유 양이 많고 그 수준이 높은 기존 사업자의 거래상 우월적 지위는 더욱 공고해질 것이다. 이미 온라인 시장을 선점한 거대 기업들은 빅데이터를 활용해 시장지배적 지위를 형성·강화하고 있으며, 빅데이터를 배타적으로 활용해 경쟁 사업자를 시장에서 축출하는 결과를 초래한다면 경쟁법이 추구하는 공정한 경쟁의 가치가 훼손될 수 있다.

정보기술의 급격한 발전으로 기존 경제 주체들의 이러한 기술 활용은 더욱 보편화되고 강화될 것으로 전망된다. 데이터 독점이 경쟁을 제한하는 결과나 불법적 활동으로 나타날 때 이를 금지할 필요는 있겠지만, 한편으로 기업이 그들의 이익 극대화를 위해 새로운 기술을 활용하는 것은 자연스러운 과정이자 기술발달의 수혜로 볼 수 있어 이를 판단할 공정성에 대한 기준은 여전히 논쟁적이다.

# II. 공정성의 개념과 법적 함의

그렇다면 과연 공정하다는 것은 무엇을 의미하는 것일까? 공정公正, fair-ness의 사전적 의미는 '공평하고 올바름'으로, 어떤 이의 일 처리가 공명정대함을 뜻한다. 공정은 일상이나 법적 상황에서도 빈번하게 언급되는 가치지만 '공정하다'라는 것이 정확히 무엇을 의미하는지는 시대마다, 사회마다, 사람마다 다르다. 우리는 시험이 그 누구에게도 득도, 해도 주지 않고 치러진 것을 두고 '공정한 시험'이라고 하기도 하고, 법法이 물 수水변을 취하는 것은 법률과 사법이 '수면과 같이 공정해야' 함을 뜻한다고 설명하기도 한다(오정진, 2010). 그런데 공정에는 어떤 조건이 필요하다는 이야기는 있으나 공정이 무엇인지 그 직접적인 정의는 찾아보기 어렵다.

'공정성'이라는 단어는 이 같이 개념이 모호함에도 일상이나 법적 상황에서 매우 빈번하게 사용된다. 20세기 윤리철학의 대가인 존 롤스John Rawls는 그의 저서 『공정으로서 정의Justice as fairness』에서 당위로서의 공정성과 허구로서의 공정성, 그 양면에 주목했다. 롤스는 "공정이란 상호 협동하에서 서로 경쟁하는 사람들을 다루는 정당성과 관련되며, 공정성은 서로에 대해 행세할 권위가 없는 자유로운 사람의 원칙들에 대한 상호인정 가능성을 지칭"한다며 정의의 개념에서 기본적인 관념은 공정이라 했다. 또한 '공정성의 원칙'이란 제도와 관행이 완벽하게는 아니더라도 합당하다고 여겨질 정도로 정의로우며, 사람들이 그 체제의 이익을 자발적으로 받아들이거나 자신의 이익을 증진하기 위해 그러한 제도가 제시하는 기회를 이용할 때는 언제나 그 제도의 규칙들이 명시하는 자신의 본분을 행할 책무를 가지게 된다는 것을 의미한다며 공정성의 당위적 측면을 강조했다.

한편 인간은 공정성을 필요로 하지만, 사실 공정성이란 현실에서 온전하게 달성할 수 없는 과제를 상정한 것이고, 마치 자유가 '자유로워지라'는 당위에서만 존재하는 것처럼 공정성 역시 '공정하라'는 당위에서만 존재한다며 '허구로서의 공정'에 주목하기도 했다. 하지만 '공정성의 허구'가 아무런 의미가 없는 것은 아니고, 우리 공동체 구성원에게 최대한 그에 근접해가고자 노력해야 하는 의무를 부과하는 것이며, 그 과정에서 수행적인performative 힘을 발휘할 수 있다는 점을 강조했다(Rawls, 1985/2016).

'공정'이 우리 사회가 반드시 지켜야 할 가치라면 무엇보다 법규범에 투영되어야 할 것이다. 우리 법에서도 '공정성'은 자주 발견되는데, 선거의 공정(「헌법」), 공무원의 직무집행상의 공정(「공무원법」), 언론 및 방송의 공정성(「방송법」), 권리의 행사와 재화의 공정한 이용(「저작권법」), 불공정한 해고의 금지(「근로기준법」), 법관의 직무 공정성(「법원윤리강령」), 공정성 확보를 위한 '정보 비공개'(「공공기관정보공개법」) 등 다양한 법령에서 공정성을 추구해야 할 가치로 명시한다. 사적 영역에서도 자기의 급부에 비하여 현저하게 균형을 잃은 반대 급부를 상대방에게 하게 함으로써 부당한 재산적 이익을 얻는 행위를 불공정한 법률행위로 보고 그 법적 효력을 부인한다(「민법」, 「약관규제법」). 명쾌하게 '공정'의 개념을 정의한 법은 없지만, 우리 공동체가 추구해야 할 가치로서 공정, 그리고 금지 또는 제거해야 할 대상으로서 불공정을 공적 영역과 사적 영역을 규율하는 규범에 다양하게 투영하는 것이다.

이처럼 법에서 공정성을 찾아가는 방식은 적극적으로 공정성에 대한 개념을 정의하는 것이 아닌 '불공정성 내지 부당함의 금지 혹은 회피'에 가깝다. 「독점규제 및 공정거래에 관한 법률(이하 '공정거래법')」은 제23조

제2부  시스템·법·제도

에서 부당하게 거래를 거절하거나 거래의 상대방을 차별하여 취급하는 행위 등 공정한 거래를 저해할 우려가 있는 행위, 즉 불공정거래행위를 규정한다. 마찬가지로 「채권의 공정한 추심에 관한 법률」은 제12조에서 혼인, 장례 등 채무자가 채권추심에 응하기 곤란한 사정을 이용하여 채무자 또는 관계인에게 채권추심의 의사를 공개적으로 표시하는 행위 등 채권추심에서 불공정한 행위를 금지한다.

이처럼 공정거래법을 비롯해 명시적으로 공정을 이념으로 표방하는 법규들의 특징은 무엇이 공정한 것인가를 말하는 대신, 무엇이 공정하지 않은 행위인지 규정하고 이를 금지하거나 회피하게 함으로써 공정성을 확보해가고자 한다는 점이다. 우리 법원은 해고 무효 확인 소송 등에서 공정에 대해 그 측정과 판단을 위한 뚜렷한 기준이 있는 것이 아니라 다른 많은 사정과 맥락 속에서 종합적으로 판단될 수밖에 없는 불확정적 개념이라는 입장을 취한다. 다만 개별 사안의 공정성을 판단할 때 그 기준을 설정함에 있어서는 합리적으로 고안된 일정한 절차가 공정성을 고양하는 데 기여할 수 있다고 강조했다. 이처럼 공정성이 지닌 불명확성과 추상성에도 더 공정한 결과를 도출하기 위한 절차나 기준을 마련하는 노력은 분명히 의미가 있다.

최근 몇 년간 교육, 취업은 물론 복지, 사법체계 등 여러 방면에서 공정성 담론은 한국사회가 추구해야 할 최우선의 가치로 주목받았다. 그러나 이와 같은 공정성에 대한 높은 관심과 담론의 확산에도, 공정이 무엇인지에 대해 뚜렷한 답은 내놓지 못했다. 공정성에 대한 개념 정의가 모호하고 그에 대한 관점과 차원이 서로 다르다 보니, 불공정 현상에 대한 진단과 원인 분석, 처방이 다를 수밖에 없다. 분배의 공정성을 강조하거나 절차의 공정성에 초점을 두기도 하고, 법치주의 확립을 공정 사회 구현의 우선 과제로 제시하기도 한다. 이에 반해 기존 법질서는 기득권의 산물이므로, 보다 근본적인 해결을 위해서는 공정성 관점에서 현재의 법질서 자체에 대한 검증과 재설계가 필요하다는 주장도 제기된다. 기여한 바에 대해 적정 보상을 추구하는 '분배의 공정성'도 의사결정 과정의 정당성이 확보되는 '절차적 공정성' 없이 달성될 수 없고, 자의를 배격하는 '법'이라는 공동체의 약속도 형식적인 법치가 아닌 정의로운 법에 의한 규율을 의미하는 실질적인 법치만이 정당하다.

앞서 본 콤파스 사례에서 개발사의 주장대로 통계상 인종에 따른 범죄율과 재범률이 차이가 나고, 기본 구성비율보다 콤파스가 고위험군으로 평가한 사람 중 실제로 재범을 저지르는 사람들의 비율은 인종과 무관하게 비슷한 값(정확도)을 냈다면 충분히 공정한 것이 아닌가 하는 반문도 가능하다. 반면 인종별 범죄율의 차이는 범행 뒤 검거되는 비율이 흑인이 백인보다 더 높기 때문에 생기며, 결과적으로 인공지능이 학습하는 데이터 자체가 불공정하다는 구조적 불평등을 지적할 수도 있다. 알고리즘이 활용하게 되는 대량의 정형·비정형 데이터가 발생시키는 문제에 인공지능이 자유롭지 못함을 고려할 때, 알고리즘 통제만으로는 인공지능에 대한 공정성 문제를 근본적으로 해결할 수 없다는 한계점이 드러난다. 데이터로 나타난 사회의 불공정한 현실을 학습한 인공지능은 일정한 편향성을 정확성으로 이해하는 오류를 범할 수도 있기 때문이다.

# III. 인공지능의 공정성

## 1. 편향된 데이터의 문제

인간은 누구나 공정한 기회를 갖고, 노력한 결과에 따른 합당한 대가를 나누어 가지며, 그 결과를 평화롭게 승복할 수 있는 사회를 필요로 한다. 그러나 역사적으로 우리의 '인간 이웃'은 인지적 한계에서 무력하고 때로는 불공정의 유혹을 뿌리치지 못했으며, 공정성을 확보하기 위한 정치, 문화, 법과 제도와 같은 근대적 장치도 그리 효과적이지 못했다.

이스라엘 가석방 전담 판사를 대상으로 한 연구에서 밝혀진 바에 의하면 가석방 승인율이 식사 후엔 65퍼센트로 크게 상승했다가 식사 시간 직전에는 0퍼센트까지 떨어졌다. 이러한 이른바 '배고픈 판사 오류'는 인간의 합리적 판단이 얼마나 취약한지 보여준다. 그렇다면 인간의 판단과 결정을 기술로 대체하면 과연 우리 사회는 더 공정해질 수 있을까? 우리에게 성큼 다가온 '인공지능 이웃'은 불공정의 유혹에서 자유로울까? 오히려 기술에 대한 의존성으로 우리 사회의 차별적 관행이 더 은밀하게 유지되거나 견고해지는 것은 아닐까? '정보기술은 공동체의 공정성에 어떠한 영향을 주는가'는 수많은 질문과 확인이 필요한 거대한 담론이며, 최근 인공지능의 활용을 둘러싼 논란에서 활발하게 제기된 문제다.

딥러닝으로 성능이 과거와는 비교할 수 없이 강화된 인공지능은 이제 운전면허를 취득하고, 바둑 고수를 누르고, 암을 진단하고, 금융상품을 추천하는 등 운송, 헬스케어, 지능형 교육, 지능형 정보보호, 엔터테인먼트, 재판과 법률서비스, 고용·노동 분야에 이르기까지 우리 생활 곳곳에서 종횡무진 활약한다. 인간의 능력을 보다 강화하는 데 그치지 않고 스스로 예측하고 사고하는 기술로 진화할 것으로 전망된다.

물류의 효율성을 극대화하고, 질병 진단 및 치료의 정확성을 획기적으로 개선하는 데 기여하고, 재난 안전 분야에서 예측 가능성과 위험에 대한 대응력을 높여주는 등 인공지능을 기반으로 한 의사결정에는 명백한 사회적 이점이 있다. 반면 인간의 일자리를 대체해 사회적 양극화를 심화시킬 수 있고, 잘못 설계된 알고리즘이나 편향된 데이터로 인해 성별·인종 등에 따른 차별이나 사생활 침해도 우려되며, 기술적으로 불완전한 인공지능이 자율성을 갖는 경우에는 오히려 대형사고의 위험을 높여 공동체의 안전에 심각한 위협이 될 수도 있다. 더욱이 빅데이터 및 인공지능 알고리즘은 우리 사회에 이미 존재하는 차별을 반영하는 데에 그치지 않고 그것을 더 증폭하고 영속화할 수 있다는 경고마저 제기된다.

미국의 데이터과학자 캐시 오닐Kathy O'Neil은 저서 『대량살상 수학무기 Weapons of Math Destruction』에서 알고리즘의 불평등한 결과와 편향이라는 문제를 적나라하게 지적하여 주목을 받았다. 그의 주장에 따르면 알고리즘이 만들어질 때 개발자가 가진 여러 편향된 가정assumption이 포함될 수밖에 없기에 알고리즘은 중립적일 수 없다.

인공지능은 알고리즘과 데이터로 구성된다. 알고리즘은 정보, 자료를 입력하여 결정계통수decision tree에 따라 가장 최적의 결정optimal decision에 도달하도록 하는 구조화된 결정 프로세스structured decision-making process를 의미하며, 데이터 중에서도 주로 빅데이터를 입력받아 일정한 결괏값을 도출한다. 즉, 인공지능이 학습하는 데이터에 따라 그에 상응하는 결과가 나오는 것이다. 따라서 알고리즘에 인간의 오랜 편견이 반영된 데이터가 활용되면 그 결과에도 영향을 미치게 된다. 그렇다면 인공지능에 활용되는 데이터 중 불공정을 야기하는 차별적인 데이터를 제거하면 이러한 문제를 해소할 수 있을까?

이와 관련하여 인공지능 알고리즘이 처리하는 데이터가 지니는 수많은 '상관관계correlations'를 고려할 때 특정 데이터를 제거해도 데이터와 결합한 알고리즘에 의한 결정은 의도적 혹은 비의도적으로 차별의 결과를 가져올 수 있다는 지적이 있다(오요한·홍성욱, 2018). 특정 대상에 대한 다양한 패턴을 종합하면 일정한 상관관계가 드러나고 여기에서 다른 데이터와의 비교, 결합 등을 통해 폭발적으로 상관관계가 확장되어 일정한 추정이 가능해진다는 것이다.

특히 머신러닝 알고리즘은 일정한 결과를 위한 직접적인 데이터가 없어도 대리변수proxy variable를 통해 누락된 데이터를 대체하는 것이 용이하고, 이와 같은 대리변수를 사용하면 직접적으로 물어보는 것이 금지된 민감한 정보도 추정이 가능해진다. 예컨대 부모의 직업이나 소득을 물어보는 것이 금지되어 있어도 거주지, 소비패턴, 취미활동 등 다른 정보를 활용하고 추가적인 데이터와 결합하면 원하는 결과를 쉽게 추정할 수 있다. 이처럼 차별을 의도한 경우뿐만 아니라 명시적인 차별 의도가 없더라도 데이터와 알고리즘이 일정한 결괏값을 내기 위한 과정에서 편향이 발생할 가능성을 배제할 수 없다.

그렇다면 이러한 기술적 과정에서 불공정 발생 소지를 최소화할 조치를 사전에 취한다면 알고리즘의 공정성을 실현할 수 있을까? 그러나 이러한 시도는 알려지지 않은 정보를 최대한 정확하게 추정하여 일정한 값을 예측하려는 알고리즘의 실용적 목적과 배치될 수 있다. 즉, 알고리즘의 공정성 확보와 알고리즘의 정확성 문제는 상호 충돌되는 관계일 수 있음을 의미한다. 이는 공정성이 강하게 요구되는 영역에서는 알고리즘의 정확성, 즉 인공지능의 성능에 대한 일정한 타협이 필요할 수 있다는 점을 내포한다.

## 2. 데이터와 알고리즘의 투명성

인공지능이 어떠한 인과적 메커니즘을 통해 결괏값을 도출하는지를 투명하게 공개하도록 요구하는 것은 인공지능의 활용에 공정성을 담보하려는 시도다. 그런데 최근 인공지능은 인간의 개입 없이 결정하는 경우가 대다수다. 인간의 개입은 프로그램의 설계 및 유지 단계에서만 이루어지며 최종 결정은 자율적으로 이루어진다.

수많은 레이어layer를 이루는 개개의 노드node 간에 부여된 웨이트weight 값이 얼마인지 개발자도 파악할 수 없을 정도로 인공지능 알고리즘은 복잡하다. 이를 외부인이 짐작하는 것은 불가능에 가깝다. 이러한 기술적 특성으로 인해 인공지능의 예측 정확도와 설명력은 반비례하는 것으로 알려져 있다. 즉, 알고리즘의 정확도가 높아질수록 그 이유를 설명하는 수준, 즉 인간이 이해하는 정도가 낮아지는 현상이 발생하는 것이다. 이렇듯 인공지능 알고리즘에 대한 설명이 불가능한 문제는 인공지능 알고리즘에 의한 의사결정을 회의적으로 바라보아야 한다는 비판을 제기하며, 이는 인공지능에 대한 '투명성' 혹은 '책무성'에 대한 요청으로 이어졌다.

한편, 인공지능 기술은 머신러닝, 딥러닝 등으로 그 성능이 날로 진화했지만, 그 본질은 결국 일정한 데이터를 입력하면 구조화된 프로세스를 통해 결괏값을 출력하는 '컴퓨터시스템'이다. 따라서 인간과 달리 출력값, 즉 판단이 어떠한 데이터를 입력받아 어떤 경로로 결괏값을 출력한 것인지를 전자적 기록으로 남길 수 있다. 따라서 이 기록을 분석하면 기본적으로 어떤 요소와 알고리즘이 결과에 큰 영향을 미쳤는지 사후에 평가가 가능할 것이다. 이러한 측면은 판단의 기록이 남지 않는 인간과 비교했을 때 불공정에 대한 원인을 분석하고 책임을 평가하는 데 보다 긍정적인 지점이라고 할 수 있다.

인공지능의 공정성을 사전에 통제할 수 없다면 인공지능이 가져오는 개인적·사회적 편익을 수용하면서 동시에 공정을 추구하고, 불공정한 결과물에 대한 책임을 지도록 해야 한다. 이는 인공지능에 기술의 투명성과 설명 책임을 부여하고eXplainable AI: XAI, 끊임없는 교정과 경계를 통해 이루어질 것이다. 인공지능 알고리즘에 의한 의사결정은 무엇보다 투명성이 확보되어야 한다. 따라서 의사결정 주체에게는 응당한 책임이 요구된다. 이러한 책임의 귀속 대상은 인공지능의 설계자나 제조자일 수도 있고, 언젠가 인공지능이 법인격을 가지게 될 때는 그 자신일 수도 있다.


## IV. 인공지능과 법

### 1. 인공지능 관련 법안 사례

인공지능을 많이 활용하면서 그 편익과 함께 인공지능을 활용한 자동결정의 부작용도 늘어났다. 따라서 이런 부작용에 대한 법적 대응 필요성이 커진 것은 자연스러운 흐름이다. 이와 관련된 법안으로는 유럽연합EU 의 디지털 서비스법Digital Service Act, 미국의 알고리즘 책임법Algorithmic Accountability Act 등이 대표적이다.

특히 2017년 12월 뉴욕시 시의회는 '알고리즘의 설명 책임 법안algorithmic accountability bill'을 발의하고, 시에서 사용되는 자동화된 의사결정 알고리즘이 뉴욕시민의 삶에 어떠한 영향을 미치는지, 알고리즘이 연령, 인종, 종교, 성별, 성적지향, 시민권 여부 등에 따라 시민들을 차별하는지를 조사하는 것을 의무화했다. 같은 취지로 론 와이든Ron Wyden 미국 상원의원도 2019년 4월 '알고리즘 책임법'을 발의했다. 이는 연 매출 5000만 달러 이상이거나 100만 명 이상의 개인정보를 취급하는 테크기업을 대상으로 자동화된 의사결정 시스템 중 소비자에게 차별을 불러올 수 있는 민감한 정보인 인종, 국적, 정치 성향, 종교, 노동조합 가입 여부, 유전자 데이터, 성정체성, 범죄 경력 등을 불공정하고 편파적으로 사용하여 사용자에게 중대한 영향을 미칠 수 있는 위험을 내재한 경우에 대한 정부의 규율을 규정한 법안이다.

이러한 법제적 노력은 인공지능 알고리즘의 '공정성', '책무성accountability', '투명성transparency'을 확립하기 위한 것이다. 이 중 '투명성'은 이용자가 시스템의 출력을 해석하고 적절하게 이해할 수 있도록 충분히 투명해야 한다는 의미다. 법은 인공지능 시스템이 공급자 정보, 인공지능 시스템의 성능(목적, 정확도, 오용 위험성, 성능 및 데이터 정보), 인간의 감독, 시스템 수명 등 주요 정보를 이용자에게 제공할 것을 요구하며, 이는 알고리즘에 대한 공정성 감시를 강화하는 데 유력한 기반이 될 것으로 기대된다.

인공지능 알고리즘은 그 고유의 특징으로 편향성과 불투명성의 위험을 내포한다. 결국 알고리즘에 대한 개발자의 권리, 즉 영업비밀 또는 지식재산권의 대상으로서 정당한 가치를 존중하면서도 그러한 편향성과 불투명성을 어떻게 극복할 것인지가 관건이라고 할 것이다.

미국과 같이 알고리즘에 대한 직접적인 규율은 정부의 역할을 중심으로 하는데 상당한 기술적·제도적 기반이 병행되어야 가능하다. 따라서 이러한 알고리즘의 불투명성 대응 방안으로 개인정보 보호를 위한 제도적 장치도 효과적일 수 있다. 유럽연합의 '일반 개인정보 보호법General Data Protection Regulation: GDPR'은 정보 주체가 기업에 프로파일링 등 본인에 관한 법적 효력을 초래하거나 이와 유사하게 본인에게 중대한 영향을 미치는 결정을 자동화된 처리에만 의존하는 경우 그 적용을 거부할 권리를 가진다는 점을 명확히 선언하고, 그러한 자동적 의사결정에 정보 주체는 자신의 개인정보가 언제 누구에게 어디까지 알려지고 활용될 것인지에 대한 설명을 요구할 권리가 있음을 규정한다(GDPR 제22조). 비록 개인정보와 관련된 사항으로 제한되지만, 이러한 데이터 검증 과정은 알고리즘의 편향성과 불투명성을 제거하기 위한 단초가 될 수 있다.

우리나라도 최근 정부가 입법을 예고한 개인정보 보호법 개정안에서 '자동화된 의사결정'이 있는 경우 그 기준과 절차를 정보 주체가 사전에 쉽게 인식할 수 있도록 알릴 의무를 부여하고, 자동화된 의사결정이 정보 주체에게 법적 효과 또는 이에 준하는 영향을 미치는 경우 해당 의사결정에 대한 거부, 이의제기, 설명요구권 신설 등을 규정한다[개인정보 보호법 일부개정법률(안) 입법예고 공고문 제2021-1호]. 이는 데이터 분석 기술의 발전에 따라 개인의 의사에 반하여 자동화된 처리에 의존한 결정으로 개인의 기본권이 침해되는 것을 방지하기 위함이 주된 목적이나, 그러한 데이터를 기반으로 하는 인공지능 알고리즘의 투명성과 책임성을 확보하는 데에도 중요한 제도적 장치가 될 것으로 기대된다.

## 2. 인공지능 법안 마련의 필요성

4차 산업혁명을 견인하는 대표적인 기술인 인공지능 기술은 민간의 영역은 물론 치안, 교통관리, 재난대응, 안전관리 등 다양한 행정의 영역에서 그 활용 가능성이 주목받는다. 아직은 적용 사례가 대부분 행정의 보조적 수단에 그치지만 지능정보기술이 규제행정에 합리성과 효율성을 제고하는 데 크게 기여할 수 있을 것이라는 기대로 인해 행정 분야에서 인공지능의 활용 범위는 계속 확대될 것으로 예상된다.

그러나 기존 업무에 대한 인공지능의 기술적 대체 가능성, 비용 및 편익 등과 같은 기준이 중요한 일반 민간분야와 달리 책임성과 공공성을 본질적 요소로 하는 행정에서는 다른 측면의 검토가 필요하다. 법치국가는 법과 합리성을 통해서 자신의 활동을 사전에는 예상 가능하게, 사후에는 통제 가능하게 하여야 한다는 점에서 알고리즘이 지닌 예측곤란성unforesee-ability과 자율성autonomy은 공공부문에서 인공지능 활용의 중대한 제약 요인이다. 만약 인공지능을 활용한 자동행정이 확산되어서 그 결정에 공무원의 관여와 지배력이 미치기 어려운 상황에 직면하게 될 경우, 현재의 제도 법이론이 가진 위법한 행정에 대한 사전 통제와 사후 권리 구제에 대한 한계가 드러날 것으로 보인다.

AI 판사, AI 공무원에 대한 막연한 상상은 인공지능을 활용하는 데 매우 위험한 착시효과를 불러올 수 있다. 헌법상 보장된 공정한 재판을 받을 권리와 적법절차 원리, 그리고 행정의 책임 원리를 고려할 때, 인간과 분리된 독립적 법인격을 지닌 AI 판사나 AI 공무원을 상정하는 것은 비현실적인 논의다. 만약 그렇게 된다면 인공지능은 그들의 우월한 존재감을 드러내기 위해 별도의 법인격을 지니기보다 인간을 출력장치로 삼아 인간을 통제할 수 있는 수단을 만들고자 하지 않을까? 콤파스의 사례에서 알고리즘의 결과가 판사를 법적으로 구속하지 않는다고는 했지만, 인공지능이 피고의 재범 가능성을 1부터 10 사이의 명료한 숫자로 보여준다면, 그러한 강력한 상징 앞에서 과연 판사는 얼마나 독립적인 판단을 할 수 있을지 의문이다.

사법, 행정 등 공공부문에서 인공지능을 활용할 경우, 그 범위와 허용기준에 대한 법리 그리고 윤리원칙을 수립하는 것은 필수불가결한 선결과제이다. 최근 우리 정부는 「AI 윤리기준(2020.12.23.)」을 발표해 인간존엄성 원칙(행복 추구, 인권 보장, 개인정보 보호, 다양성 존중, 해악 금지), 사회공공선 원칙(공공성, 개방성, 연대성, 포용성, 데이터 관리), 목적성 원칙(책임성, 통제성, 안전성, 투명성, 견고성) 등을 천명했다. 인공지능 개발과 이용 전반에서 이러한 가치가 충실하게 반영되어야 할 것이다. 특히 공공부문에서는 설명 가능한 인공지능 활용을 기본으로 하고, 적법성과 윤리성을 검증하는 절차를 마련하고 그 결과를 투명하게 공개해야 한다.

인공지능의 편향성에 영향을 미치는 가장 주된 원인은 바로 데이터다. 콤파스 인종차별 논란에서 볼 수 있듯, 데이터 표본 수의 차이로 발생하는 편향적 결과는 소외계층에게 불리하게 일어나고, 이러한 데이터의 불균형은 사회차별 문제로 직결된다. 따라서 인공지능의 공정성을 확보하기 위해 알고리즘과 데이터의 처리를 통해 개인 혹은 집단에 대한 기존의 차별을 재창출하거나 악화시키지 않음을 확인하는 절차를 마련해야 한다.

또한 데이터의 편향성을 교정하기 위해서는 데이터의 불공정성을 계속 측정하여, 개발자가 의도한 것과 달리 차별적 결과를 내놓는 특정 변수를 발굴해내야 한다. 이것은 단발적으로가 아닌 지속적이고 순환적인 유지 관리의 관점에서 평가되어야 할 것이다. 특히 데이터 처리가 민감한 정보와 직간접적으로 관련된 경우 출신, 사회경제적 배경, 정치적 견해, 종교적 또는 철학적 신념, 노동조합 가입 여부, 유전자 데이터, 생물학적 데이터, 건강 관련 데이터, 성생활 또는 성적지향 등 활용에 따라 불공정을 유발할 가능성이 큰 데이터는 개발 및 적용 단계에서 각별한 주의를 기울여야 할 것이며, 데이터의 활용과 적용 알고리즘에 대한 투명성을 확보할 제도적 장치를 마련하는 것이 필수적이다.


## 나가며


인공지능을 비롯한 지능정보기술 자체가 공정한가 또는 불공정한가를 평가할 수는 없다. 기본적으로 기술은 공정성을 목적으로 하지 않으며 그저 기술적 발전을 이어갈 뿐이다. 공정성을 목표로 하는 것은 아니기 때문에 기술과 공정성의 관련성을 밀접하다고 볼 것은 아니지만, 기술이 발전하고 우리 공동체에 체화되어가는 과정에서 규제 당국과의 조율하는 과정을 피하기는 어려울 것이다.

지능정보기술의 활용으로 야기될 수 있는 여러 문제들이 있지만, 또 지능정보기술의 발달에 따른 편익이나 새로운 가치 창출도 지대하다는 점

역시 사실이다. 지능정보기술의 공정성 담론은 기술을 활용하는 편익을 누리는 우리가 과연 '공정'을 위한 불편 또는 불이익을 감수할 것인가 하는 문제일지 모른다. 모든 분야를 아우르는 공정성이라는 개념을 정의하기도 어렵지만 그러한 추상적인 공정성 개념은 각 분야의 문제를 해결하는 데 그리 실효적이지 못하다. 각 주체가 바라보는 공정성의 개념과 영향, 불공정의 척도가 모두 다르기 때문이다. 따라서 영역별로 고유한 공정성의 개념과 객관적 기준을 확립해나가는 동시에 이러한 공정성을 끊임없이 수정·보완하여 해당 영역의 지능정보기술에 반영하는 노력이 제도화되어야 할 것이다.

## 참고 문헌

오요한·홍성욱(2018), 「인공지능 알고리즘은 사람을 차별하는가?」, 『과학기술학연구』 18(3), 153-215.

오정진 (2010), 「법의 공정성: 허구적 당위에서 실천으로」, 『법학연구』 51(2), 131-155.

Austrailian Human Rights Commission (2018), "Human Rights and Technology Issues Paper".

Dastin, J. (2018), "Amazon scraps secret AI recruiting tool that showed bias against women", Reuters.

Grunes A. & Stucke M. E. (2015), "No Mistake About it: The Important Role of Antitrust in the Era of Big Data", *University of Tennessee Legal Studies Research 269*.

Kadar, M. & Bogdan, M. (2017), "'Big Data' and EU Merger Control - A Case Review", *Journal of European Competition Law & Practice 8*(8), 479-491.

O'Neil, C. (2017), 『대량살상 수학무기』, 김정혜(역), 흐름출판(원서출판 2016).

Rawls, J. (2016), 『공정으로서의 정의』, 김주휘(역), 이학사(원서출판 1985).

# 8

# 불평등

## INEQUALITY

이호영

정보통신정책연구원

우리는 불평등에 대한 불만의 소리가 점점 높아지는 시대를 살아간다. 또한 오늘날은 디지털 혁명이 주도하는 기술변화가 가속화되는 시대이기도 하다. 이것을 우연적 동시성coincidence으로 받아들여야 할까 아니면 디지털 혁명이 원인이 되고 불평등이 결과가 되는 인과적 관계로 이해해야 할까. 컴퓨터시스템과 소프트웨어, 통신망과 디지털 플랫폼, 로보틱스, 클라우드 컴퓨팅, 인공지능과 사이버-물리 시스템은 우리를 둘러싼 환경의 일부가 되었다. 일견 불평등과 아무 관련이 없어 보이는 이러한 디지털 환경은 생산과 기업 활동은 물론 노동과 소비 방식에 불가역적인 영향을 미친다. 그리고 이러한 변화는 기존의 정보에 대한 접근성, 활용도 등의 개념을 가지고 계층 간의 격차를 다루던 디지털 불평등 논의를 더욱 다차원적인 것으로 만들어간다.

디지털 불평등 논의는 개인, 지역, 계층, 나아가 국가에 디지털 기회가 공정하게 주어지는가를 둘러싸고 발전되어왔다. 최근 들어 디지털 불평등 논의는 자동화로 인한 노동의 대체, 알고리즘에 의한 기존 불평등의 강화, 플랫폼에 의한 지배 등으로 확대되었다. 글로벌 테크기업은 제조기업의 시장가치를 빠르게 추월해 시가총액 최상위를 차지했지만 사람을 많이 고용하지 않았다. 플랫폼 노동의 막대한 수요는 실리콘 밸리로부터, 플랫폼 노동의 공급은 인도, 파키스탄, 방글라데시의 노동자나 대도시의 유색인종 혹은 이민자로부터 왔다. 요컨대 디지털과 관련된 불평등 문제는 디지털 기술이 충분히 존재하는가라기보다는 디지털 기술이 적절히 분배되고 사용되는가 하는 문제라고 할 수 있다.

# Ⅰ. 불평등의 구조적 요인

최근 능력주의meritocracy 담론이 한국 사회에서 호된 검증을 받았지만 불평등의 원인을 개인의 선천적 능력, 동기 부여, 후천적 노력 등에서 찾으려 하는 시도는 매우 오래전부터 있었다. 이미 1970년대에 다니엘 벨Daniel Bell은 탈산업사회를 능력주의 사회라고 부른 바 있다(Bell, 1972). 영국의 사회학자 마이클 영Michael Young에 따르면, 능력주의는 한 사람이 출생에 따라서가 아니라 어떤 방법이 되었든 개인의 업적에 따라 계급을 할당받는 한, 그 결과로서의 불평등을 정당화하는 이념이다(Young, 1958/2020).

불평등을 바라보는 이런 시각은 불평등의 해결을 인적 자본론이나 공리주의에서 찾으려 한다. 사회학의 가장 큰 공헌 중 하나는 이러한 개인주의적 방법 대신에 좀 더 구조적 시각으로 눈을 돌려 불평등을 설명하려 시도한 것이다. 많은 선행 연구에서는 불평등을 비슷한 조건에서 출발한 개인들이 유용한 교육, 좋은 직업, 적절한 소득을 얻기 위해 경주한 노력의 총합적 결과물로 취급한다. 이 경우 행위자의 구조적 위치, 즉 사회연결망에서의 위치나 노동시장에서의 위치를 소득 결정 모델에 포함시키려는 노력은 결국 사회구조 변수를 개인 변수로 변환하는 것으로 귀결되기 마련이다.

하지만 시스템 수준의 불평등을 다양한 구조적 조건의 제약하에서 이루어지는 개인적 선택으로 이해하려는 시도는 보다 의미 있는 결과들을 보여준다. 예를 들어 이런 모델은 계속해서 교육 기회가 확대되는데도 왜 집단 간 불평등은 사라지지 않는가를 설명하는 데 더 풍부한 해석 가능성을 제공한다. 요컨대 개인의 선택이 네트워크 외부성에 의해 영향을 받는한, 그리고 네트워크 외부성이 네트워크의 크기에 의해 좌우되는 한, 디지털 불평등은 갈수록 풀기 어려운 문제가 될 수밖에 없다. 불평등을 연구하는 사회학자 중 상당수는 부모로부터 물려받은 경제적 지위나 자란 환경, 가용한 사회연결망, 나아가 문화적 취향에 이르기까지 개인이 선택한 듯보이지만 사실상 선택한 것이 아닌, 한 사람을 둘러싼 구조가 그 사람의 사회적 계급 또는 지위를 결정하게 된다는 것을 실증하고자 했다. 물론 불평등을 결정하는 조건들은 주어진 사회의 조건과 역사적 단계에 따라 달라지지만, 근본적으로 어떤 사람이 사회경제적으로 취약한 지위에 있다고해서 그것을 개인의 탓으로 돌릴 수 없다는 것에 대한 합의는 어느 정도 이룬 셈이다.

불평등 이론은 주로 부의 재분배 문제, 혹은 절대적·상대적 빈곤 문제를 다룬다. 그러나 불평등의 사회구조적 원인을 연구하는 과정에서 학자들의 관심은 점점 인종, 종교, 정치적 대표성, 자원에 대한 접근성, 나아가 교육 문제로까지 옮겨가게 되었다(Grabb, 1990/2003). 오늘날 불평등은 이러한 다면성의 중첩이 일어나는 지점에서 더 빈번하게, 그리고 지속적으로 나타난다.

불평등 논의에서 중요한 쟁점 중 하나는 '어떤 요인이 현재 우리 사회의 불평등에 가장 결정적인 영향을 주는가'에 관한 것이다. 혹자는 특히 미국의 경우, 금융화가 오늘날 불평등의 근본적 원인이라고 말하기도 한다. 부채에 기댄 수요 창출이 금융 부실의 원인이며 그로 인해 빈발하는 금융위기를 정부가 해결할 때마다 불평등이 심화되었다는 주장이다(Foroohar, 2017/2018). 불평등을 가속화한 간접적 요인으로 디지털 혁명을 꼽는 사람들도 있다. 디지털 혁명은 지적 노동의 자동화를 재촉했으며 제조업 중심의 산업구조를 서비스업 중심으로 빠르게 변화시키는 데 기여했다. 하지만 디지털 네트워크에 기반한 플랫폼 기업, 즉 플랫폼을 통한 중개, 서비스 제공 등을 하는 기업의 이익은 기하급수적으로 증가한 반면 노동생산성에 비해 임금 인상폭이 적기 때문에 양극화가 가속화된다는 주장이 설득력을 얻었다.

## Ⅱ. 기술과 디지털 불평등

### 1. 기술진보와 불평등

2000년대를 기점으로 기술발전과 불평등의 관계를 다룬 저술들도 급격히 많아졌다. 예를 들어 에릭 브리뇰프슨Erik Brynjolfsson과 앤드루 맥아피Andrew McAfee는 디지털 기술이 경제를 이끄는 가장 중요한 동력이라고 말하면서 '기술진보의 가속화'가 일자리에 미치는 영향에 주목했다. 이들은 특히 디지털 기술의 발전이 전체 경제의 파이를 키우는 데 공헌하는 것은 맞지만 그 혜택은 매우 소수의 사람에게 돌아간다고 말한다(Brynjolfsson & McAfee, 2013). 같은 맥락에서 제이슨 셍커Jason Schenker 역시 자동화, 로봇공학, 컴퓨터화가 이루어지는 배경에는 생산성이 있다고 갈파하면서 자동화가 진행되면 비숙련·저임금 직업, 특히 반복적이거나 위험한 직업은 소멸할 것이라고 예고한다(Schenker, 2020/2021).

또한 첨단기술의 도입이 가속화되면서 나타난 숙련편향적 기술발전이 임금격차와 소득불평등으로 이어진다는 연구 결과들도 도출되었다(Acemoglu, 2002; Acemoglu & Autor, 2010). 기술진보는 일반적으로 노동의 한계생산성을 증대시키지만 동시에 고숙련 노동에 대한 프리미엄을 비대칭적으로 확대함으로써 저숙련 노동에 대한 상대임금을 감소시키는 결과를 초래한다. 문제는 숙련편향적 기술발전으로 말미암아 노동시장에서 폭증하는 고급 스킬에 대한 수요가 노동 공급과 자꾸 어긋나며 이 미스매치를 해결하는 데는 많은 시간이 필요하다는 사실이다. 물론 디지털화에 필요한 인프라나 기계장비 등 자본 대비 노동의 상대가격 감소는 제품 및 서비스 가격 하락을 가져와 소비자의 후생을 증대시키고 결과적으로 수요를 유발하는 파급 효과를 낳는다(여영준 외, 2021). 그러나 이것이 불평등을 교정하고 미스매치를 해결해주지는 않는다. 이처럼 불평등은 다양한 요인에 의해 구조화되고 한번 구조화된 불평등을 개인의 노력이나 재능만으로 극복하기는 쉽지 않다.

1990년대 디지털 혁명 이후에는 특히 산업을 비롯한 사회 전반의 디지털화가 불평등의 확대에 영향을 준다는 논의가 많이 이루어졌다. 과거와 다름없이 온건한 태도를 취하거나 디지털 전환의 큰 흐름에 재빨리 올라

타지 못한 기업들이 도태되었고 소비자 대면 사업에서 플랫폼 방식을 채택하지 않은 기업은 점점 생존하기 어려워졌다(Galloway, 2017/2018). 특히 거대 플랫폼의 시장 지배 문제에 관심이 커지면서 여러 학문 분야에서 동시적으로 불평등 문제를 첨단기술, 나아가 기술이 주도하는 사회시스템과 연결하려는 시도들이 늘어났다. 플랫폼 경제는 네트워크 효과를 극대화하는 시스템이 되었다. 지배적 플랫폼의 어디에 위치하느냐로 인해 그 네트워크 효과를 분배받는 비율이 달라짐에 따라 빈익빈 부익부라는 현상 역시 증폭되었다.

## 2. 디지털 시대의 경제 양극화

경제 양극화는 시대의 화두가 되어간다. 경제학자들이 지적하는 문제의 핵심은 산업 전체의 플랫폼화, 더 나아가서는 전 산업의 디지털 전환으로 인하여, 현재의 경제사회 시스템이 기반하는 19~20세기의 산업구조에 변화가 일어났다는 점이다. 그리고 이러한 불평등의 상당 부분은 생산성 격차로부터 초래된다.

기술혁신이 어떻게 확산되는가, 그리고 시장의 조건과 어떻게 상호작용하는가 하는 문제는 생산성 성장과 소득 분배에서 대단히 중요한 문제이다(Comin & Mestieri, 2018). 신기술의 혜택은 그러나 모든 기업에 광범위하게 적용되기보다 소수의 대기업에 집중되곤 한다. 특히 대규모 투자가 필요한 경우에는 기술 최전선에 서 있는 선도 기업들에서만 생산성 향상이 상대적으로 두드러지며 다른 중소기업에서는 대부분 느린 성장을 보인다. 지난 20년간 생산성에서 기업 간 불평등의 확대는 성장을 저해했을 뿐만 아니라 소득 불평등도 심화시켰다(Park, 2022). 현재 미국에서 진행되는 플랫폼 기업의 독점과 시장지배력에 대한 정부의 개입은 사실상 이러한 경쟁 제약과 시장 마찰이 궁극적으로 신기술의 도입을 저해하고 기업 간 생산성과 수익성 격차를 더 벌림으로써 혁신에 대한 동기 부여를 더 이상 주지 못할 것이라는 우려에 기초한다(Wu, 2018/2020).

경제의 양극화를 이야기할 때 분배의 불평등을 말하지 않을 수 없다. 『로봇의 부상Rise of the Robots』의 저자이며 25여 년 동안 컴퓨터 디자인과 소프트웨어 개발을 해온 마틴 포드Martin Ford는 "우리가 인간들을 위한 최저임금 지급이나 수입 보장 제공 등 급진적인 변화를 만들어내지 않는다면, 대량 실업과 경제 붕괴에 직면하게 된다"라고 경고했다(Ford, 2015/2016). 일반적인 분배구조는 노동소득과 자본소득으로 이루어진다. 그런데 전 산업의 디지털 전환은 자동화, 플랫폼화, 무인화 등을 가속화해 생산성 향상을 꾀하며 점점 노동에 대한 자본의 지배력을 강화한다. 심지어는 노동이 필요 없는 사회를 만드는 것이 디지털 전환의 궁극적 목적인 것처럼 보이기까지 한다(Schenker, 2020/2021). 자동화와 무인화의 진전으로 인해 노동 수요가 감소함에 따라 노동소득 분배율도 함께 줄어들었다. 데이비드 오터David Autor 등은 1980년대 이후 미국을 비롯한 주요 선진국의 노동소득 분배율이 지속적으로 감소했다고 밝혔다(Autor et al., 2020). 또한 20세기 후반의 경기 침체와 맞물려 미국을 제외한 선진국의 실업률이 높게 유지되는 것도 생산에서 노동의 역할이 줄어드는 현상을 보여주는 지표 중 하나다.

중장기적으로 보았을 때 신기술 도입에 따른 생산성 향상이 무조건 노동 부문에 불리한 것은 아니다. 생산성의 혜택을 사회가 골고루 나눠 가질 수 있다면, 그리고 적절한 전환 정책을 통해 새로운 사회적 수요에 맞는 새로운 직업군으로 사람들이 빨리 이전해갈 수 있다면 상황은 비극적이지만은 않을 것이다(이호영 외, 2021). 그러나 이 과정에는 언제나 시간이 걸리기 마련이고 이 시간 동안의 스킬 불일치skill mismatch가 노동시장에서 이탈한 사람들을 그만큼의 임금을 받는 자리로 되돌려놓지 못하기 때문에 불평등이 확대된다.

## 3. 디지털 불평등의 사회적 차원

디지털 혁명으로 인한 불평등에는 사회적 측면도 존재한다. 초기 정보사회에서 디지털 불평등에 대한 논의는 이른바 정보 격차라고 불리는 디지털 디바이드digital divide 논의를 그 출발점으로 한다(Ragnedda & Ruiu, 2017). 한편 폴 디마지오Paul DiMaggio 등은 이러한 디지털 디바이드 논의가 '접근access' 여부라는, 너무 단순한 이분법적 접근을 택하고 있다고 지적하면서 보다 연속적인 개념인 디지털 불평등digital inequality이 좀 더 정확한 개념이라고 역설하기도 했다(DiMaggio et al., 2004).

모리츠 뷔히Moritz Büchi와 에스텔 하지타이Eszter Hargittai는 디지털 불평등과 사회적 웰빙 사이의 관계에 대한 경험적 연구를 통해 정보사회의 참여 잠재력으로서의 인터넷 스킬은 현재의 인터넷 이용과 정보사회에 대한 소속감 면에서 모두 정적인 영향력을 갖고 있다고 결론지었다(Büchi & Hargittai, 2022). 문제는 이 영향력의 분배에 있다. 그래서 디지털 자본digital capital을 이야기하는 사람들도 생겨났다(Ragnedda & Ruiu, 2020a). 디지털 자본은 자본 개념을 경제적인 것에만 국한하려는 경향과 단절하고 보다 비물질적이면서 무형의 자산과 가치에 주목하는 개념이다. 디지털 자본은 역사적으로 축적될 수 있고 하나의 장arena에서 다른 장으로 이전가능한, 외화된 자원(디지털 기술) 및 내면화된 능력과 성향(디지털 역량)의 조합으로 정의된다. 그리고 이는 다시 디지털 접근권digital access과 활용역량 digital competence으로 나뉜다(Ragnedda & Ruiu, 2020b).

물론 이론적으로 디지털 자본 이전에 사회자본이나 문화자본과 같은 무형 자본을 중요시하는 흐름이 더 먼저 존재했다. 일찍이 프랑스 사회학자인 피에르 부르디외Pierre Bourdieu는 다양한 형태로 존재하는 '자본'에 조응하는 세 가지의 불평등을 구별했다(Bourdieu, 1986). 경제적 자본은 일반적으로 돈에 관한 것이다. 사회자본은 "사람이 교류할 수 있도록 도와주는 다양한 가치와 사회적 네트워크, 그에 따른 참여활동"으로 정의되나 경제자본이나 인적자본에 비해 타인에게 전달되기 어렵다는 특성이 있다. 부르디외의 대표적인 사회학적 공헌이라고 할 수 있는 문화자본 개념은 교육, 문화적 재화, 자격증 등을 통해 획득되는 지식과 스킬을 포함한다. 부르디외의 기여는 엘리트 그룹이 특권을 재생산하는 방식이 문화자본이 사용되는 과정과 밀접히 연관되어 있음을 실증했다는 것에서 찾을 수 있다. 또한 이 자본들은 상호 환전 가능convertible하다. 불평등의 관점에서 보면 디지털 환경은 오프라인에 존재하는 불평등을 확대시키고 가속화하며 이때 디지털 자본은 서로 다른 성격의 자본 간 환전 비용을 낮추는 데 기여한다(van Deursen et al., 2017).

경제자본-사회자본-문화자본이 디지털화됨에 따라, 그리고 각 자본이 서로 기술적으로 쉽게 상호 환전 가능해짐에 따라 빈익빈 부익부 현상이 더욱 심해질 수 있다. 이로 인해 중심의 연대는 전례 없이 강화되는 반면, 주변의 파편화는 가속화될 가능성마저 있다. 이 경우 불평등을 해소하거나 완화하려는 기획 자체에 과거와는 아예 다른 차원의 아이디어가 요구된다. 특히 현재 존재하는 기계학습이나 신경망, 생성적 사전학습 변환기 3 Generative Pre-trained Transformer 3: GPT-3을 넘어서는 뛰어난 인공지능 기술이 상용화되는 미래에는 디지털 불평등이라는 사회적 문제가 경제 영역까지 빠른 속도로 퍼져나가게 되면서 더욱 복잡한 양상을 띠게 될 것이기 때문이다. 디지털화된 기록으로서의 나의 프로파일은 내가 보는 것과 듣는 것은 물론 미래의 나의 직업, 소득, 사회관계, 복지혜택에까지 영향을 주게될 것이다.

한편, 소셜미디어SNS에서 등장하는 주목 경쟁, 그중에서도 자신의 사회적 연결망과 문화자본을 과시하는 행위는 디지털 시대의 새로운 구별 짓기 형식이라고 할 수 있다. 오프라인에서 학력, 자격증 등 상징자본이 행사하는 상징폭력symbolic violence은 온라인에서도 사라지지 않는다(이호영·서우석, 2010). 오히려 이는 인스타그램이나 페이스북에서 실천되는, 화려한 일상과 인맥의 과시처럼 다른 형태로 변형되고, 더 큰 사회경제적 영향력을 갖는다. 그 결과, 사회적 기술로서 인터넷과 소셜미디어의 발전은 온·오프라인의 불평등을 더욱 확대했다. 웹2.0과 함께 등장한 소셜미디어가 모두를 동등한, 온라인의 퍼블리셔이자 인플루언서로 만들어 줄 것이라는 초기의 기대와는 달리 소셜미디어가 연결을 확장하거나 강화할 때 오프라인의 경제·사회·문화 자본이 많은 사람의 연결을 더 많이, 그리고 강하게 만드는 경향이 존재하기 때문이다.

## 4. 플랫폼화와 승자독식

한편 디지털 불평등 논의는 플랫폼화platformization와 연결되면서 새로운 차원을 획득한다. 플랫폼 사회는 지배적 플랫폼의 이익 독식 및 신산업의 선점 경쟁 격화 경향이 플랫폼 경제에서 가속화되면서 나타난 부차적 현상이라고만 볼 수 없으며, 그 외의 다양한 측면을 포함한다(Poell & van Dijck, & Waal, 2018). 이제는 플랫폼 네트워크 밖에서 기업의 비즈니스가 거의 불가능해졌을 뿐 아니라 우리의 일상 자체가 플랫폼에 의해 포획되는 과정에 있다. 금융·보험·의료 분야 등에서 데이터 기반의 자동화된 의사결정이 진전되었을 뿐 아니라, 컴퓨터 비전 시스템과 로봇, 딥러닝을 바탕으로 유통·물류 혁신이 일어나는 등 디지털 전환 자체가 플랫폼화를 의미하는 경우가 대부분이다(이호영 외, 2021).

플랫폼 경제에서 기존의 벽돌과 시멘트brick and mortar 기반의 레거시 기업들은 새로운 디지털 전환 패러다임 앞에 무력해지는 실정이다. 어느 정도 중산층의 안정된 삶을 보장했던 제조업 일자리는 소멸해간다. 고스킬, 저스킬에 대한 노동 수요가 증가하는 것과는 달리 중산층이 담당하던 중간스킬의 일자리는 자동화, 플랫폼화로 인해 눈앞에서 빠르게 사라진다. 레거시 기업을 위협하는 새로운 형태의 대표적 기업으로는 에어비앤비나 우버같이 공유경제를 내세운 기업이나 넷플릭스처럼 글로벌 구독자를 대상으로 콘텐츠를 공급하는 이른바 OTTOver-The-Top 기업을 들 수 있다. 대기업들은 과거였다면 당연히 해당 지역을 기반으로 법인세, 지방세, 주민세 등 각종 세금을 납부하고 내수와 고용을 진작시켰을 텐데, 네트워크 기반의 테크기업들은 호텔, 교통 산업을 대체하고 매칭 알고리즘과 데이터 분석이라는 기술력을 기반으로 그 수익을 미국의 서부에 있는 테크기업에 귀속시킨다. 문제는 이 과정에서 대부분의 노동마저 플랫폼에 종속된다는 것이다.

플랫폼화는 승자독식Winner-Takes-All을 강화한다. 사실 플랫폼화 이전에도 스포츠나 연예계 등은 전통적인 슈퍼스타 시스템으로 인해 가진 자가 더 갖게 된다는 마태 효과Matthew effect가 지배적인 규칙이었다(Cook & Frank, 1995/2008). 플랫폼 사회에서는 이런 승자독식의 특징이 더욱 강화되는 모습을 보인다. 출발점에서의 아주 미세한 차이가 눈덩이 효과를 일으켜 시간이 지날수록 기하급수적인 디지털 격차를 발생시킨다. 플랫폼에서 흔히 찾아볼 수 있는 온라인 평판 시스템은 이러한 경향을 보여주는 대표적인 사례다.

디지털 사회의 빈익빈 부익부 현상은 네트워크 외부성 관리 실패의 결과라고 할 수 있다. 초기 정보화 이론에서는 전자화된 세계에서 네트워킹 비용이 0에 수렴하기 때문에 기존에 목소리를 갖지 못했던 소수자가 부상하고 민주주의가 확장된다는 의견이 많았다. 하지만 여기에는 접근을 위한 금전적 비용만이 포함되었을 뿐이다. 플랫폼 사회에서는 '더 많은 연결성' 자체가 '자본'으로 태환 가능해진다는 점을 고려한다면 연결의 빈곤은 곧 새로운 부를 창출할 가능성, 분배받을 가능성 면에서 취약계층을 재생산하는 핵심고리라고까지 말할 수 있을 것이다.

1990년대 말 이후 진행되어온 사회경제적 초양극화는 연결성의 빈익빈 부익부와 이질적 사회계층 간, 또 이미 오프라인에서 불평등한 집단 간 정보 및 소통 단절을 통해 점차 완성되어간다고 해도 과언이 아니다. 이는 개인이나 한 사회집단이 미래에 자신의 사회적 위치를 좀 더 상향시킬 가능성을 의미하는 사회적 이동성에도 영향을 미친다. 연결성은 구별 짓기를 위해 강력한 계층적 표지를 사용하는 현재의 소속 문제에 국한되지 않고 일종의 '방향성', 혹은 '지향성'을 보여주면서 사회적 소통의 단절 문제로 이어지게 된다.

디마지오와 필리츠 가립Filiz Garip은 어떤 재화, 서비스, 실천의 채택자들이 자신의 연결망 안에 이미 이를 채택한 사람이 있는 경우 더 많은 기회와 더 적은 위험을 갖게 된다는 것을 실증한 바 있다(DiMaggio & Garip, 2012). 특히 이들은 기술 채택의 문제에서 집단 간의 차이가 발생하는 지점에 주목했다. 예컨대 인터넷 채택에서 개인의 선택은 그 사람이 속한 사회적 연결망의 선행한 선택에 영향을 받으며 그 사회연결망이 사회경제적 지위 측면에서 동질적일수록 효과는 강화된 것으로 나타났다.


## III. 디지털 불평등의 양상 변화

### 1. 자동화하는 불평등, 개인화하는 위험

디지털 혁명과 불평등 문제는 점점 더 자동화되는 사회의 위험과 밀접히 연결된다(Eubanks, 2018/2018). 자동화 기술의 발전은 단지 노동을 대체하거나 노동현장의 위험을 완화하는 데 그치지 않는다. 예를 들어 점점 더 자동화되는, 공적 의사결정은 과거의 데이터를 학습하는 알고리듬에 의존하는데 이 경우 현재의 불평등을 기정사실화하는 것을 넘어 더 증폭시킬 위험이 있다. 아마존Amazon처럼 인공지능에 의존하는 개발자 채용 시스템 사례가 보여주듯이 과거의 지원자들 중 합격자의 특성을 학습한 알고리즘은 특정한 변수parameter를 인위적으로 집어넣지 않아도 여성, 비공대 출신, 비백인을 서류전형에서 우선적으로 걸러낸다.

다른 한편으로 디지털 헬스케어나 맞춤형 의료서비스는 전체로 보면 소비자의 후생을 증대하는 것처럼 보이지만, 취약계층을 사회적 고위험군으로 분류하고 보건의 불평등을 심화하는 쪽으로 발전한다. 개개인의 위험을 세밀하게 계산하고 위험관리를 최적화하는 데이터 자본주의가 치안, 복지, 의료 등 시장 실패가 자주 일어나고 공공성이 필요한 영역에서 빈부 격차를 심화하는 것이다.

근대국가의 복지 시스템은 개별적 위험의 계산 불가능성에 기초했다. 개개인의 위험은 계산할 수 없지만 국가 전체의 위험은 계산 가능하다는 가정하에서 전체 사회의 위험 비용을 개별 노동자의 지불 능력에 따라 재분배한 것이다. 하지만 알고리듬 및 빅데이터big data, 인공지능의 발전으로 위험을 개별화하는 사보험, 사적 방범을 통한 중산층의 안녕과 노후대비 패러다임이 주류화되었다. 개인화 추세는 1인 가구의 증가, 집단 정체성보다는 개성을 추구하는 문화, 데이터의 활용 자체가 개인 중심으로 이루어지면서 나타나는 맞춤화customization 등으로 인해 가속화될 것으로 보인다. 소비는 물론, 생산에서도 나타나는 개인화 현상은 PC와 스마트폰에 이은 또 하나의 디지털 혁명이라고 할 수 있다(Anderson, 2012/2013). 이렇듯 개별화되는 생산은 당연히 개별화된 수요가 선행하기에 가능한 것이며 현재 50~60대인 집단주의적 성향의 중장년층이 구매력을 상실하고 밀레니얼 이후의 디지털 네이티브 세대가 주류화되는 2030년 이후에 이르러 본격화될 것이다.

이러한 극단적인 개인화와 공동체 파편화는 근대적 공존과 연대의 기반을 파괴하지만 새로운 종류의 공존과 연대는 나타나지 않은 상태로 사회를 공동화한다. 인공지능이 정교화하는 프로파일 기반 개인 맞춤 서비스는 개성을 추구하는 트렌드와 소비자주의에 소구하면서 공동체에 대한 무관심을 증폭시키고 사회적 연대를 쇠퇴시킬 수 있다. 이러한 현상은 과거에는 존재하지 않았던, 불평등의 새로운 차원이다. 약자의 이른바 '무임 승차'에 가혹한 온라인 여론 프레임이 조성되고 각자도생이 규칙이 되는 사회로 가는 것을 자동화된 의사결정 시스템이 떠받치는 것을 경계할 필요가 있다.

## 2. 취약계층의 비가시화

과거의 불평등과 디지털 불평등의 차이점은 불평등의 가시성visibility 문제에서도 찾을 수 있다. 앞서 설명한 것처럼 복잡계 현상과 디지털 기술의 만남은 한편으로 롱테일Long Tail을 강화하기도 했지만 멱함수Power Law 법칙에 의한 승자독식을 더욱 쉽게 만드는 방향으로 발현되는 측면이 더 컸다. 실시간 검색어, 음악 순위 차트, 현재 사람들이 많이 보는 뉴스 등은 승자독식 현상을 강화하는 수단이 되어왔다. 또한 플랫폼 기업의 효율적 비즈니스를 위해 고안된 추천 시스템, 평판 시스템은 사회적 배제 효과를 초래하기도 했다. 이로 인해 사회적 소수의 선호가 모델에 반영되지 않은 채 알고리즘이 최적화되거나 취약계층이 아예 사람들의 시야로부터 사라지는 문제가 발생했다. 강화학습에 의한 되먹임을 내재한 알고리즘으로 만든 추천 시스템은 높은 순위로 올라간 아이템이나 인물에 대한 주목도를 더욱 높여주지만, 여기에는 구매력이 없는 집단의 욕구나 선호는 반영되지 않는다.

한편, 특정 개인이나 서비스에 대한 평판 시스템은 노동 통제의 주체를 사용자로부터 소비자로 이전시킴으로써 특히 노동시장에서 불리한 지위를 가진 플랫폼 노동자와 같은 취약계층의 종속성을 심화하기도 한다. 예를 들어 우버 드라이버에 대해 승객이 매기는 평점이 그것인데, 이는 관리자에 의한 직접적 노동 통제가 아닌 소비자에 의한 간접적 노동 통제라는 점에서 더욱 강력한 효과를 낳는다. 배달 노동자도 마찬가지다. 관리자는 특별한 부가적 노력을 들이지 않고도 성과가 좋지 않거나 태도가 부적절한 노동자들을 걸러내고 그 책임을 노동자 본인에게 전가하기 쉽도록 평가 메커니즘을 설계한다. 그 결과 알고리즘 지배사회에서 사회경제적 취약계층이 스스로의 힘으로 가시성을 획득하기 위해서는 비용이 너무 많이 들게 되거나 아예 불가능하게 되는 악순환이 초래된다.

최근 흔히 쓰이는 구직 시스템이나 신용평가 역시 마찬가지다. 채용과 노무 등 기업의 인사 분야Human Resource: HR에 쓰이는 'HR 테크'나 이른바 '퇴직 리스크 측정 기술' 등도 빠르게 도입되었는데, 이 역시 사후 보정을 거치지 않는다면 취약계층에게 불리한 영향을 줄 것으로 보인다. 한번 특정한 지역에 산다는 이유로 신용불량자가 될 위험이 더 크다고 판단되면 개인의 힘으로 그런 편견에 기초한 의사결정을 극복하기란 매우 힘들다. 지역이나 인종 등을 파라미터로 지정하지 않았더라도 유사성에 따른 분류 시스템 때문에 한번 자동화된 의사결정에서 불리한 세그먼트로 분류된 개인 혹은 집단이 스스로 그 분류로부터 빠져나오기란 거의 불가능에 가깝기 때문이다. 혹자는 이런 분류 시스템이 활용하는 학습데이터는 현실을 반영하는 것인데 이를 공정성이라는 의도로 사후에 조정하는 것이 더 편향적인 일이 아니냐고 반문한다. 그런데 특히 공적 의사결정의 경우, 과거에 수집된 데이터를 학습한 알고리즘만 가지고 의사결정을 하게 된다면 기껏해야 현상 유지밖에 할 수 없다. 나아가 알고리즘의 피드백에 의해 강화학습이 적용될 경우 이런 방식의 데이터 사용은 불평등을 더욱 증폭하는 결과를 낳게 된다.

미래의 디지털 사회는 지금보다 더 파편화된 사회일 것이다. 따라서 쉽게 공동의 가치라는 것을 합의할 수 있을지도 의문이다. 그럼에도 디지털 기회 자체가 디지털 기술에 의해 재분배되는 상황에 대해서는 경각심을 가져야 하며 알고리즘 기반 서비스가 초래하는 불균등한 분배에 대한 경고를 게을리하지 말아야 한다.


## 3. 디지털화된 공간의 불균등한 재편

인공지능을 포함한 기술 기반의 공간 재편으로 공간 간 정보 흐름에도 격차가 발생한다. 예를 들어 센서와 액추에이터actuator로 꽉 찬 최적 공간과 물리적 스위치에 의해 작동하는 기기들로 이루어진 공간이 존재한다고 했을 때, 이 공간들이 받고 내보내는 정보 사이에는 큰 격차가 발생한다. 예를 들어 많은 링크를 가진 사이트와 그렇지 않은 사이트 사이의 차이를 떠올려보자. 구글은 하이퍼링크가 많은 링크를 가진 사이트가 더 중요한 사이트라는 전제 위에서 만들어졌다. 구글의 페이지랭크PageRank라는 검색엔진 알고리즘은 학술지 인용의 원리를 따른 것이다. 이 알고리즘은 검색어에 많이 연결된 페이지일수록 정확도와 가치가 높은 데이터라는 판단에 따라 우선순위rank를 정한다. 공간에 그런 원리가 적용되지 않을 것이라고 장담할 수 있겠는가? 공간 간의 디지털 격차는 공간을 이용하는 사람들의 역량과 미래 성과의 차이로 이어질 수 있다.

또한 이것은 사이버공간이 아닌 물리적 공간이라는 점, 더 나아가 사이버공간과 물리적 공간의 구별이 무의미한 이른바 물리-사이버 공간이라는 점에 주목해야 한다. 공간(최적화)에 대한 권력을 가진 사람과 그렇지 않은 사람 간의 격차 또한 벌어질 수 있기 때문이다. 각자가 생각하는 최적의 공간은 각각 다른 변수에 의해 만들어지며, 따라서 사람들은 그 변수에 영향을 미치고 싶어 한다. 궁극적으로 이것이 권력의 문제가 될 것으로 보는 이유다.

동등한 행위자agent들의 목표가 상충하는 경쟁적 환경에서 공간이 계층화할 가능성도 존재한다. 게임이론에 준하는 상황이 발생했을 때 에이전트들의 선택에 따라 공간이 다르게 재편될 가능성이 있으며, 이는 다시 '경로 의존path dependency' 현상을 낳을 수 있다. 단순히 빗장이 걸린 커뮤니티gated community인지 아닌지에 따른 이분법적 구분이 아니라, 수많은 이용자의 반복되는 협상에 의해 공간의 계층화가 이루어지는 것이다. 그렇게 되면 그 공간이 생산하는 불평등에 대한 의문을 제기하는 것이 더 어려워질 수도 있다.

또한 디지털 경제는 자원이 부족한 커뮤니티를 저발전 상태로 고립시킬 가능성이 높다. 예를 들어 인공지능 시스템이 제대로 가동되기 위해서는 단순히 물질적 자원뿐만 아닌 교육·훈련을 받은 인적자원, 시스템 가동을 위한 적절한 인구 등이 필요하다. 선진국의 개발도상국에 대한 하드웨어나 소프트웨어 지원이 실패하는 이유 역시 지식과 달리 지능intelligence

은 근본적으로 최신성novelty을 전제하는 데 기인한다. 기술이 고도화될수록 개인 차원뿐만 아니라 국가 차원의 디지털 전환에서도 한발 늦게 출발한 사용자가 먼저 출발한 사용자를 도저히 따라잡을 수 없을 만큼 빠른 속도로 격차가 벌어지는 이유도 여기에 있다. 이는 시간이 지난다고 해서 만나지지 않는, 선발자와 후발자 간의 궤적의 차이를 낳게 된다.

## IV. 기술 지배 사회, 불평등 완화는 가능한가

오늘날 불평등 문제는 사회 이동성이 급격히 줄어든 것과 밀접한 관계가 있다. 20세기를 지탱했던 중산층의 번영 신화는 끝났으며, 자녀 세대가 자신의 노력만으로 부모 세대보다 더 유복한 삶을 살 것이라고 기대하기 어려운 시대가 눈 앞에 펼쳐졌다. 다니엘 마코비츠Daniel Markovits는 오늘날 중산층의 삶은 능력주의의 여파로 인해 피폐해졌고 이들 앞에 놓인 것은 정체되고 고갈되고 축소된 세계라는 비관적 진단을 내놓았다(Markovits, 2020/2020).

엘리트 교육과 대중 교육의 차이는 미국은 물론 한국에서도 전례 없는 수준으로 벌어졌으며 부모의 소득으로 인한 교육 불평등은 특히 어릴 때 비슷한 수학 역량을 가지고 있던 학생들이 성인이 되어 받는 소득에 영향을 준다. 엘리트 대학을 졸업해서 테크기업에 종사하거나 자동화되기 어려운 전문직을 가진 사람을 제외한 나머지 사람들에게 능력에 따른 불평등 논리는 설상가상으로 경제적 피해에 도덕적 모욕까지 추가한다(Markovits, 2020/2020). 중산층의 감소, 경제적 양극화로 표현되는 불평등 완화를 위해서는 일자리를 잃어버린 기존의 세대가 다른 일을 찾을 수 있도록 도와주는 정책과 더불어, 일자리를 얻으려는 미래 세대가 미래 생산력을 좌우하게 될 새로 등장하는 기술을 배울 수 있도록 그 문턱을 낮추려는 노력이 수반되어야 한다.

한편, 사회적 차원에서 불평등의 문제는 사회적 배제social exclusion 혹은 사회적 고립social isolation 문제와 연결된다. 디지털 불평등에서 다루는 디지털 배제는 사회적 배제와 뗄 수 없으며 기회로부터의 배제, 네트워크로부터의 배제, 기술적 배제 등 의도한 혹은 의도하지 않은 배제를 모두 포함하는 개념이다. 지금까지 정부는 디지털 혁명이 제공하는 경제적 기회에 주로 주목했으나, 그 경제적 기회를 실제로 잡을 수 있는 사람은 일부에 그쳤다. 특히 취약계층의 경우 와해적 기술의 충격에 그대로 노출될 뿐 아니라 연결성의 상대적 빈곤이나 동류 선호 현상에 의한 고립화isolation로 오히려 삶의 질 하락을 경험할 수 있다. 전체적인 디지털 복지는 평균적으로 개선되지만, 상대적인 부분에서는 하락하거나 박탈감을 더 느낄 수 있다는 이야기다. 실제로 오프라인에서 중산층 근로자들에 대한 배제는 온라인에서 그들의 삶을 전시함 직하지 않고, 나아가 부정당해야 할 삶으로 묘사함으로써 불평등의 메커니즘을 최종 승인한다. 이렇게 디지털 불평등을 바라보게 되면 해결책은 역시 디지털 포용digital inclusion에서 찾을 수밖에 없다. 정부가 시장 실패를 인정하고 보편적인 디지털 접근권을 보장하거나 지속적인 역량 강화 정책을 통해 불평등을 해결하려는 노력이 그것이다. 하지만 온라인 연결이 삶에서 점점 더 중요한 부분을 차지하는 가운데 취약계층의 연결 속도나 양이 아닌, 연결의 질에 대한 정책 부족은 여전히 큰 문제라고 할 수 있다. 이는 미래의 디지털 사회에서 사회연결망의 질은 물론 사회의 질 그 자체까지 저하되는 결과를 낳을 수 있다.

　언젠가는 불평등 완화를 목표로 하는 알고리즘을 만들려는 사람들도 나오게 될 것이다. 이들에게는 데이터나 알고리즘이 가진 잠재적 편향을 완화하는 것이 중요하므로, 이 과정을 모니터링하고자 할 것이다. 그런데 공적 의사결정의 경우는 예외로 한다고 하더라도, 사적 기업이 이윤 추구를 위해 상용화한 알고리즘이 지닌 수월성, 최적화에서 퍼포먼스를 희생시키는 결단을 내리면서까지 격차를 완화하려고 할지는 의문이다. 그러나 이용자 측에서 보자면 다른 이야기가 전개될 수도 있다. 모든 이용자가 그렇지는 않을 테지만 다수를 차지하는 디지털 소외계층이 그런 선택을 할 수는 있을 것이다. 즉 알고리즘의 퍼포먼스와 나의 이익이 상충할 때, 또 그런 경우에 해당되는 사람들이 점점 많아질 때 시민사회는 알고리즘의 가중치에 대해 의문을 제기하면서 투명성을 요청하고 더 많은 공정을 외치게 될 것이다. 이처럼 만일 사회구성원 중 다수가 알고리즘이 지배하는 사회의 양극화 경향에 반대하고 승자독식의 질서를 깨고자 한다면 불평등 문제는 현재와 전혀 다른 양상으로 흘러가게 될 것이다. 예를 들어 이렇게 질문해볼 수 있다. 추천 시스템을 사용하는 모든 사람이 도달하고자 하는 목표가 같을까? 추천 서비스를 제공하는 사업자는 어떤 것을 최적화라고 생각할까? 이런 질문들은 디지털 불평등을 다루는 매우 중요한 차원이 될 것이다. 최근 떠오르고 있는 대안적 플랫폼 모델은 바로 여기에 주목한다.

## 나가며

　우리는 최근 기존의 취약계층이 다양한 디지털 수단을 갖지 못한 채 사회적 위험에 노출될 경우 형식적 보편주의에 기초한 최소한의 복지서비스 수혜자로 머무르게 되거나 이미 디지털화되어버린 사회시스템에 대한 연결점마저 갖지 못해 복지 사각지대로 내몰리게 되는 경우를 보아왔다. 코로나 19 바이러스 이후 국적을 갖지 못했거나 체류 지위를 획득하지 못한 사람들에게 마스크 공급, 재난지원금 공급이 이루어지지 못한 것도 이런 맥락에서 이해할 수 있다. 특히 현재와 같은 각자도생의 문화에서는 빈곤층은 온·오프라인에서 유의미한 사회자본의 축적이 거의 불가능하며 배제의 악순환에서 빠져나오지 못하게 될 것이다.

　따라서 미래 정부의 불평등 해소 정책은 기존의 사회경제적 불평등에 가중되는, 그리고 점점 더 자동화되는 위험의 불평등한 분배를 극복하기 위한 사회서비스를 포함해야 할 것이다. 또한 공공서비스의 자동화에 적용되는 알고리듬이 다수를 위한 최적화에 그치지 않고 약자의 수요를 파악하기 위한 수단이 될 수 있도록 설계를 통해 차별을 막는 역할을 담당해야 한다.

　디지털 혁명으로 인한 불평등은 노동의 문제와 뗄 수 없다. 불평등의 확대는 선진경제에서만 나타나는 현상은 아니다. 나아가 자동화는 신흥경제가 갖고 있던 저비용 저숙련 노동에 의한 경쟁우위를 점점 더 사라지게 한다. 또한 개인화하는 기술이 공동체에 지니는 부정적 함의 역시 불평등이라는 주제로 다루어져야 한다. 이는 지금까지 디지털 불평등의 패러다임이 갖고 있는 개인주의적 시각의 한계를 뛰어넘는 것이다.

# 참고 문헌

여영준 외(2021), 「디지털전환 시대 기술진보 편향성과 거시경제적 효과 파급경로에 대한 고찰」, 『한국혁신학회지』 16(4), 325-353.

이재열 외(2021), 『플랫폼 사회가 온다』, 한울아카데미.

이호영·서우석(2010), 「디지털 시대의 문화자본과 불평등」, 『문화정책논총』 23, 69-95.

이호영 외(2021), 『디지털 대전환 메가트렌드 연구 총괄보고서 I』, 정보통신정책연구원.

Acemoglu, D. (2002), "Technical Change, Inequality, and the Labor Market", *Journal of Economic Literature 40*(1), 7-72.

Acemoglu, D. & Autor, D. (2010), "Skills, Tasks and Technologies: Implications for Employment and Earnings", NBER Working Papers 16082, National Bureau of Economic Research, Inc, June.

Anderson, C. (2013), 『메이커스』, 윤태경(역), 알에이치코리아(원서출판 2012).

Autor, D. et al. (2020), "The Fall of the Labor Share and the Rise of Superstar Firms", *Quarterly Journal of Economics 135*(2), 645-709.

Bell, D. (1972), *On Equality: I. Meritocracy and Equality*, The Public Interest.

Bourdieu, P. (1986), "The Forms of Capital", Richardson, J. ed., *Handbook of Theory and Research for the Sociology of Education*, Greenwood, 241-258.

Brynjolfsson, E. & McAfee, A. (2013), "The Great Decoupling", *New Perspectives Quarterly 30*, 61-63.

Büchi, M. & Hargittai, E. (2022), "A Need for Considering Digital Inequality When Studying Social Media Use and Well-Being", *Social Media + Society*, January.

Cook, P. & Frank, R. H. (2008), 『승자독식사회』, 권영경·김양미(역), 웅진지식하우스(원서출판 1995).

Comin, D. & Mestieri, M. (2018), "If Technology Has Arrived Everywhere, Why Has Income Diverged?", *American Economic Journal: Macroeconomics 10*(3), 137-178.

DiMaggio, P. & Garip, F. (2012), "Network Effects and Social Inequality", *Annual Review of Sociology 38*, 93-118.

DiMaggio, P. et al. (2004), "Digital Inequality: From Unequal Access to Differentiated Use", *In Social Inequality*, Russell Sage Foundation, 355-400.

DiMaggio, P. et al. (2011), "How Network Externalities Can Exacerbate Intergroup Inequality", *American Journal of Sociology 116*(6), 1887-1933.

Eubanks, V. (2018), 『자동화된 불평등』, 김영선·홍가빈(역), 북트리거(원서출판 2018).

Ford, M. (2016), 『로봇의 부상』, 이창희(역), 세종서적(원서출판 2015).

Foroohar, R. (2018), 『메이커스 앤드 테이커스』, 이유영(역), 부키(원서출판 2017).

Galloway, S. (2018), 『플랫폼 제국의 미래』, 이경식(역), 비즈니스북스(원서출판 2017).

Grabb, E. G. (2003), 『사회불평등』, 양춘(역), 고려대학교출판부(원서출판 1990).

Markovits, D. (2020), 『엘리트 세습』, 서정아(역). 세종서적(원서출판 2020).

Park, J. (2022), "Technological Change and Inequality in Korea", Qureshi, Z. & WOO, Ch. ed., *Shifting Paradigms: Growth, Finance, Jobs, and Inequality in the Digital Economy*, Brookings Institution Press, 2022.

Poell, T. & van Dijck, J. & Waal, M. de. (2018), *The Platform Society: Public. Values in a Connective World*, Oxford University Press.

Ragnedda, M. & Ruiu, M. L. (2017), "Social capital and the three levels of digital divide", Ragnedda M. & Muschert G. ed. (2017), *Theorizing Digital Divides*, Routledge, 21-34.

Ragnedda, M. & Ruiu, M. L. (2020a), *Digital Capital: A Bourdieusian Perspective on the Digital Divide*, Emerald.

Ragnedda, M. & Ruiu, M. L. (2020b), "Digital capital and online activities: An empirical analysis of the second level of digital divide", *First Monday 25*(7).

Schenker, J. (2021), 『로봇 시대 일자리의 미래』, 유수진(역), 미디어숲(원서출판 2020).

van Deursen, A. et al. (2017), "The Compoundness and Sequentiality of Digital Inequality", *International Journal of Communication 11*, 452-473.

van Dijk, J. (2020), *The Digital Divide*, Polity.

Wu, T. (2020), 『빅니스』, 조은경(역), 소소의책(원서출판 2018).

Young, M. (2020), 『능력주의』 유강은(역), 이매진(원서출판 1958).

제3부

# 사회·문화

# 9

# 시간

TIME

정원모
아시아퓨처스그룹

●

현대인들에게 초, 분, 시, 일, 월, 년 같은 시간은 당연하게 받아들여진다. 사람들은 이 같은 단위를 바탕으로 시간에 대해 아주 명확히 의식하고, 다양한 장치를 통해 이런 시간을 인지하며 살아간다. 아이들은 '년' 수로 계산되는 나이에 따라 학교에 다니고, 학교를 포함한 사회 전반도 시, 분, 초를 기준으로 운영된다. 국가는 특정 '월'과 '일'을 지정해 국민의 의무와 정체성을 표현하며, 팬데믹 같은 재난에 대응하기 위해 특정 시각을 기준으로 통제하기도 한다.

생활뿐 아니라 스마트폰, 컴퓨터, 5G 통신, 인공지능, 가상화폐, 전동 킥보드 같은 제품들과 관련 기술들 또한 시간과 깊이 얽혀 있다. RPM(분당 회전수), 클럭(진동수 단위인 Hz로 표시되는 컴퓨터 프로세서의 처리 속도) 등은 기술의 성능을 보여주는 지표이면서 기술발전 평가의 주요 기준이 된다.

일상에서 시간은 사람들에게 의식적으로 인식되지 않고 하나의 전제이자 토대로서 작동한다. 연구자들 또한 시간 자체에 대한 의구심은 접어두고 시간을 전제로 연구 대상만을 바라본다. 이렇듯 시간은 선험적으로 나타난다.

본 장에서는 역사적으로 우리가 시간을 어떻게 포착했고 무엇으로 여기면서 살아왔는지를 추적한다. 이어서 근대적 시계 시간의 형성과 이 것이 사회 속에 유지되고 자리매김한 방식을 탐색한다. 이를 통해 근대적 시계 시간은 유일한 시간이 아니라, 시간에 대한 특정한 관계 맺음 방식 중 하나임을 보인다. 이후에 기술 발전에 따른 동시성의 심화와 다른 시 간성을 가진 기술적 인공물의 탄생을 다룬다. 마지막으로 기술사회와 인 류세를 다루면서 논의를 마무리한다.

# Ⅰ. 시간 측정의 역사

## 1. 고대의 시간

시계가 대중화되기 전까지 사람들은 장소, 사물, 사건 등의 주기성과 연관해서 시간을 파악했다. 이들 중 그들이 주목한 것은 매일 마주하는 태양, 달, 별이었다. 예컨대 태양의 뜨고 짐은 계속 반복되는 사건이었고 이러한 반복적인 사건이 하나의 주기로 인식되었다. 또한 태양의 반복적인 움직임은 계절에 따라 변화가 있었고, 변화하는 계절에 따라 하루의 생활패턴이 달라졌다. 이렇게 인간은 태양이나 달과 같이 주기적인 움직임을 갖는 대상을 통해 시간을 인식했다.

태양이나 달과 같은 보편적인 대상 이외에 그들이 살고 있는 환경 속의 특수한 대상도 시간 인식에 중요한 역할을 했다. 예를 들어 주변에 여러 개의 산이 있는 경우 산과 태양의 상대적인 위치가, 바닷가의 경우 밀물과 썰물의 주기가, 초원에서 가축을 기르는 경우 가축의 주기적인 움직임이 시간 인식에 중요한 역할을 했다. 즉 인간이 살아가는 주변 환경과의 관계 속에 그들만의 시간이 형성되었던 것이다.

자연적 대상 이외에 문화적인 부분도 인간의 시간 인식에 중대한 영향을 끼쳤다. 의례나 축제를 비롯한 각종 주기적 행사들은 같은 문화에 속한 사람들에게 이날이 어느 때인지 알도록 했으며, 이는 곧 문화마다 다른 시간을 갖게 했다. 한편, 동일한 환경일지라도 문화에 따라 시간 인식에 지배적인 영향을 미치는 대상이 달랐다. 예를 들어 브로니슬라브 말리노프스키Bronisław Malinowski는 '트로브리안드족'의 시간 인식에서 주요 대상은 태양이 아니라 달임을 보여준다(Malinowski, 1990).

한 집단에서 시간 이해를 위한 파악하는 대상은 여러 개다. 공동체의 시간 관념은 다양한 리듬의 종합을 통해 형성된다(이진경, 2010). 다시 말해, 공동체를 이루는 개개인의 신체적인 리듬, 그들을 둘러싼 환경요소들의 리듬, 공동체가 형성한 문화적인 리듬이 서로 동기화되어 공동체의 시간이 형성된다.

이렇듯 일종의 관계 맺음 방식으로 형성된 시간은 공동체마다 다를 수밖에 없으며, 따라서 각 공동체는 서로 다른 시간 속에서 살아갔다. 해시계와 물시계 같이 시간을 측정하려는 시도가 고대부터 있었지만, 이러한 시도는 주로 최고 권력층에서 나타났으며, 기계적 시계의 영향을 받기 전까지 대부분의 사람들은 자연적 리듬과 조응하며 살아갔다.

## 2. 중세 이후의 시간

중세로 들어서면서 두 부류를 중심으로 기계적 시계가 등장하고 발전했다. 첫째, 수도원은 공동 기도와 회중 예배를 위해 동일한 시각에 모이는 것이 필요했다. 예배와 기도는 매일 반복되는 일상적 사건이면서 특정 시각에 울리는 종을 통해 안내되었다. 또한 수도원의 수도사들은 신 앞에서 게으르지 않은 엄격한 생활을 위해 정확한 시간 규율을 도입했다. 이러한 이유로 정확한 시계가 필요해지면서 수도사를 중심으로 기계적 시계와 시간 측정법이 발전했다.

둘째, 도시의 상인들은 거래와 무역을 위해 시간을 맞출 필요가 있었다. 중세 시대에 본격적으로 시도되는 시계 장치의 개발과 좀 더 정확한 시간 측정을 위한 노력은 기계 시간의 본격적인 태동을 의미한다. 자연의 리듬에서 탈피하여 기계적으로 진자(주기)운동을 하는 부품들을 통해 양적으로도 변하지 않는 반복성을 띠면서 일정한 리듬을 갖는 시간을 사용했기 때문이다. 이때부터 서서히 사람들은 자연적 리듬에서 벗어나 그들이 만든 시계 진자의 일정한 리듬에 조응하는 생활패턴을 형성한다.

르네상스를 거쳐 근대에 이르면서 신의 소유물인 시간은 본격적으로 인간의 영역으로 들어온다. 르네상스 이후의 시계는 갈릴레오 갈릴레이Galileo Galilei의 진자운동 발견과 크리스티안 하위헌스Christiaan Huygens의 탈진기escapement(기어의 회전을 일정하게 하는 장치) 발명으로 인해 비약적인 발전을 이루어, 그전까지 시, 분 단위로 측정되던 시간이 초 단위까지 측정이 가능해졌다. 또한 정밀한 시간 측정을 통해 태양 움직임의 불규칙성이 확인되면서 태양의 움직임을 균등하게 나눈 평균태양시가 등장한다.

그로 인해 시계는 진태양시가 아닌 평균태양시에 맞춰지게 되고 시간의 추상화는 더욱 가속화된다. 이제 시간은 진자운동의 원리를 이용한 용수철의 진동이라는 주기적 운동과 연결되어 이해되었고, 사람들은 사물의 주기적 진동으로 인한 시곗바늘의 움직임이 가리키는 숫자로서 시간을 파악하기 시작한다. 근대적 시계 시간의 시대가 도래한 것이다.

르네상스 이후 비약적인 과학기술의 발전 속에서 시계는 정확성에서 비약적인 발전을 한다. 시계의 발전은 사람들에게 기존과는 다른 시간 개념을 형성하는 데 기여한다. 시계의 시간은 공간적 위치를 동일하게 배분한 형태상에서의 특정 위치로 나타난다. 이때 특정 위치는 숫자로 표현된다. 즉 시계는 시간 이해에 활용되었던 주변 대상의 주기와는 다르게 숫자로 표현된 시간 개념을 형성하게 된다. 시간이 특정 대상의 주기적 변화가 아닌 일정한 간격의 추상적인 숫자로 표현되면서 시간은 계산가능성과 양적인 성질을 갖추게 된다. 양적인 성질 덕분에 시간은 일, 월, 년과 같은 시간을 양의 크기 차이로 나타내는 것이 가능해진다. 또한 양적인 차이로 인해 시간의 전후를 판단할 수 있게 된다.

숫자로 표현된 시간은 수학적 계산이 가능한 대상이 되고, 이는 숫자로 표현될 수 있는 무엇과도 통약 가능함을 나타낸다. 이러한 근대적 시계 시간의 속성은 과학혁명의 핵심이었던 자연의 수학화를 가능하게 한 중요한 역할을 한다(이진경, 2010).

당시 시계가 나타내는 시간이란 용수철의 정교한 주기적 진동을 공간상의 특정 위치, 즉 숫자로 표현한 것이다. 이것은 자연적 대상이 아닌 인공적 대상과의 관계 속에서 시간이 이해되는 것이지만, 시계의 발전과 보급 속에 인공적 대상과의 관계는 비가시화된 채 숫자만이 또렷하게 드러난다. 하지만 이러한 시계 시간이 확실한 보편적 속성을 획득하게 된 것은 아이작 뉴턴Isaac Newton과 이마누엘 칸트Immanuel Kant에 이르러서다.

시계의 발전과 더불어 뉴턴과 칸트는 근대 시간 관념 형성에 핵심적인 역할을 한다. 갈릴레이가 자연운동의 해석에 숫자화한 시간 t를 일반적으로 도입했다면, 뉴턴은 "다른 어떤 것에도 영향을 받지 않는" 절대적인 시간을 도입함으로써 자연현상 전반을 해석할 수 있는 토대로서 시간을 도입한다. 뉴턴으로 인해 시간은 어떤 대상과의 관계를 통해 이해되지 않고 그 자체로 이 세상의 토대가 된다. 이제 시간은 과학적으로 탈맥락성, 추상성, 객관성, 동질성과 같은 속성을 지니게 된다. 뉴턴으로 인해 시간은 모두 동질적 성격을 갖게 되면서 근대적 시계 시간은 그 의미에서 절대성을 부여받는다.

칸트는 뉴턴의 시간 해석을 참고하여 절대적인 시간이 인간에게 선험적 형식으로 다가오며, 이 선험적 형식으로의 시간을 경험하기 위한 주관적 토대를 마련한다. 칸트로 인해 절대적 시간은 선험적으로 나타나면서 감각의 종합적 해석으로 말미암아 주관적으로 경험되는 대상이 된다. 두 거장의 시간 해석을 통해 시간은 이원론적 속성을 지니게 되며, 현재까지도 사람들은 시간을 한편으론 보편적이고 객관적이면서 맥락적이고 특수성을 지닌 기묘한 것으로 파악하게 된다.

시계의 발전, 뉴턴과 칸트의 기여에 의해 객관성, 추상성, 탈맥락성, 절대성의 속성이 부여된 시간은 동시에 자본주의의 태동과 함께 화폐와의 결합이 이루어진다. 18세기 산업혁명이 시작되면서 상품의 생산이 비약적으로 증가하게 되고 임금노동자가 늘어나게 된다. 이때 상품의 교환가치와 노동의 가치를 어떻게 측정할 수 있는지가 중요한 문제였다. 상품의 가치에 따라 상품 가격이 달라지고, 노동의 가치에 따라 임금이 달라질 수 있으므로 자본가들에게는 가치를 측정하는 것은 매우 중요한 문제였다.

이런 맥락에서 텅 빈 형식으로서 시간의 보편성·계산가능성·객관성에

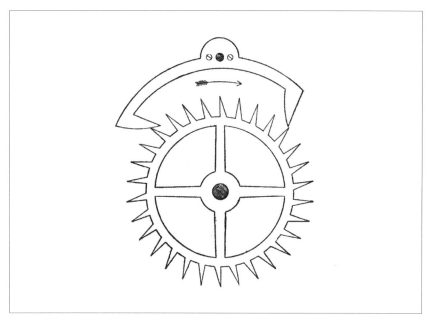

**[그림 1]** 로버트 훅Robert Hooke이 발명한 탈진기

대한 인식, 벤자민 프랭클린Benjamin Franklin의 "시간이 금이다"라는 격언에 담긴 인식, 경제와 관련된 청교도인들의 시간 가치에 대한 인식은 노동 가치를 시간을 중심으로 평가하게 되는 중요한 근거가 된다. 시간이 가치평가의 핵심 척도가 되면서 자연스럽게 화폐와 시간은 결합되었고 근대화의 주요한 특징 중 하나인 시간 절약 경쟁과 시간 압박이 본격적으로 시작된다.

한편, 산업혁명 이후의 기술적 발전은 시간 측정의 정확성을 더욱 향상시키면서 시계를 소형화하여 시계 보급을 확산시킨다. 근대적 시계 시간의 시대가 도래한 것이다. 이때부터 개인 시계가 본격화되면서 시간은 점점 실재화·객관화되고 시간을 중심으로 사회구조가 형성된다.

## 3. 현대의 시간

현대 기술의 발전은 더욱 복잡하고 정밀하면서 작은 것들을 만든다. 그리고 이것들을 다루기 위해 보다 작은 주기의 시간 측정을 요구한다. 사회의 복잡성 증대는 통제되지 않을 때 혼란을 부를 수 있고, 이를 막기 위해 다양한 조직과 상황 들을 다뤄야 한다. 다시 말해, 다양한 조직과 상황이 갖는 각기 다른 시간에 대한 대응이 필요하다. 따라서 근대적 시계 시간이 등장했던 시기부터 현대에 이르기까지, 사회의 복잡성이 꾸준히 증가함에 따라 시간의 정밀한 측정에 대한 요구는 지속적으로 이어졌다.

근대적 기계 시계의 핵심 원리였던 용수철 진동을 이용한 시계는 수정의 진동을 이용한 시계로 바뀌었다. 일명 수정시계quartz clock는 수정에 전압을 걸어 수정이 진동하는 것을 기준으로 시간을 나타낸다. 수정시계로 이제 인간은 몇만 분의 1초를 측정할 수 있게 되었다.

이는 더 나아가 원자의 진동 수를 이용한 원자시계atomic clock로 발전한다. 원자시계는 1955년 영국의 물리학자에 의해 처음으로 발명되었다. 1967년 국제도량형총회는 1초의 정의를 원자시계의 세슘원자가 들뜸 상태가 되는 진동에 근거해 "1초는 세슘-133133Cs 원자의 바닥 상태에 있는 두 초미세 준위 사이의 전이에 대응하는 복사선이 9,192,631,770회 진동하는 데 걸리는 시간이다"라고 정의했다.

이때부터 1초의 정의에 사용되던 자연 대상인 태양은 배제되고 지구의 공전보다 훨씬 안정적인 세슘원자의 진동수에 의존하기 시작한다. 이는 인간의 과학기술 성취가 자연적 리듬과 이탈하는 방향으로 간다는 사실을 보여주는 상징적인 사건이기도 하다. 현재 우리가 어디서나 확인할 수 있는 시계는 세슘원자시계의 주기에 근거해 우리에게 정확한 시각을 보여준다. 세슘원자시계의 엄청나게 짧은 주기 덕분에 광속의 빛이 도달하는 시간의 작은 오차도 포착하여 거리에 따른 시간의 오차, 지구 자전에 따른 오차, 태양과 달의 중력에 따른 오차를 파악하는 등 더욱 정밀한 시간 측정이 가능해졌다. 이로 인해 전 지구적인 동시성을 추구할 수 있게 되었다.

진동수가 클수록, 즉 주기가 짧을수록 시간 측정의 정확도는 향상되고 더 많은 대상을 그 시간 안에 포섭할 수 있게 된다. 현재 세슘보다 더 높은 고유 진동수를 지닌 원자를 100만여 개의 광격자 안에 가두어 진동 수를 측정하는 광격자시계optical lattice clock가 등장함으로써 시간 측정의 정확성과 시간의 포함 범위는 더욱 증가할 것으로 보인다. 100경분의 1초까지 측정이 가능한 광격자시계로는 만물을 구성하는 기본 입자들의 움직임은 물론 일반 상대성 이론에 근거한 1센티미터의 높이차에 따른 시간 차이까지 측정할 수 있다.

이른바 첨단기술을 적용한 부분에서는 시간 측정의 오차가 마이크로초 $\mu s$(천 분의 1초), 나노초ns(백만 분의 1초)를 넘어 피코초ps(십억 분의 1초) 이하를 바라본다. 이제 시계 시간이 적용되는 범위는 만물을 향해 나아간다.

# II. 사회 속의 시간

## 1. 시간의 사회적 활용

과학혁명, 산업화를 통해 시계 시간으로 정립된 시간은 선험적 형식으로 사회의 각 영역에 깊숙이 침투한다. 국가는 특정 날짜와 기한을 지정해 국민에게 공통적인 리듬을 부여하고 통제의 수단으로 삼는다. 매년 반복되는 특정 공휴일은 해당 국가 고유의 리듬을 형성하는 데 일조하면서 그날의 의미를 국민과 공유하여 국가적·국민적 정체성을 공고히 한다.

국가는 성인의 자격, 노인의 자격, 투표권의 자격 등 특정 지위와 권리에 대한 부여를 시계 시간에 따른 양적인 수치로 표현한다. 따라서 대한민국 국민은 만 18세가 되어야 투표권을 행사할 수 있으며, 만 18세부터 병역의무가 발생하고, 만 65세가 되어야 노인이 된다. 코로나 19 바이러스 백신 또한 나이에 따라 접종 시기가 달라진다.

정부는 법적인 토대를 가진 시간적 조정을 통해 국민을 통제하고 공통의 리듬을 부여하는 수단으로 삼는다. 정치에서 시간은 개별 국민을 특정 시점이나 시각에 동기화하고 같은 리듬으로 살도록 하는 권력 개입의 수단이 된다.

국가 간 시간 설정에서도 힘 있는 국가가 시간의 표준을 정하는 주도적 역할을 한다. 표준 시간에 대한 국가 간 협약에서부터 표준 시간을 정하기 위한 첨단 원자시계의 제조에 이르기까지 소위 선진국이 주도적으로 이끈다. 선진국들은 엄청난 인력, 자원을 동원하여 전 세계적인 시간 체제를 유지한다. 또한 선진국의 공휴일, 중요 시간대의 반복적 리듬에 다른 나라가

동기화됨으로써 국가 간 시간에서도 세계적 시간 체제를 통해 선진국의 권력이 개입된다.

노동에서도 시간은 권력 개입의 수단이 된다. 현재 많은 회사들이 아침 아홉 시부터 오후 여섯 시까지의 여덟 시간 근무, 주 52시간 근무가 일반화되었다. 하루 여덟 시간 근무에서 기본적으로 점심시간 한 시간이 더해져 최소 기본 아홉 시간을 회사에서 일하게 된다. 자신의 직업과 직무가 무엇인가에 따라서 이러한 기본적인 주기와 리듬은 다를 수 있지만, 전체적인 시간 틀은 고정되어 있다.

노동에서 이러한 시간 강제는 정치적 합의에 따른 법으로 명시되었고 제도적으로 강요된다. 시급, 일급, 주급, 월급, 야근수당, 시간 외 수당 등의 임금은 법과 기업 내규에 규정된 시간-임금 표준에 따라 지급된다. 근로시간과 임금이 제도적으로 뒷받침되고, 이것은 각 개인의 수입과 연결되기 때문에 생활을 위해서 노동자는 근로 시간의 리듬에 자신의 삶의 리듬을 공명시켜야 한다. 이러한 개인의 일상과 노동의 표준적 주기가 공명하면서 평일, 평일 중 월요일, 주말에 나타나는 사건들이 뚜렷이 달라진다.

국가가 정립한 생애주기에 따라 어린 학생들은 자신들이 의무적으로 이수해야 하는 교육과정에 따라 학교에 들어간다. 학교는 수업 시간, 점심시간, 쉬는 시간 등이 정해져 있고 각 시간에 해야 할 행동들에 따라 학생들을 통제한다. 각 학년의 교과목과 학습 내용은 그 나이대 학생들이라면 응당 갖춰야 할 수준에 따라 제시된다. 학생들은 이러한 시간 계획에 맞춰 자신의 삶을 정렬한다. 이렇게 초등 6년, 중등 3년, 고등 3년의 교육 시간을 거치면 대학 입학시험의 응시 자격이 부여되고 시험의 결과에 따라서 갈 수 있는 대학이 정해진다.

여기서 시계 시간이 적용되는 흥미로운 특징을 엿볼 수 있다. 고등학교까지 교육을 마친 학생들은 자동으로 대학 입학시험에 응시할 자격이 주어진다. 그러나 고등학교까지 교육을 마치지 않은 학생들은 검정고시라는 자격 고사를 통과해야만 자격이 주어진다. 고등학교까지 12년 학교생활을 마쳤다는 것은 그의 성적이 어떠하든 간에 그가 학교 정규과정에서의 훈련했던 수행들을 통해 대학에 들어갈 수 있는 소양을 갖추었다는 것을 의미한다. 12년이란 정량적 시간 자체가 그것과 연결된 각종 교육 활동과 훈련 들을 대변해주기 때문에 12년이라는 시간을 이수했다는 것만으로도 응시 자격을 부여한 것이다. 이처럼 시계 시간은 노동뿐 아니라 교육에서도 통약 수단으로서 활용된다.

이와 비슷하게 수많은 자격과 자격증이 시간을 통약 수단으로 활용한다. 전문가는 자격증으로 자신의 전문성을 입증하는데, 자격증을 받기 위한 주요 조건 중 하나가 의무 교육 이수 시간이다. 가장 오랜 시간 교육받는 전문가 중 하나인 의사 자격증부터, 단 며칠만 교육받아도 나오는 자격증까지 다양한 형태의 자격증이 있다.

만약 교육생이 이들 자격증이 요구하는 교육 시간을 이수하면 그들은 그 시간 동안 특정 자격에 걸맞은 능력과 자격이 갖췄다고 인정받는다. 이는 그 시간과 결부된 각종 수행이 바로 해당 자격에 필요한 전문가 속성, 능력 등의 내적 능력을 구성해간다고 판단했기 때문이다. 수행 내용보단 시간 자체가 이러한 수행과 그 결과를 보장하는 것이다. 몇 가지 사례에서 보듯 시계 시간은 사람들의 시간 인식의 선험적 형식이자 통약가능한 수단으로 사회 내에 깊숙이 자리한다.

## 2. 사회적 산물로 나타나는 시간

현재 언제 어디서나 확인할 수 있는 근대적 시계 시간으로 말미암은 시간 개념은 앞서 살펴본 것처럼 역사적으로 항상 존재했던 시간이 아니었다. 시간 자체에 대한 분리된 의식, 시간의 실재성을 인식하기 시작한 기간은 인류 역사 전체를 놓고 보자면 서양을 중심으로 200년 정도밖에 되지 않는다. 그렇다면 오늘날 우리가 느끼는 시간의 실재성은 이미 존재했던 시간을 과학적으로 발견하면서 나타난 것일까? 아니면 실재화된 것일까? 결론부터 말하면 시간은 본래 있었던 객관적 실체가 아닌 엄청난 수의 인간·비인간 행위자가 투입되어 부단하게 노력한 산물이다.

예컨대 동일 시간대에 속한 사람들이 동일한 시간을 갖게 되는 과정을 보자. 파리에 본부를 둔 국제도량형국은 세슘원자시계를 보유한 국가들의 세슘원자시계를 '1차 주파수 표준기(마스터 원자시계)'로 지정한다(이것은 국가 간 규약에 의해서다). 시간은 수십 대의 GPS 인공위성과 주요국의 마스터 원자시계가 상호 조율되는 가운데 형성된다. 한국을 비롯해 마스터 원자시계를 보유한 주요국들은 각국의 마스터 시간을 파리의 국제도량형국에 송신한 뒤, 협정세계시Universal Time Coordinated: UTC와 얼마의 오차가 있는지 측정하면서 오차를 보정한다. 마스터 시계의 시간 측정과 파리의 국제도량형국과의 송수신이 끊임없이 지속되면서 시간 보정도 계속된다. 이렇게 형성된 각국의 표준시는 국내의 경우 '표준주파수국'을 통해 무선전파, 유선망, 인터넷망을 타고 연결된 모든 장치에 표준시를 제공한다. 이렇게 하여 일반 사람들은 인터넷, 통신 같은 네트워크망에 연결된 스마트폰, 컴퓨터 등의 장치를 통해 시간을 확인하게 되고 아날로그 시계는 그러한 디지털시계에 시간을 맞춤으로써 동기화된 시간을 만들어간다.

이러한 방식은 단지 한국뿐 아니라 전 세계 국가가 동일하다. 일단 나에게 확인되는 시간이 제대로 표기되기 위해서는 원자시계 및 세슘원자시계가 항상 작동되어야 한다. 이를 위해 원자시계의 특정 에너지 상태를 유지하는 조건(온도, 진공 상태, 전기 등)들이 일정해야 하고, 이 조건 중 하나라도 잘못된다면 시간의 동시성, 정확성은 무너진다. 원자시계가 잘 유지되어도 국가 내, 국가 간 통신망 및 인터넷망에 이상이 없어야 한다.

실재처럼 느껴지는 시간은 원자적 규모의 원자시계 동기화부터 전 세계적 규모에 이르는 연결망 구축까지 모두 잘돼야 가능하다. 이는 연결망에 참여하는 인간·비인간 행위자들이 적재적소에 배치되고 활동해야만 가능한 일이다. 즉, 시간은 엄청난 노력과 비용을 들여 유지되는 산물이다. 파리 국제도량형국, 원자시계, 표준주파수국, 규약, 주파수 수신기, 인공위성, 노트북, 컴퓨터, 방송국, 인터넷망, 참여 연구진, 인공위성 관리자, 원자시계 관리자 등 각종 이질적 행위자들이 광범위하게 참여하면서 구성한 것이 시간이다. 여기서 하나의 행위자라도 빠진다면 시간은 지금보다 덜 실재적이고 덜 객관적으로 보일 것이다. 시간을 표기하는 기기 및 장치가 더 많을수록, 인간 행위자가 그 기기들과 밀접해질수록 시간은 더욱 실재화되고 객관화된다. 다시 말해 시간은 원래부터 '저기 바깥'에 존재했던 객관적 실체가 아닌 촘촘한 인간/비인간, 관념/물질의 연결망을 통해 나타난 결과물이다.

이를 통해 시간은 단지 추상적인 관념 내지 개념이 아니라 물질성을 지닌 연결망actor-network이자 집합체assemblage임을 알 수 있다. 앞서 언급했듯이 시간을 나타내는 연결망에는 원자, 기계, 부품, 가스, 코일, 건물, 각종 장치들, 컴퓨터, 기지국, 엔지니어 등의 인간·비인간 행위자들이 참여하는데, 이들 모두 물질적 특성을 지닌 행위자들이다. 시간의 보편성, 추상성은 광범위한 물질적 요소들의 참여 때문이고 이들의 참여가 많을수록 보편성과 추상성은 더욱 강화된다.

또한 시간의 실재성은 유지보수가 필요하다. 시간을 '만드는' 수많은 물질적 요소들을 유지보수해야 한다. 유지보수의 소홀은 고장으로 이어지고, 이는 시간의 실재성을 언제든지 약화시킬 수 있다. 즉, 시간의 물질성은 시간이 언제든지 고장으로 인한 위험이 있음을 보여준다. 시간이 고장난다는 것이 무언가 모순된 말처럼 보이지만, 시간을 유지하는 연결망의 요소 중 어느 하나가 고장이 난다면 그 즉시 시간의 실재성은 약화되고 어디에나 있었던 시간은 노력해서 찾아야만 확인 가능한 대상이 된다. 고장 상태가 오래 지속되면 인간은 다시 객관적 실재로서 시간에 대한 감각을 서서히 잃어버린다.


## III. 시간의 특성

지금까지 현재의 시간 이해 방식의 탄생을 역사적으로 살펴보고 이러한 시간 이해 방식이 엄청난 숫자의 인간-비인간 행위자들의 참여로 인해 가능하다는 것을 살펴보았다. 이제 현재 주로 사용하고 있는 시간이 지니는 특성을 정리해보자.

먼저 현재 디지털, 아날로그에서 나타나는 시간은 기본적으로 근대적 시계 시간의 방식을 이어간다. 스마트폰, 컴퓨터에 표기되는 디지털 시간은 아날로그 시계에서 보이는 공간의 이동을 통해 보여지지 않고 단지 숫자로 표기되지만, 계산가능성, 객관성, 통약가능성commensurability, 탈맥락화, 추상성의 특징을 공유한다. 디지털 시간은 단지 시계 시간의 확장이다.

둘째, 시간은 근대적 성격을 담고 있다. 근대정신은 확실성, 배타성, 계산가능성, 일관성, 통일성 등을 추구한다. 근대적 시계 시간은 과학적 이론과 이에 따른 기술에 기반한 측정의 정확성, 정밀성을 추구한다는 측면에서 확실성을 지니고, 다른 시간을 배제한다는 측면에서 배타성을 지닌다. 또한 숫자로 표현되는 계산가능성을 갖고, 누구에게나, 어느 대상에게나 어떤 상황에서도 동일하게 적용되는 일관성을 보인다. 그리고 규약을 통해 시계 시간 연결망에 속한 모든 대상을 일치시킨다는 측면에서 통일성을 띤다.

셋째, 시간은 동시성을 특징으로 한다. 현재 우리는 시간을 통해 각기 다른 장소의 지역적 시간을 통합하면서 공간에 구애받지 않고 어디에서나 동시적으로 무언가를 할 수 있다. 시간의 동시성은 지역이나 자연 조건에 상관없이 국가의 권력이 미치는 모든 지역을 하나의 시간대로 강제하고, 국가 간 공간상의 거리에 따른 상대적인 시간 차이를 보정하여 전 세계를 하나의 시간 축으로 묶는다. 이를 통해 세계적인 표준의 원활한 공급을 가능하게 한다. 시간의 동시성은 전 지구적 규모의 인간-비인간 행위자들을 동일 박자와 리듬으로 정렬할 수 있음을 보여준다.

넷째, 시간은 통약가능성을 지닌다. 텅빈 형식으로서의 시간, 어디서나 동일하게 적용되는 시간은 누구에게나 객관적이고 공평하게 보인다. 그리고 이것은 그만큼 시간 연결망이 거대하고 촘촘함을 보여준다. 따라서 사람들은 시간에 어떤 상황과 내용을 넣어 위임한다. 브뤼노 라투르Bruno

Latour의 말로 표현하자면, 시간은 대변인spokesman으로서의 역할을 한다 (Latour, 1988/2016). 위임된 시간은 사회 각 영역에서 대변인의 역할을 하며 활용된다. 이러한 이유로 엘리자베스 코헨Elizabeth Cohen은 시간에 대해 "주관적이고 추상적이며 질적인 과정을 매우 정확하고 이해하기 쉬운 계량적인 용어로 표현"되며 이것이 시간이 통약가능한 수단으로 활용될 수 있다고 주장한다(Cohen, 2018/2019).

다섯째, 앞서 시간이 존재하는 방식에서 언급했듯이 시간은 셀 수 없이 많은 요소가 연결된 거대한 집합체이자 연결망이다. 또한 이것은 시간이 다른 방식으로 연결될 수 있다는 가능성을 내포한다. 즉, 집합체이자 연결망으로서 시간은 특정한 방식의 관계 맺기 중 하나임을 의미한다. 현재 우리가 사용하고 있는 시간은 수많은 관계 맺음 방식 중 하나임에도 유일한 시간처럼 여겨지는 것이다.

여섯째, 특정한 방식의 관계 맺음으로서의 시간은 다른 시간의 비가시화를 가져온다. 이는 앞서 현재 사용하는 시간이 근대적 성격을 담고 있다는 것과 연결된다. 근대적 성격의 시간은 시계 시간만을 유일하게 내세우고 다른 시간을 배제한다. 이러한 배제의 방식은 존재가 사라지는 것이 아닌 비가시화함으로서 인식에서 사라지는 방식이다. 이러한 배제는 도시화된 지역보다는 전원 지역에, 자본가보다는 노동자에게, 남성보다는 여성에게, 주류보다는 소외된 존재에게 더 강하게 작용한다.

일곱째, 시간은 이원적으로 나눠졌다. 현재 우리는 시간을 객관적 측면이 있으면서 동시에 맥락적 성격이 있는 것으로 본다. 다만 이러한 시간에 대한 시각은 동시에 이해하기엔 모순적이기에 각각 한쪽만을 강조하는 방식으로 이루어진다. 시간은 과학적, 객관적, 추상적, 자연적 존재이면서 구성적, 권력적, 개인적, 사회적 존재이기도 하다. 이러한 시간의 이중적 접근은 뉴턴과 칸트에 의해 정립된 이후로 견고하게 유지되었다. 앞선 논의와 연결하면 이러한 이분법적 접근은 연결망으로서의 시간을 정화purification한 결과다(Latour, 1993). 시간의 이분법적 접근은 다른 시간을 비가시화한다는 점, 기술발전으로 인한 다른 시간성을 가진 존재들의 시간을 다루기 힘들다는 점이 현대 사회에 큰 문제로 다가온다.

여덟째, 자연적 리듬에서의 이탈 가속화다. 현재 우리는 점점 자연적 리듬에서 이탈한다. 근대의 시계 시간을 위해 사용한 탈진기, 20세기 초의 수정, 현재의 원자 진동은 자연적 리듬과 관계 없이 항상 일정한 박beat, 박자meter, 리듬rhythm을 가진다. 원자시계는 24시간 언제나 유지된다. 시계 시간에서 자연적 리듬과의 동기화는 점점 사라진다. (하지만 완전히 사라지진 않는다. 예컨대 원자시계를 비롯한 시간 연결망은 전기가 없으면 중단되는데 전력의 사용은 자연의 리듬과 다시 맞닿아 있다.)

## IV. 기술사회와 시간

### 1. 발전하는 시간이 미치는 영향

시간 측면에서 과학기술의 발전은 시간의 정밀한 측정을 가능케 한다. 시간의 정밀한 측정은 공시적으로 정확한 시점에 더 많은 요소들의 동시적 작동하게 할 수 있는 가능성을 열어준다. 더 많은 요소들의 동시적 작동이 가능하다는 것은 규모적으로 더 세밀한 요소들까지 통제할 수 있음과 동시에 전체적으로 더 복잡하고 큰 규모의 집합체를 운영할 수 있다는 의미다. 따라서 원자시계의 발명과 측정 정밀성의 증가는 원자 수준의 요소부터 지구적 규모를 넘어 우주적인 공간에 있는 요소까지 통제를 가능케 한다.

일반적으로 기술의 발전은 '시공간 압축time-space compression'을 불러와 개인들에게 더 많은 여유와 자유시간을 누릴 수 있게 하는 것으로 알려졌다(Harvey, 1990/2008). 분명 개인은 현상적으로 기술의 혜택으로 인해 이전보다 더 빠르게 이동하고 업무를 처리하면서 자유시간이 증가한 측면이 있다. 이것은 동시성의 심화로 인해 가능한 측면이다. 대규모의 시점적 동기화가 가능해져 특정 시점을 중심으로 동일 시간, 동일 형태의 노동 없이도 생산을 통제할 수 있다면, 어느 정도 개인의 여유를 허용하면서 창의적인 성과를 기대할 수 있다. 이로써 시계의 정밀화로 인한 동시성의 심화는 공/사의 구분 속에 사적 영역은 남겨두었던 근대를 넘어, 이제는 사적 영역까지 생산의 영역에 포함시켰다. 시간 연결망의 확장에 따른 동시성의 심화는 결국 시계 시간으로부터의 자유가 아니라 그것의 확장이다. 노동의 유연성이 탈집중화를 의미하는 것이 아니다. 그것은 시간 연결을 더 공고히 하는 추가적인 메커니즘을 포함한 새로운 좀 더 높은 차원의 집중화를 상정한다(Pschetz, 2014).

## 2. 다른 시간성의 증식

근대적 시계 시간에 의한 다른 시간의 비가시성은 기술발전에 따른 다른 시간성을 가진 대상들의 증식을 막지 못한다. 사실상 우리는 다른 시간성을 지닌 기술 인공물들의 범람 속에 살아간다. 이미 널리 사용되는 컴퓨터, 스마트폰은 물론이며 인공지능, 자율주행차, 가상화폐, 메타버스metaverse 등은 직접적으로 우리의 시간성과 다른 시간성을 갖고 우리의 일상 속으로 침투한다.

인공지능은 그 행위에 있어서 독자적인 시간성을 지닌다. 인공지능이 어떤 근거로 선택을 내렸는지 알지 못하는 '블랙박스 문제'로 인공지능의 시간을 통제하기 어려운 문제가 있다. 인공지능의 판단에 기반한 자율주행차의 경우도 사고 발생 시 책임 문제에서 독자적인 시간성을 가진 인공지능에 대한 책임 문제가 하나의 쟁점이 된다.

가상화폐는 중앙집권적 시스템(일상적으로 우리가 경험하는 표준 시간에 기반한 시각 표시)이 아닌 분산형 시간 연결망을 갖고 시계 시간과 다른 시간성을 지닌다. 타임스탬프를 통해 가상화폐는 서로 간의 관계 구조 속에서 시간이 설정된다.

마지막으로 가상현실, 증강현실, 혼합현실을 모두 아우르는 메타버스는 오늘날 통용되는 시계 시간의 논리에서 자유롭다. 메타버스에서는 과거와 현재, 미래가 서로 섞이기도 하고, 이동이 자유롭고, 시간의 흐름도 직선적이지 않다. 아직은 메타버스의 세계의 가상성이 더 돋보이지만, 메타버스에서의 체험은 단순한 가상을 넘어 체험자의 실존적 경험으로 일상에 영향을 미치고 재구성될 수 있다. 메타버스의 실재성이 더 강화될수록 메타버스에 의한 시간적 영향은 더욱 커질 것으로 보인다. 이러한 기술적 인공물들의 증식과 이들의 다른 시간성은 근대적 성격의 시간 구조를 뒤흔들 수 있다. 이것은 직접적으로 지구적 규모에 영향력을 발휘한다.

## 나가며

시계 시간의 근대성은 자연적 리듬에서의 이탈을 추구했다. 일상에서 접하는 근대적 시계 시간에서 더 이상 태양과 같은 자연 대상과의 연결은 보이지 않거나 희미하다. 지구를 포함한 자연적 시간성의 비가시화는 기술적 인공물이 지구에 미친 결과가 어떠한지에 대한 무관심을 낳았다. 이산화탄소의 증대로 인한 지구온난화, 미세플라스틱, 쓰레기 등은 근대적 시간성을 기반으로 한 기술사회의 부산물들이다.

인간 중심적인 근대적 시간 연결망은 결코 외부 세계와 단절된 자급자족의 세계가 아니다. 고도의 발전된 기술, 엄청난 양의 일 처리를 하는 인공지능 모두 자연적 산물을 이용해 작동된다. 인류는 수억만 년의 시간에 걸쳐 형성된 석탄을 인간만의 생산과 소비 주기에 따라 불과 200여 년 만에 고갈시켜가고, 이에 따른 부산물은 또 다른 시간성을 가지고 지구 전체의 변화를 가져온다.

시공간 압축과 가속화는 편리한 물품들의 증가를 낳았고, 동시에 짧게는 수 초 만에 사용되고 버려질 플라스틱 쓰레기를 대규모로 발생시켰다. 플라스틱은 분해되는 데만 짧게는 수십 년에서 길게는 수백 년이 걸린다. 근대적 시간 연결망에서 비가시화되었을 뿐, 존재해왔던 기술적 인공물과 부산물은 이제 인류세란 지질학적 시대의 이름으로 갑자기 그 존재감을 드러낸다. 인류세는 인간의 영향이 지구시스템의 변형을 일으킬 만큼 커졌다는 것을 의미하며, 더 이상 근대적 시계 시간의 단일 시간 속에서 다른 시간성을 가진 존재들을 외면하지 말 것을 요청한다. 이 요청은 이제 인류의 생존이 걸린 절박한 요청으로 바뀌었다.

그동안 인간은 자본주의적 이윤 동기에 따라, 정치적 권력에 의한 통제의 열망에 따라 광범위한 연결망을 구축했고 그 결과물 중 하나가 바로 기술사회다. 지금까지 인간은 기술에 의한 다양한 기술적 인공물이 넘쳐나는 세계를 구축했으면서 자연과의 연관성은 점차 숨겨왔다. 수적으로나 규모로나 거대해진 기술적 인공물들의 지구적 영향으로 인해 이제 지구와 자연은 자신의 존재감을 위협적으로 보여준다.

이제 우리는 다른 시간(성)을 인식하고 수용하는 법을 배워야 한다. 이미 지구상의 각 존재는 자신만의 고유한 시간과 리듬을 지녔다. 시간적 차원에서 향후 기술사회를 향한 절박한 요청은 이러한 다양한 시간(성)을 지닌 존재들의 생태학적 시간에 기반한 발전이다. 이것은 자연을 비롯한 비가시화된 요소들의 시간에 대한 재발견이면서 다른 행위자들의 시간성을 무시한 채 기술에 기반한 리듬에 맹목적으로 따라가지 않겠다는 다짐이기도 하다. 따라서 향후 기술사회의 시간 연구에서 필요한 것은 시간의 다중성, 다양성에 대한 모색과 연구의 토대로서 새로운 시간(성)을 발견하고 적용하는 것이다.

**참고 문헌**

이진경(2010), 『근대적 시공간의 탄생』, 그린비.
Adam, B. (1995), *Timewatch: The Social Analysis of Time*, Wiley.
Cohen, E. F. (2019), 『정치는 어떻게 시간을 통제하는가?』, 최이현(역), 바다출판사(원서출판 2018).
de Padova, T. (2016), 『라이프니츠, 뉴턴 그리고 시간의 발명』, 박규호(역), 은행나무(원서출판 2015).
Demandt, A. (2018), 『시간의 탄생』, 이덕임(역), 북라이프(원서출판 2015).

Harvey, D. (2008), 『포스트 모더니티의 조건』, 구동희·박영민(역), 한울(원서출판 1990).

Latour, B. (1988), *Science in Action: How to Follow Scientists and Engineers Through Society*, Harvard University Press.

Latour, B. (1993), *We Have Never Been Modern,* Harvard University Press.

Latour, B. (1997), "Train of thought: Piaget, formalism, and the fifth dimension", *Common Knowledge 6*(3), 170-191.

Latour, B. (2016), 『젊은 과학의 전선』, 황희숙(역), 아카넷(원서출판 1988).

Malinowski, B. (1990), "Time-reckoning in the Trobriands", Hassard, J. ed., *The Sociology of Time*, Palgrave Macmillan, London.

Pschetz, L. (2014), "Temporal Design: design for a multi-temporal world", *Doctoral Thesis*, University of Dundee.

# 10

# 혁신

## INNOVATION

**조현석**

서울과학기술대학교 IT정책전문대학원

정보기술혁명이 보여주듯이, 기술혁신은 글로벌 패권 경쟁의 향방이나 국가들의 경제적 성장과 번영은 물론 도시와 지역 들의 발전과 쇠퇴를 좌우하는 중심적인 힘이 되었다. 조지프 슘페터가 주창한 창조적 파괴로 나타나는 기술혁신은 더욱 가속되었으며, 디지털 부문과 전통적 산업의 경계가 와해되고 융합되는 복합화가 일상이 되었다. 실제로 글로벌 산업 생태계는 애플, 구글, 텐센트, 알리바바 등 미국과 중국의 기업이 경쟁한다.

이 글에서는 기술혁신에 대한 기초적 이해를 위해 먼저 혁신체제적 접근과 사용자 혁신의 관점을 두 축으로 하여 기술혁신에 관련된 여러 논의를 살펴보며, 기술혁신을 곧 상업적 가치 창출로 인식하는 지배적인 규범에 대한 비판적인 논의를 통해 삶의 질 향상과 같은 사회적 가치를 포용하는 새로운 기술혁신 패러다임의 필요성을 논할 것이다.

이를 위해 우선 1950년대 초 기술혁신에 관한 초기 담론에서 이야기하는 혁신의 두 가지 원천, 즉 기술주도론과 수요견인론에 대해 살펴볼 것이다. 초기 시각의 약점인 선형적 이해는 이후 다양한 조직과 혁신요소들의 상호작용이 중요하다는 인식으로 변화했다. 대표적으로 일본의 경제적 성공을 국가혁신체제로 분석한 사례(Freeman, 1987)가 이러한 체제적 접근을 보여준다.

반면 국가혁신체제론은 기술경제학적 논의가 중심이며 정태적인 처방 이론의 성격이 강하다는 비판을 받았다. 이를 보완하기 위해 정보산업에서 미국과 일본의 산업경쟁을 분석한 산업혁신체제론을 살펴볼 것이며, 혁신체제를 보완하고 시각을 확장하고자 논의되는 생산자-사용자의 상호작용과 사용자 참여 및 혁신을 검토해볼 것이다.

# Ⅰ. 혁신의 원천

'혁신'은 기원전 그리스 시대부터 사용되었는데, 주로 부정적인 의미를 담고 있었으나 18세기 초 프랑스로 전파되면서 상대적으로 긍정적인 함의를 더 갖게 되었고, 19세기 말부터는 보다 적극적인 의미를 뜻하게 되었다. 이는 산업혁명이 본격적으로 유럽을 넘어 북미 지역과 여타 지역으로 퍼져나간 것을 반영한 것이다. 이 시기부터 혁신은 기술진보와 관련된 의미를 띠기 시작했고, 1940년대 말부터 미국과 유럽에서 기술혁신의 의미로 널리 사용되었다(Godin, 2020: 7-9).

기술혁신은 두 단어로 된 개념이다. 우선 기술은 좁은 의미에서 산업적 방법, 그것에 관련된 지식, 그리고 그러한 지식이 체화되어있는 상품이라는 세 가지 의미를 지닌다. 넓은 의미에서 기술은 지식과 함께 제도적 차원과 문화적 차원을 포함하는 개념이다.

다음으로 혁신innovation은 'novous'와 'in'으로 구성되어 있는데 'novous'는 새로움novelty이나 발명invention이라는 의미로 통상적으로 쓰인다.

넓은 사회적 맥락에서 'in'은 새로움을 도입하여 실제에 사용한다는 뜻이다. 시장경제의 맥락에서 보면 실제에 사용한다는 것은 새로운 방법이나 지식을 도입하거나 기존의 지식을 새롭게 조합하여 응용하고 상업적으로 이용하는 것을 말한다. 즉, 기술혁신은 새로운 상품(제품과 서비스)을 만들어 시장에 내놓고 서로 경쟁한다는 의미를 띤다.

혁신의 기본인 '새로움'은 다의적인 개념이다. 창의성, 차이, 새로운 지식이나 아이디어, 심지어 변화 등 맥락에 따라서 구체적인 의미가 달라질 수 있다. 지식이 혁신의 원천이라고 할 때 이것은 '새로운 기술적 지식'이나 '기존 지식을 조합하여 나온 새로운 지식이나 아이디어', 두 가지로 구분된다.

여기에서 기술과 지식을 혁신의 원천으로 보는 관점을 기술주도론이라고 할 수 있다. 기술주도론은 과학기술의 기반을 중시한다. 기술혁신의 과정에서 기술 자체의 발달과 과학적 지식을 활용한 발명이 기술혁신의 원천으로 작용한다는 것이다. 따라서 기초과학이 발달한 국가에서 새로운 제품 혁신이 활발하게 생긴다고 인식된다. 이것은 기초과학과 원천기술에 대한 정부와 기업의 투자를 정당화할 수 있는 관점이다.

그러나 기술주도론은 과학기술의 기반이 강한 산업에서도 시장수요의 부족으로 인해 기술혁신이 부진한 현상을 설명할 수 없다는 약점이 있다. 구소련의 경우처럼 우수한 과학 역량을 가지고 있어도 기술을 상업화하는 능력은 수준이 낮을 수 있다. 이러한 기술주도론을 비판하고 나온 대안이 수요견인론이다.

수요견인론은 기술 자체의 변화와 과학적 지식이 혁신의 직접적인 원천이 아니고 소비자의 욕구나 필요가 혁신의 원천이라고 주장한다. 한편,

기업은 이러한 수요에 기반하여 이윤을 얻을 기회를 찾고 혁신활동을 시작하게 된다고 이해한다. 시장수요의 존재가 기술혁신이 일어나기 위한 필요조건이 된다는 것이다.

수요견인론에 따르면 기업에서 소비자와 직접 접촉하는 마케팅 부서가 신제품과 신기술에 대한 소비자의 구체적인 필요를 파악하고 이것을 연구개발 부서에 제공함으로써 혁신과정이 시작된다. 수요견인론은 수요 여건을 감안하여 이윤을 얻을 기회가 주어질 때 기술혁신을 이룰 수 있다는 점을 강조한다. 결국 기술주도론에서 강조된 과학기술 기반은 수요견인론에서 보조적 역할을 수행하는 셈이다.

그러나 수요견인론은 시장수요가 충분히 존재하고 이윤을 얻을 기회가 확실한 경우에도 기초과학이나 연관 기술의 발달 없이는 신제품의 개발이나 기술혁신을 달성하기 어렵다는 점을 설명하지 못한다. 첨단기술 제품 중에서 많은 것들은 시장수요가 먼저 있어서 개발된 것이 아니라 새로운 기술개발을 기반으로 세상에 나왔다고 볼 수 있다는 것이다.

기술주도론과 수요견인론은 기술혁신을 창출하는 데서 서로 보완적인 관계에 있다. 기술주도론은 장기적 관점에서 기술혁신을 달성하기 위한 조건으로 과학과 기술의 발달을 강조하는 반면, 수요견인론은 단기적 관점에서 시장수요와 이윤을 얻을 기회가 기술혁신의 원천이 된다는 점을 강조하는 것이다. 여기에서 기술혁신의 상호작용이론이 나온다. 시장의 필요나 수요가 기술적 기회를 만나서 기술혁신이 일어난다는 주장이다.

# II. 체제적 접근

## 1. 국가혁신체제론

이러한 상호작용이론은 기술주도론과 수요견인론의 선형적 성격을 극복하고 혁신과정의 복합적인 성격을 보여주는 혁신에 관한 체제적 접근으로 나아가는 징검다리라고 볼 수 있다. 체제적 접근은 먼저 1990년을 전후하여 국가혁신체제론으로 나타났다. 프리먼이 일본의 성공적인 경제발전을 국가혁신체제 관점에서 분석한 연구(Freeman, 1987), 리처드 넬슨Richard Nelson이 주요 국가들의 혁신체제를 비교한 연구(Nelson, 1993), 그리고 상호작용적 학습을 강조하는 벵트 에케 룬드발Bengt-Åke. Lundvall의 국가혁신체제론(Lundvall, 1992)이 선구적인 연구로 꼽힌다.

룬드발은 근대 경제에서 지식이 가장 근본적인 자원이라고 하면서 학습이 가장 주요한 혁신의 원천이라고 말한다. 이러한 학습은 기존 지식 기반의 탐색과 새로운 지식의 탐구를 포함하는데, 무엇보다 상호작용적이고 사회 내에 배태되어 있어서 한 사회의 제도적 맥락에 의해 크게 영향을 받는다고 말한다. 제도적 맥락이란 기업조직과 사업모델, 산업구조와 기업 간 관계, 대학과 연구기관과 같은 공공부문, 금융제도, 연구개발 활동과 조직 등 국가혁신체제의 구성요소들이다.

또한 그는 생산자-사용자 관계를 중시했다. 그는 사용자의 필요, 기술적 기회, 생산자의 능력이 서로 충돌하는 과정에서 혁신이 창출된다고 이해했는데, 생산자-사용자 간 관계를 조직화하여 혁신의 불확실성을 낮추는 것이 중요하다고 보았다(이공래, 2000; 송성수, 2014). 혁신과정에서 생산자-사용자 간 상호작용적 학습의 중요성을 제기한 룬드발의 관점은 인터넷 네트워크 환경에서 다양한 사용자의 참여와 혁신이 중요하다는 점과 연결될 수 있는 논의다.

기술경제학 전통에서 나온 위의 국가혁신체제론 외에도 정치경제적 접근에 기반한 국가혁신체제론도 있다. 특히 이 접근은 혁신의 형태와 국가혁신체제의 제도적 특성을 연결하는 논의를 펼친다. 혁신의 형태는 보통 새로운 급진적인 제품 혁신과 점증적인 프로세스 혁신으로 구분된다. 자본주의 다양론에 따르면 자본주의 경제체제는 자유시장경제와 조정시장경제로 구분된다. 자유시장경제는 기업 간 관계, 노사관계, 노동시장, 금융제도와 자본시장이 시장 기제를 중시하는 제도적 특성을 보이고 미국과 영국이 여기에 해당한다. 조정시장경제는 비시장적 조정 메커니즘과 제도를 중시하는 경제를 말하며, 독일이나 일본이 여기에 속한다. 자유시장경제는 급진적인 제품 혁신에 유리하게 작용하며 조정시장경제는 점증적인 프로세스 혁신에 더 친화적이라고 이해된다.

## 2. 산업혁신체제론

한편, 허버트 키첼트Herbert Kitschelt는 산업부문을 일정한 속성을 지닌 기술체제로 이해하는 산업부문 혁신체제론sectoral innovation system으로 기술혁신을 분석했다(Kitschelt, 1991). 이 분석은 기업 수준, 산업부문 수준, 국가 수준의 조직적·제도적 변수들을 통합하려는 체제적 접근을 보인다.

키첼트는 기본적으로 국가혁신체제론에 대한 비판을 깔고 일본의 혁신체제를 사례로 다루었다. 1970~1980년대에 걸쳐 메모리 반도체와 소비가

전 부문에서 성공적인 혁신을 달성한 일본이 왜 소프트웨어 산업 중심의 컴퓨터 산업에서는 성공을 이어가지 못했는가? 키첼트에 따르면, 한 기술체제는 기술체제의 속성에 적합한 산업관리구조가 필요하다. 그는 기술체제의 유형을 구분하는 두 가지 속성을 제시한다. 하나는 기술체제 내 '구성요소 간의 결합도'며 다른 하나는 생산단계 간의 '인과적 상호작용의 복잡도'다.

첫째, 구성요소 간의 결합도란 각기 다른 구성요소 간의 시간적·공간적 연결이 필요한 정도를 의미한다. 결합도가 강할수록 더 집중화된 통제가 필요하며 집중적인 산업관리구조가 적절하다. 결합도가 약할수록 시간적·공간적 차원에서 조정과 관리가 덜 요구되므로 탈집중 산업관리구조가 필요하다.

둘째, 기술체제의 복잡도는 구성요소 간 인과적 피드백의 정도를 말하는데 인과적 피드백이 비교적 단선적인 경우와 아주 복합적인 경우로 구분할 수 있다. 단선적인 상호작용의 기술체제에서는 기술개발의 경로에 불확실성과 위험이 적어 점진적인 개선이 이루어지는 경우가 많으며, 보통 지식집약성이 높지 않은 산업이 해당한다. 복잡한 상호작용을 보이는 경우는 구성요소 간 인과관계가 매우 복잡하기 때문에 지식집약성이 높은 산업에서 나타나며, 이 경우 시행착오를 겪으면서 진행되는 돌파형 기술개발이 특징이다.

키첼트는 이러한 분석틀을 토대로 기술체제를 크게 다섯 가지로 구분했다. 그러나 김상배는 키첼트가 제시한 다섯 가지 기술체제의 유형 구분을 발전시켜서 여섯 가지 유형으로 구분했다(김상배, 2007, 2010). 이러한 여섯 가지 유형의 구분에서는 소비가전 및 메모리 반도체와, 소프트웨어 산업 및 시스템 반도체는 다른 유형에 속한다. 전자는 1970년대와 1980년대에 걸쳐 일본이 강한 부문이고, 후자는 1980년대 중반 이후 미국이 경쟁력을 회복한 부문이다.

소비가전과 메모리 반도체 부문은 결합도가 상대적으로 강하지만 상호작용의 복잡도는 중간 정도인 기술체제의 속성을 보인다. 지식집약도가 그리 높지 않으므로 기술개발이 점증적인 성격을 보이며 자본 집약적인 대량생산의 형태를 띠고 집중적인 산업관리구조가 효율적이다.

한편, 시스템 반도체와 컴퓨터 소프트웨어 부문은 결합도가 상대적으로 낮은 편이나, 구성요소 간의 상호작용의 복잡도는 매우 높은 편이고 지식집약도도 높은 편이다. 기술개발은 시행착오를 거듭하면서 이루어지며 기술개발 과정에서 불확실성이 높게 나타난다.

이러한 기술체제 분석틀은 1970~1980년대에 걸쳐서 나타난 일본의 혁신모델의 성공이 1990년대 초반 이후 더 지속하지 못하고 좌절되었는지를 잘 설명해준다. 정보산업에서 미국의 재부흥은 윈텔모델Wintelism의 승리라고 말할 수 있다. 마이크로소프트의 컴퓨터 운영체제인 윈도Windows와 인텔Intel의 마이크로프로세서가 컴퓨터 산업의 경쟁력을 좌우하는 표준 아키텍처가 되었다는 의미다.

## III. 새로운 혁신모델

### 1. 윈텔모델과 구글의 개방과 공유

윈텔모델은 기존의 혁신체제론과는 다른 양상의 혁신을 보여준다. 윈텔모델은 또한 다른 두 가지 중요한 측면에서 이해될 수 있다. 하나는 산업경쟁에서 기술표준의 중요성이고, 다른 하나는 지적재산권의 중요성이다. 아무리 좋은 제품을 만들어도 표준경쟁에서 밀리면 시장을 차지하기 어렵다. 특히 소프트웨어 분야에서는 표준이 더욱 중요하다. 여기에서는 수확체증의 법칙Increasing Returns of Scale과 네트워크 효과network effect가 작용하므로 시장을 선점하고 표준을 주도한 기업은 계속 시장지배력을 키울 수 있다.

네트워크와 인터넷 시대 초입에서 기업들의 표준전략과 지적재산권 관리전략이 정보산업 산업경쟁에서 중요한 요소가 되었다. 마이크로소프트의 경우 우선 표준전략은 기본적으로 개방표준전략을 취했다. 이러한 개방표준전략으로 인해 윈도 운영체제를 플랫폼으로 삼는 응용 소프트웨어 개발자가 많아지고 PC 판매가 증가했다. 동시에 마이크로소프트는 윈도 운영체제의 소스 코드는 공개하지 않는 전략을 선택했다. 지적재산권의 보호에 기초한 이 같은 소스 코드 소유전략은 오로지 응용 소프트웨어 업체들이 윈도에서만 가동되는 애플리케이션을 지속적으로 생산하도록 하는 종속적인 효과를 낳았다.

윈텔모델의 개방과 소유 전략은 다가올 인터넷과 네트워크 시대에서 여러 가지 도전을 맞이할 가능성이 컸다. 그러나 운영체제인 윈도의 버전이 꾸준히 업그레이드되고 소프트웨어 기술이 복잡화되면서, 기업 내에 우수한 전문 연구인력과 조직을 갖춘 마이크로소프트와 같은 대기업도 우수한 소프트웨어를 개발하는 것이 힘에 부치게 되었다. 더구나 연구개발에서 마이크로소프트는 기업 외부에 있는 수많은 개발자나 사용자 들을 활용하는 방법보다는 거의 전적으로 기업 내 연구인력을 활용하는 파이프라인 모델 혹은 폐쇄형 혁신모델에서 벗어나지 못했다. 이러한 점은 소스 코드 소유전략의 한계로 볼 수 있다.

1980년대 말 이후 인터넷 관련 소프트웨어 프로그램들이 오픈소스 방식으로 개발·보급되고 인터넷 연결이 민간 분야 네트워크들을 포함하게 되면서 마이크로소프트의 소스 코드 비공개 방식의 한계가 더 두드러졌다. 여러 가지 한계 중에서도 중요한 것은 마이크로소프트의 개방과 소유전략이 인터넷 환경에서 더욱 중시되는 사용자 참여와 혁신의 추세를 수용하기 어렵게 한다는 점이다.

PC 시대를 주도한 마이크로소프트의 한계에 대한 해결책을 알아보기 위해서는 네트워크 시대의 선도기업인 구글의 혁신전략을 살펴보는 것이 필요하다. 마이크로소프트가 미국의 소프트웨어 산업의 형성과 함께 성장한 선도기업이라면 구글은 네트워크 시대 검색산업의 발전과 궤적을 같이 해온 선도기업이다. 구글 이전에도 검색기업들이 있었지만, 구글의 성공전략은 창의적인 검색 알고리즘의 개발과 이를 활용하여 온라인 광고로 연결한 비즈니스 모델의 개척에 있다. 구글의 검색방식은 웹사이트가 보유한 '정보'가 아니라 웹사이트 간의 '링크'에 주목하는 방식이다. 유명한 학술논문일수록 더 많이 인용되듯이, 중요한 웹사이트일수록 외부로부터 링크가 많이 걸린다는 사실에 착안한 것이다.

이러한 검색엔진의 작동과 이에 연동된 온라인 광고 모델은 막강한 컴퓨팅 파워와 시스템 소프트웨어에 의해 뒷받침되었다. 구글은 컴퓨터 아키텍처로 분산형을 채택했으며, 이것을 작동시키는 시스템 소프트웨어도 시장에 나와 있는 완성품을 구매하여 사용하기보다는 스스로 만드는 방식을 선택했다. 구글은 시스템 소프트웨어를 구축하는 과정에서 수많은 오픈소스 개발자들의 참여를 이끌어내는 방식을 취했다. 아무리 구글이 우수한 연구인력을 많이 보유했다고 하더라도 폐쇄형 방식으로 시스템 소프트웨어를 구축하는 것은 매우 어렵기 때문이다.

이는 모바일 기기의 운영체제를 둘러싼 경쟁에서도 찾아볼 수 있다. 2000년대 중반 이후 모바일 기기(소위 스마트폰 부문) 운영체제의 경쟁구조가 애플 운영체제 iOS와 구글의 안드로이드Android로 정리되었다. 이 부문에서 애플과 구글의 전략은 분명한 대비를 보인다. 애플은 운영체제의 소스 코드를 공개하지 않는 폐쇄형 혁신모델을 채택했고, 구글은 안드로이드 운영체제 코드를 공개하여 이를 채택하는 단말기 기업이나 통신사 들이 공유하도록 했다. 이러한 개방과 공유 방식은 안드로이드 운영체제를 플랫폼으로 하는 수많은 응용 소프트웨어 개발자들을 끌어들이고, 안드로이드 운영체제를 채택하는 모바일 기기의 수를 늘리기 적합한 전략이다. 모바일 기기를 통해 검색과 온라인 광고 기회를 확대하는 유효한 기업전략이라고 볼 수 있다.

## 2. 디지털 변환과 빅테크 혁신 경쟁

다소 인위적인 구분이라고 할 수 있지만 2000년대 중반 전후로 디지털 변환이 본격적으로 진행되었다. 여기엔 크게 세 가지 요인이 파괴적 기술혁신을 추동하고 선도기업 간 경쟁을 심화시켰다. 우선, 디지털 기기의 성능이 기하급수적으로 성장하여 가공할 수준까지 향상되었다. 생산의 모듈화와 저가혁명cheap revolution이 동반되어 조그만 모바일 기기도 엄청난 정보처리, 저장, 센서 능력을 갖게 되었다. 또한 만물의 디지털화라고 할 수 있을 정도로 모든 종류의 정보, 즉 문자, 소리, 사진, 동영상, 센서 등에서 나오는 사물 데이터 등이 디지털화되었다. 이러한 디지털 정보들은 일종의 공공재로 거의 무료에 가까운 재생산 비용으로 많은 사용자들에게 접근성이 매우 높아졌다.

마지막으로, 재조합 혁신recombinant innovation이 보편화됨으로써 기업에나 사용자들에게 혁신의 기회가 무한히 창출되었다. 종래의 혁신과정은 창의적인 과학 지식과 이에 기초한 중요한 발명에 이은 돌파적 혁신이 특징이었다면 재조합 혁신이란 기존 지식자원들을 조합하고 재조합하는 방식으로 수없이 혁신이 창출될 수 있다는 것이다. 디지털 변환의 배경인 정보통신기술이 범용 기술general purpose technology로 작용함으로써 재조합 혁신의 생태계가 생겨난다는 것이다(Brynjolfsson & McAfee, 2014/2014).

이러한 디지털 변환 속에서 정보기술 선도기업인 빅테크기업 간의 경쟁도 더욱 치열해졌다. 검색 분야에서 출발한 구글, 인터넷 상거래에 시작한 아마존과 같이 대표적인 정보기술기업들은 사실 서로 구분되는 사업영역에서 급격하게 성장한 기업들이다. 언제부터 사용되었는지 불분명하지만 빅테크라 불리는 거대 기술기업이 되기까지는 혁신의 아이콘이라 불릴 정도로 초혁신기업이었다고 볼 수 있다. 그런데 각자의 영역에서 플랫폼 사업모델을 구축한 기술기업들 간 관계도 디지털 변환과 파괴적 혁신이 더욱 확산되고 심화되는 환경 속에서 서로의 사업 영역을 넘보는 경쟁 관계로 변화하게 된 것이다.

이러한 경쟁은 기본적으로 각 선도기업이 성공적으로 구축한 사업 영역에서 주도권을 유지하는 한편, 다른 사업 영역으로 상호 침투하는 방식으로 이루어졌다. 이를 기업전략이라는 관점에서 사업다각화라고 볼 수도 있지만, 산업적 맥락에서는 산업 부문과 영역에서 와해와 재편성이 거듭되는 현상이라고 볼 수 있다.

예를 들어 대표적인 빅테크기업들은 신생 기업들을 인수하는 데 대규모 자금을 투입했다. 이러한 행동은 자신들이 사업 영역에서 경쟁이 될 만한 기업들을 인수하는 방어적 목적을 띠거나, 다른 빅테크기업의 사업 영역으로 진출하기 위한 공격적 목적을 띤다. 예를 들어 구글은 최근 10년간 120여 개의 신생 기업들을 인수했고, 페이스북과 아마존도 같은 시기 각각 79개, 89개의 신생 기업을 인수했다. 또한 구글이 애플의 주력 영역인 모바일 기기 시장에서 안드로이드 운영체제를 오픈 소스로 공개한 것이나 아마존이 온라인 상거래 검색 데이터를 바탕으로 온라인 광고 시장에 진출하는 일들도 대표적인 사례다(Foroohar, 2019/2020).

이에 따라 거대한 빅테크에 대한 비판도 커졌다. 소수의 빅테크들에 지나칠 정도로 경제력이 집중되고 혁신에 기반한 경쟁보다는 불공정 경쟁 행태가 빈번하게 나타난다는 것이다. 이러한 비판은 유럽에서 먼저 시작되었고 미국 정부에서도 반독점 규제를 위한 노력을 보였다.

# Ⅳ. 사용자 참여와 혁신

전통적으로는 생산자 혁신이 지배적인 혁신모델이다. 조지프 슘페터Jo-seph Schumpeter의 혁신이론도 기본적으로 생산자 혁신에서 출발한다. 혁신 체제론은 혁신의 주체로 사용자를 인정하나 지식자원의 생산, 확산, 활용의 상호작용과정에서 생산자와 공급자가 일차적인 역할을 한다고 상정한다.

학문 세계에서 사용자 혁신이론이 등장한 시기는 1970년대까지 거슬러 올라간다. 이후 에릭 폰 히펠Eric von Hippel이 혁신의 원천에 대해 논의하면서 사용자 혁신이론을 체계적으로 제시했다(von Hippel, 1988). 그는 혁신의 원천을 세 가지 범주, 즉 생산자, 공급자, 사용자로 나누고 사용자 혁신에 초점을 두고 혁신이론을 펼쳤다.

그는 제품의 사용에서 이득을 전유하는 개인들이나 기업들을 사용자로 보았다. 이러한 사용자는 단순히 제품이나 서비스를 향유하는 데 그치지 않고 혁신가의 역할을 한다고 주장한다. 또 그는 선도 사용자가 사용자 주도 혁신의 과정과 성과 달성에서 매우 중요한 역할을 한다고 본다. 선도 사용자는 두 가지 특성을 보인다. 첫째, 새롭고 중요한 시장 동향을 일찍 알 수 있는 위치에 있으면서 후에 많은 사용자들이 경험할 수 있는 니즈를 미리 경험하는 사용자다. 둘째, 이들은 자신들의 문제나 니즈에 대한 해결방법을 적용함으로써 상대적으로 많은 이득을 기대하고 혁신에 임한다.

사용자 혁신 개념은 혁신이론의 주류인 생산자 중심의 혁신이론에 큰 영향을 미쳤다. 이러한 혁신 개념의 변화에 기여한 몇 가지 주요 혁신이론들이 있다. 이 중에서 우선 개방형 혁신, 오픈소스 혁신, 프리 혁신, 그리고 사회혁신을 차례로 살펴보자.

# 1. 개방형 혁신

개방형 혁신의 의미를 이해하기 위해서 맥락적 배경에 대한 논의가 필요하다. 어떤 연구자들은 미국의 혁신체제에 관한 연구에서 1950~1970년대에 지배적인 혁신모델을 수직통합 기업모델이라고 하고 그 이후에 나온 실리콘밸리 모델과 구분한다(Aronson & Cowhey, 2017).

이 시기 미국에서는 기업 내 전문적인 '산업연구'가 핵심적인 혁신 자산으로 간주되었고, 기업 연구소에서 근무하는 과학자들은 상당한 우대를 받았다. 산업 역사에서 보면 표준제품의 대량생산을 특성으로 하는 포드 생산모델이 이 수직통합형 기업모델에 해당한다. 1980년대 일본이 새로운 산업혁신 모델로 미국 시장에 성공적으로 진출한 것도 미국에서 포드 생산모델의 위기 상황이 계기가 되었다고 볼 수 있다.

개방형 혁신모델은 헨리 체스브로Henry Chesbrough가 제시한 것으로, 기술혁신을 위해 내부의 지식자원과 함께 외부에서 확보한 지식과 정보를 활용하는 혁신모델이다(Chesbrough, 2006). 그는 개방형 혁신의 주요 원칙을 몇 가지 제시했다. 첫째, 기업 내 연구인력뿐만 아니라 기업 밖의 연구인력을 활용하는 것도 매우 중요하다. 다른 기업들과의 협력연구, 대학이나 외부 연구기관의 전문인력 활용, 벤처기업의 활용 등 다양한 방법이 가능하다. 둘째, 기술과 제품의 수명 주기가 점점 빨라지고 있어서 새로운 혁신제품의 발 빠른 출시보다 더 나은 사업모델의 확립이 급선무다. 셋째, 기업은 지적재산권도 외부 사용을 통제하고 자사를 위해 전유하는 데 그치지 않고 기업 내외의 지적재산권을 활용하고 더 나아가 자사의 지적재산도 자사의 사업모델에 도움이 된다면 다른 기업들이 이용하도록 해야 한다.

[표 1] 개방형 혁신과 폐쇄형 혁신의 비교(Chesbrough, 2006: xxvi을 기반으로 정리함)

| 개방형 혁신 | 폐쇄형 혁신 |
| --- | --- |
| 우리는 우리 기업 내부이건 외부이건 우수한 인력을 활용할 필요가 있다. | 가장 우수한 인력을 기업 내에 확보하고 활용해야 한다. |
| 외부 연구개발이 상당한 이윤을 창출할 수 있고 내부 연구개발은 그것의 일정 부분을 확보할 수 있다. | 연구개발에 이윤을 얻기 위해서는 우리가 스스로 아이디어와 지식을 발견·개발하고 제품을 만들어 시장에 내놓아야 한다. |
| 시장에 제품을 먼저 출시하는 것보다 우수한 사업모델을 세우는 게 더 낫다. | 혁신을 가장 먼저 시장에 출시하는 기업이 승리한다. |
| 다른 기업들이 우리의 지식재산을 활용하는 데서 이익을 취할 수 있어야 하며, 우리의 사업모델에 도움이 되면 다른 기업의 지식재산도 구입·활용해야 한다. | 다른 경쟁 기업들이 우리의 아이디어와 지식으로 이윤을 얻지 못하도록 우리의 지식재산을 통제하고 전유해야 한다. |

이에 비해 기업 내부의 지식자원에 의존해서 기술혁신을 도모하는 것은 폐쇄형 혁신이다. 폐쇄형 혁신은 미국의 경우에 위에서 언급한 수직통합형 대기업들이 유지했던 혁신모델이다. 또한 폐쇄형 혁신은 가장 전통적인 생산자 중심 혁신전략이라고 볼 수 있다. 위에서 언급한 바와 같이 개방형 혁신은 인터넷과 세계화로 야기된 새로운 시장과 경영환경에 적합한 기술혁신 전략이며 사용자 혁신의 중요성을 보여주는 혁신모델로 평가할 수 있다.

개방형 혁신의 성공 사례로 신생 기업의 사례와 기성 기업의 변화 사례를 살펴보자. 1996년 미국의 통신기업 AT&T에서 분사한 루슨트와 경쟁했던 신생 기업 시스코의 성공을 개방형 혁신의 사례로 들 수 있다. 루슨트는 통신네트워크 장비 제조 부문을 떼어 내고 분사하면서 당시 막강한 전문인력을 보유한 벨연구소도 같이 가지고 나왔다. 그러나 분사 후 몇 년도 지나지 않아 개방형 혁신을 채택한 시스코의 경쟁 압박에 크게 고전했다. 루슨트가 기업 내에 보유하고 있던 인적·지적 자원을 기반으로 연구-개발 Research and Development에 의존했다면, 시스코는 외부의 혁신자원을 활용하는 연결-개발Connection and Development을 잘 펼쳤다. 연결을 통해 대학, 공공기관, 스타트업 기업 등과 긴밀히 협력했고 네트워크 장비를 사용하는 수많은 고객 기업과의 협력에도 큰 노력을 기울였다.

체스브로는 폐쇄형 혁신의 위험을 극복하고 개방형 혁신을 선택한 성공 사례로 인텔과 IBM을 들고 있는데, 여기에서는 IBM 사례를 간략하게 검토해보자. IBM은 1992년 최대의 위기를 맞이했다. 경영 적자를 크게 기록했고 2만 5000여 명의 직원을 해고했다. 주력 부문인 메인 프레임 시장은 성숙 단계에 들어섰고 PC 부문도 반독점 규제로 마이크로소프트와 인텔의 주력 시장이 되어버렸다.

이를 타파하기 위한 IBM의 새로운 개방형 혁신전략은 무엇보다 고객에 초점을 맞추고 고객의 니즈를 위해 솔루션 서비스를 제공하는 것이었다. 가치 창출 활동을 컴퓨터, 칩 등의 하드웨어 판매에서 IBM의 서비스를 이용하는 사용자 기업인 시티그룹이 요구한 니즈(운영체제, 생산성 향상 소프트웨어, 뱅킹 솔루션 제공 등)를 충족하는 데서 찾으려고 노력했다. 이러한 과정에서 핵심요소는 IBM이 자사의 서비스를 공급하는 데 그치지 않고 사용자 기업의 참여를 통한 혁신을 추구했다는 점이다.

또한 IBM은 인터넷의 활용이 기회가 된다고 인식하고 인터넷 프로토콜IP 기반 개방형 시스템을 통해서 고객의 니즈에 대해 솔루션 서비스를 제시하는 전략을 취했다. 이러한 방식으로 주요 고객이던 페덱스FedEx의 패키지 추적 웹사이트를 구축했고 또 한 제지회사에 대한 솔루션을 제공하기 위해 인터넷을 기반으로 개방형 공급망관리 시스템을 구축하고 운영했다. 이러한 결과 IBM은 1990년대 중반에 이르면 시스템 판매 기업에서 소프트웨어와 솔루션 서비스를 제공하는 사업모델로 변화를 꾀할 수 있었다.

## 2. 오픈소스 혁신모델

사용자 혁신의 전형적인 혁신모델 중 하나가 오픈소스 기반 혁신이다. 인터넷이 발전한 초기에 나타난 대표적인 사용자 혁신모델이다. 오픈소스 소프트웨어의 대표적인 성공 사례는 개방형 컴퓨터 운영체제인 리눅스Linux의 개발과 보급이다. 리눅스의 개발에 대해서는 많은 연구가 있지만, 여기에서는 사용자 혁신에 초점을 맞추어 분석해보자.

우선 오픈소스 소프트웨어는 소스 코드가 개방된 기술이다. 리눅스와 같은 오픈소스 소프트웨어는 공공의 소유이며, 필요한 사람들은 누구나 자유롭게 이용하도록 개방된 소스 코드를 사용하여 필요한 소프트웨어를 개발할 수 있을 뿐만 아니라 배포할 수도 있다. 이러한 특성으로 인해 오픈소스 소프트웨어는 기술혁신과 관련해 몇 가지 독특한 측면을 보여준다.

첫째, 오픈소스 소프트웨어의 기술혁신은 오픈소스 소프트웨어를 좋아하고 지지할 뿐만 아니라 그것을 자체적으로 개발하고 사용하는 '사용자 공동체'를 통해 이루어진다. 둘째, 오픈소스 소프트웨어는 시간과 자금 같은 사적 자원을 투입했다고 해서 그 결과물에 대한 전유를 통해 경제적인 이득을 얻기가 어려움에도 수많은 개발자들이 개발 프로젝트에 참여한다. 셋째, 개발하는 과정에는 프로젝트 전체를 기획하고 통제하는 조직 위계는 존재하지 않는다. 많은 개발자들이 자율적으로 소프트웨어를 개발한다.

오픈소스 소프트웨어는 비상업용만 있는 게 아니라 상업용도 있다. 상업용이라는 말은 오픈소스 소프트웨어 사용자가 그 소프트웨어를 사용하는 데 비용을 지출해야 한다는 의미다. 이 경우 이 비용은 라이선스 요금이 아니라 관련 소프트웨어를 묶어서 쉽게 사용할 수 있도록 한 서비스에 대한 비용이라고 할 수 있다.

리눅스 개발에 참여한 사용자들은 무엇보다 능동적인 사용자들이다. 제품의 개발과 개선에만 참여하는 것이 아니라 설계에도 참여한다. 또한 이러한 사용자는 생산자와의 관계에서 자신의 위치와 역할을 설정하는 것이 아니라 사용자이면서 생산자의 역할을 동시에 수행한다고 볼 수 있다. 이러한 개발과정에서 사용자들은 지역이나 사회적으로 서로 떨어져 있지만 하나의 혁신 공동체를 이루며 일정한 조직원리, 행동규범, 보상규칙이 있다. 사회적 유대나 의미를 공유하는 공동체를 형성하고 공동체 가치를 지키면서 네트워크 기반의 효율적인 생산구조를 유지한다는 점이 리눅스 사례의 가장 중요한 특징이라고 할 수 있다(Tuomi, 2002).

이를 사용자 공동체의 자기조직화로 해석할 수 있지만, 이러한 해석을 비판하는 학자들도 있다. 리누스 토발즈Linus Torvalds를 비롯한 엘리트 개발자들이 일종의 컨트롤타워의 역할을 했다는 것이다. 인터넷 기반의 자기조직화된 수평적인 조정구조를 인정하지 않는 주장이다. 사용자 혁신의 관점에서 보면 토발즈가 컨트롤타워의 역할을 했다기보다는 선도 사용자 그룹에 속해 있었다고 볼 수 있다.

사실 오픈소스 혁신에서는 리눅스 사례 자체보다 많은 기성 기업들이 오픈소스 소프트웨어 방식을 기업전략의 핵심 요소로 채택했다는 점이 훨씬 더 중요하다. 구글이 시스템 소프트웨어를 구축하면서 오픈소스 소프트웨어 방식을 선택한 것이나, 애플의 아이폰에 대항하기 위해서 안드로 이드 운영체제를 개방한 것은 고전적인 예라고 할 수 있다. 오픈소스 소프 트웨어뿐만 아니라 사용자들이 사용하는 혁신 키트나 툴도 개방형으로 공 개하는 경우가 빈번하다. 또 집합지성 방식을 활용하는 소셜 상품 개발 플 랫폼인 퀴키Quirky도 널리 알려진 사례다.

또 혁신의 민주화 사례 중 하나로 프리 혁신free innovation 현상도 나타났 다(von Hippel 2005, 2017). 프리 혁신은 혁신가가 자유 시간에 대가를 받지 않고 혁신활동을 하는 것을 의미한다. 이러한 혁신은 기본적으로 자기 보 상의 동기에 바탕을 둔다. 자기 보상은 금전적 보상 외 다른 여러 가지 형 태가 있다. 본인이나 가족이 혁신의 산출물을 사용하는 데서 오는 편익, 즐 거움이나 학습, 이타적 만족감 등이 있다. 이러한 프리 혁신은 주로 가정경 제 부문에서 수행되는데, 가계 생산의 한 형태에 속한다. 사용자는 개발자 가 아니고 개인이라는 특징을 보인다. 자녀들의 제1형 당뇨병 증세를 인터 넷 기반으로 실시간으로 모니터링하는 장치를 고안해서 공유한 부모들로 구성된 사용자 혁신 공동체(6500명 수준)의 사례가 유명하다. 이들은 소셜 네트워크를 통해 상호작용하면서 혁신활동을 수행했다고 보고된다.

## 3. 사회혁신

사회혁신은 교육·보건 복지·주거·교통·에너지·환경·노동 등 삶의 현 장에서 잘 해결되지 않는 사회문제나, 고령화·청년문제·기후변화 등 새롭 게 나타난 사회문제를 새로운 아이디어와 방법을 통해서 해결하는 활동을 지칭한다. 사회혁신론에는 사회 분야에서 논의되는 사회혁신과 과학기술 분야에서 논의되는 사회혁신 등 크게 두 가지 흐름이 있다.

과학기술 분야에서 논의되는 사회혁신은 '사회문제 해결형 기술개발' 활동으로서 산업 육성을 넘어 삶의 질과 지속가능성 향상을 위한 과학기술 혁신활동을 지향한다. 과학기술을 활용해서 고령화, 환경문제, 기후변화와 같은 도전적인 사회문제 해결을 지향한다. 새로운 조직과 일하는 방식에 기반한 사회혁신에 대비해서 이를 기술 기반 사회혁신이라고도 한다. 사회혁신의 정의, 형태 등이 매우 다양하게 제시되고 있어서 혼선이 빚어지는 부분도 있다.

사회혁신의 문제의식은 1998년 유럽연합EU 집행위원회가 21세기 연구와 혁신정책을 위한 유럽의 비전을 담은 보고서 「사회: 끝없는 프론티어 Society: The Endless Frontier」에 잘 나타나 있다. 이러한 유럽 혁신정책의 방향 전환은 유럽의 시민사회가 활발하게 활동하며 큰 영향을 미친다는 점과도 관계가 있다. 미국에서도 혁신의 사회적 가치 지향성을 높이려는 움직임을 보인다. 미국 연방의회에서는 경제성장과 함께 안전, 지속가능성, 보건 등 사회적 가치를 반영하는 프로그램과 정책을 추진해야 한다는 주장이 나왔다.

이러한 사회혁신의 확산은 기업의 혁신전략과 정부의 혁신정책에 영향을 미친다. 국제적으로도 기후변화 문제가 지구적인 이슈로 부각되고 이에 대처하기 위한 파리협정이 체결되었다. 미국과 중국이 글로벌 패권 경쟁을 벌이면서도 기후변화 문제에 대해서는 상호 협력할 문제로 인식한다. 이러한 배경에서 파리협정을 실행하는 과정에서 국가별, 지역별, 글로벌 수준에서 만들어지는 규범과 규칙 들이 정부정책이나 기업활동에 큰 변화를 야기할 수 있다.

## 나가며

1950년대 초 기술혁신에 관한 초기 담론에서는 혁신의 원천에 관한 논의가 중심이었고, 기술주도론과 수요견인론이 대립적 관점을 취했다. 기술주도론은 창의적인 지식과 기술, 새로운 아이디어를 강조했으며, 수요견인론은 사회적 필요와 수요를 중시했다. 기술혁신에 관한 이러한 선형적 이해는 다양한 조직과 혁신요소들의 상호작용이 중요하다는 인식으로 변화되었고, 이후 그러한 상호작용에 영향을 주는 제도적 틀과 네트워킹을 고려하는 체계적 접근으로 발전했다. 인터넷이 보편화된 네트워크 환경에서는 생산자뿐만 아니라 사용자도 기술혁신에 큰 영향을 미치기 때문이다.

이 글에서는 특히 혁신체제 접근 중 하나인 산업혁신체제론을 적용하여 1970~1980년대에 걸쳐 정보산업에서 나타난 일본의 혁신모델과 윈텔모델 간 산업경쟁을 살펴보았다. 세계 정보산업에서 미국의 지배는 윈텔모델의 컴퓨터 산업의 시기를 지나 디지털 융합과 변환의 시기에도 지속되었다. 동시에 창조적 파괴의 기술혁신이 거듭되어 산업 부문과 영역의 경계가 와해되고 재편성되는 현상이 보편적으로 나타났다. 여기에서는 이러한 산업 변동 과정에서 전개되어온 주요 기술기업들 간 혁신경쟁을 분석하고, 기업들의 혁신전략에 핵심적 요소인 표준과 지적재산권의 측면에서 개방과 소유, 개방과 공유 전략의 특성과 성과를 살펴보고자 했다. 개방과 공유 전략의 확산은 사용자 혁신의 기회와 공간을 넓힌다는 측면에서 중요한 혁신 지형의 변화다.

디지털 변환 과정에서 압도적인 독점체제를 구축한 거대 빅테크기업들 간의 경쟁도 살펴보았다. 특히 디지털 변환의 동인인 생산의 모듈화와 저가혁명으로 인한 기기 성능의 기하급수적인 성장, 경제와 생활에 관련된 모든 데이터와 정보가 디지털화되는 만물의 디지털화 현상, 그리고 무한한 지식자원을 활용하는 재조합 혁신의 보편화 현상과 더불어 플랫폼을 기반으로 네트워크 효과를 활용한 승자독식 혁신을 추구하는 빅테크기업들에 대한 비판을 중점적으로 분석했다.

사용자 혁신의 의미와 중요성에 대해서는 먼저 개방형 혁신의 개념 이해와 사례에 대한 분석을 중심으로 논의했다. 전형적인 사용자 혁신인 오픈소스 혁신의 개념과 그 중요 사례인 리눅스 운영체제 개발, 보통 사람들의 사용자 혁신인 프리 혁신, 시민사회나 시민들이 참여하는 사회혁신에 관해서도 살펴보았다. 사회혁신 모델은 기술혁신을 상업적 가치 창출이라고 인식하는 통상적인 가치규범에 대한 비판을 담고 있다는 점에서 혁신 개념의 큰 변화를 보여준다. 무엇보다 지구 기후변화 위기에 대응하기 위해 지속가능한 발전과 삶의 질 향상 등 사회적 가치들을 포용하는 기술혁신 패러다임이 필요하다는 주장이 국제사회에서 설득력을 더해간다.

끝으로 경제적 가치의 창출뿐만 아니라 사회적 가치의 창출도 중요하다는 혁신 개념의 변화와 관련해 제기되는 주장들은 단순히 관념적인 이상주의가 아니다. 이러한 개념 변화는 기업들의 경영 전략에도 나타나며 정부 정책에도 반영된다. 산업 분야에서는 환경보호(E)와 사회적 가치(S)를 지향하는 기업지배구조(G)를 수용한다는 의미를 담은 ESG 경영을 표방하고 실천하는 기업들이 늘어났다. 또한 많은 국가들이 탈탄소정책을 정부정책으로 수용하며, 기후변화 위기에 대응하는 국제협력에 참여한다.

이러한 상황에서 개인들은 어떻게 해야 할까? 개인들은 시장 환경에서는 사용자나 소비자로서 수동적인 행위자로 인식되는 경향이 있다. 그러나 사회혁신 모델은 혁신 거버넌스에서 각 개인이 보다 적극적인 행위자로 자리매김할 필요가 있다는 점을 시사한다. 개인은 사용자고 소비자지만, 동시에 적극적인 시민으로서의 정체성을 가져야 한다는 것이다.

## 참고 문헌

김상배(2007), 『정보화시대의 표준경쟁』, 한울아카데미.

김상배(2010), 『정보 혁명과 권력 변환』, 한울아카데미.

송성수(2014), 『기술혁신이란 무엇인가』, 생각의힘.

이공래(2000), 「기술혁신이론 개관」, 과학기술정책연구원.

Aronson, J. D. & Cowhey, P. F. (2017), *Digital DNA: Disruption and The Challenges for Global Governance,* Oxford University Press.

Brynjolfsson, E. & McAfee, A. (2014), 『제2의 기계 시대』, 이한음(역), 청림출판(원서출판 2014).

Chesbrough, H. (2006), *Open Innovation: The New Imperative for Creating and Profiting from Technology,* Harvard Business School Press.

Foroohar, R. (2020), 『돈 비 이블, 사악해진 빅테크 그 이후』, 김현정(역), 세종서적(원서출판 2019).

Freeman, C. (1987), *Technology Policy and Economic Performance: Lessons from Japan,* UNKNO.

Godin, B. (2020), *The Idea of Technological Innovation: A Brief Alternative History,* Edward Elgar.

Kitschelt, H. (1991), "Industrial Governance Structure, Innovation Strategies, and the Case of Japan: Sectoral or Cross-National Comparative Analysis", *International Organization 45(4)* (Autumn), 453-493.

Lundvall, B. (1992), 'Introduction', Lundvall, B. A. ed., *National Systems of Innovation: Towards a Theory of Innovation and Interactive Learning,* London: Pinter.

Nelson, R. R. (1993), *National Innovation Systems: A Comparative Analysis,* Oxford University Press.

Tuomi, I. (2002), *Networks of Innovation: Change and Meaning in the Age of the Internet,* Oxford University Press.

von Hippel, E. (1988), *The Sources of Innovation,* Oxford University Press.

von Hippel, E. (2005), *Democratizing Innovation,* The MIT Press.

von Hippel, E. (2017), *Free Innovation,* The MIT Press.

# 11

# 가상현실

## VIRTUAL REALITY

**최항섭**

국민대학교 사회학과

가상현실이란 '인간이 현실을 살아가면서 가지는 욕구 중에서 실현하기 어렵거나 불가능한 욕구를 디지털 기술을 통해서 경험할 수 있도록 구축된 세계'다. 즉 '상상하는 것이 현실이 되면 좋겠다'라는 인간의 욕구를 그래픽, 센서, 음향 등의 기술을 통해 경험할 수 있도록 컴퓨팅을 통해 구축된 세계다.

가상현실의 특성은 첫 번째, 현실의 욕구에 기초해서 만들어진다는 것이다. 현실에서 거의 실현이 불가능한 욕구를 경험시켜주는 것이 가상현실이다. 두 번째, 반드시 실재하는 모습들에서 출발하지는 않는다는 것이다. 가상현실 속 세계의 모습은 현실의 모습을 모방하기도 하지만, 그와는 완전히 달리 실재하는 어떠한 모습에서도 찾아지지 않는 모습을 하기도 한다. 이는 장 보드리야르가 제시한 시뮬라크르에 해당한다(Baudrillard, 1981). 세 번째 특성은 현실 속 육체가 가상현실 속 의식에 따라 변화한다는 것이다. 즉, 의식과 육체가 각각 가상현실과 현실에 따로 존재한다. 동시에 나의 의식은 가상현실 속에 '물리적으로 있다, 존재한다'라고 의식하며 이로써 현존감이 생겨난다.

가상현실의 미래를 전망해보면 첫째, 가상현실이 의료·교육·관광 등 사회 전 분야에 활용되기 시작하면서 그 사회적 효과가 크게 증대될 것이다. 둘째, 가상현실이 너무나 현실 같아 현실이 오히려 현실 같지 않고 가상현실에 비해 재미도 없는 세계로 인식될 가능성이 커질 것이다. 셋째, 사람들은 가상현실 속에 구현된 인공지능 기반의 가상인간을 더 이상 가상의 존재로 여기지 않게 될 것이다. 실재하는 것으로 여겨지는 가상인간은 개인의 삶에서 현실적 역할을 하는 존재로서 개인과 관계를 형성할 가능성이 크다.

# Ⅰ. 가상현실이란 무엇인가

가상현실이란 '인간이 현실을 살아가면서 가지는 욕구 중에서 실현하기 어렵거나 불가능한 욕구를 디지털 기술을 통해서 경험할 수 있도록 구축된 세계'로 정의된다. 즉 '상상하는 것이 현실이 되면 좋겠다'라는 인간의 욕구를 그래픽, 센서, 음향 등의 기술을 통해 경험할 수 있도록 컴퓨팅을 통해 구축된 세계다. 이 세계에서 인간은 현실에서 하기 어렵거나 불가능한 일을 해볼 수 있는 경험을 할 수 있으며, 되기가 어렵거나 불가능한 존재가 되어 그 역할을 수행하는 경험을 할 수도 있다. 허버트 매클루언Herbert McLuhan에 의하면, 가상현실은 현실에서 할 수 없는 것을 해볼 수 있도록 하여 경험을 확장할 수 있게 한다.

이제 가상현실의 개념을 가상과 현실을 각각 분리해서 좀 더 면밀히 살펴보자. 가상은 'virtual'을 한국어로 번역한 것으로 가짜fake와는 다른 개념이다. 가짜는 진짜인 척하면서 사람들에게 진짜의 모습을 의도적으로 가린다. 가짜식품, 가짜약품, 가짜뉴스 등에서 가짜는 이러한 의미다. 반면 가상은 진짜의 욕구가 투영되어 있으며, 사람들에게 현실감을 주려는 목적으로 만들어진다.

한편, 버추얼의 어원인 라틴어 'virtualis'와 희랍어 'dynamis'는 무언가가 될 잠재력이 대단히 커서 그 무언가가 되기 직전의 상태를 의미한다. 이런 의미에서 가상은 현실이 아닌 것이 아니라, 현실에서 출발하여 다시 현실적인 것이 될 가능성이 대단히 큰 것이다.

예를 들어 축구선수가 되고 싶은 욕구가 강한 사람이 현실에 많다면, 욕구는 곧 '가상'의 잠재력이 되어 욕구를 현실화할 가상현실을 요구한다. 이에 따라 게임회사는 욕구를 해소하는 경험을 할 수 있도록 여러 요소(선수 선택하기, 선수 만들기, 선수 움직이기 등)를 축구게임으로 구현한다. 사람들은 그 게임을 하는 순간만큼은 욕구가 충족되는 경험을 하며, 이어서 그 경험을 통해 현실의 축구선수들에게 다시금 열광하게 된다.

그렇다면 현실은 무엇인가? 우리는 매일 현실을 살아가기 때문에 이 질문은 우문으로 여겨진다. 아마도 많은 사람에게 "현실이란 무엇인가?"라고 묻는다면, 그냥 "내가 살아가는 세계이다"라고 대답할 것이다. 그런데 여기서 '내가 살아가는 세계'란 바로 '내가 감각적으로 느끼는 세계'다. 아침에 출근할 때 다른 사람들이 길에 있다는 것을 시각적으로 확인하며, 점심을 먹을 때 요리의 맛을 느끼며, 퇴근길 지옥철에서 사람들과 좁은 공간에 밀착되면서, 나는 '지금 현실에서 존재한다'라고 인식한다.

반대로, 내가 시각적으로 볼 수 없고 맛도 느낄 수 없으며 육체적 접촉도 인지하지 못한다면, 나에게 현실은 흐릿하게 인식되거나 "과연 현실은 정말 어떠할까?"라는 의문을 갖게 될 것이다. 결국 현실은 감각의 인지에 따라 현실인지 아닌지 인식되는 것이다. 이런 의미에서 가상현실이란 가상과 현실의 조합으로써 현실이 될 잠재력이 대단히 큰, 사용자가 여러 감각을 느낄 수 있도록 다양한 디지털 기술을 활용하여 만들어진 세계라고 볼 수 있다.

## Ⅱ. 가상현실의 특성

지그문트 프로이트Sigmund Freud는 몽상illusion이 현실에서 이루지 못한 것을 이루고 싶어 하는 욕구에 의해 생겨난다고 설명했다. 이와 비슷하게 가상현실 역시 '현실의 욕구'에 기초하여 생성된다는 특징을 갖는다. 욕구는 곧 수요가 되므로 어떤 가상현실도 현실의 욕구와 상관없이 창조되지 않는다. 현실에서 우리는 많은 것들을 하고 싶지만, 다양한 이유로 그러지 못하며 결국 욕구만 남는다. 프로이트에 의하면 이렇게 '현실 속에서 이루지 못하거나 이룰 수 없는 것'은 현실에서 내가 그 욕구를 표출했을 때, 사회로부터 '그런 욕구를 갖는 것은 말도 안된다, 미쳤다'라고 하면서 억압과 금기의 대상이 될 가능성이 더 크다(김진석, 1999: 286). 그런데 현실에서의 욕구가 억압과 금기의 대상이 되면 될수록, 그 욕구를 해소하고 싶은 열망은 더욱 강해진다. 그리고 마치 분출되기 직전, 터지기 직전의 상태가 되어 몽상으로 해소하는 것이다. 한편 현대의 디지털 기술은 몽상을 넘어, 감각적으로 느끼고 즐길 수 있는 가상현실을 구현해 욕구 해소를 도와준다.

'되고 싶거나 이루고 싶은 욕구'만이 가상현실의 수요가 되는 건 아니다. '보다 효율적이고 싶은' 욕구에 의해서도 가상현실은 만들어진다. 학교를 가지 않고도 수업을 듣고자 하는 욕구, 해외의 유명한 강사의 강의를 보다 실감나게 접하고 싶은 욕구 등이 반영되어 가상 수업 콘텐츠가 생성되기도 하며, 시간과 돈을 들여 회사에 출근하지 않고도 회사 사람들과 회의나 업무를 하고자 하는 욕구 등이 반영되어 가상 회의 공간이 형성되기도 한다. 또한 '현실에서는 위험성이 크기 때문에 쉽게 하지 못하는 경험을 위험성 없이 하고 싶은 욕구나, 특정 위험에 대처하기 위한 경험이 필요한 욕구'가 투영되어 가상 의료, 가상 소방훈련 콘텐츠가 생산되기도 한다. 아직은 해상도 등에서 부족한 부분이 있기 때문에 상용화되지는 않았지만, 이 문제를 해결하게 되면 엄청난 수요가 생겨날 것으로 전망한다.

가상현실의 중요한 특징 두 번째는 반드시 현실을 기초로 만들어질 필요가 없다는 것이다. 혼동하지 말아야 할 것은 가상현실이 비록 현실의 욕구에 기초해서 만들어지지만, 그 세계의 모습(시간, 공간, 등장인물 등)은 현실과 다를 수 있다는 점이다. 예를 들어 가상현실 안에 구현된 2050년의 핵전쟁 이후의 세계, 그때 지구를 침공한 외계인의 모습 등은 그러한 상황을 상상해보고 싶은 인간의 욕구에 의해서 그려지지만, 현실에는 존재하지 않는다. 과거를 구현한 가상세계에서 역사 속에 존재하지 않는 인물과 사건을 꾸며 등장시키는 것 역시 현실에서의 욕구에 기초하지만 현실과 전혀 상관없는 것이다.

예를 들어 일제강점기의 우울한 역사를 상상 속에서나마 바꾸어보고 싶은 욕구를 투영한 게임 속에서는 절대 존재하지 않았던 영웅을 등장시켜 역사를 바꿀 수 있다. 이때 최첨단기술을 통해 가상현실에 대한 현존감 presence이 높은 수준으로 구현되고 사용자의 욕구가 강하다면, 사용자는 마치 가상현실 속의 모든 것이 실재하는 것처럼 느끼게 된다. 그리고 현실로 돌아왔을 때, '왜 그런 영웅이 현실에는 없었을까?'라는 생각까지 하게 된다. 사회학자 장 보드리야르Jean Baudrillard는 이런 가상현실을 '현실에서 존재하지 않는 것을 존재하는 것처럼 만들어놓은 인공물이지만 오히려 현실을 만들어내는 것', 즉 시뮬라크르라고 불렀다.

시뮬라크르는 욕구에 기초하여 스스로 이미지를 창출하며, 현실을 모방하는 것이 아니라 스스로 본질의 역할을 수행한다(Baudrillard, 1981). 시뮬라크르인 가상현실 속에서 개인은 그 세계 안으로 들어가기 전에, 즉 의식과 육체가 가상현실 밖에 있을 때는 그 가상현실이 현실이 아님을 안다. 그러나 그 세계 안으로 들어가 그 세계 속에서 자신의 욕구가 충족이 되고 높은 수준의 현존감을 느낄 때, 그 세계가 실재한다고 인식한다. 그것이 비록 완전히 상상과 허구로 이루어진 것이라도 말이다.

가상현실의 마지막 특성은 가상현실 속에서 의식은 현실의 육체와 분리가 된다는 것이다. 가상현실에서 나는 디지털 기술로 구현된 세계 속 나의 다양한 모습을 나의 의식을 통해 인식한다. 그러나 나의 육체는 그 가상현실 속 공간과는 상관이 없는 나의 방에 있는 것이다. 가상현실 속에 구현된 축구 경기에서 내가 축구선수로서 활동과 판단을 한다고 의식하는 상태여도 나의 육체는 나의 방에 있다.

그렇다면 나의 육체는 현실공간에 있고 나의 의식은 가상공간에 있기 때문에 나의 의식은 현실적이지 않다고 말할 수 있는가? 그렇지 않다. 내가 가상현실 속에서 느끼는 것들, 경험하는 것들이 현실적인지는 가상현실이 얼마나 현실적으로 구현되었는가에 따라 달라진다. 최고급 사양의 그래픽카드와 메모리를 장착한 컴퓨터로 가장 최신 그래픽 소프트웨어가 구현한 가상현실에 들어간다면, 나는 그 가상현실 속에 '정말로 존재한다'고 인식할 것이다. 이렇듯 가상현실 속에서 '물리적으로 있다, 존재한다'

라고 의식할 때 현존감이 생겨난다. 모든 가상현실은 이 현존감을 극대화하는 방향으로 진화한다(Séverine, 2015: 40).

가상현실의 현장감이 극대화되었을 때 가상현실 사용자는 더 이상 사용자가 아니다. 일단 가상현실 속에 푹 빠져 버린 사용자는 가상현실 속에서 자신에게 주어진 역할을 수행하려고 하고 성공과 실패를 경험한다. 다시 말해, 가상현실에서 무언가 목표를 설정하고 그 목표를 이루려고 하는 적극적인 참여자가 되는 것이다. 이런 의미에서 가상현실은 지금까지 등장한 모든 미디어 기술 중에서 가장 참여지향적인 기술로 평가된다.

영화의 경우 관객의 판단, 관객의 의지가 영화 속 세계의 변화에 아무런 영향을 미치지 못한다. 관객은 이미 정해진 대로 흘러가는 영화 속 세계를 수동적으로 받아들이는 이용자일 뿐이다. 그러나 가상현실의 사용자는 개인의 의지와 판단에 의한 행동, 예를 들면 조이스틱 누르기 등을 통해 그 안의 세계를 바꾸거나 스토리 전개에 적극적으로 참여한다.

대부분 가상현실 게임들은 이런 참여지향적인 속성을 갖는다. 그렇기 때문에 몰입의 정도가 대단히 강한 것이다. 이때 의식과 육체는 완벽하게 분리되는 것이 아니다. 예를 들어 가상현실 속에서 내가 좀비에게 쫓긴다고 인식할 때 심장 박동수는 빨라지며 손에는 땀이 난다. 즉 의식의 변화로 인해 육체도 변화하는 것이다. 사실 육체라는 것은 의식에 의해 변화되는 물리적인 것일뿐이기도 하기 때문이다.

가상현실에서 활동하는 개인은 구현된 세계가 현실에서 이루지 못한 자기의 욕구를 충족시킬 가능성이 있다고 판단할 때, 가상현실이 현실과 거의 비슷한 수준으로 재현되었을 때, 그 세계에 몰입한다. 다시 말해 현실의 욕구 해소 가능성과 현존감에 비례하여 가상현실에 몰입하는 것이다.

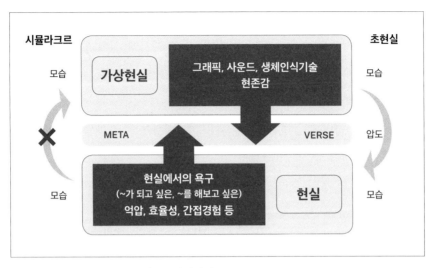

시뮬라크르　　　　　　　　　　　　　　　　　　초현실

가상현실

그래픽, 사운드, 생체인식기술
현존감

모습　　　　　　　　　　　　　　　　　　　　　모습

META　　　　　　　　　　　VERSE

억압

현실에서의 욕구
(~가 되고 싶은, ~를 해보고 싶은)
억압, 효율성, 간접경험 등

현실

모습　　　　　　　　　　　　　　　　　　　　　모습

[그림 1] 현실, 가상현실, 메타버스의 상관관계

## III. 가상현실의 사례

### 1. 비행기 시뮬레이션 플라이트 시뮬레이터

하늘을 나는 비행기를 조종하고 싶다고 생각한 적이 있는가? 자신이 직접 비행기를 조종해서 세계를 돌아다니는 것을 꿈꾼 적이 있는 개인들은 마이크로소프트사의 플라이트 시뮬레이터Flight Simulator 게임을 통해 그 욕구를 충족할 수 있다.

PC 게임의 베스트셀러인 이 게임은 현실성에서 압도적인 우위를 보인다. 이 가상현실 속에서 개인은 가장 먼저 비행기 조종석에 앉아 현실의 비행기와 거의 똑같이 구현된 수많은 조종장치들을 작동하게 된다. 현실에서 존재하는 보잉 747, 보잉 737, 에어버스 380 같은 항공기뿐만이 아니라 작은 경비행기들도 조종장치가 실제와 같은 위치에 정확하게 구현된다. 심지어 파일럿 테스트를 앞둔 수험자들도 이 게임을 통해 정확한 조종장치 작동법을 학습할 정도다.

그리고 이 게임에는 전 세계에 존재하는 대부분의 공항들이 그대로 구현되었다. 인천 공항, 파리 샤를 드골 공항, 런던 히드로 공항 등의 모습이 활주로에서부터 공항 플랫폼까지 그대로 재현되었다. 그리고 가장 놀라운 것은 전 세계 모든 도시들, 그리고 도시들 사이에 존재하는 작은 마을들, 그리고 산과 바다의 모습들을 모두 거의 그대로 옮겨다 놓았다는 점이다. 비행기를 조종하면서 파리 시내를 하늘에서 구경할 수도 있으며, 비행기 방향을 돌려 남쪽 니스나 모나코 쪽으로 방향을 틀 수도 있다. 그리고 그곳으로 가는 도중에 아름다운 마을, 강과 산 들의 모습을 만끽할 수 있다.

현실에서 도저히 이룰 수 없는 인간의 욕구 중 하나는 하늘을 나는 욕구다. 이 게임은 하늘을 날면서 지구의 모습을 바라보고 싶은 인간의 욕구를 그래픽으로 거의 완벽하게 재현했다. 특히 최근에 발매된 '플라이트 시뮬레이터 2020'은 최고급 사양의 그래픽카드와 메모리를 요구하며, UHD 화질을 가능하게 하여 그 현실감 더욱 높인다. 이 게임에 투영된 현실의 욕구는 시간과 공간을 초월하여 어디든지 가고 싶은, 전 세계 모든 공간을 경험하고 싶은 인간의 욕구다. 세계일주의 욕구가 그 안에서 구현되는 것이다.

## 2. 폭력배가 주인공인 GTA

GTA Grand Theft Auto는 마피아 폭력배가 되어 사회적으로 금지된 잔혹한 행위를 하며, 사회악으로 여겨지는 여러 미션들을 수행하는 게임이다. 비디오게임 역사상 가장 많이 팔린 게임 중 하나이기도 하다. 이 게임의 잔혹성, 반사회성에 대해 많은 논란이 있지만, 이 게임 시리즈는 계속해서 출시되며 최고의 인기를 갱신한다.

강한 인간이 되고 싶은 욕구, 사회의 규범, 규제 들을 위반하려는 욕구가 모두 이 가상현실 속에서 충분히 현실적으로 구현된다. 지나가는 무고한 행인을 총으로 죽이기, 택시를 세워 기사를 폭행하고 차를 빼앗아 달아나기, 자신을 쫓는 경찰을 잡아 고문하기, 마약과 성매매 등 사회적으로 엄격히 금지된 행위들이 너무나도 현실적으로 재현된다.

'GTA 5'의 경우 배경은 로스앤젤레스다. 하지만 게임 속 도시 이름은 '로스 산토스'라는 가상도시다. 가상현실 속에서 로스 산토스 안의 시청, 골프장, 다리, 도심빌딩 등은 현실의 로스앤젤레스에서 실제로 존재하는 건물들의 모습을 거의 그대로 옮겨다 놓은 꼴이다. 심지어 말리부 해변 테니스코트의 색깔과 수도 동일하다. 이 게임의 이용자는 자동차를 운전하면서 자신이 가고 싶은 곳을 마음껏 방문하여 그곳에서 자신이 하고 싶은 행동을 할 수가 있다. 이 가상현실 게임은 인간이 사회 속에서 제도, 규제, 규범을 통해 억제하는 욕구를 충족시켜준다. 그리고 그 욕구를 푸는 행위를 실행하면서 개인들이 얻는 만족감은 가상현실 속에서 구현된 여러 물리적인 환경들의 높은 수준의 현실적인 그래픽 기술에 의해 증폭된다.

## 3. 축구게임 FIFA

일렉트로닉 아츠Electronic Arts: EA 회사의 대표 게임인 FIFA 시리즈는 스포츠 게임계의 베스트셀러다. 최고의 축구선수가 되고 싶은 욕구, 또는 최고의 축구클럽을 운영하는 매니저가 되고 싶은 욕구가 이 게임에서 모두 실현된다. 그리고 자기 얼굴을 사진 데이터로 업로드하면, 게임의 인공지능이 자신의 이름을 달고 있는, 자신의 실제 모습과 가장 비슷한 모습을 한 선수를 창조할 수 있는 기능까지 포함되어 있다. 사용자는 자기가 만들어낸 선수로 자신이 들어가고 싶은 축구클럽을 마음대로 골라 원하는 등번호를 달고 원하는 포지션에서 원하는 능력치까지 스스로에게 부여하여 상대하고 싶은 팀과의 시합에서 얼마든지 활약할 수 있는 것이다.

이 가상현실 속에는 전 세계의 존재하는 수많은 축구선수의 얼굴과 플레이 모습이 그대로 구현된다. 리오넬 메시, 크리스티아누 호날두, 손흥민 같은 선수들과 같은 팀에서 뛸 수도 있고, 그 선수들을 상대하는 나 자신이 될 수도 있다. 플레이할 때 들리는 경기장의 함성, 그리고 자신의 이름을 불러주는 인공지능AI 해설자의 목소리를 들으며 마치 가상현실 속에서 자신이 실제로 축구선수가 되어서 활약하는 경험을 하게 된다.

이 게임 역시 계속해서 진화하는 그래픽을 통해 선수들의 얼굴에 난 땀구멍 하나조차 현실과 거의 유사하게 그려낸다, 언뜻 보면 이것이 가상현실인지 현실인지를 분간하기 어려울 정도다. 수업 시간에 가상현실로 재현된 축구게임 속 특정 상황과 현실 속에서 실제로 벌어진 상황을 비교해보는 영상을 보여줬을 때, 어떤 것이 가상현실 속 상황인지 정확히 판별하는 학생들은 절반이 채 되지 않았다. 그리고 10년 전에 비해 수업 속에서 그것을 정확하게 판별할 수 있는 학생들의 수는 점점 줄어든다. 그만큼 그래픽 기술이 더욱더 정교해지고 있다는 것을 의미한다. 앞으로 10년 후에는 그것을 판별하는 것이 거의 불가능해지거나 큰 의미가 없어질 가능성도 크다.

## 4. 가상현실 뉴스

가상현실은 비단 게임에 국한되지 않는다. 물론 가상현실이 대부분 현실에서의 욕구를 바탕으로 한 게임을 통해서 나타나는 것은 맞다. 그러나 게임으로 해소되지 않는 인간에게 내재하는 욕구 중에서 세상에서 일어나는 일을 알고 싶은 욕구, 여기서 일어나는 일에 대해 다른 사람에게 알리고 공감을 얻고 싶은 욕구 역시 가상현실을 통해 구현된다.

노니 델라 페냐Nonny de la Peña 기자는 시리아 내전의 참혹한 현실을 신문기사나 사진으로 아무리 사람들에게 알려도 공감을 받지 못한다는 생각을 지울 수 없었다. 그래서 현실에서 일어나는 일들을 그래픽기술을 통해 가상현실로 구현했다. HMD Head Mount Display(머리에 직접 쓰는 가상현실 기술)를 활용하여 시리아에서 아동들이 겪는 불안함, 위험한 현실을 그래픽으로 재현했고, 이를 통해 많은 사람들이 시리아 내전의 잔혹함을 경험하게 했다. 그리고 이 가상현실 경험은 가상현실 속에만 머무르지 않고 현실에도 영향을 미쳤다. 이 기자가 재현한 가상현실을 경험하고 난 사람들은 현실에서 시리아의 문제에 대해 더욱더 많은 관심을 보이게 되었고, 문제해결의 필요성에 공감하게 된 것이다. 이렇듯 가상현실은 더 이상 가상현실로만 존재하지 않으며 현실과 밀접한 상호 영향을 주는 관계 속에 있게 된다.

# Ⅳ. 가상현실의 미래 전망

## 1. 가상현실의 사회적 효과 증가

앞으로 가상현실은 그래픽, 인터넷, 인공지능, 생체인식 기술이 모두 융합되어 보다 현실적인 경험을 제공할 것이며, 그 결과 가상현실의 사회적효과가 더욱 커질 것이다. 가상현실로 구현된 뉴스는 세계에서 일어나는일들에 더욱 현실감을 느끼게 해주고, 이는 곧 현실의 다양한 사건들에 대한 개인의 문제의식을 더 강화할 것이다. 관광지를 결정하기 전 가상현실로 구현된 관광지를 먼저 경험하면서 관광을 준비할 것이다. 가상현실은단순하게 즐거움만 주는 게임의 영역에서 벗어나, 업무·교육·관광·의료등 사회 전반에 변화를 가져올 것이다.

이는 특히 기업이 계속해서 가상현실 기술을 업그레이드하기 때문에발생하는 일이다. 기업은 이윤을 재창출해야 하는 본질적 특성을 갖는데,그래서 이전 기술보다 더 진화된 기술을 항상 개발한다. 이러한 측면에서가상현실 기술은 향후 끊임없이 더욱 현실적으로 되기 위해 진화할 것이며, 그로 인해 가상현실의 사회적 효과 또한 증대될 것이다. 이미 수년 전부터 상용화된 HMD 기반의 가상현실 기술은 2D 기반의 가상현실에 비해그 실재감에서 압도적인 우위를 점한다. 2D 기반 가상현실에서 개인은 물리적 거리를 두고 떨어져 있는 모니터 화면 속에서 개인의 욕구 충족을 대신 수행하는 아바타(게임 캐릭터)를 조종한다. 하지만 HMD 기반의 가상현실에서는 아바타가 완전히 사라진다. 기기를 착용한 순간, 개인은 아바타가 아닌 나 자신으로 가상현실에 존재한다. 내가 고개를 오른쪽으로 돌리면 오른쪽에 있는 가상현실의 광경이 보이는 것이다.

이러한 아바타의 소멸은 가상현실을 더욱 현실적인 것으로 경험하게 한다. 비록 하드웨어의 성능과 콘텐츠의 질에 따라 실재감에 차이가 나지만, 앞으로 고성능 하드웨어의 가격이 대중화되고 시장이 커지면서 경쟁을 통해 콘텐츠의 질이 향상되리라 전망되므로, 이제 가상현실에서 갖는 경험은 현실과 거의 유사하게 될 것이다. 그리고 그러한 가상현실에서의 경험은 현실에서의 판단과 행동에 영향을 미칠 것이다.

## 2. 더욱 현실적인 가상현실, 점점 재미없어지는 현실

가상현실이 더욱 현실적으로 되어감에 따라 우리가 실제로 살아가는 현실은 가상현실보다 매력이 없고 더 흐릿한 세계가 될 수 있다. 보드리야르에 의하면 이것은 현실을 대체하는 가상현실의 과잉이며, 가상현실이 너무나 현실적이기 때문에 실재가 별로 현실적이지 않은 것으로 인식된다는 것이다. 이렇게 되면 오히려 가상현실에서 더 많은 시간을 보내면서 살아가는 사람들이 더욱 늘어날 것이다. 보드리야르에 의하면 현실보다 더욱 현실적인 가상현실의 특성, 즉 초현실성hyper reality의 세계가 더 선호되는 것이다.

현실에서의 복잡하고 만족스럽지 못한 연애보다는 초현실성을 지닌 가상현실 속에서 내가 선망해오던 외모와 성격을 가진 대상과 연애를 하는 것이 훨씬 더 즐겁게 느껴질 것이다. 가상현실 속에 구현된 관광지에서는 풍경에 감탄하고 여행의 즐거움을 경험하는 반면, 오히려 실제로 방문한 관광지에서는 기대했던 것에 미치지 못하는 경험을 할 수도 있다.

그러나 언제까지 가상현실 속에서만 살아갈 수는 없다. 사람은 결국 현실로 돌아와야 한다. 그런데 다시 돌아왔을 때 현실이 얼마나 현실적인 것으로 느껴질 것인가? 가상현실에서 강한 자극과 강한 현존감을 경험한 사람이 그러한 자극이 사라진 현실에는 어떻게 적응할 것인가? 자극과 현존감이 강하면 강할수록 보다 빠른 시간 내에 다시 가상현실로 돌아가고자 할 것이다. 이종관에 의하면 "앞으로 의학, 교육, 관광, 오락, 심지어 여행에 이르기까지 가상현실의 적용 범위가 급속히 확대된다면, 우리는 지속적으로 우리 자연스러운 경험체계를 정지시키며, 새로운 가상세계로 진입시키기 위해 데이터쇼크를 여러 상황에서 감수해야 할 것이다"(이종관, 2003: 356).

## 3. 가상인간과의 관계 현실화

가상현실 속에는 단순히 환경만이 구현되어 있지 않으며, 그 안에 내가 만날 수 있도록 만들어진 많은 가상인간들이 존재한다. 기술이 가상현실의 현존감을 높일수록, 그 안에서 구현된 가상인간들의 현존감도 더욱 높아진다. 지금까지는 가상인간들의 반응이나 대화 등이 미리 사전에 짜놓은 각본대로 이루어져왔다. 그러나 앞으로는 인공지능 기술이 여기에 융합되어 가상인간들이 스스로 판단하여 나와 대화하고 나의 말과 행동에 반응할 것이다. 그리고 내가 이러한 가상인간과 상호작용을 하면 할수록, 가상인간이 더 이상 가상인간으로 느껴지지 않는 순간을 경험할 가능성이 크다. 알프레드 슈츠Alfred Schutz의 상호작용론에 의하면, 이는 상호작용 과정에서 비록 가상인간은 전혀 그럴 의도가 없고 프로그램에 기초하여 나의 말과 행동에 반응할 뿐이어도 나는 가상인간이 나를 잘 이해해주고 아껴주는 존재로 인식할 수도 있기 때문이다(Schutz, 2009: 25).

현실에서 가족과 공동체가 해체되기 시작했고, 이 경향은 앞으로 더욱 빠르기 진행될 것으로 전망된다. 이런 흐름 속에서 사회는 고립 사회, 1인 가구 중심 사회가 되어가면서 개인은 더욱 고독에 힘겨워할 것이다. 동시에 개인은 인간을 포함한 어떠한 존재라도 자신을 이해해주고 지지해주는 존재를 찾고자 할 것이다. 이런 이유로 개인은 인공지능이 구현한 가상현실 속의 가상인간과 실재적 관계에 놓이게 될 가능성이 크다.

## 4. 메타버스로의 가능성

가상현실은 점점 현실과 분리되지 않으며, 현실과 융합되어 메타버스 metaverse로 진화한다. 회사에 출근하지 않고 회사에서 만들어놓은 가상현실 업무 프로그램에 접속하여 자신의 아바타를 움직이면서 1층에서 출근 태그를 찍고, 정해진 회의실에서 다른 직원들의 아바타들과 만나 회의를 진행하는 일이 실제로 일어난다(2021년 7월 2일 KBS 뉴스 중 기업 '직방'의 가상업무 사례). 메타버스는 가상현실 기술을 활용하여 현실에서의 다양한 관계(업무관계, 감정관계 등)를 더욱 현실적으로 경험하도록 만들어진 기술이다. 하지만 아직 메타버스는 대단히 초기 단계이며, 대부분 스크린 안에 구현된 단순한 가상현실 공간에 이용자가 아바타를 움직이면서 활동하는 것에 머무른다.

이러한 흐름에 가장 큰 변화를 가져올 것은 아직은 미완성인 홀로그램 기술이다. 홀로그램 기술이 상용화되면 가상현실과 현실에 빠르게 융합되기 시작할 것이다. 또한 현재 존재하는 가상현실 기술 중 HMD 기술은 가장 높은 현존감을 제공하는데, 여전히 무거운 디바이스를 착용해야 하는 단점이 있다. 이 문제가 해결되는 것도 역시 가상현실이 현실과 빠르게 융합하도록 할 것이다. 기술의 진화는 항상 인간의 원하는 방향으로 이루어지기 때문에 충분히 미래에 나타날 수 있는 변화다.

## 나가며

마지막으로 던질 수 있는 질문은 '그렇다면 현실은?'이라는 질문이다. 자신의 욕구가 보다 잘 실현될 수 있는 특성을 토대로 점점 현실과 가까워지는 가상현실을 사람들이 더 선호하게 되면 어떠한 일이 벌어질 것인가? 가상현실의 과잉은 현실에 어떠한 변화를 가져올 것인가? 이것은 바람직한 것인가? 이런 질문을 던져볼 수 있다.

'가상현실이 현실과 거의 유사하게 되면 이 두 공간을 구분하는 것도 의미가 없어지지 않는가'라고 주장할 수도 있다. 가장 우려되는 것은 가상현실의 인간관계가 현실에서의 인간관계를 대체하게 되는 것이다. 현실에서의 인간관계는 한 인간에게 삶의 질과 행복에 결정적인 역할을 한다. 또한 인간관계는 항상 좋을 수만은 없기에 다른 사람과의 갈등 속에서 인간은 깨달음을 얻게 되기도 하며 보다 성찰적 인간이 된다. 또한 실제로의 면대 면 사회관계에서 가능한 관계(함께 밥 먹기, 함께 산책하기, 함께 운동하기 등)는 아무리 가상현실이 현실에 가까워진다고 해도 그 중요성이 여전히 강조되어야 한다. 가상현실의 과잉은 현실에서의 인간을 고립시킬 가능성이 충분히 있다.

## 참고 문헌

김진석(1999), 「정신분석적 현실」, 『현상학과 현대철학』 12, 280-311.

이종관(2003), 「현상학적 지각이론과 가상현실에 대한 연구」, 『현상학과 현대철학』 21, 335-364.

Baudrillad, J. (1981), *Simulacres et Simulation*, Galilée, Paris.

Séverine, B. (2015), "Le trosieme monde: adolescence et virtuel", *Le Journal des Psychologues 331*, 39-44

Schutz, A. ed. (2009), *Contribution à la sociologie de l'action: Contribution à une sociologie de l'action*, Hermann: Paris.

# 12

# 디지털 문화

## DIGITAL CULTURE

**양종민**

서울대학교 국제문제연구소

●

문화는 우리 시대와 사회의 핵심이 되는 개념이면서 복잡한 양상을 보이는 현상 중 하나다. 우리는 언제 어디서든 문화라는 단어를 자연스럽게 사용한다. 고급문화, 대중문화 등은 물론, 일상적인 삶의 모든 활동을 포괄하는 단어로 쓰이기도 한다. 이때 사회는 문화가 발생하고 변화하는 데 필요한 인간 삶의 공적·사적 영역을 의미하며, 포괄적인 차원에서 문화를 인식하고 연구하는 데 필요한 중요한 소재이자 관찰지觀察地의 역할을 한다.

최근 디지털 기술로 매개되는 문화는 사람들의 일상적인 삶 그 자체가 되었다. 메타버스 안에서 사람들은 물리법칙에 제약받지 않고 현실세계와 흡사한 경제적·사회적 활동을 하며, 스트리밍 서비스와 가상현실에서 벌어지는 콘서트에 열광하고, 개인이 자체적으로 만들어낸 콘텐츠를 공유한다. 온라인 공간에서의 모든 행위는 데이터베이스화되어 축적되고, 이 데이터베이스는 원래의 의도와는 관계없이 상업적으로 이용된다.

기술의 발전은 이처럼 사회 전반에 걸쳐 예상치 못할 변화를 끌어낸다. 기술이 발전하면서 사람들은 시공간을 넘어 소통할 수 있게 되었고, 지식과 정보는 인간이 지금까지 생산해온 것보다 더 빠르게 더 많이 생산되었다. 또한 빠른 커뮤니케이션, 정보 지식 기술의 발전을 통한 사회의 변화는 정보화사회, 지식사회, 네트워크 지식사회 등 여러 현상으로 드러난다. 더불어 이러한 현상을 이해하려는 개념과 용어가 난립하여 실제 현상의 본질을 이해하기 어렵게 하는 문제가 발생했다.

이 글에서는 문화의 개념을 짚어보고 최근 도래한 기술사회에서의 디지털 문화를 분석할 것이다.

# I. 문화의 개념

## 1. 문화란 무엇인가

현대사회가 복잡하게 나타나는 것처럼, 기술사회에서 광범위하게 사용되는 용어 중 하나는 바로 문화다. 문화라는 개념은 수 세기에 걸쳐 발달했으며 여러 학문 분야에서 문화를 다룰 만큼 오늘날에 아주 광범위하게 쓰인다. 그러나 이러한 광범위한 사용이 오히려 문화가 정확히 무엇을 뜻하는지 이해하기 어렵게 하는 문제점을 낳았다.

문화라는 개념의 발달을 추적하고 이러한 문화 개념이 지닌 의미를 계통화한 레이먼드 윌리엄스Raymond Williams에 의하면, 문화는 15세기부터 "자연의 성장을 돌보는 행위" 또는 "자연(작물로서 식물이나 가축으로서 동물)을 경작cultivation"하는 것을 의미하다가, 시간이 지나면서 그 대상이 인간으로 확장되었다. 이후 자연과 인간을 구분 짓는 기준으로, 또한 사회에서의 산업적·물질적 발달과 구분되는 인간의 발전상을 주된 대상으로 하는 의미로 사용되었다(Williams, 2015: 49-52).

월리엄스는 근대적 의미의 문화를 세 가지로 구분했다. 첫 번째는 예술과 예술적 활동으로서의 문화고, 두 번째는 인간이 가지는 삶의 방식으로서의 문화며, 세 번째는 지적·정신적·미적 발달의 일반적인 과정으로서의 문화다. 하나씩 간략히 살펴보도록 하자.

우선 첫 번째로, 사람들은 문화를 예술적인 활동의 실천이나 그 활동으로 만들어진 작품으로 이루어졌다고 생각하는데, 여기에서 문화는 "음악, 문학, 회화, 조각, 연극, 영화"를 묘사하는 단어로 쓰인다(Williams, 2015: 52). 이러한 차원에서의 문화는 교양 있는 사람들이 참여하는 세련된 활동으로서, 비판적 문화연구가들이 주로 다루는 대중문화와 대비되는 소위 '고급문화'를 의미한다.

두 번째의 문화는 문화를 인간 삶의 모든 지점에 있는 것으로 본다. 문화는 지식, 믿음, 예술, 도덕, 법, 관습과 함께 사회의 구성원으로서 인간이 배워서 얻는 능력과 사회적으로 통용되는 습관을 전체적으로 포괄한다. 이러한 관점을 주로 다루는 문화인류학에서는 사회를 전체적으로 가로지르는 문화라는 실체가 존재하며, 이 실체는 특정 시기, 특정 지역, 특정 사회에 같이 살아가는 사람들이 공유하는 행동의 산물이고, 학습되는 동시에 변화의 가능성을 가진다는 점을 강조한다.

마지막으로 인간의 발달과정으로서의 문화는 중세 후기부터 사용되던 곡물 경작과 가축 사육이라는 의미에 인간 정신의 계발이라는 의미가 더해진 것이다. 이후 전자의 의미가 퇴색되면서 인간 개개인의 능력을 계발하는 전반적인 차원으로, 더 나아가 사회와 역사적 과정 전반을 포함하는 가장 넓은 개념적 층위를 차지하게 된 개념이다(Williams, 2015: 52-53).

## 2. 기술사회에서의 문화

기술사회에서 오늘날 우리가 일반적으로 경험하는 기술의 급격한 발달은 복잡하게 분화하는 문화의 개념에 더욱 복잡성을 더한다. 이는 윌리엄스의 세 번째 문화의 개념과 연관되어 있다. 문화라는 단어가 가지는 가장 넓은 층위에서의 의미가 생산력의 급격한 증가를 이끈 근대 산업사회 기술의 발달상과 일정한 거리를 두는 모습으로 발전되어왔기 때문이다. 이때 문화는 19세기에 새롭게 등장한 문명의 기계적인 특성, 즉 물질적 합리주의와 산업발달의 몰인간성 등으로 나타나는 것들을 공격하는 데에 사용되었다(Williams, 2015: 51-52).

그러나 오늘날과 같은 기술사회로의 결정적인 변화를 이끈 정보, 지식과 관련한 기술은 윌리엄스가 생각한 근대 산업사회의 기술과는 다른 모습, 다른 특성을 보인다. 또한 인간관계에서 정보지식기술을 산업사회에서의 기계적인 발달을 위한 기술과 같은 층위로 생각할 수 없으므로 문화와 기술 간의 관계를 윌리엄스가 구성한 그대로 차용할 수 없다는 문제가 드러난다. 다시 말해서, 근대적인 의미의 문화가 생겨나면서 인간은 자연과 떨어진 일종의 개념적으로 존재하는 공간을 만들어냈지만(Latour, 1993: 103-104), 디지털 기술, 특히 기술을 매개하여 유통되는 정보를 처리하는 과정의 변화는 인간과 기술 사이의 관계를 새롭게 정립하면서 근대적 의미의 문화에 문제를 제기하게 되었다. 이렇게 디지털 커뮤니케이션 기술의 발달로 인해 인간의 소통과정에서 매개되어야만 하는 기계와의 관계가 새롭게 나타남에 따라 기존 근대적 문화 개념에서 배제되었던 자연과 기술을 포함하도록 했다는 것이다.

윌리엄스가 설정한 "인간 정신의 계발"이라는 차원의 문화는 문화를 인간의 영역에 한정해서 자율성을 부과하려는 것으로 이해할 수 있다. 이렇게 문화에 대한 근대적 이해는 인간 삶의 공간이 인간만의 자율적인 공간이라는 것을 현상학적으로 이해하려고 하는 움직임과 밀접하게 연관된다. 이러한 움직임은 인문학에 인본주의가 출현하는 상황과 맥이 닿아 있는데, 문화는 이러한 인본주의가 생겨나고 재생산되는 동기로 작용한다 (Kittler, 2006: 40-42). 그러나 앞에서 언급한 기술의 발달로 인해 야기되는 문화의 개념적인 차원에서의 문제와 다르게, 문화는 그 안에서의 인본주의적 발전상으로부터 문제를 드러냈다.

미셸 푸코Michel Foucault는 문화를 근간으로 하는 인간성, 인본주의의 위기에 대해서 가장 먼저 바라보았던 사상가다. 푸코는 인문학에 대한 접근을 통해 근대의 인본주의가 어떻게 흔들리게 되었는지를 살펴본다(Foucault, 1966[2005]: 422). 푸코로부터 시작된 인간에 대한 해체주의적 접근은 문화를 연구하는 데에 의미나 행위, 그리고 그것에 대한 해석적인 접근을 가능하게 해주었다. 결과적으로 지금까지 일정하게 자율성을 가진 영역으로서 인본주의적으로 인식되던 문화는 그 발전상으로부터 중요한 정수를 잃어버리게 되면서 변화를 겪었다고 할 수 있다. 이러한 문화 영역에서 인간의 해체는 기술사회에서 등장하는 기술과 인간의 접합인 이종성hybridity과도 연결되는데, 이는 사이보그와 인공지능, 탈脫인간의 모습에서 문화의 일반적인 개념에 근간하던 인간과 자연, 그리고 기술 사이의 구분에 대해 근본적인 물음을 제기한다(Bennett, 2005: 69).

# II. 디지털 문화의 구성요소

인간은 태어나면서 죽을 때까지 문화와 영향을 주고받는다. 다시 말하면, 사회에 배태된 문화는 우리가 가지는 정체성을 형성하는 데에 중요한 자원을 제공한다. 문화는 세상에 대한 우리의 세계관을 만들어주면서, 동시에 특정한 가치체계를 형성하게 한다.

이러한 차원에서 문화를 살펴보는 것은 사회의 권력관계를 살피는 것이라 할 수 있다. 문화는 권력에서 나오는 특정한 힘에 대한 정당성을 부여하기도 하면서, 동시에 압력에 대해 자신이 압박받는 것이 부당하다고 느끼지 못하도록 하는 역할을 하기도 한다. 여러 의미가 숨겨져 있는 문화를 어떻게 이해해야 하는지를 아는 것이 중요한 동시에, 기술사회의 변화 양상과 맥을 같이하는 새로운 문화가 어떻게 만들어지는지를 비판적으로 들여다보는 것도 필요하다. 따라서 문화는 사회에서 이루어지는 모든 관계와 사회를 구성하는 시스템 속에서 연구되어야 한다. 문화는 생산과 소비를 통해 만들어지기 때문에 사회와 경제, 그리고 정치를 아우르는 폭넓은 관점을 통해 살펴봐야 한다는 것이다.

문화연구에서 비판적 관점을 제시하는 프랑크푸르트학파의 테오도어 아도르노Theodor L. W. Adorno와 막스 호크하이머Max Horkheimer는 대중문화 자체를 대량생산체제에 기인한 문화산업의 희생자로 파악한다. 이들에 의하면, 대중문화는 대중을 대상으로 하여 만들어지고 소비되는 문화며, 기술의 발전을 적극적으로 받아들인 대중문화산업을 기반으로 형성되는 문화 중 하나의 형태로 볼 수 있다. 대중문화산업이 만들어내는 문화물은 대량생산체제의 산물로서 표준화의 특성을 보인다. 그리고 물신화된 소비주의와 합쳐져서 동일하게 반복되는 것에 대해 기계적이고 수동적으로 반응함으로써 소비자, 수용자의 적극적이고 반성적인 사유를 위축시키게 된다(Adorno & Horkheimer, 1944[2002]). 이는 예술이 기술적 복제가 가능해짐으로써 본래의 예술작품이 가진 일종의 아우라를 잃어버리게 되어(Benjamin, 1936[1992]), 문화적인 가치가 철저히 이윤으로서 환산되는 시대를 만들었다. 대중은 소비를 통해서만 자기 존재를 확인할 수 있으며, 수동적으로 문화물에 숨겨진 이데올로기를 강요받는 존재로 전락했다. 포디즘식 대량생산의 사회에서 대중문화산업에 의해 '만들어진' 문화는 대중을 사회의 권위에 순응하게 하여, 자본주의가 가지는 일종의 모순을 망각하도록 하는 정치적인 기능을 하는 것이다.

## 1. 네트워크와 기술 매개 상호작용, 그리고 데이터베이스

소위 '맥락을 잃어버린context-less' 문화의 가치는 디지털 기술이 매개하는 사회에서 새롭게 생성된다. 다시 말해, 아우라를 잃어버린 문화를 대량생산해 소비하던 패러다임이 디지털 기술의 진보를 경험하면서 변형되거나 심화하는 복합적인 모습을 보여준다는 것이다. 아날로그 시대의 문화는 한계를 가지고 고정되어 생산되는 특정한 객체object를 통해 만들어졌다. 하지만 디지털 기술이 기본적으로 지니는 특성, 즉 디지털리티digi-tality는 기존 문화 객체가 지니는 고정성과 유한성을 해체한다. 아날로그의 문화 맥락에서 고정되어 유한히 존재하던 객체는 이러한 디지털리티를 통해 0과 1의 코드로 표현되는 일종의 프로그램으로 나타나고, 결국 특정한 알고리즘을 통해 무한히 변형, 통합, 해체, 재통합이 될 수 있는 대상이 되었다.

　대량의 디지털화된 데이터들은 압축되어 무한히 저장될 수 있다. 저장된 데이터는 쉽게 변형하거나 복사할 수 있고, 다른 데이터와 함께 처리되어 효과적으로 유통될 수 있다. 예를 들어 우리가 차량에 있는 내비게이션 시스템을 통해 길을 찾을 때, 우리는 출발지와 도착지의 정보만을 입력한다. 시스템은 데이터베이스에 저장된 지도 데이터와 차량에 연결된 위치를 연동하여 가장 최적의 방향을 보여주면서, 다른 데이터베이스에 저장된 음식점이나 주유소 등의 지리정보와 다른 사용자가 만들어낸 리뷰를 바탕으로 사용자가 필요해 보이는 추천정보를 함께 보여준다. 이렇게 디지털화된 데이터는 네트워크를 통해 시공간의 제약이 비교적 없는 환경에서 양방향으로 소통된다.

　디지털 시대의 문화는 탈집중의 네트워크 구조를 따르는 경향을 지닌다. 이는 문화 선택 차원에서의 민주화로 생각해볼 수 있다. 디지털 시대 이전의 문화는 그 생산과 소비에 일방의 가치 생산 네트워크를 따랐기 때문에, 네트워크를 장악하는 소수의 매체에 의해 권력의 집중 현상을 찾아볼 수 있었다. 그러나 탈집중의 네트워크를 따르는 디지털 시대의 문화는 문화를 누리는 계층의 선택에 제한이 사라지고, 양방향의 커뮤니케이션이 나타나게 된다. 디지털 미디어를 통해 나타나는 문화는 방송이나 영화 콘텐츠의 모습이기보다, 양방향의 미디어 즉, 모바일 전화로 실시간 소통하는 모습에 더욱 가깝다.

　디지털 기술의 발전이 만들어내는 중요한 문화적 구성요소 중 하나는 바로 개인과 기계, 혹은 개인과 개인 사이에 기술을 매개하여 나타나는 상호작용interaction이다. 상호작용을 통해 사용자와 매체, 그리고 기술 사이의 관계가 재정립되며, 디지털 문화에 새로운 가치가 부여된다. 이렇듯 사용자의 적극적인 행위에 기술을 매개한 프로그램이 반응하고, 프로그램의 반응에 사용자가 다시 영향을 받는 웹사이트, 게임 등의 문화적 매체에서 찾아볼 수 있다. 그리고 이는 뒤에서 조금 더 자세히 다루어질 양방향(시장과 참여)의 충돌로 나타난다.

문화 소비자는 선택의 폭이 늘어나면서 다양한 선호를 적극적으로 드러내고, 문화콘텐츠의 표현 방식에 영향을 주는 잠재력을 품게 된다. 반면에, 상호작용을 통해 문화와 관련된 비즈니스는 소비자의 경향을 파악할 수 있으며, 자신의 유무형의 상품이 소비자의 요구에 들어맞도록 적절히 조정할 수 있게 된다. 다시 말해서, 상호작용의 과정에서 문화적 정보가 생겨난다는 것이다.

디지털 네트워크에서 사람들의 상호작용은 데이터베이스화되어 자동으로 축적되고, 이러한 데이터들은 알고리즘을 통해 처리되어 또 다른 가치를 생성하는 데 사용된다(Beer, 2016). 이를 쉽게 살펴볼 수 있는 예는 바로 개인 맞춤화된 환경의 제공이라 할 수 있다. 아마존은 개인의 이전 구매 내역, 상품의 검색 데이터를 기반으로 개인화된 페이지를 만들어준다. 인터넷 검색 사이트를 이용할 때, 우리의 개인 관심사에 맞게 광고가 나오는 것을 살펴볼 수 있는데, 이는 그저 무작위로 내보내는 것이 아니다. 우리가 웹에서 어떠한 행위를 했는지가 모두 데이터로 만들어져 축적된다. 이러한 데이터는 자동화된 알고리즘을 통해 처리되고, 다시 환류되어 개개인의 프로필에 맞게 광고가 생성되는 것이다. 이러한 사용자의 상호작용이 곧바로 가치를 가져 사용할 수 있는 정보를 생성하는 것은 아니다. 상호작용은 의미가 없는 정보의 조각만을 만든다. 디지털 데이터베이스는 정보의 조각을 취합하여 구조화하고, 서로 연결하여 새로운 의미와 가치를 지니는 정보를 무한히 만들어낼 수 있는 능력을 지닌다(Manovich, 2001: 194).

## 2. 단선적 내러티브 해체와 가상성, 그리고 시뮬레이션

근대적인 차원에서 문화, 그리고 문화콘텐츠는 내러티브를 중심으로 형성된다. 내러티브는 소설이나 영화를 구성하는 요소로서 스토리로 생각해볼 수 있다. 내러티브는 스토리의 시작, 중간, 끝을 단선적으로 연결한다. 스토리 속에서 나타나는 사건들은 인과관계를 가지면서 연속된다. 사건들 사이의 관계를 설정함으로써 일정한 권위가 스토리텔러, 저작자에게 부여된다. 단선적 내러티브는 생산자가 만들어낸 일종의 질서 속에서 궁극적으로 마무리되는 특징을 보인다. 어떠한 소설이든 영화든 끝이 있기 때문이다.

하지만 디지털 기술이 매개하는 환경에서 이러한 단선적 내러티브는 해체된다. 새로운 환경 안에서 내러티브는 고정되지 않고, 무한한 과정의 모습을 갖는다. 계속 업데이트되고 새롭게 만들어지는 특징을 지닌다. 네트워크에 연결된 데이터베이스들은 근대적 의미의 단선적 내러티브를 가진 문화적 오브젝트를 모아놓은 도서관 같은 공간이 아니다. 디지털 데이터가 저장, 전송, 사용되는 과정에서 지속적으로 데이터의 축약과 확장이 동반되고 하이퍼텍스트의 성격을 띠게 된다.

양방향으로 동등하게 설정된 네트워크의 링크는 근대적 의미의 문화 생산자와 소비자 사이의 구분을 허물어버렸고, 오히려 사용자의 목소리를 적극적으로 환류할 수 있게 했다. 디지털화는 원래의 문화콘텐츠가 지닌 고유성을 해치지 않고 그대로 복사하거나, 쉽게 조작할 수 있게 하여 유한한 완제품의 형태가 아니라 계속해서 업데이트되고 새롭게 만들어지는 과정으로서의 모습으로 나타난다. 이는 디지털 데이터가 생성, 저장, 처리, 전송될 때 특정 알고리즘을 통해 끊임없이 재구성되는 모습으로도 살펴볼 수 있다. 저자의 권위에 의해 부여된 질서가 아니라 한시적으로만 작동하는 질서에 의해 유연하게 확장된다. 이러한 차원에서 디지털 문화는 질 들뢰즈Gilles Deleuze의 리좀rhizome 개념으로 생각해 볼 수 있다. 리좀은 생산과 재생산을 통해 성장을 추구하는 것이 아니라 그 자체의 끊임없는 유연한 변형을 통해 팽창하는 모습을 가진다(Deleuze & Guattari, 1988: 6-7).

전통적인 아날로그 기술을 매개로 하는 문화와 달리, 새로운 디지털 기술은 문화의 주체이자 객체인 인간이 시공간 환경과의 관계를 재구성한다. 다시 말해 우리의 현재 존재에 대한 일종의 감각을 새롭게 한다는 것이다. 존재는 인간이 인간을 둘러싸고 있는 물리적인 환경과 맺는 관계의 경험에서 만들어진다. 그러나 시공간을 축약하는 기술을 사용하는 매체를 사용할 때, 우리는 여러 환경에 동시에 존재할 수 있게 된다. 조너선 스튜어Jonathan Steuer는 이를 원격실체감telepresence이라는 개념으로 정리하는데(Steuer, 1992: 76-77), 이는 우리가 증강현실, 아바타, 메타버스metaverse 등의 매체를 통해 경험하는 동시존재성coexistance을 의미한다.

그에 의하면, 인간이 원격실체감을 경험하는 데 두 가지의 기술적 요소들이 중요하게 작용한다. 하나는 생생함vividness으로서 매체를 통해서 인간이 느끼는 감각의 양과 질을 의미하며, 다른 하나는 상호작용의 정도로서 매체의 사용자가 기술적으로 만들어진 환경과 그 안에서 구현된 콘텐츠에 영향을 줄 수 있는 정도를 의미한다(Steuer, 1992: 81-87). 즉, 기술과 인간의 관계에서 만들어지는, 실제로 존재하지는 않지만 실제인 것처럼 느낄 수 있게 하는 몰입의 요소와 함께, 매체의 사용자가 가지는 적극적이고 사회적인 행위의 요소가 작용한다는 것이다.

특히 디지털 문화를 만드는 요소에서 원격실체감과 가상성virtuality을 구현하는 중요한 매개 기술 혹은 매개체는 바로 시뮬레이션이라 할 수 있다. 일반적으로 시뮬레이션은 현실세계를 모사하여 만든 일종의 모델이다. 하지만 시뮬레이션은 수학적인 알고리즘을 통해 미래를 예측하고, 인간의 이해를 돕기 위해 모델을 시각화하는 것까지 의미한다. 시뮬레이션은 컴퓨터 기술을 사용해서 복잡한 시스템이나 과정에 들어가는 특정한 변수의 변화가 일으키는 결과를 추정하게 된다.

가상현실은 시뮬레이션을 통해 구현되는데, 이 세계는 환경의 변화를 초래하는 자극에 따라, 즉 사용자의 행동이나 명령에 따라 즉각적으로 반응한다. 그래서 환경과 인간 사이의 관계, 사용자의 물리 공간과 가상공간의 혼합 양상을 보여준다. 가상의 공간에서 시뮬레이션은 실제의 모방을 넘어서 실제보다 더욱 현실이 되며, 더 나아가 초현실성hyper reality을 띠게 된다는 것이다(Manovich, 2001: 111-114).

# III. 디지털 공간의 문화: 시장과 참여의 충돌

## 1. 미디어 컨버전스

획기적으로 발전하는 기술이 사회의 문화에 영향을 준다는 기술결정론적인 주장은 단순하지만, 완벽하게 틀렸다고 보기는 어렵다. 정보기술이 우리의 삶, 더 나아가 기술사회에 끼치는 영향을 무시할 수는 없기 때문이다. 새롭게 도입되는 기술이 인간 사회의 환경에 어느 정도 개입하여 삶의 방식을 바꾸었으며, 결과적으로 문화가 만들어지고 지속되는 조건을 변화시킨다. 그런데도 기술결정론적 주장을 받아들일 수 없는 이유는 기술 자체만을 놓고 볼 때 어떠한 변화를 이끄는 추동력으로서만 작용한다고 보기 어렵기 때문이다.

사회는 기술이 지닌 내재적인 논리에 의해서가 아니라 특정한 기술을 받아들이는 방식에 따라 변한다. 사회가 기술을 어떻게 선택할 것인지, 어떻게 사용할 것인지, 어떻게 관리할 것인지에 따라서 사회는 기술에 영향을 받고, 필요에 따라 기술의 변화를 불러오기도 한다. 따라서 우리의 삶에 영향을 주고, 우리가 가진 문화적 요소들의 변화를 야기하는 정보와 커뮤니케이션에 연관된 기술은 그저 수동적인 도구가 아니라, 사회와 함께 엮어 인간의 인지능력에 연관된 상호작용 시스템으로서 이해해야 한다(Dascal, 2006: 26).

기술은 사회적 결과를 단선적으로 내포하지 않는 대신 여러 가능한 결과를 제시하는 조건을 만들어낸다. 따라서 기술은 가능한 미래를 보여주지만, 미래를 결정하지는 않는다. 기술은 환경적인 차원으로 생각해야 한다. 여기에서 중요한 점은 특정한 기술이 끼치는 사회에 대한 영향력이 커졌다는 사실이 아니라 기술이 영향력을 끼칠 수 있게 하는 기술사회의 생태계가 변화했다는 것이다(Guy, 2019: 56).

디지털 정보통신기술은 현재 인간 삶의 모든 곳에 존재한다고 해도 과언이 아니다. 자본의 흐름, 매일 통과하는 교통신호 시스템, 병원의 진단 및 환자 기록 시스템, 텔레비전 뉴스, 드라마, 영화, 음악까지 모든 생활에 관련된 소통은 0과 1로 이루어진 디지털 신호로 만들어지고, 우리는 디지털 신호를 유통하고 소비한다. 모든 미디어 커뮤니케이션은 디지털 형식으로 서로 연결·통합되고, 결과적으로 디지털 기술로 만들어진 새로운 지평, 공간을 창조해낸다. 우리의 삶에서 디지털 정보기술이 존재하는 정도, 즉 디지털리티는 디지털 문화의 존재를 증명한다. 우리 삶의 방식을 구성하는 데는 디지털 신호로 이루어진 기호, 상호 간의 소통을 위한 새로운 공간, 그리고 그 안을 차지하는 문화적 산물(상품)을 모두 아우르기 때문이다(Gere, 2002: 9-12).

디지털 정보기술이 만드는 커뮤니케이션과 멀티미디어 환경은 인간의 삶에 스며들어 있고, 서로 간의 연결성을 증가시키게 되면서 전 사회적 생태계 차원에서 변화가 일어났다. 유비쿼터스 컴퓨팅, 사물인터넷IoT 같은 신조어들은 디지털 정보기술이 만드는 산물이기도 하지만, 디지털 문화가 만들어지고 문화가 진화한다는 차원에서도 다루어질 수 있다. 가장 눈에 띄는 변화는 인간이 기술을 매개하여 상호작용할 수 있는 새로운 차원, 새로운 공간을 창조해냈다는 점이다. 그래서 문화적으로 새로운 개념의 공간, 그리고 미디어 커뮤니케이션의 가상공간에서 나타나는 사회적 요소가 가지는 중요성에 주목하기 시작했다.

디지털화는 기존 미디어 산업에서 통합convergence의 과정을 가능하게 한다. 이러한 통합의 과정은 단순하게 기술적으로 아날로그 도구에서 디지털 도구로 변화했다는 사실만을 가리키지는 않는다. 이는 산업이 만들어내는 문화적 산물과 함께, 기저에 흐르는 시장 논리를 비롯한 기술사회에서 규정되는 모든 관계에서 변화를 야기한다는 것을 의미한다. 이러한 측면에서 통합은 현존하는 기술, 산업, 시장, 미디어는 물론, 심지어 소비자 사이의 관계까지 전체적으로 변화를 불러일으킨다. 통합은 미디어 산업이 시장에서 움직이는 논리를 바꾸어버리고, 디지털 기술을 통해 이용자들이 뉴스와 엔터테인먼트를 소비하는 논리도 탈바꿈시킨다. 디지털 공간에서의 변화 양상은 산업이 움직이는 시장 경제적 요소와 함께 생산과 소비의 관계에서 나타나는 행위자들의 새로운 문화적 차원의 실천에 영향을 받는다. 이렇게 복잡하고 다양한 변화는 기존의 구 미디어 시대를 넘어 신 미디어 시대의 새로운 권력 배분 관계를 반영하게 될 것이다(Jenkins, 2006: 17).

현존하는 미디어 장르들 사이에 존재하던 물리적 한계가 디지털 정보 기술의 환경에서 사라지게 되었다. 이에 따라 각 미디어 산업들은 여러 가지 디지털 형태로 자신이 생산하는 문화콘텐츠를 비교적 쉽게 유통할 수 있는 기회를 얻었고, 다른 미디어 장르 시장 사이에 경제적으로 통합되었다. 문화콘텐츠의 생산과 유통에서 보이는 이러한 통합과 집중의 경향은 점점 심화되었다. 이는 디지털 공간의 문화콘텐츠 시장에서 다양한 미디어 산업 사이의 경쟁을 과도하게 부추긴다는 문제를 발생시킨다. 동시에 다양한 콘텐츠를 생산해낼 수 있는 창구를 줄인다는 문제, 그리고 새롭게 시장에 진입하는 행위자에게 기술적·경제적 진입장벽이 생길 수도 있다는 문제를 가져온다. 정보기술은 새로운 디지털 문화가 만들어질 수 있는 새로운 공간을 창조해냈지만, 그 안에서 기존 미디어의 시장 논리는 오히려 불평등을 확산시키며, 민주주의를 위협한다(O'Neil, 2016). 사실, 디지털 기술이 매개되기 전에 대중매체에게 가해졌던 주된 비판점은 미디어가 공론장의 영역에서 여러 담론을 포괄하지 못하고 헤게모니를 생산·재생산한다는 것이었다. 이러한 문제가 해결되지 않은 통합 기술의 환경에서는 미디어의 소유자가 가지는 영향력이 더욱 심화될 것이며, 결국은 디지털 공간의 환경에서 시장 논리의 지배가 굳어지는 결과가 나타날 것이다(Deuze, 2007: 247).

## 2. 대안적 커뮤니케이션의 창발

다른 한편으로, 디지털 네트워크 환경에서 특징지을 수 있는 것은 사용자, 소비자의 참여가 높아졌다는 점이다. 디지털 기술이 만드는 가상의 공간에서 현실공간과는 다른 대안적인 커뮤니케이션의 창발이 벌어진다. 그리고 이러한 변화의 모습은 기존 매스미디어가 가졌던 헤게모니의 지위를 변화시킨다. 인터넷에는 엄청난 양의 정보가 있는데, 이들 정보는 어떠한 하나의 관점으로 수렴하지 않는다. 다시 말해서 기존의 커뮤니케이션 플랫폼에서는 특정한 관점으로 선택된 정보가 이용자들에게 주어졌지만, 새로운 대안적 플랫폼에서는 여러 관점이 주어지고 이용자들이 선택할 수 있도록 한다.

디지털 기술로 조직된 가상의 공간에서 이용자들은 다양한 방식과 다양한 모습으로 정보를 이용하기 시작했다. 이러한 디지털 문화는 참여의 속성을 가진다. 가상공간에서 이용자들은 정보를 그저 소비하는 것이 아니라 다양한 방식으로 정보를 생산하는 일에도 참여한다. 소위 웹2.0, 블로그, 위키, 소셜네트워킹 사이트, 비디오 공유 사이트 등은 디지털 공간에서 이용자의 참여적인 문화가 자리를 잡았다는 증거다. 비록 개인에 의해서 만들어진 특정 콘텐츠가 굉장히 조악하고 하찮은 것으로 보일지 몰라도, 중요한 것은 참여의 문화가 새로운 플랫폼을 통해 나타났다는 사실이다. 이러한 디지털 문화에서의 참여적인 속성은 네트워크화된 공간에서 우리의 삶에 대한 진보적인 재구성이 가능하다는 것을 나타내며, 시장을 기반으로 하는 동기가 아닌 사회적·정치적 동기가 앞선 모습으로 그려질 수 있다.

요차이 벤클러Yochai Benkler는 이러한 모습을 네트워크화된 정보 경제 networked information economy의 산물로 파악한다. 그에 의하면, 네트워크화된 정보 경제의 모습은 매스미디어에 의해 매개된 공론장에서 네트워크화된 공론장으로 변화하면서 나타난다. 그래서 기존의 산업 기반 정보 경제는 내재적으로 집중과 상업화가 발생했지만, 네트워크화된 정보 경제에서는 탈시장적인 요소들이 중심이 된다. 즉, 네트워크화된 정보 경제에서 개인은 각자가 지닌 여러 가지 관점을 가지고 소통하며, 소통의 방법은 기존 미디어가 이제껏 행해왔던 방식과는 다른 대안적인 모습을 보인다는 것이다(Benkler, 2006: 11).

분산되어 존재하나 느슨하게 연결된 개인은 디지털 공간에서 서로 협력하여 정보를 생산하고 유통한다. 여기에서 정보의 생산은 경제적 이익을 동기로 하지 않으며, 조직된 특정한 통제를 통하지 않는다는 특징을 가진다(Benkler, 2006: 60). 이러한 새로운 사회적 맥락에서 개인은 각자가 서로의 경쟁자이자, 정보의 공동 생산자다. 개인은 산업 기반 정보 경제에서의 소비자보다 역동적이고 생산적인 역할을 하게 되는 것이다(Benkler, 2006: 126).

디지털 시대의 문화는 두 가지 상대적인 추세가 함께 나타나는 경향을 보인다. 구심력의 차원으로 미디어 컨버전스의 등장은 미디어 기업이 분절된 시장을 통합하고 더 많은 수익을 창출하며, 더 많은 권력을 소비자에게 행사할 수 있는 환경을 제공했다. 반대로, 원심력의 차원으로 보면 미디어 컨버전스는 소비자의 문화콘텐츠 사용과 소비에 더욱 급진적인 모습이 나타나도록 하는 힘이 되었다. 소비자는 생산자에게 직접적인 조절을 가해 새로운 콘텐츠를 만들어낼 수 있도록 하며, 디지털 기술을 통해 다른 소비자와 상호작용할 수 있게 되어 더는 전통적인 문화콘텐츠 생산자가 시장에 대해 권력을 독점적으로 발휘하지 못하도록 한다(Deuze & Jenkins, 2008: 6).

인터넷과 웹의 공간은 이러한 양방향으로 이루어지는 디지털 시대의 문화의 양상을 그대로 보여준다. 인터넷은 네트워크 기술을 통해 시공간을 축약하면서 발전해왔다. 온라인 안에서 개인은 우세한 권력을 그저 따르는 수동적인 존재가 아니었다. 그러나 기술이 점점 발전하면서, 온라인 공간은 점점 개인적이고 사적인 공간이 되지 않는다(Dholakia & Zwick, 2004: 30). 이제는 구글, 페이스북, 아마존, 유튜브와 같은 거대 디지털 커뮤니케이션 기업에서 운영하는 플랫폼이 공간을 매개한다. 플랫폼 안에서 사용자는 문화콘텐츠를 소비하고, 때로는 생산하기도 하지만, 그보다 더 중요한 것은 개인과 이들이 하는 행위가 데이터로 축적되고 그 자체로 상품이 된다는 사실이다(Rushkoff, 2018).

이렇게 디지털 네트워크 등으로 표현되는 기술을 매개로 하는 미디어 경제의 시장 논리와, 새롭게 등장한 적극적인 사용자와 소비자의 참여 논리 사이에 등장하는 역동성은 디지털 네트워크 기술이 지배하는 환경에서 나타날 수 있는 새로운 문화의 가능성을 열어준다. 하지만 문화가 역사, 사회, 기술적인 맥락과 상관없이 나타나는 개념이자 현상이 아닌 만큼, 현재 디지털 공간의 문화적 거버넌스 형태는 확고히 정해지지 않았다. 이는 지금까지의 문화가 계속해서 변해왔고, 지금도 변화하고 있으며, 앞으로도 변화할 것이라는 차원에서도 특징지어 볼 수 있다. 디지털 기술로 매개되는 사회는 현실공간에서의 불균등성을 뒤집어버린 완전하게 평등하고 자유로운 사회라고 볼 수 없다. 하지만 디지털 시대의 문화가 보여주는 새로운 모습은 대안적인 문화 플랫폼으로서의 가능성을 충분히 보여준다고 하겠다.

## 나가며

디지털 기술 진보는 문화가 변화하는 속도와 방향을 획기적으로 바꾸어놓았다. 디지털 혁명은 문화가 어떻게 만들어지고 유통되고 소비되는지, 그 근본적인 문제를 뒤흔든다. 이러한 변화는 문화 영역을 구성하는 주체와 객체 사이에 있던 구분의 해체와 맥을 같이하며, 정치적·사회적 거버넌스 구조의 변화와 함께 우세했던 관점과 담론의 테제에 대항하는 새로운 문화적 질서의 모습을 그려볼 수 있게 한다. 이러한 맥락에서 들여다볼 때, 문화 개념을 다루는 데 필요한 기술사회에 대한 연구는 개별적 사건에 대한 구체적인 사안을 파악하기에 앞서, 이러한 두 가지의 문화 거버넌스적 메커니즘을 한꺼번에 이해하도록 하는 이론적 분석체계를 마련해야 한다고 할 수 있다.

이러한 문제의식을 바탕으로 이 글은 문화의 개념과 기술사회에 접어들면서 생각해 볼 수 있는 문화 개념의 변화 양상을 우선 살펴보고, 디지털 문화를 구성하는 기술적 요소를 통해 공간의 거버넌스 질서가 어떻게 짜이고 있는지를 검토해보았다.

디지털 문화와 관련해서, 이 글은 디지털 컨버전스로 대변되는 구심력에 대해, 문화의 사용자·소비자의 참여로 나타나는 원심력이 동시에 나타난다는 점을 주목했다. 디지털 혁명 초기에 나타났던 긍정적인 전망처럼 디지털 기술로 매개되는 사회문화는 현실공간의 불평등성, 불균등성을 파훼하는 안티테제의 모습으로 드러난다. 물론 기존 커뮤니케이션 미디어도 디지털 혁명을 이용하여 기존 테제의 심화를 추구하면서 견제의 모습을 보여주기도 한다.

이렇게 양방향의 상대적인 경향이 나타나는 상황 속에서 디지털 문화는 어떻게 나아갈 것인가? 이 글에서 벌인 논의를 바탕으로 생각해보면, 단순히 새로운 민주화된 지식 사회나 완벽히 상업화된 산업사회의 생태계에 적합한 문화가 등장하고 있다고 보기 어렵다. 새로운 디지털 문화는 어느 한 방향으로 쏠리는 모습이 아니라, 힘의 균형이 잡힌 상태에서 복합적인 변형, 변화, 변환이 나타날 가능성이 크다.

## 참고 문헌

Adorno, T. W. & Horkheimer, M. (1944[2002]), "The culture industry: Enlightenment as mass deception", Gunzelin Schmid Noerr(ed.), *Dialectic of Enlightenment: Philosophical Fragments*, Stanford University Press, 94-136.

Beer, D. (2016), "The Social Power of Algorithms", *Information Communication & Society 20*(1), 1-13.

Benjamin, W. (1936[1992]), "The work of art in the age of mechanical reproduction", Frascina, F. & Harris, J. ed., *Art in Modern Culture*, Phaidon Press London, 297-307.

Benkler, Y. (2006), *The Wealth of Networks: How Social Production Transforms Markets and Freedom*, Yale University Press.

Bennett, T. (2005), "Culture", Bennett, T. & Grossberg, L. & Morris, M. ed., *New Keywords: A Revised Vocabulary of Culture and Society*, Blackwell Publishing.

Dascal, M. (2006), "Digital Culture: Pragmatic and Philosophical Challenges", *Diogenes 53*(3), 23-39.

Deleuze, G. & Guattari, F. (1988), *A Thousand Plateaus: Capitalism and Schizophrenia*, University of Minnesota Press.

Deuze, M. (2007), "Convergence culture in the creative industries", *International Journal of Cultural Studies 10*(2), 243-263.

Deuze, M. & Jenkins, H. (2008), "Editorial: Convergence Culture", *Convergence: The International Journal of Research into New Media Technologies 14*(5), 5-12.

Dholakia, N. & Zwick, D. (2004), "Whose Identity is it Anyway? Consumer Representation in the Age of Database Marketing", *Journal of Macromarketing 24*(1), 31-43.

Foucault, M. (1966[2005]), *The Order of Things*, Routledge.

Gere, C. (2002), *Digital Culture*, Reaktion Books.

Guy, J. (2019), "Digital Technology, Digital Culture and Metric/Nonmetric Distinction", *Technological Forecasting & Social Change 145*(2), 55-61.

Jenkins, H. (2006), *Convergence Culture: Where Old and New Media Collide*, New York University Press.

Kittler, F. (2006), "Thinking Colours and/or Machines", *Theory, Culture and Society 23*(7-8), 39-50.

Latour, B. (1993), *We Have Never Been Modern*, Harvard University Press.

Manovich, L. (2001), *The Language of New Media*, MIT Press.

O'Neil, C. (2016), *Weapons of Math Destruction*, Crown.

Rushkoff, D. (2018), "I ditched Facebook in 2013, and it's been fine", CNN Opinion, March 21, https://edition.cnn.com/2018/03/21/opinions/ditching-facebook-rushkoff/index.html.

Steuer, J. (1992), "Defining Virtual Reality: Dimensions Determining Telepresence", *Journal of Communication 42*(4), 73-93.

Williams, R. (2015), *Keywords: A Vocabulary of Culture and Society*, Oxford University Press.

# 권력·국가·정치

# 13

# 디지털 권력

## DIGITAL POWER

**김상배**
서울대학교 정치외교학부

이 글은 기술사회 연구의 주요 개념 중 하나인 '디지털 권력'을 살펴본다. 권력은 정치학의 오래된 주제다. 가장 흔히 원용되는 로버트 달의 권력에 대한 정의는 'A가 B로 하여금 A가 원하는 것을 B의 의사에 반해서 강제로 하도록 하는 능력'이다(Dahl, 1957). 이는 권력 행사자의 '의도', 행위자 간 '갈등', 권력 행사에서의 '강제력'을 핵심으로 한다(김상배, 2010: 202-203). 그러나 기존의 시각만으로는 디지털 권력을 제대로 파악하기 어렵다. 디지털 권력은 의도, 갈등, 강제력을 넘어서 행사되는 경향이 강하기 때문이다.

디지털 권력 논의에서 놓치지 말아야 할 것은 기성 지배권력에 대항하는 힘의 부상이다. 이러한 대항의 힘은 지배권력을 연상시키는 '권력權力, potestas, pouvoir, macht'보다는, '저력底力, potentia, puissance, kraft'이라고 부르는 것이 더 적합할 것이다. 전통적인 '자원 권력'의 관점에서 영원한 약자일 수밖에 없는 피지배 세력의 입장에서 보면, '네트워크'의 차원에서 생성되는 새로운 힘에 대한 전망은 더할 나위 없이 매력적일 수밖에 없다. 이는 대항 세력에게 유례없이 큰 힘을 실어주며 권력 주체의 변화 가능성까지 기대케 한다.

그럼에도 디지털 권력 질서의 미래에는 여전히 양면적 전망이 교차함을 잊지 말아야 한다. 예를 들어, 지배권력은 인공지능과 빅데이터 등에 의지하여 더욱 정교하고 비가시적인 지배의 메커니즘을 재생산하려 한다. 반면, 대항 세력은 소셜미디어와 블록체인 등을 활용하여 좀 더 수평적이고 민주적인 거버넌스의 질서를 만들려고 한다. 이 글은 이러한 복합적인 권력 변환의 동학이 디지털 권력의 네 가지 차원, 즉 물질적·구조적·제도적·구성적 차원에 어떻게 투영되는지를 살펴보았다.

# Ⅰ. 디지털 자원 권력

## 1. 디지털 지식자원의 확보

역사적으로 과학·기술·정보·지식, 통칭해서 '지식자원'은 부국강병을 달성하는 중요한 수단 중 하나로 인식되어왔다. 이러한 지식자원은 그 자체의 가치만큼이나 여타 물질적 자원으로 교환될 가치가 높은 자원이다. 나라 안에서도 지식자원의 확보는 기업의 대외적 가치를 보장하고 집단의 역량을 확장하는 핵심적인 사업이었다. 한편, 디지털 시대의 지식자원은 상대방에 대한 영향력으로 전환될 수 있는 가장 중요한 권력자원 중 하나다. 디지털 기술의 발달은 권력의 중심이 군사와 경제를 넘어서 지식으로 옮겨가는 현상을 가속화한다. 따라서 디지털 지식자원과 그것을 다루는 역량은 부국강병을 이룩하는 국가 역량의 척도이자 시장경쟁에서 기업과 개인의 성공을 보장하는 수단으로 인식된다.

디지털 기술의 위력은 특히 군사 분야에서 여실히 드러난다. 디지털 기술은 적을 제압할 수 있는 우월한 무기를 만드는 핵심요소가 되었다. 현대 전쟁에서는 화력의 강도가 아니라 무기체계가 얼마나 첨단화, 기동화, 정밀화되었느냐에 따라서 승패가 판가름 난다. 또한 디지털 기술의 혁신과 인적자원의 양성은 첨단산업 분야에서 국가와 기업의 경쟁력을 보장하는 가장 중요한 목표 중 하나다. 이러한 상황에서 국가와 기업이 벌이는 경쟁의 무게중심이 제품경쟁으로부터 기술경쟁으로 이동하는 현상이 발생했으며, 첨단 과학기술 분야 지식재산권의 보유가 자원 권력의 핵심적 지표가 되었다.

전통 국제정치에서 군사력이나 경제력은 동맹과 연합, 제휴 등을 모색하는 잣대였다. 디지털 시대에도 이러한 권력자원의 확보는 세勢를 모으는 중요한 수단이다. 그러나 디지털 시대의 자원 권력은 전통적인 자원 권력과 달리, 단순한 양적 집합의 의미를 넘어서는 '네트워크 효과'를 발휘한다. 네트워크 환경을 바탕으로 한 디지털 지식자원의 활용이 권력 게임의 관건이기 때문이다. 여럿이 모여서 좀 더 큰 네트워크를 형성한 행위자가 그보다 작은 네트워크에 속한 행위자를 압도하는 현상이 벌어진다. 최근 디지털 경제 영역에서 부상하는 플랫폼 기업들의 약진은 이러한 양상을 여실히 보여준다.

최근에는 좁은 의미의 '하드 파워' 관점에서 이해된 물질적 자원 이외에도 문화나 커뮤니케이션 같은 '소프트 파워' 자원의 중요성이 새롭게 인식되었다. 매력적인 대중문화와 이를 활용하는 문화외교가 활발하게 진행되었을 뿐만 아니라 디지털 콘텐츠를 생산하는 문화산업도 각광을 받았다. 또한 내용적 차원에서 콘텐츠를 채우는 것만큼이나 도구적 차원에서 기업과 국가의 이미지와 브랜드를 다듬는 소통과 공감의 과정도 강조된다. 이러한 과정에서 첨단기술이나 소셜미디어와 같은 디지털 지식자원은 여타 물질적 권력자원의 가치를 높이는 중요한 수단으로 여겨진다.

## 2. 소셜네트워크의 집합지성

디지털 시대의 대항 세력은 이미 생산된 디지털 지식자원을 활용하는 과정에서 생성된다. 이와 관련하여 떠올릴 수 있는 것은 지배권력에 대항하여 소수자들끼리 뭉치는 현상이다. 서로 힘을 합쳐서 강자에 대항하려는 것은 약자들의 일반적인 전략이다. 이러한 소수자의 연대가 지배권력을 압도할 정도가 되지는 못할지라도, 세를 형성하는 것 자체는 큰 의미가 있다. 일단은 뿔뿔이 흩어져 있던 자들이 네트워크를 이루어 세를 얻었다는 것 자체가 무시하지 못할 정도의 힘이 될 수 있기 때문이다.

특히 인터넷과 소셜미디어의 확산으로 인해서 소수자들의 네트워크는 서로 결집하는 수단을 얻게 되었다. 소셜네트워크의 형성은 거대한 '공룡의 꼬리'와도 같던 미미한 존재들, 이른바 '긴 꼬리long tail'들에게 강력한 대항의 수단을 제공했다. 사실 인터넷이 보급된 커뮤니케이션 환경을 고려하지 않고 지금처럼 활성화된 소셜네트워크의 집합적 활동을 설명할 수는 없다. 예전 같았으면 묻혀버렸을 온갖 정보가 인터넷을 타고 돌고 돌아서 흩어져 있던 피지배 세력을 소셜네트워크로 엮어내고, 결국에는 기성의 지배권력에 도전할 수 있는 동력을 제공하기 때문이다.

이러한 소수자들의 세력 형성은 단순히 물질적 자원을 모으는 차원을 넘어서 비非물질적인 정보와 지식의 힘을 모으는 '집합지성'을 통해서 가능하다. 개별지성의 차원에서는 지배권력만큼 똑똑하지 못하지만, 주위의 지성을 빌려서 똑똑해질 수 있다. 이렇게 해서 네트워크를 구성하는 행위자들이 많을수록 그 네트워크 행위자가 발휘하는 세력은 더 커진다. 이는 온라인 백과사전인 위키피디아의 성공에서 드러났다. 마찬가지로 '보는 눈이 많아야 오류를 더 잘 잡아낼 수 있다'라는 오픈소스 소프트웨어의 작동방식에서도 발견된다.

이렇게 결집한 소셜네트워크는 디지털 정치참여를 통해서 '소셜권력'을 발휘했다. 국민 개개인이 품었던 정치에 대한 불만과 분노가 소셜미디어를 통해 결집하면서, 소외되고 고립되었던 개인이 기존 정치체제를 변화시키는 사건이 벌어지기도 했다. 북아프리카와 중동에서 발생한 이른바 '재스민혁명'이 대표적 사례다. 한국에서도 소셜미디어를 통한 정보와 지식의 분점은 정치 커뮤니케이션의 활성화로 이어졌다. 덕분에 예전 같았으면 기성 엘리트들의 성역이었을 무역 협상이나 외교 안보의 현안에 일반 국민도 한마디씩 거들 수 있게 되었다.

인공지능AI과 빅데이터big data 기술도 기성 지배권력을 견제하는 대항 세력에 힘을 실어준다. 무엇보다 정치적 참여의 범위가 지배권력에 대한 비판과 저항에 그치지 않고, 중요한 정책 결정과 거버넌스의 과정에 실제로 참여하는 데까지 넓어졌다. 인공지능과 빅데이터가 인간적 편견이나 오류 없이 합리적이고 효과적인 거버넌스를 수행할 수 있다는 기대가 커지면서 이른바 '알고리즘 민주주의'에 대한 기대도 높아졌다. 그러나 여기서 놓치지 말아야 할 것은, 인공지능과 빅데이터 기술의 발달과 도입은 지배권력이 득세할 전망도 높인다는 사실이다.

# II. 디지털 코드 권력

## 1. 디지털 기술구조의 설계

디지털 권력은 소프트웨어의 알고리즘, 기술표준 및 프로토콜 등과 같은 '코드'를 설계하는 권력이다. 많은 경우 프로그램을 교묘한 방식으로 통제하려는 설계자의 의도가 개입된다. 그러나 명시적(또는 암묵적) 의도를 초월하여 프로그램 자체에 스며든 일종의 비인격적impersonal 권력이 작동하기도 한다. 이러한 코드 권력의 고전적 사례는 정보산업의 초창기부터 사용되는 윈텔Wintel, 즉 마이크로소프트와 인텔 연합의 컴퓨터 운영체계다. 윈도 운영체계는 컴퓨터를 사용하기 위해서는 반드시 받아들여야 하는 '기술구조'인데, 이를 설계하는 마이크로소프트에 막대한 코드 권력을 안겨주었다.

인터넷 시대가 도래한 이후에도 인공지능 알고리즘을 설계하고 이를 바탕으로 데이터를 통제하는 코드 권력이 주목을 받았다. 미국의 기술기업 구글은 그러한 코드 권력의 대표적 사례다. 구글의 인공지능은 검색과정에서 특정 웹사이트를 배제하거나 주변화할 수 있으며, 사기나 음란유해물 필터링이라는 명목으로 경쟁자와 시민들을 배제할 수도 있다. 이는 구글이 명시적 또는 암묵적으로 특정한 행위자나 행위를 억압하고 규제하며, 더 나아가 인터넷 세상을 구글의 이익에 맞추어 재구성할 수도 있다는 우려를 낳기도 했다. 구글에 의한 지배를 뜻하는 '구글아키Googlearchy'라는 용어는 이러한 배경에서 출현했다.

인공지능을 활용하여 데이터·정보 간의 '패턴'을 읽어내는 빅데이터 권력도 오늘날 인터넷 비즈니스에서 큰 관심거리다. 빅데이터 시대에는 거대한 규모의 데이터·정보를 수집·처리·분석하여 그 안에서 일종의 '보이지 않는 구조'를 읽어내는 자가 힘을 얻는다. 빅데이터 권력은 개별 데이터·정보가 제공하지 못했던 개인의 행위 패턴을 읽어내고, 이미 공개된 데이터·정보를 집합하여 공개되지 않은 구조적 패턴을 해석하는 과정에서 생성된다. 그야말로 빅데이터 시대에는 데이터·정보 자체의 생산자나 소유자로부터 '패턴을 읽는 중개자'로 권력의 중심이 이동한다.

인공지능과 빅데이터의 도입은 '인간의 지배'만큼이나 '기계의 지배'에 대한 우려도 낳았다. 앞으로 미래 사회에서는 효율성과 합리성에 대한 기대 때문에 알고리즘이 인간의 정치적 판단을 대신하는 사례가 늘어날 것이다. 알고리즘 정치의 일상화는 새로운 지배의 양식으로 자리 잡을 수도 있다. 이 과정에서 인공지능에 기반을 둔 정치사회적 차별의 가능성이나 일상적 감시가 우려된다. '기계에 의한 감시'가 일상화되면서 개인의 프라이버시가 위협받고 정치적 공론장이 침해될 가능성도 있다. 게다가 정책 결정 과정에서 인공지능에 대한 의존도가 높아지면서 사람이 아닌 기계가 새로운 정치 주체로 등장할 가능성도 걱정거리다.

최근 쟁점이 된 것은 이러한 인공지능의 편향성을 규제하고 알고리즘이 지배하는 정치, 즉 알고크라시algocracy의 과도화를 견제하는 문제다. 알고크라시에 대한 우려는 알고리즘의 공정성과 책무성을 묻는 문제를 핵심으로 한다. 그런데 인공지능의 책임 문제는 그리 간단하지는 않다. '개체적인 행위자'로 인공지능을 간주하고 그 책임을 묻는다는 이분법적 발상 자체가 논란이 될 수도 있다. 이 밖에도 인공지능을 책임지는 주체로 설정할 수 있느냐에서부터 인공지능의 코드 권력을 규범적으로 통제하는 것만이 최선의 대안인가에 이르기까지 다양한 문제가 제기된다.

## 2. 오픈소스의 대항적 설계

코드 권력의 지배 메커니즘이 정교화되는 상황을 고려하면, 단순히 소수자들이 일정한 정도의 세를 모았다는 사실 그 자체만으로는 큰 의미가 없을 수도 있다. 대항 세력이 제대로 행사되기 위해서는, 지배권력이 설계하는 경우처럼 고도의 성능을 지닌 프로그램은 아니더라도, 기술구조의 설계 차원에서 일정한 정도로 대항적 프로그램을 제시할 수 있어야 한다. 여기서 관건이 되는 것은 지배권력이 설계한 코드의 구조적 권력이 엄연히 작동하는 상태에서 어떻게 소수자들이 네트워크를 형성하여 새로이 대항적 프로그램을 제시할 수 있느냐 여부다.

그럼에도 대항 세력이 나서서 기성 코드 권력이 상대적으로 소홀히 했던 틈새를 성공적으로 공략한 사례는 없지 않다. 예를 들면, 지배표준 플랫폼 위에서 '틈새표준'을 추구한 사례로서 윈텔 운영체계에서 작동하는 한국의 토종 워드프로세서인 '아래아한글'을 꼽을 수 있다. 또한 기존에 호환이 되지 않는 두 개의 플랫폼을 중개한 '메타 프로그램'의 사례로서, 애플의 iOS에서 윈텔 운영체계의 프로그램을 구동시키는 '패러렐 데스크톱 Parallel Desktop' 프로그램을 들 수 있다. 이 밖에도 지배표준의 '규범적 정당성'에 문제를 제기했던 대항적 설계의 사례들이 있다.

이러한 대항적 설계의 대표적 사례가 바로 오픈소스 소프트웨어인 리눅스다. 리눅스는 소스코드를 통제한 마이크로소프트의 운영체계 독점에 대항했다. 그러나 리눅스, 좀 더 넓게 오픈소스 소프트웨어 일반은 아직 대안표준을 세우는 단계에까지 이르지는 못했다. 그럼에도 지난 수십 년 동안 확인된 오픈소스 담론의 파괴력과 기술혁신 모델의 독특성 등은 리눅스의 도전이 지배표준에 도전할 잠재력을 충분히 지녔음을 보여주었다. 이러한 대항적 설계의 전략은 후술하는 바와 같이, 일종의 '리더 없는 네트워크'가 어떻게 자기조직화의 과정을 통해서 정체성을 구성했느냐를 보여준다는 점에서도 흥미롭다.

앞서 언급한 인공지능과 빅데이터도 민주적 프로그램의 설계에 이바지하는 바가 없지 않다. 인공지능과 빅데이터 분석의 도움으로 정치과정은 더욱 투명해지고 지능화와 데이터화에 따라 비용도 많이 감소할 것이다. 이러한 기술을 활용한 의사결정 방식은 더욱 합리화될 것이다. 특히 인공지능을 활용하여 인간 두뇌의 한계를 극복하면서 정책 결정의 효율성은 더욱 높아질 것이다. 인터넷이나 소셜미디어가 지배권력을 견제하고 시민 참여를 확대하는 데 활용된 디지털 기술이었다면, 인공지능과 빅데이터는 인간의 판단을 지원하여 좀 더 투명한 결정을 내리는 조건을 제공한다.

이러한 연속선상에서 보면, 블록체인 기술은 이른바 '분산자율조직 Decentralized Autonomous Organization: DAO'의 도입을 실현함으로써 수평적이고 민주적인 거버넌스의 설계에 기여한 또 다른 사례다. 암호화폐에서 시작된 블록체인 기술의 도입을 통해 데이터를 중심으로 이루어진 기존의 권력 집중 현상이 완화되고, 전통적인 관료제의 위계 조직이 '수평적 거버넌스'로 변화할 것으로 기대된다. 디지털 기술의 도입을 통한 조직 거버넌스의 탈집중과 민주화에 대한 전망은 정보화시대의 초창기부터 있었지만, 최근 들어 블록체인의 도입을 통해서 그 구상이 실제로 실현될 가능성을 맞게 된 것이다.

# III. 디지털 규범 권력

## 1. 디지털 법·제도의 설계

디지털 권력은 명시적이고 공식적인 법과 제도를 장악하는 형태로도 행사된다. 이는 디지털 환경에 부응하는 온라인 및 오프라인 공간의 새로운 질서를 수립하는 과정에서 작동하는 권력이다. 좀 더 구체적으로 말하면, 사회적 프로그램의 어젠다를 설정하고 게임의 규칙을 설계하는 과정에 영향을 미치는 권력이다. 이는 기존의 권력론에서 다루어온 '제도적 권력'의 문제인데, 공식·비공식 제도의 규칙과 절차를 통제하거나 필요에 따라서 그 제도 자체를 바꿀 수 있는 능력의 문제다. 이러한 제도적 권력은 상호작용이 발생하는 환경(즉 제도)에 영향을 미침으로써 상대방의 행위를 간접적으로 통제하는 방식으로 작동한다.

최근 디지털 기술의 급속한 확산에 부응하여 법제를 개혁하거나 새롭게 세우려는 노력이 다양한 분야에서 진행되었다. 예를 들어, 인터넷 실명제의 도입, 온라인 행위에 대한 명예훼손 적용, 개인정보와 지식재산권의 보호, 지능정보화 기본법의 도입 같은 문제를 놓고 사회적 토론과 갈등이 벌어진다. 또한 인터넷에 유포되는 가짜뉴스와 루머, 음란물, 스팸메일에 대한 규제라든지 게임중독이나 유해물로부터의 청소년 보호 문제 등도 뜨겁게 달아오르는 쟁점이다. 이러한 디지털 제도와 질서 형성의 과제는 각국 차원에만 머물지 않고 글로벌 차원에까지 확대되어 국경을 넘나드는 초국적 활동에서도 제기된다.

인터넷 거버넌스는 글로벌 차원에서 새로운 디지털 제도와 질서를 만들려는 대표적인 시도다. 특히 인터넷 도입의 초창기부터 도메인이름체계 DNS의 수립으로 대변되는 글로벌 인터넷 거버넌스의 문제는 사이버 공간의 경계를 설정하고 사이버 영토를 구획하여 사이버 공간 자체의 아키텍처를 제도화하는 문제로 이해되었다. 사이버범죄, 해킹 공격 등과 관련된 국제규범의 수립이나 인공지능에 대한 법적·윤리적 규제 문제도 쟁점이다. 또한 디지털 시대의 기술혁신이 낳은 성과를 보호하고 기술개발자의 동기를 유발하는 차원에서 지식재산권의 규범을 광범위하게 도입할 필요성도 제기되었다.

최근에는 초국적 데이터 유통을 규제하는 국내외 법규범 수립 문제가 논란을 낳았다. 미국 기업과 정부는 데이터의 자유로운 유통을 통해 그 가치를 극대화하려는 입장이다. 이러한 초국적 데이터 유통 옹호론은 CPTP-PComprehensive and Progressive Agreement for Trans-Pacific Partnership와 USM-CAUnited States-Mexico-Canada Agreement 같은 국제 무역 규범의 디지털 경제 분야에 반영되었는데, 개인정보 보호, 국경 간 자유로운 데이터 이동, 서버 국지화 금지, 개인정보 보호 등의 내용을 포함했다. 2019년 6월 G20에서 일본이 제안한 이른바 '오사카 트랙'도 미국 등 서방 진영의 이익을 반영하는 국제규범 형성을 지향했는데, 중국의 디지털 보호주의와 데이터 국지화 정책을 겨냥했다. 그러나 이러한 서방 진영의 행보에 대해서 '데이터 주권'의 논리를 내세운 중국이 맞선다.

이렇게 지식재산권이나 데이터 유통의 국제규범이 모색되는 움직임의 이면에는 '상품과 정보의 자유로운 흐름'이라는 명분을 내세우는 신자유주의적 가치와 규범의 메커니즘이 자리 잡고 있음을 놓치지 말아야 한다. 이러한 국제규범은 이른바 '글로벌 스탠더드'라는 형태로 제도의 영역뿐만 아니라 가치의 설계 영역에도 영향을 미친다. 20세기 후반 이래 미국의 기업들은 지구화의 과정에서 이러한 신자유주의적 사회규범과 세계관을 전파해왔다. 이에 따라 WTO와 같은 글로벌 무역 레짐이나 지식재산권 레짐이 형성되었다. 그러나 미국 도널드 트럼프Donald Trump 행정부 시기 자국 중심의 보호주의가 대두하면서 신자유주의적 가치와 이에 기반을 둔 국제규범은 비판의 대상이 되기도 했다.

## 2. 대항적 제도 규범의 모색

디지털 대항 세력은 지배권력에 맞서 대항 담론을 생산하고, 이에 기반을 둔 대항 규범 및 정체성을 설계하는 방식으로 행사된다. 대항 규범은 주로 강자의 설계가 소홀히 하기 쉬운 규범적 정당성에 문제를 제기한다. 지배권력이 수립한 법과 제도, 규범에 대한 근본적인 수정의 요구를 제기하는 것이다. 지배규범이 지닌 태생적 문제점이나 규범적 전제의 편향성을 지적하고, 그 구도 자체의 변혁을 요구하는 것이다. 지배권력이 일방적으로 구축한 구조적 문제를 지적하고, 좀 더 나은 방향으로 그 구조를 개편하도록 새로운 비전과 실천방안을 제시한다.

이러한 시각에서 볼 때, 지배권력의 지식재산권 규범에 대항하는 차원에서 제기된 카피레프트copyleft 담론에 주목할 필요가 있다. 정보화시대 초창기 자유 소프트웨어 운동과 같은 사례가 있었지만, 리눅스로 대변되는 오픈소스 소프트웨어 담론이 좀 더 적절한 사례다. 1990년대 이래 급속히 확산된 오픈소스 담론은 마이크로소프트에 대한 대항 담론으로서의 역할을 톡톡히 담당했다. 마이크로소프트의 성장이 지닌 비결은 다름 아닌

소스 코드에 대한 사적 소유권이라는 것이 오픈소스 진영이 가졌던 기본 인식이었다. 이후 인터넷 비즈니스의 성장 과정에서 이러한 오픈소스의 대항 담론 및 규범은 지속적으로 확산되었다.

신자유주의적 지구화에 대항하는 글로벌 사회운동도 이러한 대항 담론의 연속선상에서 이해할 수 있는 사례다. 이른바 반反지구화 운동은 WTO나 IMF와 같은 지구화의 제도적 메커니즘에 대해서 비판적 문제의식을 제기했다. 제도와 규범의 차원에서 신자유주의적 지구화가 제시하는 글로벌 스탠더드에 대한 대항적 표준을 제시하는 효과를 노렸다. 이러한 요구의 밑바탕에는 좀 더 공정한 형태의 프로그램을 디자인함으로써 좀 더 바람직한 세계 질서를 구축하자는 규범적인 발상이 깔려 있다. 단순한 효율성과 생산성의 증대보다는 개인의 자유와 창의성이 보장되는 프로그램을 설계하자는 규범적 가치 인식이 담겨 있다. 이외에도 환경, 여성, 인권 등의 분야에서도 지배권력의 규범적 기반을 파고드는 대항의 시도들이 진행되었다.

이러한 글로벌 사회운동이 지니는 특징은 다양한 구성체들이 의미를 교류하고 공유하면서 비위계적인 형태로 상호작용한다는 데 있다. 이러한 소통과 네트워킹의 과정에서 인터넷 및 소셜미디어가 창출한 디지털 네트워크 환경은 핵심적인 요소로 작용했다. 실제로 디지털 미디어의 확산은 고도로 분절된 것으로 보이는 사회운동 세력이 지구적 차원에서 버추얼하게 상호작용하는 동시에, 필요에 따라서 오프라인의 집회와 시위를 벌일 수 있는 환경을 제공했다. 특히 디지털 미디어를 통해서 글로벌 사회운동 세력은 운동 내, 그리고 운동 간에 가치를 공유하고 이해를 제고하는 과정을 더욱 손쉽게 진행할 수 있게 되었다.

# IV. 디지털 감시 권력

## 1. 디지털 파놉티콘과 정체성의 설계

디지털 권력은 상대방의 가치와 정체성의 설계에 영향을 미치는 구성적 권력에 대한 논의와도 연결된다. 디지털 권력의 구성적 메커니즘을 보여주는 대표적인 사례는 인터넷 검색기업인 구글의 비즈니스 행태에서 발견된다. 구글 검색 알고리즘은 그 성능의 우수성으로 인해서 찬사를 받는 만큼, 그 소스코드를 공개하지 않음으로써 신랄한 비판의 대상이 되기도 했다. 예를 들어, 구글의 검색엔진이 찾아주지 않는 웹사이트는 인터넷에서 존재하지 않는 것으로 인식될 정도로 인터넷 세상에서는 구글 알고리즘의 입맛에 맞추어 생각과 가치를 순응시키는 현상이 발생한다는 것이다. 이러한 상황은 구글이 인터넷에 담기는 지식의 담론을 주도하고 가치관을 형성하는 설계 권력을 행사할 가능성을 높여준다.

빅데이터 기업들도, 단순히 데이터·정보의 패턴을 읽는 차원을 넘어서, 이를 활용하여 사용자들을 감시하고 통제하는 권력을 행사한다는 비판에서 벗어날 수 없다. 이러한 빅데이터 권력은 특히 개인정보(또는 프라이버시)의 도용과 관련하여 문제시된다. 데이터·정보의 조각을 모으면 더 많은 개인정보를 알 수 있고, 익명의 데이터조차 수집자가 충분히 많은 양을 수집한다면 숨기고 싶었던 개인정보를 밝히고 그가 누구인지를 드러낼 수 있기 때문이다. 그러한 과정에서 사용자 자신도 모르는, 자기 자신에 대한 행위의 패턴이 나타나기 때문이다.

이러한 빅데이터 권력은 미셸 푸코Michel Foucault가 말하는 감시 권력과

'권력/지식power/knowledge'에 대한 논의와 연결된다(Foucault, 1979, 1980). 푸코의 권력 논의에서 등장하는 정보 권력, 감시 권력, 규율 권력, 지배권력의 내재화 등으로 이어지는 논리적 고리의 접점에서 빅데이터라고 하는 디지털화된 정보 축적과 분석의 메커니즘이 매개적 역할을 한다. 예를 들어, 신용카드의 사용패턴에서 발견되는 상관성과 확률로 사용자의 행동을 예측하는 비즈니스의 활성화는 프라이버시 침해와 감시 및 통제 가능성을 늘려놓았으며, 더 나아가 일종의 규율discipline 효과를 낳는다. 빅데이터 시대 빅브라더의 출현을 논하는 대목이다.

이러한 규율 권력은 정체성을 설계하는 권력으로도 작동한다. 빅데이터 시대를 맞이하여 개별화된 감시, 분산적인 참여와 합의에 따른 파놉티콘panopticon이 등장한다. 디지털 파놉티콘이 분산된 형태를 띠는 만큼 우리들 스스로 합의와 참여를 기반으로 하여 움직인다. 예를 들어, 디지털 세상에서 감시의 기초가 되는 데이터베이스의 개인정보는 대부분 우리가 자발적으로 참여하여 제공한 것들이다. 자발적 참여가 창출하는 긍정적 혜택, 그리고 그러한 혜택으로부터 배제될지도 모른다는 두려움을 만들어내는 규율의 메커니즘이 작동한다.

이는 우리 삶에서 미세한 방식으로 작동하는 '생산적 권력'의 면모를 보게 한다. 생산적 권력이란 '……에 대한 권력power over'이 아니라 '……을 하는 권력power to'이며, 인격적인 요소를 개재시키지 않으면서도 체제 자체의 작동 메커니즘의 일부처럼 '자연스럽게' 행사되는 권력이다. 체제 내 정체성을 설계하는 생산적 권력은 담론의 생성을 통해서 작동한다. 이러한 과정에서 담론은 양심과 자각에 의해 스스로 정체성에 구속된 '주체'를 생산하는 권력을 발휘한다. 그런데 이러한 담론 권력이 발휘되는 과정은 '억압적'이라기보다는 '생산적'이다.

이러한 과정은 체제 내 주체들이 스스로 정체성을 권력이 내재된 형태로 생산한다는 점에서 지배자와 피지배자를 모두 포괄하는 상호 권력 메커니즘을 보여준다. 이러한 정체성의 프로그래밍에 대한 논의는 푸코의 거버멘탤리티governmentality에서 극명하게 나타난다(Foucault, 1991). 디지털 거버멘탤리티의 메커니즘을 보여주는 대표적인 사례는 앞서 살펴본 코드 권력이다. 이러한 디지털 거버멘탤리티는 기본적으로 일방적이고 비대칭적인 형태로 작동하는 권력 메커니즘인데, 그야말로 불평등한 지적 능력을 바탕으로 한 감시의 불평등성이 그 기저에 깔려 있다.

## 2. 시놉티콘과 정체성의 자기조직화

디지털 감시 권력이 작동하는 과정에 담긴 일방향성과 비대칭성은 대항 세력에 명분을 실어주는 역설적 근거가 된다. 디지털 기술로 무장한 감시 권력은 개인에 대해서 점점 더 많이 알게 되지만, 감시당하는 개인들이 자신들에게 행사되는 권력에 대해서 알 수 있는 길은 점점 더 봉쇄된다. 감시 권력이 세상에 대한 더 많은 지식과 데이터, 그리고 시각자료를 보유하게 되는 지식정치 과정에서 개인들은 숫자와 확률의 대상으로만 취급된다. 게다가 이러한 지식과 정보 들에 대한 소유권의 개념이 강화되면서 감시를 수행할 수 있는 능력과 수단 들이 공권력의 영역으로부터 사적 영역으로 넘어가는 현상마저 벌어진다.

이러한 맥락에서 위로부터의 파놉티콘에 대한 포스트 파놉티콘 post-panopticon의 대항 세력이 싹튼다. 초연결된 정보사회에서는 중심 허브로부터 행사되는 일방적인 감시로서의 파놉티콘뿐만 아니라 지배자와 피지배자의 양방향 감시가 이루어지는 '시놉티콘synopticon'의 가능성이 커졌다. 좀 더 엄밀하게 말하면, 일방향 또는 양방향의 단선적 과정이 아니라 도처에 널려 있는 소수자들에 의해서 전全 방향으로 이루어지는 '홀롭티콘holopticon'이 가능하게 되었다(Whitaker, 2000). 실제로 보이지 않는 방식으로 개인정보를 통제하는 메커니즘이 용이해진 만큼, 감시의 눈을 역逆 감시하는 눈도 피하기 어려워졌다.

인공지능과 빅데이터의 확산은 이러한 대항 세력의 전망을 높인다. 인공지능과 빅데이터 환경의 출현은 일반 시민들도 엄청난 데이터·정보에 접근하여 그것을 분석·해석함으로써 정치 엘리트와 정부 관료들에게 책임을 물을 수 있게 한다. 대의 민주주의에서 시민들은 정부와 정당이 생산한 정책들을 일방적으로 소비하는 수동적 시민이었으나, 인공지능과 빅데이터 기반 민주주의에서 시민은 정책의 생산자이자 사용자로 거듭난다. 또한 이러한 빅데이터를 시민들에게 개방하여 블록체인 방식의 정책 결정을 활성화함으로써 새로운 참여의 양식을 기대할 수 있게 되었다.

정체성의 프로그래밍이라는 차원에서도 새로운 대항 세력의 출현을 전망해볼 수 있다. 이러한 전망은 외부로부터 미리 주어진 프로그램에 따라서만 작동하는 것이 아니라 스스로 자기의 프로그램과 정체성을 만들어가는 과정을 바탕으로 한다. 이는 자율적으로 작동하는 네트워크가 지니는 자기조직화self-organization 또는 자기생성autopoiesis의 메커니즘에서 우러나오는 힘이다. 만약에 이러한 자기조직화의 힘이 제대로 작동한다면 외부로부터 부과하는 프로그램에 대한 충분한 대항의 저력을 발휘할 수 있을 것이다. 자기조직화의 메커니즘은 적극적인 차원에서 참여자들의 정체성 또는 주체성을 창출하는 과정을 바탕으로 한다.

이러한 미시적 저항과 자기조직화의 힘은 다중多衆, multitude이 행사하는 권력이기도 하다. 자율주의 철학에서 말하는 '권력'은 비물질 노동의 생정치生政治, biopolitics 과정에서 나오는 생권력生權力, biopower이다(Deleuze, 1978-1981/2005). 이는 푸코의 '위로부터의 생권력'에 대비되는 '아래로부터의 생저력生底力'이라고 할 수 있다. 푸코의 생권력이 삶을 관리하는 힘, 즉 인구를 창출하고 관리하며 통제하는 통치력이라면, 자율주의 철학의 생저력은 탈근대 정보경제에서 비물질 노동을 통해 스스로 조직해가는 자치력이다.


## 나가며


디지털 혁명은 기성 권력의 성격과 주체 및 구조를 변화시킨다. 특히 디지털 혁명은 누가 어떠한 조건에서 어떠한 수단을 통해 어떠한 지식을 생산·유통·소비하는가의 문제를 재고케 한다. 이러한 변화는 자연스럽게 지식을 둘러싼 관념과 담론의 변화를 수반하고 더 나아가 지식에 질서를 부여하는 권력 행위의 변화를 초래한다. 이러한 과정에서 조심스럽게 전망하게 되는 것은 디지털 혁명이 우리가 지난 수백 년 동안 당연한 것으로 여기던 지식생산의 권력 질서를 뒤흔든다는 사실이다. 이렇게 디지털 혁명이 일으키는 권력 질서의 변환은 역사적으로 근대 초기 인쇄혁명이 일으킨 변화를 방불케 한다는 점에서 더욱 흥미롭다.

이러한 문제의식을 바탕으로 이 글은 물질적·구조적·제도적·구성적 차원에서 본 디지털 권력의 면모를 살펴보았다. 이러한 디지털 권력의 부상 과정에서 이 글이 주목한 기성 지배권력에 대해서 대항 세력이 제기하는 '도전과 경합의 구도'다. 대항 세력의 도전과 지배권력의 견제 속에서 권력 질서는 어떠한 모습으로 변해갈 것인가? 이 글에서 벌인 논의를 바탕으로 보면, 현재 부상하는 새로운 권력 질서는 지배권력 또는 대항 세력의 어느 한쪽으로 힘의 축이 옮겨가는 단선적 이행이 아니라 양자의 힘이 서로 얽히는 복합적 '변환變換, transformation'의 모습일 가능성이 크다.

이러한 맥락에서 볼 때, 향후 권력 개념을 다루는 기술사회 연구에서 필요한 것은, 이러한 두 가지의 권력 메커니즘을 하나의 구도 안에서 묶어서 이해하는 이론적 분석틀의 모색이라고 할 수 있다. 디지털 환경에 기반을 둔 대항 세력의 도전이 기성 권력 질서를 전복시키는 것도 아니고, 그 반대로 디지털 기술을 등에 업은 지배권력의 정교화가 미래의 권력 질서까지도 압도하는 것도 아니라면, 이러한 두 가지 현상을 어떻게 하나로 엮어서 개념화할 것인가? 디지털 혁명의 전개에 따라 권력의 변환이 좀 더 본격적으로 진행될 것으로 예견되는 가운데, 좀 더 구체적인 이론적·경험적 연구를 수행할 과제가 학계에 부여되었다.

## 참고 문헌

김상배(2010), 『정보 혁명과 권력 변환』, 한울아카데미.
김상배(2014), 『아라크네의 국제정치학』, 한울아카데미.
김상배 편(2008), 『인터넷 권력의 해부』, 한울아카데미.
김상배·황주성 편(2014), 『소셜 미디어 시대를 읽다』, 한울아카데미.

조현석 외(2018), 『인공지능, 권력변환과 세계정치』, 삼인.

Barnett, M. & Duvall, R. (2005), "Power in International Politics", *International Organization 59*(1), 39-75.

Dahl, R. A. (1957), "The Concept of Power", *Behavioral Science 2*(3), 201-215.

Deleuze, G. (2005), 「전동이란 무엇인가」, 『비물질노동과 다중』, 서창현 외(역), 갈무리(원서출판 1978-1981).

Foucault, M. (1979), *Discipline and Punish: The Birth of the Prison*, Vintage Books.

Foucault, M. (1980), *Power/Knowledge*, Gordon, C. ed. Harvester.

Foucault, M. (1991), "Governmentality", Burchell, G. & Gordon, C. & Miller, P. ed., *The Foucault Effect: Studies in Governmentality*, The University of Chicago Press, 87-104.

Grewal, D. S. (2008), *Network Power: The Social Dynamics of Globalization*, Yale University Press.

Whitaker, R. (2000), *The End of Privacy: How Total Surveillance Is Becoming a Reality*, The New Press.

# 14

# 플랫폼

## PLATFORM

**백욱인**
서울과학기술대학교 사회학과

플랫폼은 이용자의 활동과 서비스 제공자의 서비스가 동시에 이루어지는 이중적이고 복합적인 장치다. 이에 대한 연구는 산업자본주의의 '공장'에 대한 연구만큼이나 핵심적인 중요성을 지닌다. 공장에서 자본과 노동이 결합하는 방식, 자본-노동의 관계, 가치 증식 과정, 노동과정에 대한 해명이 산업자본주의의 축적을 설명하는 데 필수적이었다면, 정보자본주의에서는 '플랫폼'이 공장의 역할을 대신한다.

정보자본주의는 플랫폼 장치를 통해 가치 증식과 데이터 축적을 수행한다. 플랫폼은 이용자에게 서비스를 제공하지만, 다른 서비스와 연결하여 플랫폼 기업이 제공하는 서비스를 확장해주기도 한다. 경우에 따라서는 이용자를 감시하는 장치로 연결될 수도 있다. 결과적으로 플랫폼은 서비스가 실행되는 이용자 인터페이스인 동시에 이용자의 활동이 이루어지는 공간이고, 그들의 활동 결과물을 축적하고 전유하는 기계인 동시에 그것을 사후에 재활용하고 상업화하는 데이터 축적의 도구이기도 하다.

이러한 서비스 플랫폼은 눈에 보이는 인터페이스와 눈에 보이지 않는 소프트웨어 알고리즘으로 구성된다. 가시성과 비가시성의 통합체라는 점에서 플랫폼은 '빛의 배분'을 이용한 '파놉티콘'과 닮아 있다. 그 결과 서비스 이용자와 제공자 사이에는 비대칭적인 정보관계와 권력관계, 생산관계가 만들어진다. 플랫폼에 관한 비판적 연구는 이용자와 기업이라는 상이한 주체가 하나의 플랫폼 안에서 어떻게 만나고, 이들이 추후 과정을 통해 어떻게 외부와 연결되는가를 분석하는 것이다. 이 글에서는 이러한 연구들에 대해 개략적으로 살펴볼 예정이다.

# Ⅰ. 플랫폼의 역할

플랫폼은 이용자 인터페이스User Interface와 개발자 인터페이스Applica-tion Platform Interface: API 및 이를 구현하는 프로그램의 총체를 지칭한다. 페이스북의 이용약관을 보면, "'플랫폼'이라 함은 콘텐츠와 같이 앱 개발자와 웹사이트 운영자를 비롯한 제삼자가 Facebook에서 데이터를 발췌하거나 Facebook에 데이터를 제공할 수 있는 API와 서비스를 의미합니다"[1]라고 정의되어 있다.

거대 서비스 플랫폼은 이용자에게 서비스를 제공하는 동시에 이용자 서비스 결과물을 수취하고 전유하는 장치다. 온라인 플랫폼 제공자들은 이용자 활동 결과물을 자신들의 서버로 이전하는 동시에 축적된 정보를 다시 플랫폼을 통해 이용자에게 서비스하는 순환적 증식 회로를 이용한다. 다시 말해, 일차적으로 플랫폼은 이용자의 활동을 도모하는 서비스 장

---

1   페이스북 이용약관 중 용어 정의. https://www.facebook.com/legal/terms

치지만 이용자 활동 결과물을 수집하는 장치기도 하다. 플랫폼 제공자는 수집한 이용자 활동 결과물을 활용하여 가치 증식의 원료로 이용하거나 마케팅을 위한 광고 대상물로 제공할 수 있다. 더 나아가 이용자 활동 결과물은 국가의 감시 대상으로 전환될 수도 있다. 이렇듯 이용자 활동, 이용자 활동의 전유, 이용자 활동에 대한 감시는 각각 문화적·경제적·정치적 층위에서 이루어진다.

문화적 층위에서는 이용자의 문화와 '주체'가 플랫폼에 의해 창조된다. 플랫폼의 인터페이스는 주체화 기능을 통해 이용자의 '신체적 독특성'과 정서를 표출하는 규격을 제공하면서 커뮤니케이션의 틀을 생산해낸다. 플랫폼을 통한 이용자 주체화 과정은 주어진 인터페이스와 플랫폼의 주형화된 틀을 벗어나기 힘들다. 이용자 편의적인 인터페이스와 플랫폼은 그것에 '예속되는 신체와 마음의 기능'을 동시에 만들어낸다. 결국 이용자가 자발적으로 결집하는 사회적 주체 형성의 조건과 형식뿐만 아니라 플랫폼 장치의 부품이 되는 수동적 주체화도 동시에 이루어지는 셈이다.

경제적 층위에서는 이용자와 서비스 제공자 간의 교환이 발생한다. 이용자는 서비스 플랫폼을 통해 서비스를 이용하는 대신 자신의 활동을 전유당한다. 이것은 기업이 제공하는 서비스를 제공받는 대가로 자신의 활동 결과물을 넘겨주는 교환이 이루어지는 경제적 차원이다. 플랫폼 제공자는 이용자 활동 결과물을 여러 가지 형태로 전유하여 가치 증식을 위한 원료로 활용하거나 시장에서 교환될 수 있는 새로운 상업화의 재료로 이용한다.

정치적 층위에서 플랫폼은 국가의 감시와 포획을 위한 다른 장치와 연결되거나 그것을 위한 도구로 활용될 수 있다. 국가권력은 서비스 플랫폼 서비스 기업에 대한 직간접적 규제를 통해 그들의 플랫폼에 영향을 미치거나 플랫폼을 통해 수집된 데이터를 국가기구의 다른 통제 장치와 연결할 수 있다. 이런 경우 플랫폼은 국가권력의 인구 통제와 감시의 기계와 연결되어 활용된다.

## II. 장치로서의 플랫폼

### 1. 장치의 의미와 장치학

플랫폼의 이러한 특성에 주목하여 인터넷 서비스 플랫폼, 특히 소셜미디어SNS를 하나의 장치dispositif, apparatus로 볼 수 있는가에 대해 이론적으로 검토해보자(백욱인, 2014). 장치는 체제system나 기계machine, 배치물agencement, assemblage과 혼용되어 쓰이기도 한다. 장치라는 용어는 루이 알튀세르Louis Althusser가 이데올로기와 이데올로기적 국가장치를 설명하면서 사용했고(Althusser, 1995/2007), 이후 미셸 푸코Michel Foucault가 장치라는 개념을 '파놉티콘panopticon'을 비롯하여 여러 곳에서 전개했다(Foucault, 1975/2016). 질 들뢰즈Gilles Deleuze는 푸코의 장치 개념을 확장했다(Deleuze, 2006). 그는 장치보다는 기계라는 용어를 즐겨 사용하는데, 이는 그가 접합, 접속에 따른 배치의 변화를 지향하기 때문인 듯하다. 이후 조르조 아감벤Giorgio Agamben은 세속화라는 틀로 장치학을 실천적으로 확장하였다(Agamben, 2009).

푸코는 장치를 권력관계와 지식관계의 틀로 파악한다. 푸코는 정신분석학자들과 나눈 인터뷰에서 '성정치에서 장치란 무엇인가'라는 질문에 대해 다음과 같이 답했다. "장치에는 늘 권력의 작동이 기입되어 있습니다. 뿐만 아니라 장치는 권력에서 생겨나고 또 권력을 조건 짓기도 하는 지식의 한 가지 또는 여러 제한과 연결됩니다. 지식의 유형을 지탱하고, 또 그것에 의해 지탱되는 힘 관계의 전략들 그것이 바로 장치입니다."(Foucault, 1980: 236)

푸코의 장치는 '구체적인 전략적 기능'을 갖고 있으며, 그 안에는 권력관계가 숨어 있다. 이러한 장치는 단일한 실체가 아니라 '이질적인 집합체'며, 장치 자체는 요소들 사이의 네트워크로 정의된다. 또한 푸코는 장치를 '지식-권력 관계'라는 틀 안에서 검토한다. 특히 가시성을 기준으로 '빛의 배분'을 통해 형성되는 지식의 비대칭적인 관계가 권력관계로 이어지거나, 혹은 권력관계가 일종의 지식관계를 산출하는 장치의 효과에 주목했다. 지식의 비대칭성과 권력의 비대칭성은 서로 상응하지만, 권력을 구성하는 힘의 관계가 더 우위에 선다.

한편 들뢰즈는 푸코 철학이 '구체적인 장치'에 관한 분석이라고 말한다. 그는 「장치란 무엇인가」라는 글에서 장치가 서로 다른 선분들로 이루어진 실타래이며 다선적 전체라고 말한다. 들뢰즈는 푸코의 장치를 방법론적 차원에서 접근한다(Deleuze, 2006). 그는 장치를 여러 선분들이 얽힌 실타래로 규정한 후 장치를 가시성visibility, 발화utterance, 힘force, 주체화subjectivation 네 선분의 차원에서 설명한다. 그는 장치를 미래를 향한, 탈주를 향한, '되기becoming'를 위한 '흐름current'의 정치와 연결한다. 들뢰즈는 '되기'와 '흐름'의 철학을 통해 장치를 권력의 것에서 탈주의 것으로 옮겨 놓는다. 이러한 들뢰즈의 장치 이해는 장치의 구속성보다 탈주성을 더 강

제4부  권력·국가·정치

조한다. 그래서 그는 오래된 것보다 새것을, 역사보다 '되기'를, 과거의 축적된 기록보다 현재의 '흐름'을, 이론적 분석보다 실천적인 진단을 중시한다. 그는 장치의 두 가지 방향을 '계층화·퇴적화'와 '실재화·창조력'으로 구분하여 미래를 향한 '되기'의 흐름에 전력할 것을 주장한다.

들뢰즈는 분석적 차원에서 장치의 관계와 배열을 강조한다. "기계는 아무것도 설명하지 않는다. 기계는 단지 하나의 부품에 불과하다. 집합적 장치collective apparatus를 분석해야 한다."(Deleuze, 2006: 67) 그래서 들뢰즈에게는 기계로서의 장치 자체보다 기계-인간-노동-가치의 배열과 배치와 관계가 중요하다. 그가 장치라는 개념을 기계와 '배열'로 확장하거나 대체하는 이유는 집합적 장치의 구성과 배열을 드러내는 것이 실천적으로 중요하기 때문이다. 들뢰즈는 푸코 장치 철학의 두 가지 의미를 '보편성의 거부'와 '새로움을 향한 방향 전환'에서 찾는다.

들뢰즈는 장치의 다수성과 복수성을 인정한다. 그는 어떤 장치의 수행과 분명하게 다른 것이 되는 '되기'의 복수성을 주장한다. 이것은 장치의 일방적 지배에 대한 대항의 여지를 암시한다. 그는 모든 장치에서 지금 우리인 것과 더 이상 우리가 아닌 것을 구분해야 하고, 우리가 되고 있는 것, 역사의 현재, 곧 흐름이자 움직임의 부분이 되어야 한다고 주장한다. 장치에 대한 실천적 해석은 오래된 것과 새것, 역사와 생성, 아카이브와 흐름, 분석과 진단을 각각 대비하면서 새것의 생성을 실행하는 주장으로 이어진다. 이러한 주장은 기존 장치가 조장하는 지식-권력 관계에서 벗어나 주체성을 생산하는 다른 형식을 통해 자신을 재투자하는 것이다.

그의 실천적 장치학은 균열하고, 부수고, 겹치게 하고, 뒤섞어 새로운 배치를 통해 변이와 변형을 실현하여 다른 사람들을 이끌어내는 선분들을 창출함을 의미한다. 이는 곧 "어떤 빛과 언어의 조건 아래서, 나는 무엇을 알 수 있으며 무엇을 보고 언표할 수 있는가? 나는 무엇을 할 수 있으며, 나는 어떤 권력을 요구할 수 있고 또 어떤 저항으로 맞설 수 있는가? 나는 어떻게 존재할 수 있는가?"(Deleuze, 1986/2003: 172-173)를 물음으로써 장치에 의한 지배를 수동적으로 감내하는 것이 아니라 제도화된 권력의 선분과 완성된 지식의 선분을 바꿔나가는 변화하는 장치의 의미를 드러낸다. 이러한 들뢰즈의 실천적 장치학은 현대의 지배적 장치에 대한 대안적 모색을 위한 출발점으로서 의미를 지닌다.

한편 아감벤은 푸코의 장치 개념을 일상생활의 영역으로 더욱 확장하면서 장치의 세속화 및 그에 대한 저항과 개입 등 실천적인 차원이 갖는 중요성을 강조한다. 그가 말하는 장치에는 푸코가 제시한 감옥, 정신병원, 학교, 공장, 규율, 법적조치 등 권력에 접속된 것들뿐만 아니라 펜, 글쓰기, 문학, 철학, 농업, 담배, 항해(인터넷서핑), 컴퓨터, 휴대전화 등도 포함된다. "푸코가 말하는 장치는 이미 아주 넓은 부류인데 이것을 더 일반화하여 나는 생명체의 몸짓, 행동, 의견, 담론을 포획, 지도, 규정, 차단, 주도, 제어, 보장하는 능력을 지닌 모든 것을 문자 그대로 장치라고 부를 것이다."(Agamben, 2009; Agamben & 양창렬, 2006/2010: 33)

이들 간에는 장치학에 대한 개념적인 규정과 이론적 입장, 방법론적 접근의 차이가 존재한다. 푸코가 장치의 규율적이고 권력과 결합한 지배적 기능에 대한 구체적 분석에 기여했다면, 들뢰즈는 장치에 대한 철학적 접근과 분석틀의 정교화를 제시했다고 볼 수 있다. 한편 아감벤은 현재의 조건에서 장치 개념을 적용하는 실마리와 가능성을 열어주었다. 아감벤의 장치론은 분석적·방법론적 위상을 넘어 일상에서의 세속화된 실천 형태로 제시한다. 그는 이것을 장치들의 세속화라고 부른다. 장치의 세속화는 특정 지배 세력에게 귀속된 장치를 일반 대중이 접근하여 그들의 전유물로 활용함을 의미한다. "장치들을 세속화하는 문제 즉 장치들 안에 포획되고 분리됐던 것을 공통으로 사용할 수 있게 되돌리는 문제는 그만큼 긴급한 사안이다. 이 문제를 짊어진 자들이 주체화 과정이나 장치들에 개입할 수 있게 되고 통치될 수 없는 것에 빛을 비추게 될 때에야 비로소 이 문제는 올바르게 제기될 것이다"(Agamben & 양창렬, 2006/2010: 48) 그러나 현실은 그 반대의 차원에서 이루어지는 지배의 세속화가 일반적임을 인정해야 할 것이다.

## 2. 세 가지 양태의 통일체로서의 인터넷 서비스 플랫폼

아감벤은 「장치란 무엇인가?」에서 "우리가 지금 살고 있는 이 자본주의적 발전의 최종 단계를 장치들의 거대한 축적과 증식으로 정의한다 해도 틀리지 않을 것이다"(Agamben & 양창렬, 2006/2010: 35)라고 말한다. 그의 논의처럼 현대정보자본주의에서는 인터넷과 각종 미디어를 포함하여 무수한 장치의 축적과 증식이 이루어진다. 그러나 그와 동시에 그들 장치 자체가 이전과 다른 방식으로 자본주의적 가치의 증식과 축적을 담당하고 있음을 인지하는 것이 중요하다. 현대 정보자본주의에서는 장치가 증식되고 대규모로 축적되는 동시에 그 장치 자체가 자본주의적 가치 증식과 축적을 위한 기계로 작동한다. 소셜미디어 서비스 플랫폼을 장치로 파악하고 그것의 기본적인 성격과 특성을 앞서 살펴본 장치론의 틀을 활용하여 분석해보자.

구글, 페이스북, 트위터, 그리고 아이폰으로 이루어지는 현대의 정보기계는 앞서 지적한 것처럼 이용자 서비스기계, 이용자 활동 결과물 흡수기계, 이용자 추적기계의 결합이다. 이들은 국가의 규제와 직접적 통제의 바깥에 위치해 있다. 들뢰즈는 기계와 장치 간의 관계를 혁명과 질서, 움직임과 정지의 대항관계로 설정하면서 기계의 능동적이고 혁명적인 성격을 강조한다.

그러나 국가 외부에 존재하는 기계일지라도 그것의 움직임이 약해지거나 혁명적 동력이 약화되면 국가기구에 포획되거나 '국가장치state apparatus'에 혼합될 수 있다. 이용자의 흔적을 추적하여 특정한 행위자를 골라내는 서비스 플랫폼의 추적기계는 국가장치와 혼합되어 국가 바깥의 테러 용의자를 잡아내는 기계로 전환될 수 있다. '프리즘Prism'의 사례에서 보듯이 국가장치 바깥에 존재하는 사기업의 소셜미디어 서비스 플랫폼은 특정한 경우에 자신들의 기계에 국가장치가 연결되는 것을 허락하거나 방관한다. 대표적 예로 미국의 '국가안보국NSA'은 사기업의 기계에서 이루어지는 데이터의 흐름을 자신의 국가장치 안으로 끌어와서 그것을 분석하여 장치의 일부로 변환시킬 수 있음을 보여주었다.[2]

미국 국가안보국의 프리즘 사례는 국가의 포획장치에 인터넷 서비스기업의 기계들이 어떻게 붙잡힐 수 있는가를 보여준다. 사이버스페이스가 국가의 바깥에 존재하는 것으로 생각했던 초창기 자유주의자의 환상은 이러한 국가 개입을 통해 여지없이 무너진다. 국가는 포획장치를 통해 자유

---

2  2013년 6월 8일 『가디언』지 온라인에 실린 다음 기사를 참조. "NSA's Prism surveillance program: how it works and what it can do"
http://www.theguardian.com/world/2013/jun/08/nsa-prism-server-collection-facebook-google

롭게 사기업의 플랫폼에 플러그를 꽂아 이용기계에서 이루어진 이용자의 활동과 활동 결과물을 수집하고 축적할 수 있다.

소셜미디어 서비스 플랫폼은 이용자의 이용기계고, 기업에는 이용자 활동 결과물의 흡수기계지만, 이러한 배치에서는 국가장치에 의해 추적기계나 포획기계로 돌변하기도 한다. 이용기계(이용자)들의 탈중심적인 활동을 통해 '매끄러운 공간'을 구성했던 초기의 사이버스페이스는 자본과 국가의 본격적인 개입을 통해 '파인 공간'으로 바뀌기 시작했다. 검색포털이 가장 먼저 사이버스페이스를 영토화했고, 몇 개의 거대 포털이 지배하는 영토와 인구(이용자)가 조성되었다. 이용자 수와 해당 사이트에 머문 시간과 페이지뷰 등으로 특정 사이트의 가치가 평가되고 서열이 매겨지면서 인터넷은 영토화되고 이용자는 인구화되었다.

소셜미디어 플랫폼의 배치와 이용자 간의 관계는 공간적이라기보다 시간적이다. 공간적 동일성과 시간적 순차성이라는 독특한 배치를 통해 플랫폼을 통해 제공되는 이용자 서비스장치는 수집(흡수)장치에서 추적(포획)장치로 배열을 바꾼다. 이 시간은 매우 짧기 때문에 인간의 일상적 시간 감각으로는 거의 동시에 이루어지는 것처럼 느껴진다. 하지만 선후 관계가 존재한다. 이용자 행위가 먼저 이루어지지 않고서는 이용자 활동의 흡수 혹은 포획이 될 수 없다.

이런 상이한 배열이 이루어지는 방식에 대해 알아보자. 서비스 제공 기계로서의 플랫폼 장치는 이용자 활동기계, 수집(흡수)기계와 추적(포획)기계의 혼합물로서 이것은 이용자에게 활동 공간을 제공할 뿐만 아니라 이용자 활동 결과물을 경제적으로 수취하고 정치적으로 전유한다. 이런 면에서 소셜미디어 플랫폼 장치는 '서로 다른 성격의 선으로 이루어진 다선적인 실타래'다. 서비스 플랫폼 장치는 이용자에 대한 서비스와 경제적 수취, 그리고 정치적 포획이 결합된 복합장치인 것이다. 그것은 서비스, 축적, 추적과 감시를 통일하면서 문화·경제·정치의 각각 다른 차원을 하나의 플랫폼 안에 배치한다. 이는 결국 플랫폼 장치가 문화·경제·정치의 차원에서 다른 모습으로 드러나면서 각각의 영역에서 사회문제를 발생시키고, 그것이 사회적 쟁점으로 부각될 수 있는 근거를 존재론적으로 안고 있음을 보여준다. 문화적 차원에서는 주체의 형성, 경제적 차원에서는 잉여의 생산과 착취, 정치적 차원에서는 감시와 통제가 그것이다.

이러한 세 가지 '기계 계통phylum machinique'은 모두 이용자와의 계열적 관계에 의해 계통화된다. 이들 세 가지 기계 계통에 대해 간단히 살펴보자. 첫째, 이용자 서비스기계는 이용자 인터페이스를 통해 이용자에게 전달하는 서비스장치다. 140자의 글을 쓰고, 자신이 팔로우하는 사람의 글들을 볼 수 있는 트위터, 담벼락에 자신의 글을 게시하고 친구들의 담벼락 글을 자동으로 피딩하는 페이스북, 책에 대한 다양한 정보를 제공하는 아마존, 구글이나 네이버 같은 검색 시스템과 다양한 콘텐츠를 제공하는 포털사이트의 서비스기계는 이용자 인터페이스를 통해 특정한 서비스를 이용자에게 제공한다. 이러한 서비스기계의 기계적 계통은 '이용자-인터페이스-다른 이용자-소통-활동'으로 이루어진다.

둘째, 수집(흡수)기계의 기계적 계통은 '기업-생산소비자로서의 이용자-지대-이윤-축적'으로 나타난다. 이것은 '생산소비자prosumer'가 만든 비트를 자동으로 흡수하는 기계다. 수집(흡수)기계는 자동화된 알고리듬을 통해 이용자 활동 결과물을 실시간으로 축적한다. 다수의 이용자가 올린 글과 사진 등의 콘텐츠, 서로의 글이나 내용물에 단 댓글, '좋아요' 같은 평가rating, 검색어 등이 클라우딩 컴퓨팅을 통해 서비스 제공자의 빅데이터 서버에 자동으로 축적된다.

셋째, 추적(포획)기계는 이용자 아이디와 인구학적 변인 및 신상정보를 이용자의 서비스 소비나 활동과 결합하여 이용자의 정체나 소비행태를 추적하는 기계다. '포획'은 이용자의 활동과 활동 결과물 및 이용자 자체에 개입하여 이용자의 자유와 주체성을 왜곡하거나 억압하는 것을 의미한다.

이용자를 '포획'하는 주체는 자본이거나 국가권력이다. 이용자는 이용자 활동 결과물을 플랫폼 서비스 제공자에게 양도하는 동시에 그의 활동 과정을 담고 있는 메타데이터, 활동 흔적 데이터를 자동으로 넘겨준다. 자본은 나중에 이들 활동 흔적들을 추적하여 개인 신상정보와 매칭하거나 여러 이용자의 활동 결과물을 적분하고 변형하여 상품화한다. 이용자는 추적과 감시를 통해 자본에 포획되어 소비자로 전락한다.

한편 국가는 이용자 행위와 신상정보를 결합하여 이용자의 특정한 행위에 개입하거나 통제할 수 있다. 국가는 그들이 지배의 틀에서 벗어날 때 다시 질서와 통치의 틀 안으로 포획하여 체제 내화한다. 추적(포획)기계의 계통은 '코드-이용자활동 및 소비-흔적-추적'이라는 배열로 이루어진다. 이런 추적(포획)기계가 국가권력의 수중으로 넘어가거나 국가기구와 연결되면 그것은 완전한 '포획기계'가 된다.

이들 세 가지 기계 계통은 서비스 플랫폼 장치와 이용자 활동에 상호작용을 통해 만들어지는 디지털 비트라는 질료의 세 가지 양태를 보여준다. 곧 서비스 플랫폼을 통해 생산된 이용자 생산 비트는 각각 ① 일상 언어를 이용한 활동, ② 이용자 활동 결과물의 무정형적 축적물, ③ 추적을 위한 비트 흔적의 축적물이라는 세 가지 양태의 결합물이다.

이용자들끼리 소통과 담화, 상호작용을 한 결과는 사이버스페이스의 문화라는 장을 구성한다. 이것은 일상 언어로 쓰이고 그러한 소통의 틀 안에서 교환된다. 이것은 가시적이고 담론적이며 사회여론을 형성하기도 하고 커뮤니케이션이나 미디어적인 기능으로 드러나기도 한다. 이는 빅데이터의 핵심을 이루는 층위로서 자동으로 서비스 플랫폼을 통해 서비스 제공업체의 데이터베이스에 축적된다. 소셜미디어 서비스 업체들은 이용한 활동, 이용자 활동 결과물의 무정형적 축적물, 추적을 위한 비트 흔적의 축적물을 정보, 콘텐츠, 데이터로 규정한다. 예를 들어 페이스북의 이용약관에서는 이를 다음과 같이 정의 내린다. "'정보'는 Facebook과 교류하는 회원과 비회원에 의한 활동을 포함해 회원님에 관한 사실과 기타 정보를 의미합니다. '콘텐츠'라 함은 회원님이나 다른 사용자들이 Facebook에 올린 게시물 가운데 '정보'의 정의에 포함되지 않는 것을 의미합니다. '데이터', '사용자 데이터', 또는 '사용자의 데이터'는 회원님이나 다른 제삼자가 Facebook에서 발췌하거나 플랫폼을 통해 Facebook에 제공한 사용자의 콘텐츠나 정보를 포함한 모든 데이터를 말합니다."[3]

이와 달리 비트 흔적물들은 이용자들의 눈에 가시화되지 않는다. 이용자 활동의 결과물들은 메타데이터나 비트의 단위로 처리된 후 나중에 알고리즘을 통해 추적될 수 있도록 분류된다. 이것은 이용자들의 눈에 보이지 않는 비가시적 영역에 속하며 이들은 담론의 대상이 되지 않는다. 이 레이어는 비트의 추적을 통한 개인 신상 및 정체 확인으로 이어지거나 특정 집단에 대한 타깃 마케팅의 원료로 전환된다. 이용자 활동이 축적되고 그

---

3  페이스북 이용약관 중 용어 정의. https://www.facebook.com/legal/terms

들이 남긴 행위 비트가 많아지면 이용자들은 미리 짜둔 서비스 제공업체의 알고리듬에 의해 범주화되고 분류된다. 실시간으로 축적되는 이용자 활동과 활동 결과물의 누적 양이 증가함에 따라 추적의 가능성과 정확성, 표적 맞추기의 확률은 더욱 높아진다. 이런 과정을 통해 이용자는 기계화된 알고리듬에 따라 미리 맞춰진 서비스를 제공받는 사이버네틱스의 대상 목표물이 된다. 이용기계는 이용자에게 서비스를 제공하지만 역설적으로 그러한 이용의 결과로 자신을 감시하고 통제하는 데 활용될 데이터를 제공해주는 수집기계의 입구로 작동한다.

추적기계는 이용자 활동 결과물을 범주화되고 특정 군락으로 분류하여 이용자를 표적으로 만든다. 이처럼 기계장치의 시공간적 구성은 이용자 활동과 함께 연결되거나 시차를 두고 이어지는 다른 배열 요소를 통해 나타난다. 플랫폼은 복합적인 배치와 배열이 시공간적으로 이루어지는 장소이자 환경이다. 플랫폼 안에서 행해지는 이용자 활동의 공간적 배치와 시간적 배열은 다양하고 중층적으로 변화한다.


## III. 플랫폼 자본주의의 수탈과 착취

### 1. 플랫폼 자본주의와 수탈

거대 플랫폼은 자신이 제공하는 서비스를 이용하는 이용자 활동 결과물을 수탈하는 동시에 서비스 제공과 결합된 노동력을 착취한다. 먼저 플랫폼을 통한 수탈이 이루어지는 방식과 특징을 살펴보자. 수탈은 이용자들의 삶과 활동에서 산출된 데이터를 다시 그들의 생산공정으로 투입할 때 발생한다. 이것은 '긍정적 외부효과positive externalities'를 플랫폼이 자동으로 자기 것으로 만드는 과정이다(Boutang, 2012).

디지털 플랫폼은 데이터셋과 알고리즘을 결합하여 특정한 산출물을 만든다. 플랫폼은 여러 연결고리를 통해 수집되는 데이터를 가공하여 특정한 데이터셋을 만들고, 그것을 다시 여러 가지 산출물(혹은 생산물, 상품, 콘텐츠)로 가공하여 이용자에게 제공한다. 이용자가 이를 소비하는 순간 또 데이터가 만들어지고, 그 데이터는 다시 다른 데이터셋으로 가공되거나 다른 데이터셋에 결합되면서 새로운 데이터셋으로 변형된다. 이 과정에서 플랫폼 어셈블리 라인의 생산노동자들은 돈을 못 받거나, 덜 받으면서 착취당한다. 이용자 또한 돈도 받지 않고 무상으로 일하거나 자신의 활동 결과물을 거대 플랫폼에 공짜로 건네준다.

정보자본주의에서는 개별 공장에서의 착취가 '사회적 공장'으로 확산된다. 이에 따라 자본의 지배는 개별 공장이나 사업장을 넘어 생활세계로 확장된다. 구글, 페이스북, 네이버 등 거대 플랫폼은 자본의 권력이 개별 사업장에 고용된 노동자의 범위를 넘어 이용자로 구성되는 일상생활의 영역으로 확장되고 확산되도록 한다. 이용자는 이용료를 내지 않는 대신에 자신의 활동 결과물이나 이용의 흔적을 플랫폼 제공자에게 무상으로 제공한다. 이것을 플랫폼 제공자와 이용자 간의 약관계약을 통해 형성되는 디지털 현물지대 관계로 볼 수 있겠다. 봉건시대에 토지 사용 대가로 현물지대를 지급하는 것과 유사하게 이용자는 플랫폼 서비스를 이용하는 대가로 플랫폼 제공자에게 자신의 활동 결과물을 건네준다.

플랫폼의 가치 증식을 위해서는 데이터를 플랫폼의 내부 회로로 끌어와서 흐르게 해야 하는데, 가치 증식을 위한 회로로 들어가기 전에 데이터가 먼저 채집되거나 수집되어야 한다. 인터넷을 이용한 서비스업체의 플랫폼은 일차적으로 이용자 활동 결과물을 자동으로 채집한다. 이용자는 서비스업체가 제공하는 서비스를 이용하는 동시에 자신의 생산물을 수취당한다. 이용자 활동과 활동 결과물을 가치 증식 회로로 '수집'하거나 '이끄는' 기계가 네트워크의 서비스 플랫폼이다. 물론 정보 원천의 특성과 대응에 따라 가치 증식 회로로 들어가지 않거나, 들어가기를 거부하거나, 혹은 들어가더라도 가치 증식의 결과물에 대한 권리를 잃지 않는 경우도 있다.

플랫폼을 매개로 한 현물지대의 관계는 이용자가 서비스 플랫폼에서 할당받는 각종 서비스와 편의 설비의 대가로 자신이 활동한 디지털 흔적과 그 결과물을 서비스 플랫폼 제공자에게 양도한다. 이용자에게는 이용자 활동 결과물과 플랫폼이 제공하는 모듈화된 서비스가 제공되지만, 플랫폼 제공업자는 이용자 활동 결과물 전체를 배타적으로 활용하고 전유한다. 토지에서 발생하는 절대지대의 현물 형태처럼 이러한 지대는 데이터라는 현물 형태로 서비스 제공자와 공유된다. 현물지대 형태로 수취된 이용자 활동 결과물들은 서비스 플랫폼의 알고리즘에 의해 분류되고, 다양한 함수를 통해 변형된다.

이러한 이용자 활동 결과물은 개별 이용자에게는 자신의 것만 제한된 몫으로 남는다. 하지만 플랫폼 제공자에게는 전체 이용자의 데이터들이 통합적 결과물로 저장된다. 이용자의 수가 많을수록 디지털 농장의 생산물은 더욱 증가하고 자신에게 지대 형태로 들어오는 디지털 비트의 양은 증가할 것이다. 더구나 디지털 복제물의 특성상 자신의 활동 결과물과 서비스 제공자가 전유하는 디지털 비트가 똑같기 때문에, 이용자는 자신의 활동 결과물들이 지대 형태로 착취되고 있다는 사실조차 인지하지 못한다. 이런 과정을 통해 수집되고 집적된 이용자 활동 비트들이 인지자본주의적 생산체제의 가장 중요한 원료를 구성한다.

플랫폼은 이러한 수집(흡수)장치에 그치지 않는다. 플랫폼은 축적된 이용자 활동 결과물을 자신의 목적에 맞게 여러 가지 용도로 전유하는 장치로 이어진다. 이는 시간적으로 이용자의 활동 결과물이 수집(흡수)된 이후에 이루어지지만, 둘 사이의 시간 간격이 매우 짧아서 거의 동시에 이루어지는 것처럼 보인다. 때로는 세심한 개발과 특정 용도에 맞게 상당한 시간 이후에 전유가 발생하기도 한다. 서비스 플랫폼은 수집(흡수)장치와 추적(포획)장치의 결합물로 동시에 작동하기도 하고, 때로는 양자를 시공간적으로 분리하여 활용하기도 한다. 이용자 서비스 장치를 통해 수집(흡수)되는 활동 결과물을 곧바로 추적(포획)장치를 통해 분석하고 분류하여 이용자 활동 결과물을 마케팅 자료나 광고물로 변형시킬 수도 있다. 생산과정 역할을 담당하는 알고리즘이 이용자 활동 결과물을 원료로 새로운 서비스 상품을 자동으로 생성하면, 추적(포획)장치는 가치 증식 장치와 결합되기도 한다. 이때 이용 인구user population를 확보하고 확대하는 것은 플랫폼 지대를 확장하고 유지하는 데 필수불가결한 조건이다. 그래서 소셜미디어 서비스 제공업체는 애플리케이션app을 육성하거나 플랫폼을 개방하여 다양한 서비스 생태계를 구축하여 이용자 인구를 유지하고 확대하려 노력한다. 이용자가 적어지거나 이용자 활동이 떨어지거나 트래픽이 감소하면, 플랫폼 지대 수익 총량이 감소하고 그건 이어지는 생산과정에서 기계적 잉여가치를 창출할 원료의 감소로 이어지기 때문이다.

## 2. 플랫폼에서 이루어지는 착취

플랫폼은 이용자 활동을 간접적으로 전유할 뿐만 아니라 직접적으로 노동을 착취하는 장치로 활용되기도 한다. 플랫폼 노동의 핵심은 플랫폼과 인간 활동을 결합하여 인간의 노동을 플랫폼과 결합하는 데 있다. 플랫폼은 여러 방식으로 인간의 노동, 작업, 활동을 접합한다. 우리는 여러 가지 형태로 플랫폼에 연결되고 예속된다. 우리는 은행 계정의 생산-소비자로, 하부 노동을 지탱하는 눈에 보이지 않는 유령 노동자로, 말단 택배 운수 노동자로, 아마존 창고의 분류 노동자로, 페이스북 공장의 모듈 엔지니어로, 디지털 인형 눈알을 달아주는 하청노동자로, 가짜뉴스를 만들어 '패시브 인컴passive income'을 노리는 유튜버로 일한다. 그리고 검색 이용자로 생산-소비 여러 측면에서 거대한 플랫폼 노동과정에 예속되는 한편, 인공지능을 기반으로 하는 거대 플랫폼의 노예로 전환된다. 이런 과정에서 사람들은 새롭게 재편되는 인공지능 기반 사회시스템에 복종한다(백욱인, 2021).

우버, 쿠팡이나 음식 배달 서비스로 대표되는 유통 서비스 플랫폼의 핵심은 최종 이용자의 노동을 플랫폼에 의존적으로 만들어 그들의 노동과정을 통제하고 노동 밀도와 강도를 조절하면서 절대적 잉여가치를 최대화하거나 외주화를 통한 이득을 얻는 데 있다. 이런 플랫폼에서는 기존의 공장 노동에서 이루어지던 테일러리즘과 비슷한 사회적 복종이 강화된다. 이를 디지털 테일러리즘이라 불러도 좋겠다. 거대 플랫폼이 제공하는 유통 매개 인터페이스는 한편으로는 서비스 이용자들의 활동 결과물을 수취하여 데이터셋으로 만들면서 동시에 최종 말단 서비스 노동자의 시간-동작을 통제한다. 유통플랫폼은 이용자들의 평가와 등급 매기기를 통해 노동자의 시간-동작을 자동으로 규제하며 절대적 잉여가치를 창출하는 기계다. 거대 유통플랫폼은 말단에 연결된 피용자들을 프리케리아트precariat로 내몰면서 동시에 자신의 플랫폼을 중심으로 한 생태계를 확장하면서 돈을 벌어들인다.

디지털 어셈블리 라인의 착취방식은 기왕의 포디즘이나 테일러리즘에 존재하던 절대적 잉여가치 창출과 상대적 잉여가치 창출 방식에 더해 '기계적 잉여가치'를 추가한다. 플랫폼 기업은 혁신의 이름을 내걸며 절대적 잉여가치와 상대적 잉여가치를 단계적으로 창출한다. 플랫폼 기업은 상대적으로 안정적인 고용 환경을 바탕으로 내부적으로 지속적인 노동을 유지하며, 디지털 환경에서 테일러리즘에 따라 말단직원의 노동력을 착취한다. 이 과정은 플랫폼에 이미 내장된 자동 처리 방식으로 이루어지지만 그렇지 않은 경우 인간의 노동이 사전·사후로 접속되어 플랫폼 생산과정을 마무리하기도 한다. 플랫폼 자본은 금융자본과 연동된 스톡옵션을 이용하여 막대한 '부'를 축적한다.

한편 플랫폼 바깥의 방대한 실업자를 포함한 하급 육체노동자는 디지털 어셈블리 라인에서도 배제된 노동자들이다. 인공지능 자본주의에서도 음식서비스업이나 건설업에 종사하는 일용직 노동직군이나 실업자군이 여전히 존재한다. 이들은 대부분 이주한 외국인 노동자로 채워진다. 인공지능 자본주의에서도 고소득 계층을 상대로 하는 대인 접촉 서비스 노동자는 꾸준히 재생산된다. 로봇으로 대체될 수 있는 분야도 확대되겠지만 동시에 인간의 정서와 감응, 감정을 제공하는 감정 서비스 노동 분야는 플랫폼 바깥에서 지속적으로 충원될 것이다.

반면 운송과 유통 분야 플랫폼 기업들은 이러한 플랫폼의 말단직원에게서 절대적 잉여가치를 수취하는 방식을 결합한다. 이 경우에도 물론 플랫폼 안에 축적되는 데이터를 통해 결합 노동자나 이용자의 행위 패턴이나 업무평가, 평점, 취향 등이 자동으로 축적된다. 시간-동작 연구가 이루어진 테일러리즘에서 탈숙련화가 이뤄진 것을 넘어, 디지털 테일러리즘에서는 단지 기술과 숙련, 지식뿐만 아니라 감정, 판단, 행위까지도 빠져나가고 기계가 데이터셋을 만드는 데 필요한 방식으로 인간노동의 결과물이 공급된다.

　　플랫폼에 결합된 노동 혹은 플랫폼에 통합된 노동은 옆 사람이 눈에 직접 보이는 분업화된 공장 노동과는 다르다. 포디즘 흐름생산의 어셈블리 라인은 결합 노동자의 일과 동작을 시간의 흐름을 통해 하나로 통합한다. 이때 정교하게 배정된 특정한 반복 동작이 연속된 흐름생산 안에서 결합되어 생산라인을 통과하면서 조립된 완성품이 만들어진다. 흐름생산 담당자들은 비록 동일한 동작을 반복하지만 자기 앞과 뒤의 공정을 파악하거나 짐작할 수 있다. 그리고 노동자들은 같은 공장 안에서 이루어지는 결합 노동력의 협업과 연결된 접속의 힘을 공유한다.

　　그러나 완전 자동화가 이루어진 플랫폼 기반 공장의 경우 노동자들은 서로 볼 수도 없고 다른 공정을 확인할 수도 없다. 그들은 공간과 시간 모두에서 멀리 떨어져 있어 눈에 보이지 않는다. 한편 플랫폼 안으로 절단되어 들어온 일반 이용자들의 활동 데이터는 알고리즘으로 가공된 후 자동으로 산출되는 결과물에 따라 유통 차원으로 연장된다. 완전 자동화에 다가가는 디지털 분업체계는 생활·소비·유통 영역으로 확산된 분업체계로서 어셈블리 라인이 생산 이전 단계에서 생산으로 이어지고, 그것이 유통과 직결되어 생산-유통-분배-소비의 최적화된 연결을 보장하는 통합된 자동 축적체제의 기반이 된다. 이것은 생산-유통 소비의 접속, 온라인-오프라인의 접속, 네트워크 접속을 강화하고 플랫폼으로 들어오고 나가는 결합을 확대하면서 플랫폼 이전과 이후, 플랫폼의 안과 바깥을 통괄하는 새로운 축적체제다.

이러한 축적체제는 '가치' 생산보다는 '부'의 축적을 중심으로 전개되며, 개별 공장이 아니라 기업을 통해 축적이 이루어진다. 또한 노동과 생활의 통합을 기축으로 노동력에 대한 잉여가치와 더불어 일반 이용자의 활동 결과물을 무상으로 수취하고, 이용자들의 광범한 네트워크를 확장하여 축적의 생태계를 확장하는 특징을 갖는다.


## IV. 플랫폼 노동과 플랫폼 노동자

사회적 기업이나 공유경제라는 이름을 내걸고 새로운 유형의 기업들이 많이 나타났다. 어떤 사람들은 이를 혁신기업이라고 부르고, 4차 산업혁명 시대의 새로운 혁신을 잘 보여주는 기업 형태라고 역설한다. 다른 사람들은 그것이 새로운 노동 착취에 불과하다고 주장한다. 공유경제의 의미도 초반에는 긍정적이고, 혁신적이고, 새로움을 담고 있는 것으로 보였으나, 최근에 실제 그런 공유경제의 이름을 걸고 사업을 하는 회사들의 모습과 결과를 볼 때 과거 기업들의 행태 못지않게 착취적이고, 문제가 있음이 밝혀졌다(백욱인, 2018).

# 1. 공유경제와 디지털 보편시장

자본주의체제에서 기업의 독점과 이윤의 독식은 항상 문제점으로 지적되었다. 그런데 '공유'라는 이름을 내걸면 자본주의가 지닌 단점과 나쁜 점들이 마치 사회적으로 해결된 것 같은 인상을 준다. 다시 말해, '나만 다 갖는 게 아니라 너랑 함께 나누는 거야'라는 생각이 들게 한다.

생산에 참여해서 생기는 협업과 공유는 앞서 살펴본 플랫폼에서 이미 잘 이루어진다. 다만 그 활동 결과물의 수취가 플랫폼 기업에 의해 독점적으로 발생한다는 것이 문제였다. 이제 플랫폼 안에서의 공유뿐만 아니라 집과 자동차 같은 재산이나 물질도 플랫폼 기업이 활용할 수 있는 대상이 된다. 자동차와 집은 대량생산-대량소비 시대인 포디즘 시기에 중산층을 확대한 대표적인 상품이자 대중의 재산이었다. '우버'는 자동차를, '에어비앤비'는 집을 플랫폼을 통해 '공유(상품화)'하도록 길을 터주었다. 내가 안 쓰는 집의 공간을 다른 사람과 공유하고, 내가 안 쓰는 차의 공간을 다른 사람과 함께 타는 것이 나눔으로서의 공유다. 차를 나 혼자 타고 가는데 뒤에 좌석이 비니까 나와 목적지가 같은 사람들은 카풀을 통해서 공짜로 데려다주고, 집에 방이 다섯 개 있는데 아이들이 다 출가해서 방이 두 개가 비니까 하나는 다른 사람이 쓰게 하는 것이 나눔으로서의 공유다.

이때 공짜로 나눌 수도 있고, 약간의 돈을 받을 수도 있다. 그런데 약간의 돈이 아니라 사회적으로 규정된 돈을 받는 경우가 대부분이다. 이것은 나눔이나 공유가 아니라 임대다. 셋방을 내놓는 것이고, 차를 빌려주는 것이다. 그런데 플랫폼 기업이 공유경제의 이름을 내걸면서 나눔과 공유의 의미가 확대되거나 변질된다. 에어비앤비가 빈 방을 나눠 쓰는 것은 사실상 임대고, 우버가 운전자의 빈 시간에 빈 차를 나눠 쓰는 것은 새로운 형태의 임대에 불과하다. 우버나 에어비앤비같이 소비자와 서비스 제공자를 연결해주는 플랫폼은 빈 시간을 노동시간으로 조합하고 상품이 아닌 것들을 상품으로 만든다.

이러한 플랫폼은 디지털 경제의 최신 영역으로 상품이 아니었던 집의 빈 방, 차의 빈 공간조차 상품화해버린다. 자본주의에 포섭되지 않고 남아 있던 부분조차 이런 플랫폼을 통해서 상품으로 변화된다. 그래서 이런 것을 '디지털 보편 시장digital universal market'이라 부른다(Braverman, 1976/1998). 플랫폼을 통해 차의 빈 공간, 집의 빈 방이 상품으로 전환된다. 어떻게 보면 유휴 자원을 활용하니까 좋은 것이 아니냐고 말할 수도 있지만, 모든 사회가 상품과 이윤으로 재편되어 빈틈이 없어지기 때문에 사실은 공유가 아니고 나눌 수 있는 것이 점점 줄어든다. 선물로 주고, 은혜를 베풀고, 함께 나누던 것조차 다 상품화되는 것이다. '공유경제'라는 이름으로 치장하지만 그 뒤에 숨어 있는 것은 실질적인 공유나 나눔이 아니고 자본주의적인 틀에서 생산되는 새로운 상품의 틀로 바꾸는 디지털 보편 시장의 논리다.

## 2. 공유경제의 실상

디지털 자동화가 빠르게 이루어지면서 한편으로는 실업이 늘어나고, 다른 한편으로는 파괴적 혁신이란 이름을 내건 '우버'나 '타다' 같은 신종 업체가 제공하는 새로운 일거리가 늘어났다. 혁신이란 이름을 내건 '우버'는 전업 운수 노동자가 아닌 사람을 운수 서비스 노동자로 포획한다. 공유

경제라는 이름을 내걸고 등장한 이러한 신종 플랫폼 기업은 기존의 운수 노동자의 사회적 위상을 바꾼다. 차를 모는 운전사의 노동 조건은 과거와 달리 더욱더 악화될 수 있다.

우버 같은 플랫폼 기업은 택시 운전사와 택시 이용자 들을 중간에 연계 시키는 역할만을 한다고 주장하면서 기존 운수업체에 부과되던 책임과 의무를 외부화한다. 이런 현상을 '주정적 외부효과'라고도 부른다. 이들은 기업이 책임져야 하는 상해나 사고, 보험료 등을 외부로 전가하며 법적 책임을 회피하고 규제로부터 빠져나간다. 그러면서도 다양한 이용자들이 남긴 데이터의 흔적은 고스란히 자기들의 데이터로 수취해간다. 한편으로는 운전자의 노동을 과도하게 착취하고 다른 한편으로는 이용자들의 데이터를 공짜로 수취하는 이중적인 축적체제를 현실화하는 것이다.

'배달의 민족'으로 대표되는 음식 서비스 배달도 마찬가지다. 단지 식당과 주문자를 중계하는 데서 그치지 않고, 여기서 만들어진 데이터를 축적한 뒤 새롭게 활용하여 또 새로운 상품을 만들 수 있다.

빈 방을 활용하자는 에어비앤비는 남는 방을 나누는 데서 시작했는데, 이제는 본격적으로 영업을 하는 집들이 늘어나게 되었다. 남는 방을 공유한다는 개념보다는 본격적으로 펜션이나 혹은 자기가 가진 여유분의 집 혹은 방을 상업적으로 대여하는 경우가 주류를 이루게 되었다. 그리고 빈번한 대여로 투숙객들이 바뀌면 청소를 해야 하므로, 아예 그것을 위해서 에어비앤비를 위한 청소 노동자들을 따로 임시직·시간직으로 고용하는 서비스도 등장했다. 이때 청소 서비스 노동자가 에어비앤비 플랫폼의 말단 가지에 연결되면서 새로운 노동환경이 만들어진다. 공유경제라는 틀로 이루어지는 새로운 노동 조건의 변화 및 악화를 보여주는 현상들이다.

플랫폼 사업자는 말단의 실행 노동자와 자신들과의 관계를 분리하여 노동자들을 바깥으로 내몬다. 그리고 그들을 노동자가 아니라 개별 사업 자라고 부른다. 실제 노동을 담당하고 플랫폼에 의해 일거수일투족이 규 제되고 통제되는 노동자를 노동자가 아니라 사업자라고 부르고, 그들의 노동을 자신을 위한 일이라고 부르면서 기업의 책임을 노동자에게 전가하고 정부의 각종 규제를 혁신이란 이름으로 배격한다.

결국 플랫폼을 통해 이루어지는 노동은 디지털 기술을 통해 변형된 노동 착취의 새로운 형태다. 그래서 노동자들은 '전국택배노동조합'과 '배달 플랫폼노동조합' 같은 노조를 만들어 노동의 정당성을 인정받고자 노력한다. 한편, 유럽과 미국 등에서는 이런 플랫폼 노동자들의 노동을 인정하는 판결들이 계속 나오면서 이들이 자영업자가 아니라 노동자로서 대우를 받을 수 있게 되었다.


## 나가며


장소와 시간의 결합, 협업과 분업의 변화, 자동화를 통한 노동과정의 변화를 '디지털 테일러리즘'이라고 부를 수 있다. 알고리즘 기반 시간-동작 연구를 통해 여러 가지 새로운 노동의 통제 방식이 만들어졌다. 해리 브레이버만Harry Braverman은 1974년에 출간된 『노동과 독점 자본labor and mo- nopoly capital』에서 포디즘하에서 보편시장이 어떻게 만들어지고, 노동과정이 어떻게 변화하는가를 연구했다. 비록 40년이 지났지만, 이 책은 지금도 노동과 독점 자본의 관계, 어떻게 보편시장이 만들어지는지, 어떻게 노동

과정이 변화하는지, 플랫폼과 플랫폼 노동이 어떻게 결합되는지를 생각해 보는 데 유용한 시사점을 제공한다.

서비스 플랫폼 장치의 정보관계, 권력관계, 생산관계는 이상에서 살펴본 바와 같이 비대칭적이다. 이용자는 자신의 활동 결과물을 서비스 플랫폼에 넘겨줌으로써 자신에 대한 정보 또한 양도한다. 비대칭적인 지식관계는 통제하고 통제당하는 권력관계로 이어진다. 그리고 이런 관계를 추동하는 핵심적 동력은 플랫폼에서 만들어지는 생산관계에서 나온다. 이처럼 비대칭적인 지식-권력 관계와 생산관계를 탈피하려면 장치에서 물러서거나 장치에 대항하는 두 가지 방법을 실행할 수 있어야 한다. 그러나 자동화된 플랫폼 서비스에서 이용자가 벗어날 대안은 사실 그리 많지 않다. 왜냐하면 서비스 플랫폼 자체가 이용자 활동의 공간과 편의를 제공하기 때문이다. 이용자들은 공짜 서비스를 즐기는 대신에 그들의 식별 정보와 활동 결과물, 이용 흔적을 서비스 제공자에게 손쉽게 건네준다. 서비스 플랫폼의 이러한 모순적 속성이 서비스 플랫폼에 대한 이용자의 자발적 저항을 어렵게 한다.

안타깝게도 이용자가 인터페이스 수준이나 데이터 활용 영역에 개입하고 참여할 방법이나 도구도 별로 없다. 다만 플랫폼에 대한 외부로부터의 해킹이나 '물러서기(이용 거부)' 정도가 그나마 실행 가능한 대안이다. '권력이 힘들의 관계'고, 힘들의 관계가 하나의 '권력관계'라면(Deleuze, 1986/2003: 113), 모든 힘들은 언제나 특정한 권력관계다. 그래서 이용자의 데이터를 전유하고 이용자를 감시하며 이용자를 수단으로 내모는 플랫폼 체제를 극복할 주체는 이용자 이외에 다른 누구도 될 수 없다. 빅데이터 시대의 이용자 운동은 아쉽지만 이처럼 명백하고 당연한 사실을 인정하는 데서 출발해야 할 것이다.

**참고 문헌** _____

백욱인(2014), 「정보자본주의와 인터넷 서비스 플랫폼 장치 비판」, 『한국언론정보학보』 65(1), 76-92.

백욱인(2018), 「인공지능과 인지 자본주의 비판」, 『동향과 전망』 103, 83-113.

백욱인(2021), 「인공지능 시대의 기계들과 인간들」, 『문화과학』 105, 27-52.

Agamben, G. (2009), *What is an Apparatus? and Other Essays*, Stanford University Press.

Agamben, G. & 양창렬(2010), 『장치란 무엇인가? 장치학을 위한 서론』, 양창렬(역), 난장(원서출판 2006).

Althusser, L. (2007), 『재생산에 대하여』, 김웅권(역), 동문선(원서출판 1995).

Boutang, Y. M. (2012), *Cognitive Capitalism*, Polity Press.

Braverman, H. (1998), 『노동과 독점자본』, 이한주·강남훈(역), 까치(원서출판 1976년).

Deleuze, G. (2003), 『푸코』, 허경(역), 동문선(원서출판 1986).

Deleuze, G. (2006), "What is a Dispositif", Lapoujade, D. ed., *Two Regimes of Madness: Texts and Interviews 1975-1995*, Semiotext, 338-348.

Foucault, M. (1980), *Power/Knowledge*, Gordon, C. ed., America: Pantheon Books.

Foucault, M. (2016), 『감시와 처벌』, 오생근(역), 나남출판(원서출판 1975).

# 15

# 디지털 국가

## DIGITAL NATION

**이원경**

조치대학교 글로벌교육센터

현대 사회에서 '기술'은 개인의 차원에서 일상생활의 편의성을 좌우하는
요소이자, 경제활동의 방향을 전환할 수 있는 핵심적인 역할을 한다. 그
뿐만 아니라, 세계정치의 차원에서 국가 간 경쟁과 협력의 수단, 혹은 목
적이 되기도 한다. 따라서 정치학 및 '국가'를 핵심 연구 대상으로 삼는 인
접 학문 분야에서 기술이라는 변수는 간과할 수 없는 존재다. 특히 4차
산업혁명으로 비약적으로 발전한 디지털 기술이 국가와 개인, 공공과 민
간 부문의 관계를 재편하고 있어, 국가 연구에서 기술이 차지하는 비중은
더 커질 것이다.

반대로 기술 연구에서 '국가'는 어떤 의미를 지니는가? 광범위한 기술
의 분야에서 특히 정보통신기술은 국가의 영향력과 통제를 강화할 수 있
는 수단으로 인식되던 시기가 있었다. 그러나 정보통신기술이 발전할수
록 오히려 국가 중심의 중앙집권적 구조를 해체시킬 수 있는 디지털 기술
의 분산적 구조가 부각되거나, 세계정부가 없는 상태에서 기술적 문제를
관리하기 위한 거버넌스 모형이 주목받게 되었다. 최근에는 디지털 기술
의 발전이 복합화되어가는 과정에서 이를 조정하고 견인해나가는 존재
로서의 국가를 기대하는 목소리까지 나온다.

이처럼 기술발전에 따라 국가의 역할은 변화해왔으며, 민民의 국가에
대한 기대와 경계심 역시 기술발전에 따라 달라졌다는 것을 알 수 있다.
따라서 이 글은 기술사회의 주요 개념으로서 '국가'가 어떻게 인식되어왔
으며, 산업계(기업)-학계-시민사회로 세분할 수 있는 '민民'과 어떤 관계
를 맺고 있는지 고찰함으로써, 기술사회 연구에서 '국가'의 의미를 다각
적으로 조망하고자 한다.

# I. 기술과 국가의 관계

기술사회 연구에서 '국가'는 조직된 정치 형태를 가지며, 대내외적으로 자주권을 행사할 수 있는 정치적 실체를 의미한다. 국가에 관련 연구들의 흐름을 살펴보면, 강력한 권력의 주체로서 국가에 주목한 연구들이 다수 있다. 이러한 연구들 중 상당수가 기술발전에 강한 영향을 행사할 수 있는 국가를 비판적으로 바라보는 한편, 기술발전에 따라 국가의 권력이 분산될 것인지에 대해 큰 관심을 기울이는 것을 알 수 있다(Castells, 1996; Hardt & Negri, 2000; Slaughter, 2004 등). 한편, 정책학 및 행정학을 중심으로, 기술과 국가의 협력적 관계나 기술발전 과정에서 국가의 역할에 주목하고 사회적 기대를 표명하는 연구의 흐름도 동시에 존재한다[1](Gerschenkron, 1962; Heiduk & Yamamura, 1990; Nelson, 1993; Drezner, 2001; Leydesdorff, 2006 등).

---

1   과거에는 19세기 프리드리히 리스트Friedrich List의 국가 중심 중상주의론을 바탕으로, 20세기 초중반 조지프 슘페터Joseph Schumpeter가 지적한 기술개발에서 국가의 개입을 지적한 부분 등이 부분적으로 채택되거나 왜곡되어 국가 주도의 기술 이데올로기가 정당화되기도 했다.

기술과 국가에 대한 연구들에서는 '정부', '관官', '거버넌스governance' 등의 용어가 때로는 대조되는 논지하에서, 혹은 병용하여 사용될 수 있는 인접 개념으로 함께 등장한다. 이 글은 '국가'의 여러 가지 스펙트럼 중 정책 운용으로서의 주체이자, 사회적 지지에 따라 발전의 방향을 결정하고 주도하는 측면을 중심으로 기술과의 관계를 살펴보고자 한다.

한국 과학기술정보통신부의 「과학기술 50년사」(2017)를 텍스트 마이닝text mining한 서호준의 연구 결과, [표 1]과 같이 '국가'의 출현 빈도는 10위였고, '연구개발'(240회), '사업'(207회)과의 공출현 빈도가 높았다. 한편, 빈도분석 7위, 연결정도 중심성 6위로 나타난 키워드 '정부'와 공출현 빈도가 높았던 키워드들은 '출연'(237회), '연구기관'(214회)으로, 한국의 과학기술 발전에 역대 정부들이 '출연'과 '연구기관'을 주요 정책수단으로 삼아 과학기술의 진흥을 추진해왔다는 사실이 반영된 것으로 보인다(서호준, 2019).[2]

이 연구를 비롯한 여러 연구를 통해 또 한 가지 알 수 있는 점은, 한국의 기술사회 연구에서 '과학'과 '기술'이 혼재되어 사용되는 일이 잦다는 것이다. 이 책의 제1장 「기술」에서 논의된 바와 같이, 본래 '과학'과 '기술'은 각각 다양한 층위의 정의가 존재하는 개념어이자 별개의 개념이다. 표준국어대사전에 따르면 '과학'은 보편적인 진리나 법칙의 발견을 목적으로 한 체계적인 지식을 의미하며, 좁은 의미로는 자연과학을 지칭한다. 한편, 제1장에서 본 '기술'은 인간 생활에 유용하게 한다는 목적을 달성하기 위

---

[2] 그 외 출현 빈도 및 중심성이 높은 단어로는 11위 지역, 12위 대학, 14위 기업, 20위 정보, 21위 시스템 등이 있었다.

[표 1] 「과학기술 50년사」내 단어 출현 빈도 및 중심성(서호준, 2019: 189)

| 빈도분석(TF-IDF) | | | 연결정도 중심성 지수(표준화) | | |
|---|---|---|---|---|---|
| 순위 | 키워드 | 횟수 | 순위 | 키워드 | 지수 |
| 1 | 과학기술 | 3835.291 | 1 | 과학기술 | 0.164 |
| 2 | 사업 | 3233.532 | 2 | 사업 | 0.126 |
| 3 | 기술 | 2618.502 | 4 | 기술 | 0.086 |
| 4 | 정책 | 2298.195 | 3 | 정책 | 0.091 |
| 5 | 연구개발 | 2282.805 | 5 | 연구개발 | 0.079 |
| 6 | 인력 | 2120.403 | 7 | 인력 | 0.063 |
| 7 | 정부 | 2077.075 | 6 | 정부 | 0.071 |
| 8 | 연구 | 1833.388 | 8 | 연구 | 0.054 |
| 9 | 개발 | 1614.780 | 9 | 개발 | 0.048 |
| 10 | 국가 | 1605.712 | 9 | 국가 | 0.048 |

해 사용되는 수단이라는 실용적·경험적 개념이라고 볼 수 있다.

이렇게 과학과 기술이 서로 다른 전통과 계보로 발전해온 서구 국가들과 달리, 20세기 후반 후기산업화에 성공한 국가들은 '과학기술'을 고유명사화하여 사용하는 경향이 있다(송위진·홍성주, 2017). 한국뿐만 아니라 일본의 기술사회 연구에서도 과학과 기술을 개별 단어로 쓰기보다는 '과학기술'이라는 합성어가 등장하고 이를 분석한 경우가 많은데, 과학기술이 지니는 지식산출의 근본적 속성보다는 산업적 유용성이라는 렌즈로 이해하는 측면이 있다는 사실이 반영된 것으로 보인다(赤池, 2019).

또한 '기술 주권'이라는 표현을 통해 그 배타성을 강조하는 경우도 다수 발견된다. 일반적으로 기술은 범용성이 있음에도 국가는 자국민에게만 복지, 경쟁력, 행위 능력에 중요하다고 간주하는 기술들을 제공하는 경우가 많고, 일방적·구조적으로 의존하지 않고 기술을 개발하거나, 다른 경제 영역에서도 기술을 원천화할 수 있는 능력을 보유한 국가로 차별화하려는 시도가 존재하는 것이다(Edler et al., 2020). 이와 같은 배타성은 국가 간의 관계와 기술이라는 화두와도 연결된다. 실제로 근대국가에서 배타성을 지닌 군사 기술을 중심으로 선도하는 국가가 패권국의 위치를 차지했다. 그리고 현대에 와서는 1980~1990년대 산업 기술, 2000년대 이후 디지털 기술을 비롯한 첨단기술을 둘러싸고 국가 간의 경쟁과 협력이 발생한다.

## II. 기술발전과 국가/거버넌스

근대국가 체제에서 많은 국가들이 국력의 원천이 기술에 있다는 것을 인식하고 군사기술을 통한 적극적인 부국강병 정책을 실시해온 바 있다. 또한 제1~2차 세계대전 때 본격적으로 국가 주도의 기술 개발 시스템에 대한 연구가 시작되었다. 전후에도 냉전으로 인해 강대국들 사이에서는 이와 같은 기조가 유지되었다.

한편, 동아시아를 중심으로 한 일부 개발도상국들의 기술정책은 양질의 노동력을 활용한 노동집약적 산업에서 기술집약적 산업으로 경제성장을 이루는 것으로 이어진다. 즉, 동아시아의 초기 기술정책은 경제정책의 하위 정책으로 인식되어왔다(송위진·홍성주, 2017). 이후 일본을 비롯한 한국, 대만, 중국 등의 동아시아 국가들의 빠른 경제성장으로 주목받게 된 발전국가형 기술정책(Johnson, 1982)은 1990년대 일본 반도체 산업의 성장 사례와 함께 기술발전에서의 국가 역할을 강조하는 한편, 미일 무역분쟁을 촉발해 학계와 산업계에서도 쟁점으로 부상했다.

한국의 경우, 1946년 2월 과학기술부 설치안이 발의되는 등 국가발전의 초기 단계부터 기술을 통한 발전에 대한 강한 믿음이 존재했다. 이후, 경제개발의 주체로서 기술인력이 강조되는 등 과학기술 역량의 내재화가 이루어졌다. 이와 같은 노력의 결과 한국은 20세기 후반 후기산업화에 성공한 국가 중 하나이자, 21세기에 들어와 기술 원조를 하는 국가로 부상하면서 타국과 비교해서도 견고한 과학기술 국가주의가 정착되었다(송위진·홍성주, 2017).

일본에서는 1956년 총리 직속 과학기술청이 설치된 이래 원자력 연구개발로 시작하여, 화학·정밀기기·전자산업을 비롯한 첨단기술 분야에 대한 국가적 투자가 이루어졌다. 일본 과학기술의 흐름을 보면 1970년대까지는 서구의 과학기술을 추격하는 것이 목적이었지만, 1980년대 후반부터 1990년대에 이르러 자주적 기술을 지향하게 되었다. 당시 거품경제의 영향으로 과학기술 분야에서도 중앙 연구소를 설립하여 과감한 투자를 통해 자주적 기술 개발을 시도한 것이다(内田, 1996). 이와 같은 투자에는 서구 국가들이 일본에 대해 '기초 연구에 무임승차한다'고 지적한 것도 영향을 주었다.[3] 1995년에는 일본 과학기술기본법이 의원 입법에 의해 제정되었고, 1996년부터 5년마다 과학기술기본계획을 수립하여 국가 전체의 기

---

3  1987년 베네치아 정상 회의에서는 나카소네 당시 총리 주도로 휴먼 프론티어 과학 프로그램HFSP이 제창되었다. 동 프로그램은 일본의 기부금을 바탕으로 프랑스를 거점으로 국제 연구협력을 실시한다는 내용으로, 일본이 과학기술강국으로 국내외에서 인식되는 계기가 되었다(内田, 1996).

본 정책으로 삼았다. 그 후 일본은 이른바 '잃어버린 20년'의 시대를 맞았지만, 과학기술기본계획은 꾸준히 이어져 2021년 제6기에 진입했다. 한국과 중국의 부상 속에서 신기술 거버넌스에 대한 국가의 역할은 여전히 강조된다.

한편, 1980~1990년대 일본의 일부 기술 정책은, 기술을 경제성장과 직결시켜 국가 목표로 삼는 발전국가형 정책의 전형으로 지목됐다. 당시 반도체를 비롯한 첨단기술 분야에서 일본과 경쟁하던 구미 국가들이 일본은 국가가 적극적으로 나서 첨단 산업기술, 관련 기업, 생산 네트워크, 연구조직을 보호하고 육성했다는 점을 문제시한 것이다. 특히, 기술정책과 산업구조를 연동시켜 국가가 기술발전을 특정 방향으로 조정하려는 의도를 가지고 개입한 것은 산업계뿐만 아니라 학계에서도 논쟁을 불러일으켰다.

동아시아의 발전국가론은, 미국 등도 연구개발비를 증대하고 기술발전을 고무할 수 있는 재정적·조세적 혜택을 제공하는 한편, 기술혁신을 방해하는 규제를 철폐하는 등 국가가 능동적 역할을 해야 한다는 주장으로 이어지기도 했다(Borrus & Tyson & Zysman, 1986). 디지털 기술의 등장 이후, 발전국가론은 산업구조를 특정 방향으로 조정하려는 의도를 가지고 국가가 개입하는 것은 효용성이 떨어진다는 점을 들어 비판을 받았다.

그러나 1980년대 후반 진화론적 경제학을 토대로 등장한 국가혁신시스템National Innovation Systems: NIS론은 정보통신기술의 발달과 지능정보사회로의 시대 변화 이후에도 살아남았다. 현대 자본주의 사회에서 기술개발의 일차적 책임은 기업에 있지만, 기업의 성과가 정체되어 있을 때 거시적 방향을 제시하거나 새로운 구조를 형성해 돌파구를 마련해줄 수 있는 국가의 역할이 중요하다는 것이다.[4] 군사기술 개발에 중점을 두던 국가들도 탈냉전 이후로는 산업 관련 기술로 국가의 기술개발 방향이 전환되었다. 그 뒤로도 기술은 개발과 상용화에 상당한 시간과 자금이 소요되므로 민간에만 맡겨둘 수 없다는 논리로 기술개발에서 국가의 역할은 확장됐다.

기술발전에서 국가의 역할을 강조하는 것은 내셔널리즘의 강화라는 결과를 불러일으키기도 했다. 로버트 라이시Robert Reich 등은 1980년대 일본의 기술발전이 두각을 나타내는 가운데 미국의 기술력이 쇠퇴했다는 위기감이 감돌자 국가혁신시스템도 기술세계주의techno-globalism에서 기술국가주의techno-nationalism로 변화해갔다는 점을 지적한 바 있다(Reich, 1987: 63-69).

정보통신기술ICT이 등장한 이후 관련 기술의 발전 속도가 매우 빠르고 탈국경적인 흐름이 있음에도 기술민족주의가 계속 이어졌다. 표준경쟁 등 기술 헤게모니를 장악한 승자가 시장을 독식하는 구도가 심화되고 디지털 기술의 경제성장 및 국가 경쟁력에 대한 기여도가 계속 증가하자, 각국에서는 기술민족주의를 이데올로기로 삼아 관련 연구개발비 지출 규모를 지속적으로 증대시키기도 했다.

한편에서는 기술국가주의에 대한 경계 및 1990년대 이후 발전국가형 정책이 지속적인 기술혁신에서는 한계를 지닌다는 비판과 반성이 제기되기도 했다. 탈냉전의 도래와 세계화의 진전, 그리고 인터넷의 확산을 비롯한 정보통신기술의 발전으로 국가의 기술 독점이 더 이상 불가능해진 것

---

**4** 한국의 국가연구개발사업R&D 예산은 2019년 20조 3,397억 원으로 최초로 20조 원을 넘어섰고, 2020년에는 18퍼센트 증가한 24.2조 원으로 확정되는 등(기획재정부, 2019) 기술사회에서의 국가 역할에 대한 사회적 기대가 지속 및 확대되고 있는 것으로 보인다.

은 아닌가 하는 지적도 있었다. 이러한 흐름에서 등장한 주목할 만한 개념으로는 이 책의 제3장 「정보공유」에서도 논의된 '거버넌스'를 들 수 있다. 국가의 통치에 대한 대응 개념으로서 민간부문과의 협력, 비정부부문과 시민사회, 나아가 국제적 협조까지 포괄하는 협력적 통치가 기술발전의 과정에서 나타난다는 것이다. 한편, 과거의 국가가 기술력을 독점하고 사회구성원들에게 강제력을 행사할 수 있는 존재로 국가-국민의 위계적인 구조를 이루었다면, 디지털 경제의 발달로 사이버공간에서 다국적 플랫폼 기업 등의 영향력이 강화되어서 국가의 역할이 상대적으로 축소될 것이라는 전망도 존재했다.

그러나 4차 산업혁명의 가속화와 포스트 팬데믹 시대의 도래와 더불어 기술사회 연구에서 다시 '국가'가 재부상하는 추세다. 코로나 19 바이러스의 창궐 이후 국가는 어느 때보다 강력한 행위자로, PCR 검사, 감염자 추적, 백신 도입 등 관련 기술을 통제하며, 때로는 강제력을 행사하는 효율적인 방법으로 감시를 선택하기도 했다. 한국에서는 이에 대한 시민사회의 저항이 크게 나타나지 않았으며, 개인은 자유와 프라이버시를 어느 정도 포기하더라도 안전을 위해 국가의 기술 독점 및 통제를 수용했다.

중국에서도 코로나 19 바이러스 발생 이후, 국가인터넷정보판공실 관계자가 "신종 코로나바이러스와의 싸움에서 이기려면 인터넷 플랫폼 기업과 지방정부가 좋은 온라인 환경을 조성해야 한다"라고 발언하는 등, 자국 기술기업들에 대한 지원 및 네트워크 공간에서의 국가와 기술기업 간 협력체제, 즉 '기술 거버넌스tech governance'를 강조했다(차정미, 2020). 이런 국내외 상황에서, 팬데믹 이후 국가의 역할이 관련 기술발전과 조화롭게 공존할 수 있을지에 대한 관심이 높아진다.

# III. '국가'에 대한 사회적 기대의 양면성

근대국가 이후 정부와 언론 등을 견제하는 제3의 세력으로서의 시민사회가 급격히 대두함에 따라, 기술과 국가의 관계가 때로는 비판적으로 평가되기도 했다. 하지만 근현대 기술사회 연구의 흐름 속에서 개별 '국가'는 민간부문이 담당하지 못하는 중요한 역할을 담당할 수 있는 주요 행위자로 논의되어왔다. 이와 같은 기술과 국가의 관계, 혹은 민과 관의 관계는 국가 간의 관계가 더욱 복합적으로 변화하는 지구화 시대에 어떤 의미를 지니는가?

앞서 본 바와 같이, 많은 국가들이 국내외적으로 기술개발의 리더십을 가지고자 했다. 대표적으로 동아시아 국가들은 국가 주도 기술정책으로 괄목할 만한 성장을 이뤘다. 이런 국가의 구성원 중에는 기술개발에서 국가의 역할을 신뢰하는 한편, 기술발전으로 인한 편의성을 복지처럼 인식하는 경우가 자주 목격된다. 한국의 경우 2000년대부터 급속하게 추진된 전자정부화로 국민들이 간편하게 행정 업무를 처리할 수 있게 되었고, 이로 인해 전자정부 및 디지털화에 대한 국제 비교 순위에서 최상위권을 차지했다는 사실에 국민적 자부심까지 드러내곤 한다.

그러나 모든 사회에서 이와 같은 '국가'와 '기술'의 긴밀한 관계가 기대되고 용인되는 것은 아니다. 국가가 기술을 통제한다는 것에 대한 경계심이 자리 잡은 문화권도 존재하며, 그럼에도 국가가 과도하게 개입하여 사회갈등을 촉발한 사례도 있다. 이 절에서는 일본 전자정부화의 첫걸음이라고 할 수 있었던 '주기넷' 사례의 실패를 통해 교훈을 얻고자 한다.

한국과 일본은 중국 종법으로부터 영향을 받은 호적제도가 존재했던 국가라는 공통점이 있지만, 제2차 세계대전 종전 이후 산업화 시기 당시 서로 다른 거버넌스를 채택한 바 있다. 한국의 경우, 1960년대 이후 강력한 국가권력을 기반으로 불변성·고유성·강제부여성이 특징(이장희, 2013)인 주민등록번호가 도입됐다. 반면, 일본은 전체주의적 사회로의 회귀를 경계하는 사회적 반대에 강하게 부딪혀 통합적인 번호 체계를 도입하는 데 성공하지 못했다(이원경, 2020).[5] 1968년에는 당시 최고조에 달했던 학생운동 관련 단체 등의 반대로 도입에 실패했고, 이후에도 개인식별번호를 도입하려는 시도는 시민사회의 반대에 번번이 부딪혀 실현되지 못했다.

이로 인해 일본 각 행정기관들은 개별적으로 납세, 여권, 운전면허, 건강보험, 연금 등의 번호를 부여했고, 중복 투자로 인한 낭비가 상당했다. 정보통신기술 도입이 시작된 1990년대 후반, 일본 정부는 전자정부를 비롯한 정보화에 뒤쳐질 수 있다는 위기감을 느꼈다. 이를 대비하기 위해 '이름, 생년월일, 성별, 주소' 네 가지 개인정보만을 전국의 지방자치단체가 전용회선으로 일원화해서 관리하는 주민기본대장 네트워크(주기넷)를 가동했다. 또한 전국민에게 열한 자리의 주민표 코드를 부여하고, 희망자에게 사진이 포함된 주기카드를 교부했다. 하지만 동 제도는 강한 사회적 반발을 낳았고,[6] 2016년 마이넘버제도가 도입되기 전까지 활성화되지 못해 실패로 돌아간 바 있다.

---

**5**   이 글에서 소개하는 주기넷 및 마이넘버 사례는, 필자가 쓴 「4차 산업혁명 시대 데이터 안보와 국가주권: 한국과 일본의 개인식별번호 체제 비교」의 내용을 바탕으로 재작성했다.

**6**   주기넷 도입 시, 사이토 등은 지방자치단체 등을 상대로 주민기본대장 네트워크 금지 소송을 2002년 제기한 이유에 대해, 국민 총 등번호國民総背番号 제도를 구축하려는 전제이므로 인간의 존엄과 자유를 침해하고, 개인정보가 기업에 노출되어 감시사회가 도래할 가능성이 있으며, 정부의 제도에 반대하는 사람을 파악하기 쉽게 되어 정치적 의사의 개진이 어려워진다는 것을 들었다(斎藤, 2006).

이를 통해, 국가 주도의 기술 운용에 따르는 명암을 알 수 있다. 국가 주도의 기술발전이 성공한 국가에서는 21세기에 들어와서도 여전히 공급 중심의 기술정책이 추진되는 경우가 자주 목격된다. 그러나 기술이 가져오는 이익뿐만 아니라 위험에 대해서도 시민사회의 관심이 높아졌고, 기술발전에서도 수요 중심적 접근의 필요성이 강조된다(송위진·홍성주, 2017). 국가와 기술의 관계가 시대에 따라 달라질 수 있으며, 국가에 대한 사회적 기대에도 양면성이 존재한다는 것을 국가정책 결정자뿐만 아니라 시민들도 이해해야 할 필요가 높아졌다.

한국의 기술정책도 공급 중심으로 이루어지는 경향이 존재했다. 과거 20년 동안 과학기술 관련 미디어 보도와 정부 문서를 각각 텍스트 마이닝하여 대조한 권기석 외의 연구에 따르면, 사회 이슈와 정책 군집 프레임이 일치하지 않는 경우가 많았다. 일치하는 경우에도 시차가 있어서 사회적 요구에 기술정책이 적시성 있게 대응할 필요가 있다는 것이 나타났다(권기석·이찬구·정서화, 2018). 경제발전의 성숙기에 들어선 상황에서, 과학기술 발전의 목적에 대해서도 사회문제 해결을 위한 설득력 있는 해석이 필요해진 것이다.

상기한 일본의 주기넷 사례와 대조하여, 2016년 이후 일본 정부가 도입한 개인식별번호인 마이넘버는 일정 부분 사회문제 해결을 위한 설득이 이루어졌다고 볼 수 있다. 디지털 사회로의 이행이라는 시대적 변화 및 글로벌한 추세에 따라 마이넘버가 필요하다는 논지와 함께 일본 정부가 제기한 것은 재해 관리와 고령화 및 인구 감소 문제다. 마이넘버가 있으면 국가가 디지털 기술로 개인정보를 효율적으로 관리할 수 있고, 재해 발생 시 피해자를 파악하고 지원하는 것도 용이해진다는 것이다. 이를 위해 에히

메현 등에서 실증실험을 하여 피난처의 출입 관리 등에 마이넘버카드 등을 활용할 수도 있다는 것을 입증하기도 했다.

또한 인구 감소에 직면하는 지자체가 급증하는 가운데, 마이넘버와 마이넘버카드가 보급되면 직원 수가 감소해도 주민 행정 서비스의 질이 저하되지 않을 수 있다고 설득했다. 나아가, 빅데이터 시대에 일본 중앙정부와 지방정부 등은 국민이 작성한 교육·의료·연금·세금 등의 수많은 행정 관련 마이크로 데이터를 보유했음에도, 이를 연결할 적절한 고리가 없어 방치되는바, 보물이 쌓여 잠들어 있는 데이터의 산을 마이넘버로 연결해 활용할 수 있게 해야 한다고 강조한다(日本経済新聞, 2019.8.30.).

특히 코로나 19 바이러스 대응에서 일본의 디지털화 지연은 큰 문제가 되는 상황이며, 2022년 6월 발표된 「IMD 세계경쟁력 순위 2022」[7]에서 전년보다 3위 더 하락한 34위에 머물러 2020년에 이어 다시 역대 최저로 평가받은 것에 대해 반성의 목소리가 커져갔다. 일본의 순위가 대만, 한국 등보다 낮은 원인은 디지털 기술과 관련된 항목이 대부분 하위권이고, 비즈니스 효율성이 조사 대상 63개국 중 51위를 차지한 데 있다. 여전히 종이 문서를 중심으로 정보처리가 이루어지는 것이 일본의 생산성을 저하시키며, 코로나 19 바이러스에 대한 빠른 방역 대응이 이뤄지지 못한 데에도 이와 같은 문제점이 명확하게 나타났다고 지적됐다(野口, 2020). 이와 같이 사회적 효용성이라는 국가의 설득을 바탕으로 향후 일본의 마이넘버 도입

---

7   스위스에 위치한 국제경영개발대학원International Institute for Management Development: IMD이 매년 발표하는 국가경쟁력 순위에서 덴마크 1위, 싱가포르 3위, 홍콩 5위, 대만 7위, 미국 10위, 한국은 27위를 차지했다. 1990년대 IMD 조사에서 일본은 선두 그룹을 차지해왔지만, 2010년대 이후 디지털 기술과 비즈니스 효율성에서 낮은 평가를 받으며 전체 순위의 하락을 가져왔다.

은 주기넷과 달리 비교적 성공적으로 정착될 것이 기대된다.

일본 외의 국가들에서도 팬데믹 이후, 국가가 감염자 추적 애플리케이션app을 운용하거나 백신과 관련한 정보를 독점하는 등의 모습이 목격되었다. 그러나 이와 같은 현상은 전 세계적으로 유례없는 팬데믹 상황 속에서 일시적으로 국가의 기술독점을 용인하는 분위기가 나타난 것으로, 장기적으로는 이에 대한 사회적 저항도 거셀 것이라는 지적도 있다. 영국의 경우 코로나 19 바이러스 감염자 및 접촉자를 추적하는 'NHS COVID-19 app'의 운용 초기에 정부가 익명 데이터를 중앙에 집중시키는 방식으로 취합할 수 있는 모델을 구상했으나 API를 제공하는 애플사 등이 분산형 시스템을 고집하여 업데이트가 중지되기도 했다.

최근 출간되는 기술과 국가에 대한 정부 보고서 및 연구 등을 살펴보면, 2000년대 초반과 비교해 오히려 '주권'이라는 단어의 사용이 증가하는 추세다. 기술 주권, 정보 주권, 데이터 주권 같은 용어의 범람은, 초연결 사회와 코로나 19 바이러스 등으로 높은 불확실성과 위험 요소가 상존하는 시대에서 국가가 사회로부터 기술발전에 대한 효율적이고 책임 있는 관리자의 역할을 요구받는다는 것을 보여준다. 한국에서도 개인정보와 데이터를 핵심자원으로 한 '디지털 뉴딜' 사업이 추진되는 가운데, 인공지능 데이터 사업, 데이터 바우처 사업 등에 있어서 국가의 역할이 관련 기술발전과 조화롭게 공존할 수 있을지에 대한 관심이 이어진다.

## 나가며

이 글에서는 한국과 일본 등 동아시아를 중심으로, 기술사회 연구가 등장한 이래 '국가'라는 개념이 기술 및 기술사회 연구와 어떻게 상호작용해왔는지 조망해보았다.

현대의 국가 개념에 따르면, 국가는 일정 지역의 인간들이 공동체적 필요에 따라 구성한 것이다. 따라서 구성원들의 필요에 따른 역할을 수행해야 하지만, 내외의 위협으로부터 공동체를 유지하려는 목표도 함께 지니기 때문에 개인의 요구와 상충하는 모습을 보이기도 한다. 기술을 통해 권력을 강화하려는 국가와 이에 저항하는 민간부문의 갈등 역시 이와 같은 상충의 한 측면이다. 그러나 갈등이 존재한다고 해서 기술발전 및 기술사회 연구에서 국가의 의미를 부정하거나 축소하는 것도 편파적인 태도가 될 수 있다.

1990~2000년대 일본의 거품경제가 붕괴하고 동아시아 국가들의 경제 성장이 둔화하면서 발전국가 패러다임에 따라 운영되던 국가/정부에 대한 비판과 국가 주도의 기술개발을 재고해야 한다는 목소리가 높아졌다. 한편, 최근 몇 년간 4차 산업혁명 관련 디지털 기술의 비약적인 발전은 국가와 기술 간의 여러 가지 새로운 과제를 제시한다. 과거 기술사회 연구에서 국가는 개인의 자유를 침해하고 감시하는 존재라 여겨지기도 했다. 국가에 대한 이런 관점에서 빅데이터와 인공지능 등이 이 같은 문제를 심화시킬지, 혹은 국가가 우려를 불식시키고 지식 활용의 혁신을 가져올지에 대한 의문이 제기되는 것이다. 특히, 신기술의 파급력이 급속히 커져가는 가운데, 2020년에는 코로나 19 바이러스와 같은 국가 차원의 대응이 필요한

글로벌 이슈로 불확실성이 증대되자 다시 국가의 역할에 대한 기대 수준이 높아지는 측면도 있다.

이에 대한 대응 중 하나로, 한국의 경우 2010년대 후반 이후 과학기술 정책의 방향이 국가 경쟁력을 강조하는 것에서 국민 삶의 질 향상을 위한 지식 활용으로 확장되었다는 점을 지적하고 싶다. 제1, 2차 과학기술 기반 사회문제 해결 종합 실천계획 등 사회문제 해결형 연구개발 정책이 등장한 것은 국가와 민간의 관계가 재편될 수 있는 가능성을 보여준다. 나아가 전 지구적 관점에서 개별 국가와 기술에 대한 연구에 이어, 국가 간의 관계와 기술 거버넌스에 대한 연구가 증가하는 것을 계속해서 주목할 필요가 있다.

## 참고 문헌

권기석·이찬구·정서화(2018), 「과학기술 정책 연구와 사회, 정부」, 『기술혁신학회지』 21(1), 64-91.

기획재정부(2019), 「나라살림 예산개요」.

김병준·김종호(2019), 「지능정보사회 공공정책 수용성 관점에서 본 한국 전자정부 방향성 탐구: 전자정부·정보통신기술 정책전문가 인식설문조사 분석을 중심으로」, 『한국지역정보화학회지』 22(3), 57-76.

서호준(2019), 「텍스트 네트워크 분석을 활용한 우리나라 과학기술 정책 50년의 주요 의제 분석 - 『과학기술 50년사』를 중심으로」, 『과학기술 정책』 2(2), 171-201.

송위진·홍성주(2017), 『현대 한국의 과학기술 정책』, 들녘.

이원경(2020), 「4차 산업혁명 시대 데이터 안보와 국가주권: 한국과 일본의 개인식별번호 체제 비교」, 『4차 산업혁명과 신흥 군사안보』, 한울.

이장희(2013), 「개인식별수단의 헌법적 한계와 주민등록번호의 강제적 부여의 문제점 검토」, 『고려법학』 69(0), 89-126.

차정미(2020), 「코로나와 중국의 기술 거버넌스: 4차 산업혁명시대, 기술은 어떻게 통치를 지원하는가」, 『서울대학교 국제문제연구소 이슈브리핑』 No. 114.

Borrus, M. & Tyson, L. D. A. & Zysman, J. (1986), "Creating advantage: how government policies shape international trade in the semiconductor industry", *Strategic trade policy and the new international economics*, 99-114.

Castells, M. (1996), *The Rise of the Network Society*, Wiley-Blackwell.

Drezner, D. (2001), "State structure, Technological leadership and the Maintenance of Hegemony", *Review of International Studies 27*(1), 3-25.

Edler, J. et al. (2020), "Technology Sovereignty: from demand to concept", Fraunhofer ISI.

Gerschenkron, A. (1962), *Economic Backwardness in Historical Perspective*, Harvard University Press.

Hardt, M. & Negri, A. (2000), *Empire*, Harvard University Press.

Heiduk, G. & Yamamura, K. (1990), *Technological Competition and Interdependence: the Search for Policy in the United States, West Germany, and Japan*, University of Washington Press.

Johnson, C. (1982), *MITI and the Japanese Miracle: The Growth of Industrial Policy, 1925-1975*, Stanford University Press.

Leydesdorff, L. (2006), *The Knowledge-based Economy*, Universal Publishers.

Modelski, G. (1987), *Long Cycles in World Politics*, University of Washington Press.

Nelson, R. (ed.) (1993), *National Innovation Systems: A Comparative Analysis*, Oxford University Press.

Reich, R. (1987), "The Rise of Techno-Nationalism", *The Atlantic Monthly 259*(5), 63-69.

Slaughter, A. (2004), "Disaggregated Sovereignty: Towards the Public Accountability of Global Government Networks", *Government and Opposition 39*(2), 159-190.

今井 寿子(2019),「社会的価値の創造過程と国家が備えるべき技術経営システム」『日本経営システム学会 全国大会講演論文集』63, 24-27.

内田 盛也(1996),「国家戦略と科学技術政策 (<特集>新時代に対応する科学技術の基本体制)」,『研究 技術 計画』10(1-2), 29-34.

牧野 昇国(1990),「国家の覇権は技術力で決まる (日本の繁栄はいつまで続くか<シンポジウム>)」『中央公論』105(7), 111-117.

文部科学省(2004),「科学技術の振興に関する調査: 科学技術専門家ネットワークアンケート調査結果」基本計画特別委員会(第3期科学技術基本計画) (第2回).

桑原 輝隆・光盛 史郎(2007),「技術予測のメソドロジー: 国家の科学技術政策におけるコンセンサス形成ツールとして(<特集>研究・技術計画/政策科学のメソドロジー)」,『研究 技術 計画』21(2), 164-169.

野口 悠紀(2020),「これが長期停滞の元凶 … コロナ禍が暴いた日本IT化「絶望的な遅れ」」https://gendai.ismedia.jp/articles/-/75026, 現代ビジネス, 講談社.

斎藤 貴男(2006),『住基ネットの〈真実〉を暴く: 管理·監視社会に抗して』, 東京: 岩波書店.

赤池 伸一(2019),「科学技術政策の歴史と今後の課題: 次期科学技術基本計画の策定に向けて」,『情報の科学と技術』69(8), 358-363.

後藤 邦夫(2018),「科学技術社会論」における「社会」をめぐる考察」,『科学技術社会論研究』15, 13-26.

# 16

# 디지털 민주주의[1]

## DIGITAL DEMOCRACY

**송경재**

상지대학교 사회적경제학과

●

오늘날 민에 의한 지배로 민주주의는 국민이 주인이 되는 제도, 이데올로기, 정치적 가치로서 인정받았다. 고대 그리스 아테네에서 시작된 민주주의의 전통은 현재 전 세계에서 가장 보편적이고 광범위하게 사용되는 정체가 되었다. 이후 민주주의는 국민국가가 등장하면서 영토, 인구의 한계로 주권자인 국민이 대표에게 위임하여 통치하는 대의민주주의로 진화했고, 이는 현대 민주주의로 정착되었다. 그러나 20세기 중반 대의민주주의는 대표성과 책임성의 문제점이 드러났고 이를 극복하기 위한 많은 논의가 진행되었다. 이때 등장한 것이 바로 시민참여와 책임성을 강화하는 참여민주주의와 정보통신기술을 활용한 민주주다. 특히 참여민주주의와 ICT 민주주의는 심의민주주의, 결사체 민주주의 등과 교호하면서 다양한 차원에서 민주주의 발전에 이바지한다.

　여기에서는 ICT가 정치와 결합하면서 나타난, ICT를 활용한 민주주의에 대한 논의를 역사적으로 그리고 민주주의 강화라는 측면에서 살펴보고자 한다. 이번 장에서는 ICT를 활용한 민주주의를 디지털 전환기의 민주주의라는 의미로 '디지털 민주주의'로 규정한다. 그리고 디지털 기술과 시민참여, 정치발전의 공진화에 따른 민주주의의 변화상을 디지털 민주주의1.0과 2.0 그리고 3.0으로 구분한다. 세부적으로 디지털 민주주의의 등장 배경과 개념적인 정의, 디지털 민주주의의 분류, 그리고 최근 논의되는 대의민주주의를 보완할 수 있는 디지털 민주주의 실험을 소개하고자 한다. 이를 바탕으로 21세기 4차 산업혁명으로 진화하는 디지털 민주주의3.0의 전망과 위협요인을 살펴볼 것이다.

## Ⅰ. 민주주의의 기원과 ICT 민주주의

민주주의라는 용어는 기원전 5세기 그리스의 역사가 헤로도토스가 처음 사용한 것으로 알려졌다. 솔론의 개혁을 시초로 한 민주주의는 초기 귀족과 평민 간의 갈등을 해결하기 위한 불평등한 권리에 그 뿌리를 두었지만, 이후 아테네의 정치적 권리가 민회로 넘어가면서 본격적으로 민民에 의한 지배가 시작된다. 오늘날 민주주의는 국민이 주인이 되는 제도, 이데올로기, 정치적 가치로서 인정받지만, 초기 민주주의는 귀족정, 왕정, 제정에 대비되는 의미로 사용되었다. 또한 아테네의 정치가 페리클레스는 정치권력이 소수가 아닌 다수의 사람에게 있는 아테네를 민주주의 정체polity라고 강조한 바 있다.

이러한 고대 민주주의의 전통은 로마 공화정을 거쳐 중세 도시국가들

---

1  이 글은 필자의 「4차 산업혁명과 민주주의의 기술(ICT for Democracy)」, 『한국정치연구』 제31집 2호(2021)와 『[D.N.A플러스 2019-3] 민주주의 기술의 현실과 미래-직접·참여·심의민주주의 플랫폼』 (한국정보화진흥원, 2019)의 내용을 바탕으로 재작성했다.

에까지 이어졌다. 교황권과 왕권이 격돌하는 중세 유럽에서도 이탈리아 북부지방의 베네치아와 제노아, 피렌체 도시국가에서의 공화정은 중세 암흑기에도 주요한 정치제도로 주목받았다. 그러나 근대로 넘어오면서 시민혁명, 이른바 민주주의 혁명의 발발은 기존 정치 질서를 재편하고 새로운 민주주의의 의미를 깨닫게 해주었다. 중세에서 근대로 이행하는 과정에서 발생한 프랑스 대혁명과 명예혁명, 미국 독립전쟁은 평등사상과 개인의 자유권에 대한 인식을 새롭게 했으며, 과거와는 다른 근대적 의미에서의 민주주의 논의가 시작되었다.

　민주주의가 근대적 의미로 발전하면서 그 내용은 협소한 의미에서 벗어나 광의의 의미로 사용되었다. 특히 개인과 국가 간의 대립적 관계에서 자유권을 강조한 협의의 개념에서 생겨난 근대 민주주의는 점차 내용과 영역이 확대되었다. 이어 정치제도이자 형태를 가리키는 좁은 의미에서, 정치체제로서 민주주의를 가능하게 하는 생활방식을 포함하는 넓은 의미로 그 의미가 확장되었다. 존 듀이John Dewey는 민주주의가 단순한 정치형태만이 아니라 더욱 근본적으로 공동생활의 형식과 경험을 전달하고 공유하는 방식으로 보았다(Dewey, 1916/1996).

　이에 현대 민주주의는 규범적인 차원에서 민주주의가 어떻게 발현되는가에 주목하는 한편, 경험적인 측면으로 현실 속에서 민주주의가 어떻게 작동하는지에도 관심을 기울인다. 그런 차원에서 민주주의는 민에 의한 지배를 기본으로 하지만 민주주의 가치에는 다양한 의미가 함축된다. 일반적으로 우리가 생각할 수 있는 현대 민주주의는 자유, 공화, 평등, 시민권(표현, 결사, 종교, 이동, 프라이버시 등)의 보장, 통치성, 정당성, 법치 등 다양한 규범적·경험적 가치로 구성된다.

한편, 20세기 후반 시작된 인터넷 정보화는 정치·경제·사회·문화 각 분야에서 새로운 변화를 추동했다. ICT의 기반이랄 수 있는 인터넷은 과학자와 전문 연구자 손에서 일반인들에게 상용화된 1993년부터 인류의 삶에 큰 영향을 미쳤다. 정보사회학자 마누엘 카스텔Manuel Castells Oliván의 지적과 같이, 인터넷은 단순한 기술적 차원에서만이 아니라 사회를 근저에서부터 흔드는 패러다임 전환을 가져왔다고까지 평가된다(Castells, 2009).

이러한 영향으로 ICT가 정치와 결합하면서 ICT를 활용한 민주주의, 또는 ICT 기반의 민주주의 논의가 시작되었다. 정치학에서 ICT를 활용한 민주주의 논의는 1970년대부터 전개되었지만 합의된 용어나 개념이 명확하지 않다. 어원을 중심으로 풀어본다면 학자마다 사용하는 정의에 미세한 차이가 존재한다. ICT를 활용한 민주주의의 주요한 개념만 개괄하면, 초기 정보통신 매체를 통한 민주주의 형태를 일컫는 용어로 논의되었던 원격민주주의teledemocracy에서 오프라인 현실공간과는 다른 사이버공간, 또는 가상공간의 민주주의라는 의미에서 사이버민주주의cybercracy, 온라인민주주의online democracy, ICT 민주주의의 보완이라는 전자민주주의electronic democracy, 아날로그 시대에서 디지털 시대로의 전환기 민주주의라는 디지털 민주주의digital democracy 등이 혼용된다.

첫째, 원격민주주의는 말 그대로 정보통신매체를 이용하여 시민의 의사를 직접정치에 반영하는 형태의 민주주의로 시공간의 제약이 없이 ICT를 사용하여 민주주의의 가치를 실현하는 것이다(Hacker & van Dijk, 2000). 이 용어는 정보화 초기라고 할 수 있는 1970년대 후반부터 미래학자들을 중심으로 사용되었다. 미래학자들이 주로 쓴 용어인 만큼 원격민주주의는 초기 ICT의 낙관적 활용이란 시각을 바탕으로 형성되었다. 이 개념은 정보혁명 영향으로 ICT를 활용하여 공간과 시간의 벽을 없애고, 정당, 시민단체, 이익단체, 대표자와 같은 중개 없이 직접민주주의의 형태를 가능하게 할 것이라는 기대감이 반영된 것이라 할 수 있다. 그러나 F. 크리스토퍼 아터튼F. Christopher Arterton은 원격민주주의가 국민과 정치지도자 사이의 정보흐름을 촉진하는 역할에 한정될 것이고 시민들의 정치참여에 근본적인 변화를 주기는 힘들 것이라는 제한을 두었다(Arterton, 1987; 김용철·윤성이 2005: 23)

둘째, 가상공간의 민주주의라는 의미에서의 사이버민주주의는 오프라인 공간의 민주주의와 대비되는 개념으로 사용된다. 현실의 민주주의는 오프라인 공간에서 대면 방식으로 민주적 절차를 통한 참여와 협력 등의 정치행위가 나타나는 반면, 사이버민주주의는 비대면 방법을 활용한 민주주의 실현으로 정의할 수 있다. 온라인 공간에서 협력과 갈등의 발생은 이해관계의 조정이란 차원에서 정치적인 성격을 띤다. 케네스 해커Kenneth Hacker와 얀 반다이크Jan van Dijk는 이런 온라인 공간에서의 정치행위와 민주주의 실험이 1990년대 초에 사이버 커뮤니티에서 발견된다고 지적한다(Hacker & van Dijk, 2000). 초기 인터넷 가상 영역에서 유즈넷 그룹 및 사이버 커뮤니티는 온라인 공간에서의 집단 형성을 통한 민주적 이해관계의 조정이라는 점에서 오프라인의 현실 민주주의와는 다른 새로운 민주주의로서 사이버민주주의 또는 온라인민주주의로 논의되었다.

셋째, ICT를 활용한 민주주의 용어에서 가장 널리 보급된 용어는 전자민주주의다. 21세기 들어서면서 ICT 민주주의는 줄여서 전자민주주의 e-democracy로 통용된다. 전자민주주의는 기술적 관점에서 시민과 지도자 사이의 정치정보 및 의견 교환을 활성화하기 위해 ICT를 활용하는 것을 의미한다(Arterton, 1987: 14; 김용철·윤성이, 2005: 6에서 재인용). 영국의 정치연구소 한사드 소사이어티Hansard Society에 따르면, 전자민주주의의 개념은 새롭게 등장한 ICT를 통해 시민이 서로 연계되어 대의할 수 있는 권능empowerment을 강화하고, 확장된 정치참여를 위한 노력과 연관된다고 평가한다(Hansard Society, 2003).

넷째, 최근에는 아날로그 사회에서 디지털 전환digital transformation이라는 시대적 흐름과 함께 디지털 민주주의라는 개념도 널리 쓰인다. 아날로그와 대비되어 디지털 민주주의는 가장 포괄적인 의미에서 아날로그화된 민주주의를 미래지향적으로 디지털화한다는 의미로도 확장해서 사용한다. 그런 맥락에서 디지털 민주주의는 온라인 및 오프라인 정치 커뮤니케이션에서 디지털 미디어를 사용하는 모든 관점에서 민주주의를 추구하고 실천하는 것으로 정의할 수도 있다(Simon et al., 2017). 따라서 디지털 민주주의라는 개념은 인터넷뿐만 아니라 모바일 디지털 미디어까지 기반으로 한 정치활동이 일어나기 때문에 온라인-오프라인이 융합된 형태로 확장할 수 있다.

## II. 디지털 민주주의의 등장과 영역

### 1. 디지털 민주주의의 등장 배경

이론적 차원에서 디지털 민주주의는 ICT를 활용하여 아날로그적인 정치를 디지털 정치 또는 디지털화된 민주주의 실현 과정에서 제기된 산물이라 할 수 있다. 디지털 민주주의의 등장 배경에는 현대 민주주의의 주류인 대의민주주의의 위기와 문제점 인식이 자리 잡고 있다. 20세기 들어 대의민주주의는 형식적·제도적 측면이 지나치게 강조되어 실질적·내용적 민주주의에 대한 회의감이 고조되었다. 무엇보다 대의민주주의가 지나치게 대표 선출이란 형식에 빠지면서 민이 주인이 되는 정체로서 민주주의의 본질적 가치가 흐려지게 되었다.

많은 학자들은 대의민주주의가 현대 사회에서 제도 자체에 매몰되면서, 시민과 대표 간의 간극이 더 확대되어버렸다고 지적한다. 이 같은 시민과 대표의 관계로 인해 심지어 선진 민주주의 국가라고 할 수 있는 미국과 영국에서조차 엘리트 민주주의 논의로까지 빠지고 말았다는 비판을 받았다(Levitsky & Ziblatt, 2018). 이에 정치가들과 학자들은 민주주의 위기를 극복하려는 제도적·정치문화적 대안을 모색하기 시작했다(Norris, 2002; 임혁백, 2000; 임혁백 외, 2017).

그런 차원에서 디지털 민주주의는 디지털 기술을 적용해 민주주의를 더욱 새롭게 하려는 시도다. 디지털 민주주의가 등장한 배경을 살펴보자. 첫째, 디지털을 이용하여 민주주의를 새롭게 하려는 노력의 산물이다. 즉 디지털 민주주의가 전통적 대의민주주의를 보완하고 직접·참여·심의를 강화하려는 방안으로써 제기되었다는 것이다. 이런 점에서 역시 디지털 민주주의가 대두된 가장 큰 이유는 대의민주주의의 보완적 성격이 강하다는 것이다. 물론 국가 단위의 정체로서 대의민주주의는 거스를 수 없다. 국민이 자신의 권한을 대표에게 위임하여 통치하는 방식은 고대 그리스나 중세 도시국가의 영토와 인구의 제약을 달성하지 못한 현대 국가에서는 여전히 강력한 정체다. 그런 맥락에서 대의민주주의의 약점을 보완하기 위한 시도로서 디지털 민주주의는 충분한 의미가 있다.

둘째, 현실에서 사라지는 직접·참여·심의 민주주의를 구현하고자 하는 시도다. 이는 앞서 말한 첫 번째 등장 배경과도 연관되는데, 대의의 문제를 극복하기 위해 시민의 직접, 참여, 심의를 강화하는 데 ICT는 유용하다. 대의민주주의는 대표자를 선출하는 정책 결정이나 투표를 중심에 두고 고안된 정체이기 때문에 심의 단계에서 참여하는 시민의 수를 줄일 수밖에 없다. 그런데 불행히도, 참여하는 시민 수를 줄이는 것으로 인해 대표성의 문제점이 드러난다. 많은 시민이 참여하면 좋지만, 현실적인 조건을 고려하면 참여가 제한되는 한계가 있다. 이를 개선하려는 방법으로 디지털 기술을 활용해 직접·참여·심의 민주주의를 구현하고자 하는 것이다.

## 2. 디지털 민주주의의 발전

이런 배경에서 등장한 디지털 민주주의는 기술의 사회적 진화과정에서 나타난 결과물이란 점에서 미래 기술사회의 민주주의의 가능성을 제시하기도 한다. 정보정치학자인 앤드루 채드윅Andrew Chadwick은 ICT가 발전하고 새로운 정치영역이 등장해서 이를 피하지 못한다면 오히려 적극적으로 활용해서 민주주의에 부합된 형태로 만들 임무가 있다고 강조했다(Chadwick, 2006). 이는 디지털 민주주의가 현실 기술과 조응하여 민주주의를 더욱 강화할 수 있다는 기대감의 표현이다.

그렇다면 역사적으로 ICT를 활용한 디지털 민주주의의 발전과정을 살펴보자. 먼저, 디지털 기술을 활용한 민주주의 실험은 1980년대 초반에 보급되기 시작한 케이블 TV, 텔렉스telex(가입전신), 팩스 등을 활용한 여론조사에서 시작된다(Chadwick, 2006: 83). 당시 이 방법은 우편과 전화 여론조사를 대체하면서, 뉴미디어 기술을 활용한 시민참여를 강화한다는 측면에서 혁명적인 방식으로 평가되었다.

신기술의 보급은 텔렉스, 팩스, 무선통신 등을 거쳐 인터넷에 이르면서 국민들의 의견을 수렴하는 여론조사에서 정책 결정과 대표자 선출(투표)까지 하는 걸로 발전하게 되었다(Dahlberg, 2001). 당시 미국의 오하이오주 콜럼버스에서 운영되었던 상업 케이블 TV 방송 시스템에 가입한 가정에는 수상기에 연결된 다섯 개의 버튼이 있는 소형 블랙박스가 있었는데, 이를 통해 공공 이슈와 관련된 투표를 할 수 있는 시스템을 보급했다. 이것이 기록된 최초의 ICT를 이용한 민주주의적인 의견 수렴 시스템이다(김용호·박성우 2005; 송경재 2019에서 재인용). 초기 설계된 방식이었지만 ICT를 활용한 민주주의 실험은 이후 인터넷을 위시한 ICT가 발전하면서 이론적으로 그리고 현실정치에서 새로운 단계로 진입하게 되었다.

이후 1990년대 인터넷이라는 지구적 네트워크의 확산은 기존 전자기기의 이용에 머물렀던 디지털 민주주의 논의를 한 단계 업그레이드했다. 실시간 소통이 가능한 통신수단인 인터넷이 정치과정에 적용되면서, 케이블 TV나 팩스 기반 메커니즘과는 비교할 수 없을 정도로 편리하게 시민과 정치인이 소통할 수 있는 도구가 되었다. 낮은 수준의 디지털 민주주의는 새로운 기술 진화가 거듭될수록 높은 수준으로 발전했다. 이에 인터넷을 위시한 ICT를 활용해 시민이 직접 정치과정에 참여하고 결정하는 플랫폼으로서 디지털 민주주의는 진화했다. 그 결과 인터넷은 낮은 거래비용으로 자발적인 커뮤니티 형성을 가능하게 하여, 시민 정치참여와 디지털 민주주의를 실현할 기제로 주목받았다(류석진·송경재, 2011).

## 3. 디지털 민주주의의 영역

디지털 민주주의의 세부 영역은 크게 세 층위로 구분할 수 있다. 특히 인터넷의 네트워크 연계성은 기존 민주주의에서 고민하지 못했던 시공간의 제약을 넘어, 새로운 형태의 민주주의의 가능성을 확인했다. 디지털 민주주의의 영역에 대한 분류는 미카엘 마골리스Michael Margolis와 데이비드 레스닉David Resnick이 시작했다. 이들은 ICT를 활용한 새로운 민주주의의 영역에 대해 고민하고 다양하게 체계화했다(Margolis & Resnick, 2000). 마골리스와 레스닉은 디지털 민주주의의 영역을 인트라넷 정치, 인터넷에서의 정치, 인터넷의 정치적 활용으로 구분했다.

첫째, 인트라넷 정치는 인터넷이 연계된 네트워크에서 발생한 정치를 지칭한다. 인터넷이라는 사이버공간의 형성은 인터넷 내에서 새로운 정치 공간을 만들었다. 사이버공간 내에서의 질서를 둘러싸고 현실정치와의 갈등이 발생하는데 이것이 인트라넷 정치다. 둘째, 인터넷에서의 정치는 인터넷에서 발생하는 다양한 정치적 의견과 이해의 경합 과정에서, 이해관계가 제기되고 힘의 질서가 형성되는 영역에서의 정치다. 마지막으로, 인터넷의 정치적 활용은 가장 보편적인 ICT의 정치과정 또는 이를 선거에 활용하는 것을 이야기한다. 전자정부나 전자정당, 온라인 미디어 등 다양한 집단이 인터넷을 이용하여 정치력을 발휘한다.

이를 발전시켜 류석진과 송경재는 디지털 민주주의 담론을 세 가지 축으로 구분했다(류석진·송경재, 2011). 그것은 첫째, 인터넷을 활용한 정치 politics through the net(인터넷을 활용하여 현실정치에 영향을 미치는 영역), 둘째, 인터넷에서의 정치politics on the net(인터넷상에서 나타나는 다양한 정치적 영역), 셋째, 인터넷을 둘러싼 정치politics over the net(인터넷에서 나타나는 다양한 갈등을 해결하기 위한 현실정치의 영역)를 들 수 있다. 최근에는 국제정치 영역에서의 활발한 논의가 이뤄지면서 세 층위가 혼재되어 나타나지만, 기본적으로 디지털 민주주의 담론은 인터넷을 활용한 정치, 인터넷에서의 정치, 인터넷을 둘러싼 정치로 발전했다.

## III. 디지털 민주주의의 진화

디지털 민주주의를 기술사회 진화에 따른 민주주의의 새로운 형태로 간주한다면, 진화과정도 기술과 사회 간의 상호작용 속에서 재구성할 수 있다. 일반적으로 디지털 민주주의를 논의할 때는 기술사회 발전에 따른 웹1.0과 웹2.0의 민주주의의 변화상을 제시한다(Loader & Mercea, 2012). 그렇지만 대면 정치가 비대면으로 확장하는 웹1.0과 참여·개방·공유를 통한 시민의 영향력이 증대하는 웹2.0 민주주의라는 초창기 기술사회 발전에 따른 단순한 구분은, 2010년대 이후 4차 산업혁명으로 인한 디지털 전환을 포함하지 못한다는 점에서 새롭게 규정할 필요가 있다.

### 1. 디지털 민주주의1.0: 발전

이 시기는 ICT를 이용하여 오프라인 현실공간의 대면 정치가 비대면 영역으로 확장되는 시기다. 즉, 전통적 정치과정에서 진행됐던 오프라인 기반 정치행위가 온라인으로 전환할 수 있는지에 관한 논의가 주를 이뤘다.

디지털 민주주의1.0기의 기술적인 배경은 웹1.0 기술을 기반으로 한다. 웹1.0은 공급자가 구조를 설계하고 일방적으로 정보를 전달하는 기술이다. 대표적 형태가 바로 웹에서 구현되는 정치적 내용의 홈페이지이다. 홈페이지는 공급자가 제공하고 이용자는 검색엔진을 통해 접속, 이를 활용한다. 정치과정으로 본다면 정당, 정치집단, 언론사가 정치정보를 이용할 수 있는 공간(홈페이지)을 만들고, 관심 있는 시민들이 이 공간에서 활동하는 형태다.

디지털 민주주의1.0기는 원격민주주의 논의 단계를 넘어 1993년 인터넷 등장과 함께 시작한다. 논의의 핵심은 첫째, 시공간의 장벽을 허물고 정치정보에 접근하는 비용을 절감한다. 둘째, 정치의 투명성을 강화하여 시민들이 정치에 관심을 기울이게 한다. 셋째, 이를 통해 시민들이 정치에 참여할 기회를 강화하여, 더욱 민주적인 정치 질서를 구축할 수 있다고 보았다. 이 과정은 결국 인터넷이라는 도구를 활용하여 오프라인 면 대 면 정치과정이 온라인으로 전환되는 새로운 단계로 들어선 것이다.

따라서 디지털 민주주의1.0기는 ICT를 활용하여 정치에서의 민주성과 투명성, 효율성을 강화하고자 하는 시도로 요약할 수 있다. 그런 맥락에서 등장한 것이 전자정부, 전자정당, 온라인 여론조사, 인터넷 공론장Internet public sphere, 온라인 집단행동과 시민운동, 선거 등이다.

한편, 디지털 민주주의1.0기에는 급진적인 정보자유주의자들의 입장이 강했다. 가상의 사이버 공간에서 독자적인 정치 질서를 구축할 수 있다는 정보자유주의자들은 인터넷 발전과 설계에서 중요한 역할을 했다. 정보사회의 정치현상에 관해 초기 정보자유주의자인 존 발로우John Perry Barlow는 1996년 발표한 사이버스페이스 독립선언문A Cyberspace Indepencence Declaration에서 온라인 공간에서의 독립적인 민주주의를 강조했다. 그는 정부 간섭이 없는 사이버공간에서 새로운 민주주의로의 대체replacement가 가능하다고 강조했다. 이 같은 정보자유주의자들은 ICT를 활용한 민주주의가 시민과 지도자 사이의 정치정보 및 의견 교환을 활성화하기 위해서 인터넷 기술을 이용하는 것으로 보았다. 이들은 디지털 민주주의가 대의민주주의의 문제점을 극복할 수 있는 보완적인 기제로서 그리고 장기적으로 참여민주주의를 확대할 수 있을 것으로 예측했다.

그렇지만 디지털 민주주의1.0기에서 강조되었던 민주주의 강화와 대의민주주의 대체에 관한 전망은 오래지 않아 난관에 봉착했다. 많은 연구자는 디지털 민주주의1.0기에 대한 논의가 지나치게 기술이 사회를 바꿀 수 있다는 기술결정론technological determinism에 빠져 있다고 비판했다. 이와 함께 학자들은 ICT가 도입된다고 하더라도 민주주의 자체의 문제가 아닌 주변부의 새로운 문제가 나타나고, 결국 이로 인해 시민권이나 정부 통제가 강화될 것을 우려했다.

권력자는 ICT를 이용하여 시민과 소통하기보다는, 오히려 시민을 감시하고 통제하는 도구로 활용할 수 있다. 그리고 새롭게 등장한 인터넷을 둘러싼 정치의 영역에서는 정보인권과 감시, 규제가 논란이 되면서 오히려 인터넷이 시민의 기본권을 위축시킬 수 있다는 위험성이 제기된 것이다 (Chadwick, 2006; 조희정, 2017; 송경재, 2021a). 이에 디지털 민주주의1.0기는 앞서 제기한 인터넷을 활용한 정치의 영역만을 한정하는 것이지 실제 대의민주주의를 대체하기는 힘들 것이란 비관적인 평가도 나왔다(김용철·윤성이, 2005: 4).

## 2. 디지털 민주주의2.0: 확장

　그렇지만 디지털 민주주의1.0기의 이상적 가능성에 주목하고 민주주의의 재강화 가능성도 논의되었다. 이를 디지털 민주주의2.0기라고 부르며, 디지털 민주주의의 두 번째 물결second wave of digital democracy이라고도 할 수 있다. 디지털 민주주의2.0기는 1.0기에서 제기된 비판점을 수용하고 새로운 개선방안을 모색했다. 특히, 기존 대의민주주의의 문제점을 중심으로 더욱 많은 시민의 참여와 토론을 강조하는 새로운 시도가 진행되었다. 이러한 변화의 기술적 배경은 바로 웹2.0의 등장이었다.

　웹2.0은 참여·개방·공유를 핵심 가치로 과거 웹1.0시기 정보와 구조를 공급자가 제공하는 것이 아니라, 수요자인 시민이 참여하여 같이 만들고 같이 공유하는 방식이다. 웹2.0에서는 개방적인 웹 환경을 기반으로 시민이 자유롭게 참여해 스스로 제작한 콘텐츠를 생산, 재창조, 공유한다. 이에 따라 디지털 민주주의도 기존의 홈페이지 기반에서 소셜미디어SNS 기반으로 이행하게 된다. 트위터, 페이스북, 유튜브, 인스타그램, 위키, 블로그스피어 등을 기반으로 하는 소셜미디어의 등장으로 시민이 스스로 정치와 네트워킹하는 민주주의networking democracy로 확장된다.

　참여·개방·공유를 기반으로 하는 디지털 민주주의2.0기는 기존 정치집단의 온라인 공간을 시민이 찾아가는 것이 아니라, 네트워킹하면서 보다 평등한 관계 속에서 정치과정에 참여할 수 있다. 특히 대의민주주의에서 한 번 선출한 대표를 통제하지 못한다는 문제는 디지털 민주주의2.0기의 소셜미디어가 등장하면서 개선된다. 시민은 언제나 자신이 선출한 대표와 소셜미디어로 연계하여 자신의 뜻을 전달할 수 있고 자신이 지지하는 정치인의 잘못한 점과 잘한 점에 대해 실시간 반응을 하는 것이 가능하다. 그런 맥락에서 디지털 민주주의2.0기는 보다 기존 대의민주주의의 문제점을 완화할 수 있는 플랫폼 형태로 나타나고 다양한 네트워킹을 특징으로 한다.

그러나 디지털 민주주의2.0기에서도 여전히 비판은 남는다. 디지털 기술을 활용하여 민주주의가 확장됨에도 새로운 위험요소가 등장한다는 것이다. 여전히 전 세계적으로 다수의 시민이 디지털 기술에 능숙하지 못한 것은 일부 국가에서만 디지털 민주주의가 발전하기 때문이라는 비판을 받는다. 그리고 국가 내에서도 디지털 기술에 익숙한 집단과 그렇지 않은 집단 간의 대표성 문제가 여전히 존재한다. 또 시민과 시민, 시민과 대표 간의 과도한 네트워킹으로 인한 일부 부작용(악성 댓글, 사이버폭력 등)의 문제도 제기되어, 디지털 민주주의가 완전하게 자리를 잡은 것은 아니라는 시각도 있다.

## 3. 디지털 민주주의3.0: 도전과 위협

지난 30여 년간 내용적으로 시민참여와 민주주의의 가치를 새롭게 정립하는 데 도움이 된 디지털 민주주의는 4차 산업혁명 기술의 등장으로 새로운 전환기를 맞이했다.[2] 한 단계 발전된 빅데이터, 인공지능, 블록체인, 로봇 등 4차 산업혁명 기술을 기반으로 디지털 민주주의의 새로운 실험들

---

**2**  4차 산업혁명fourth industrial revolution이 등장한 것은 2016년 세계경제포럼World Economic Forum: WEF이 화두로 제시하면서부터이다. 4차 산업혁명은 정보통신기술에서 진일보한 인공지능AI, 빅데이터big data, 블록체인blockchain, 사물인터넷IoT, 3D 프린팅, 로봇공학, 생명공학, 나노기술 등 여러 분야의 신기술이 기존 산업과 결합하여 사회 전반의 스마트화가 가속화되는 혁명적 변화를 지칭한다.

이 등장했기 때문이다. 인공지능이나 로봇의 이용, 빅데이터 기반 디지털 민주주의, 블록체인 전자투표 논의도 활성화되었다. 하지만 이런 새로운 기술사회 변화에 대한 도전과 함께 위협도 등장한다.

먼저, 디지털 기술의 민주적 활용의 심화라는 도전적 측면이 있다. 흔히 민주주의의 기술ICT for Democracy: ICT4D이라고 불리는 기술과 민주주의의 혁신이 등장한다. 많이 논의되고 있는 것은 정치 토론의 시각화visualization 와 ICT를 활용한 선호 전자투표weighted preference voting의 도입이다. 두 가지 모두 기존 디지털 민주주의에서 비판받았던 즉자적인 의사결정이나 대중영합주의의 확대, 양극화를 완화할 수 있는 기술적 대안으로 주목받았다. 이 기술들은 시민들이 직접 참여하고 심의를 강화하여 대의민주주의의 책임성과 대표성을 강화하려는 시도다. 이러한 방식은 시민들이 직접 권리를 행사하고 과소 대표나 과잉 대표의 문제 없이 심의를 강화하는 형태로 소개된다(송경재, 2021a에서 재인용).

블록체인 투표 시스템은 민주주의 기술의 대표적인 사례다. 투표 시스템 '아고라'는 블록체인을 적용한 전자투표 민주주의 기술이다. 아고라는 중앙집중화된 원장이 아닌 블록체인 분산 장부를 활용해 보안성을 강화하고 다수가 손쉽게 참여하여 정책이나 의사를 결정할 수 있다. 아고라의 가장 큰 장점은 ICT를 활용하여 시민들의 의사에 따라 다양한 선호와 가중 투표, 토론 기반의 선거를 할 수 있다는 점이다. 또한 블록체인과 빅데이터 기술을 적용한 아고라는 한 번 하고 끝나는 투표가 아닌, 토론을 통해서 여러 차례 참여하고 최종적으로 합의에 도달하는 민주주의 투표 기술이다.

4차 산업혁명 기술 핵심인 인공지능을 정치와 행정에 이용하는 방법도 제시된다. 일본의 인공지능 정책 결정 플랫폼 실험이 대표적이다(고선규,

2020). 나가노현은 교토대학, 히타치日立제작소 등과 공동으로 인공지능을 활용하여 '나가노현 지속가능한 미래정책연구'를 추진했다. 이는 정책 결정에 인공지능을 활용한 유의미한 사례로 널리 소개된다.

이제 4차 산업혁명 기술을 이용한 디지털 민주주의3.0기의 새로운 위협을 살펴보자. 가장 우려되는 것은 디지털 기술이 현재의 대의민주주의를 바람직한 방향으로 변화시키기보다는 기존 지배권력의 강화로 연결될 수 있다는 비관적 전망이다. 특히 디지털 기술의 발전은 감시 기술과 개인정보 침해 등의 소지도 커진다. 이에 일부 권위주의 국가에서는 소셜미디어를 이용한 정보 조작이 가능하게 된다. 이미 일부 권위주의 국가에서는 권위주의 독재를 강화하는 수단으로, 민주인사를 탄압하는 수단으로 정보기술을 악용한다.

그리고 기술적 측면이 아닌, 민주주의 국가에도 위협은 등장한다. 민주주의 국가에서도 지식과 정보의 소유권 개념이 강화되면서 기존의 국가권력에 의한 감시나 통제 시도보다, 시장이나 기업의 영향력이 강화될 가능성이 있다. 이미 개발된 스마트 기기를 통한 위치정보 제공과 개인정보를 이용한 빅데이터의 활용도 악용의 우려가 있다. 이와 함께 정당정치나 선거에서도 부정적인 현상이 발견된다. 이미 2000년대 전 세계 주요 선거에서 부정적인 문제는 확인된다. 특히 2016년과 2020년 미국 대선에서 나타난 가짜뉴스는 정치 문제화되었고, 인공지능 알고리즘을 통한 편향적 정치정보 제공으로 이념적 양극화polarization를 강화한다는 비판도 있다 (Mounk, 2018/2018; Sunstein, 2007; Williams, 2018/2019: 180-181).

## 나가며

　기술사회의 진화와 민주주의의 연관성은 오래전부터 학계의 연구주제였다. 이 글에서는 다분히 논쟁적인 디지털 민주주의의 낙관과 비관적인 대립에서 벗어나 기술사회에 실제 적용될 수 있는 민주주의 기술을 중심으로 디지털 민주주의의 진화과정을 살펴보았다. 그러나 웹1.0에서 웹2.0으로 넘어가고, 4차 산업혁명 기술이 적용되어도 디지털 민주주의에는 여전히 논쟁적인 부분이 남는다. 특히 최근 디지털 민주주의에서 초기 대의민주주의의 혁신과 개선이란 방향보다 기존 민주주의 질서의 왜곡과 또다른 민주주의 위기요소들이 발견된다는 것은 우려스러운 현상이다.

　하지만 시각을 달리한다면, 디지털 민주주의를 둘러싼 논쟁은 자연스러운 결과일 수도 있다. 가장 큰 이유는 민주주의 자체가 지닌 진화적 관점에서 기인한다. 민주주의가 이념형ideal type으로서 최종적인 목적지가 없으며, 상대적이고 고정된 하드케이스의 정체가 아닌 것처럼 디지털 민주주의 역시 아직 진화하는 논의라고 해석할 수 있다.

　따라서 단기적인 ICT 발전이나 디지털 환경에 주목하기보다는, 장기적인 민주주의의 근본에서부터 디지털 민주주의를 고민할 필요가 있다. 이를 위해서 대의민주주의의 장점을 극대화하고 문제점을 보완할 수 있는 직접·참여·심의 플랫폼으로서 디지털 민주주의에 대한 실험을 계속해야 한다.

　최근 등장한 4차 산업혁명 기술들 역시 과거에 생각하지 못했던 새로운 접근 방법을 기술적으로 제공한다. 대표적으로 민주주의의 심의 기능 확대와 대표성 강화는 기존의 단순한 정보제공형, 상호작용형보다 다양한 시민 의견을 종합하고 결정한다는 점에서 디지털 민주주의가 추구하는 방향성과 일치한다고 할 수 있다. 4차 산업혁명 기술인 빅데이터와 인공지능, 블록체인 발전은 정보사회의 패러다임을 한 단계 도약시킬 수 있는 중요한 도구가 될 수도 있다. "민주주의를 보다 심화 발전시키기 위하여 디지털 기술을 활용하는 것"이란 관점이 중요하고, 앞으로는 이분법적인 찬성과 반대보다는 디지털 기술과 민주주의를 통합하기 위한 다층적인 고민이 요구된다(송경재, 2019, 2021a).

그렇지만 과도한 기술결정론적인 디지털 민주주의의 위험성에 대한 경계의 목소리도 잊어서는 안 될 것이다. 근본적으로 디지털 민주주의가 안고 있는 약점을 잘 파악하고, 질적 수준을 높이기 위한 고민도 계속되어야 한다. 이 글에서 제시된 디지털 민주주의의 문제점은 앞으로도 계속 나타날 것이다. 그러나 일부 문제가 있음에도 디지털 민주주의의 실현을 통해 얻을 수 있는 이익이 크다면 그것을 적용해봐야 한다.

그런 차원에서 다양한 유형의 시민참여 디지털 민주주의 플랫폼의 끊임없는 혁신을 고민해야 한다. 민주주의 가치와 시민의 역량을 발휘할 수 있는 플랫폼을 설계하고 기술을 도입하여, 시민참여와 심의를 강화하고, 투명하고 신속한 정책 결정에 도움을 주며, 실질적인 정치과정의 변화를 주도했을 때, 미래지향적 디지털 민주주의는 성공할 것이다(송경재, 2021b).

**참고 문헌**

고선규(2020), 「AI는 한국의 통일문제 현안들을 해결하는 대안일 수 있는가?」, 『세종정책브리프』 No. 2020-01.
김용철·윤성이(2005), 『전자민주주의』, 오름.

김용호·박성우(2005), 『정보화시대의 전자민주주의 거버넌스』, 정보통신정책연구원.

류석진·송경재(2011), 「인터넷 정치: 참여 활성화와 규제의 패러독스」, 장덕진 편, 『노무현 정부의 실험』, 한울아카데미.

송경재(2019), 「[D.N.A플러스 2019] 민주주의 기술의 현실과 미래-직접·참여·심의민주주의 플랫폼』, 한국정보화진흥원.

송경재(2021a), 「4차 산업혁명과 민주주의의 기술(ICT for Democracy)」, 『한국정치연구』 31(2), 153-180.

송경재(2021b), 「디지털 전환과 전자민주주의」, 강송희 외, 『디지털 파워 2021』, 늘품플러스

임혁백(2000), 「21세기 국회의 역할 : 민주주의의 새로운 패러다임」, 『의정연구』 6(2).

임혁백 외(2017), 『빅데이터 기반 헤테라키 민주주의 메가트랜드』, 한국정보화진흥원.

조희정(2017), 『시민기술, 네트워크 사회의 공유경제와 정치』, 커뮤니케이션북스.

Arterton, F. C. (1987), *Teledemocracy: Can Technology Protect Democracy?*, SAGE Publications.

Barlow, J. P. (1996), "A Cyberspace Independence Declaration", https://www.eff.org/cyberspace-independence (accessed June 15, 2022).

Castells, M. (2009), *Communication Power*, Oxford University Press.

Chadwick, A. (2006), *Internet Politics: States, Citizens, and New Communication Technologies*, Oxford University Press.

Dahlberg, L. (2001), "Democracy via Cyberspace: Mapping the Rhetorics and Practices of Three Prominent Camps", *New Media and Society 3(2)*, 157-177.

Dewey, J. (1996), 『민주주의와 교육』, 이홍우(역), 교육과학사(원서출판 1916).

Hacker, K. L. & van Dijk, J. (2000), *Digital Democracy: Issues of Theory and Practice*, SAGE Publications.

Hansard Society. (2003), "E-democracy program", https://www.hansardsociety.org.uk/ (accessed July 28, 2020).

Levitsky, S. & Ziblatt, D. (2018), *How Democracies Die*, Crown.

Loader, B. D. & Mercea, D. (2012), *Social Media and Democrcy*, Routledge.

Margolis, M. & Resnick, D. (2000), *Politics as Usual*, SAGE Publications.

Mounk, Y. (2018), 『위험한 민주주의』, 함규진(역), 와이즈베리(원서출판 2018).

Norris, P. (2002), *Democratic Phoenix: Reinventing Political Activism*, Cambridge University Press.

Simon, J. et al. (2017), *Digital Democracy: The tools transforming political engagement*, nesta.

Sunstein, C. R. (2007), *Republic.com 2.0*, Princeton University Press.

Williams, J. C. (2019), 「무엇이 민주주의를 위협하는가」, Harari, Y. N. et al., 『초예측』, 정현옥(역), 웅진지식하우스(원서출판 2018).

제5부

# 외교·안보·무역

# 17

# 디지털 외교

## DIGITAL DIPLOMACY

송태은

국립외교원 안보통일연구부

최근 기술은 20세기 후반과 21세기 초입 기술이 갖는 '수단' 차원의 영향력에 한정해서 논하기 어려울 정도로 다차원적이고 심층적으로 외교와 국제정치에 영향을 끼친다. 즉 현대 기술의 발전이 외교의 방식과 역할 및 주체와 외교가 다뤄야 할 영역과 이슈를 확장시키고 복잡하게 만든다. 이러한 맥락에서 이 글은 현대의 고도로 발전된 기술환경, 즉 새로운 디지털 기술의 등장과 대중화, 디지털 정보의 급증, 그리고 디지털 여론환경의 변화가 외교에 어떤 영향을 끼치는지 살펴보고자 한다.

이 글에서는 현대의 고도로 발전된 기술환경으로 외교가 어떻게 변화하는지 들여다보고자 한다. 먼저 II절에서는 디지털 커뮤니케이션 기술의 발전이 외교의 가장 기본적인 기능인 외교 행위자의 정보 획득과 상호 정보 전달 및 협상 등 외교활동에 어떤 영향을 끼쳤는지 알아본다. III절은 디지털 기술의 대중적 사용과 활용으로 급증하는 디지털 데이터가 외교에 어떻게 활용되거나 새로운 문제를 발생시키는지 살펴본다. IV절은 오늘날 각국이 디지털 외교와 공공외교 등 과거와 다른 방식의 새로운 외교활동을 전개하게 되고 외교의 주체가 시민으로까지 확장된 데에 디지털 여론환경이 끼친 영향을 검토해본다. V절에서는 4차 산업혁명의 진전과 기술발전에 의해 외교가 다뤄야 하는 이슈와 영역이 어떻게 많아졌는지 짚어보는 것으로 이 글을 마무리한다.

# I. 외교의 개념

일반적으로 '외교diplomacy'란 국가가 타국과 관계를 맺고, 유지·발전시키며 국익을 달성하기 위해 전쟁과 같은 폭력 수단이 아닌 대화와 협상을 통해 타국 정부와 대중에 영향을 주려는 일련의 국가 활동이다. 다시 말해, 국제정치의 장에서 자국의 생존과 번영을 도모하기 위해 끊임없이 타국과 관계를 조율하고 다양한 전략을 구사하며 자국의 이익을 최대로 확보하려는 행위가 외교다. 특히 치밀한 전략과 절차를 통해 국익을 관철시키는 국가 간 '협상negotiation'은 외교의 가장 중요한 기능이다. 또한 자국의 이익이 아닌 타국 간 갈등에 제3국이 개입하는 '중재mediation'를 위한 협상은 폭력을 통한 문제해결을 막을 수 있는 유일한 대안이다. 그런 의미에서 20세기 제 1, 2차 세계대전의 발발은 당시 강대국 외교의 무력함을 노출시키고 각국 외교를 전 세계 정치인들과 언론의 거센 비난에 놓이게 했다. 그만큼 각국 외교부는 국가 간 무력 충돌의 발생에 대해 큰 책임을 갖는 조직이며, 현재도 그러한 역할에서 외교의 중요성은 변함이 없다.

전통적으로 근대국가의 공적 행위로서 외교는 주로 각국 외교부를 통해 조직적으로 수행되는 관료적 업무였다. 이는 주로 정부 간 다양한 공식·비공식 교류와 협상, 외교 정책·전략의 구상과 실행 및 재외공관·영사 업무를 통해 수행된다. 18세기 근대 외교부 장관의 역할을 담당하는 관료가 유럽에서 등장했고, 19세기에 이르러 유럽 각국의 외교부는 행정력을 구비한 관료조직 형태를 갖춰나가기 시작했다. 각국 외교는 다양한 업무와 지적知的 활동의 지원을 필요로 한다. 즉 국제정치 및 타국과 관련된 방대한 정보 수집과 분석, 타 부처 정책과의 조정이나 조율 및 협업, 국제정치와 군사안보 전문가 집단의 정책 수립을 위한 조언, 외교정책 홍보와 국내 여론으로부터의 지지 확보, 국내 주재 대사관과의 소통 등 수많은 업무가 국가의 외교활동을 뒷받침하고 지원한다(Berridge, 2010: 5-26).

근대 이후 국제정치의 다양한 변화에도 전통적으로 외교만큼은 어디까지나 국가만이 전개할 수 있는 고유의 국제행위였고, 대개 자국과 타국의 외교정책과 관련된 정보는 고위 관료와 정치엘리트만이 접할 수 있는 고급지식이었다. 적어도 냉전기까지 국제정치학계가 외교의 세계에 오직 '국가'를 유일한 행위자로 간주한 것도 외교에 대한 그러한 보수적인 인식의 결과다. 국제정치학의 여러 거대 패러다임 중, 국가만을 분석단위unit of analysis로 삼는 '현실주의realism' 이론이 오랫동안 주도적 위치를 잃지 않았던 이유도 국제관계를 국가 중심적으로 바라봤던 외교현장의 현실을 반영한다.

이 같은 맥락에서 '기술사회와 외교의 관계'는 국제정치학계의 관심과는 거리가 먼 이슈다. 외교와 기술technology의 관계에 대한 논의는 현대 디지털 정보통신기술의 급속한 발전이 국제정치에 지대한 영향을 끼치면서 최근 서서히 산발적으로 언급되었다. 즉, '기술이 외교에 어떤 영향을 끼치는가?'와 같은 질문은 과거 국제정치학계에서는 거의 제기되지 않은 질문으로서 외교정책이나 국제정치 현상의 독립변수로서 기술의 영향력에 대한 논의는 사실상 오랫동안 부재해왔다.

국제정치 혹은 외교와 기술의 관계에 대한 초기의 논의도 기술이 국제정치와 외교에 끼치는 직접적인 영향을 묻기보다 국제정치 무대에서 다양한 행위자들이 미디어나 디지털 기술을 사용하여 다양한 활동을 전개하는 '수단'으로서의 기술의 역할에 주목했다. 예컨대 20세기 후반 인터넷의 출현 후 21세기 초부터 비정부기구Non-governmental Organization: NGO나 테러리스트와 같은 비국가 행위자가 인터넷을 이용하여 본격적으로 초국가적 활동을 전개하면서 인터넷과 관련된 새로운 국제정치적 이슈와 문제가 대거 등장했다. 이때부터 학계는 기술의 국제정치적 영향력에 서서히 주목하기 시작했다. 하지만 그러한 논의조차 기술을 '도구적' 차원에서 이해했기 때문에 다양한 국제정치 행위자가 기술을 어떻게 '활용'하는지에 더 초점이 맞춰졌다.

그러나 최근 기술은 20세기 후반과 21세기 초입 기술이 갖는 '수단' 차원에 한정해서 논하기에는 다차원적으로, 심층적으로 외교와 국제정치에 중대한 영향력을 끼친다. 즉, 현대 기술의 영향력이 외교의 방식과 역할 및 주체와 외교가 다뤄야 할 영역과 이슈를 확대하고 복잡하게 만드는 것이다.

# II. 디지털 커뮤니케이션 기술과 외교

## 1. 디지털 외교의 등장

외교활동에서 정확하고 질 좋은 정보의 생산, 전달과 교환, 그리고 신속함과 기밀이 보장되는 초국가 커뮤니케이션은 가장 기본적이고도 핵심적이다. 국내 상황을 외국 대사관에 전달하거나 해외 주재 대사관이 본국에 보고하는 일 등, 원활한 정보·커뮤니케이션 활동은 각국 정부가 다양한 국제정치 상황이나 현안 및 위기에 대응하고 정책을 결정하는 과정에서 가장 중요한 활동이다. 19세기 중반과 후반에 발명된 전신electrical telegraph과 무선 전신은 국가 간 정보 교환에는 유용했지만, 도청의 가능성 등 보안 문제가 심각했다. 이후 20세기 초 전화와 단파 라디오, 제2차 세계대전 이후 팩스 등 다양한 커뮤니케이션 매체가 등장하면서 본국과 해외 대사관의 연락체계가 신속해지고 체계화되었으며 국가 간 소통도 더 빈번해졌다.

인터넷의 출현 전 국가 간 즉각적인 대화를 가능하게 한 전화 외교는 중대한 군사안보 사안을 졸속으로 처리할 가능성을 높이기도 했다. 갈등 관계에 놓인 상대국과의 위기를 해결하기 위한 전화 통화가 오히려 위기를 고조시키는 등, 전화 외교의 즉시성과 즉흥성은 외교에서는 반드시 장점으로 작동하지는 않는다. 게다가 전화 통화 또한 신호정보SIGINT 기관에 의한 도청이나 대화 상대의 신원 조작 가능성 등 보안 문제가 해소되지 않으므로 대면 회의가 현재에도 국가 간 가장 선호되는 소통 방식이다. 그러나 전화 외교는 여전히 우호국 간 신속한 의견 교환을 촉진하고 위기 발생시 동맹국 간 긴급한 정책 조율을 가능하게 하므로 유용한 소통 수단이다.

국제정치와 외교의 정보·커뮤니케이션 환경이 본격적으로 변화한 것은 20세기 후반 인터넷과 21세기 초반 소셜미디어SNS가 등장하면서부터다. 정보통신기술은 탈냉전기에 급속도로 발전하면서 외교활동에도 광범위한 영향을 끼쳤다. 1990년대 후반 인터넷과 이메일이 대중적으로 사용되고 2000년대 초반 소셜미디어도 대중화되면서 초국가 커뮤니케이션에는 실시성과 속보성이 더해졌다. 2007년 애플Apple사가 휴대전화에 인터넷 기능이 합쳐진 스마트폰인 아이폰iPhone을 출시한 이후, 소셜미디어 사용이 가능한 스마트폰의 대중화는 지구적 수준에서 실시간 정보 전달과 쌍방향 소통을 획기적으로 증가시켰다. 결과적으로 각국 정부는 국내외 자국 시민의 목소리와 요구 및 자국 관련 정보와 위기에 대해 빠르게 대응할 수 있게 되었다. 즉 디지털 커뮤니케이션 기술의 발전으로 외교는 책임성, 신속성, 투명성 면에서 새롭게 증가한 요구를 부여받게 되었다.

인터넷 커뮤니케이션 네트워크의 이러한 지구적 연결과 확장은 1988년 최초로 운영된 해저 케이블submarine cable이 통신케이블(광케이블)로 각국의 통신망을 연결하면서 가능해졌다. 해저 광케이블은 전 세계 통신 네트워크를 연결하는 핵심 인프라로서 대양을 횡단하는 인터넷 트래픽의 99퍼센트를 전송한다. 인공위성을 통한 데이터 전송과 비교할 때 해저 광케이블은 안정성, 속도, 비용 면에서 우위에 있다. 특히 인공위성을 통한 통신은 대기, 기후, 대규모 트래픽 등 조건에 따라 데이터의 흐름이 정지하거나 끊기는 등 안정적이지 못하기 때문이다. 하지만 해저 케이블도 보안 문제로부터 자유롭지 못하다. 미국과 러시아는 냉전기부터 특수전 활동으로서 해저 케이블을 통해 정보를 수집, 도청하며 적성국을 교란하는 활동을 수행한 바 있다. 현재에도 해저 케이블을 절단하여 적성국의 핵심 인프라 시스템 네트워크를 훼손할 수 있어, 해저 케이블은 단순히 통신보안 문제를 넘어 국가 안보와도 직결되는 인프라다.

## 2. 디지털 외교의 장단점

디지털 커뮤니케이션 기술의 발전은 국가 간 정보 교환과 커뮤니케이션을 증대시켜 외교활동을 원활하게 만들어주지만, 도청이나 해킹 등 국가의 주요 정보와 기밀을 유출할 가능성을 높이는 측면이 있다. 이메일을 통한 외교의 경우에도 중대한 메시지를 쉽게 제3자에게 전달할 수 있고, 부주의하게 모두에게 답장하여 외부로부터 바이러스나 스파이웨어를 불러들일 수 있다. 현재 우리나라의 경우 외교부 본부와 해외공관이 공식적인 지시와 보고를 전달할 때 전보 형식의 외교전문을 사용하고 교신을 위해 외부 인터넷망과 분리된 별도 단말기의 특수한 프로그램을 사용한다. 타 정부 부처는 모두 '공문'을 사용하지만 외교부는 특별히 보안 유지를 위해 전문 내용이 암호화된 시스템을 사용하는 것이다.

한편, 코로나 19 바이러스 발생 이후 직접적인 인적 교류가 제한되는 상황에서는 정부 간 비공식·공식 회의는 모두 불가피하게 화상으로 이루어지기도 했다. 인프라를 갖췄다면 화상회의는 여행경비나 회의장 준비에 소요되는 비용 없이 전화 회담에서는 결여된 시각적 기능이 추가된 '가상외교virtual diplomacy'로 인식된다. 특히 팬데믹 기간 동안 세계 각국의 외교는 본격적으로 디지털화되는 중대한 계기를 가졌다. 백신 접종이 본격화되기 전까지 주요국의 거의 모든 정상회담과 국제회의는 화상회의로 진행되었다. 이제 디지털 기술을 이용한 외교, 즉 '디지털 외교digital diplomacy' 는 단순히 자국에 대한 홍보와 타국 대중과의 소통을 넘어 국가 외교활동 의 주요 방식으로 자리 잡게 된 것이다. 요컨대 세계적 위기를 국제사회가 함께 극복해나가려 할 때 디지털 커뮤니케이션 기술은 국가 간 외교가 중 단되지 않고 활발하게 이어지게 하는 데에 중대하게 기여한다.

한편 디지털 외교가 이러한 유익이 있음에도 때로 협상의 돌파구가 마 련되기도 하고 협상 테이블에서는 얻을 수 없는 유용한 정보를 직접적으 로 얻을 수 있는 '복도외교corridor diplomacy'를 대체하진 못할 것으로 보인 다. 복도외교의 이점은 비공식적인데다가 개인적인 접촉과 친분 쌓기가 가능하다는 것이다. 한편, 화상회의는 회의가 촬영되는 사실 때문에 회의 참석자의 신체언어가 경직되고 활발한 커뮤니케이션에 상당한 제한이 따 른다. 이와 같은 문제에 더해 화상회의는 회의 참여자의 신원을 완벽하게 확인하기 어렵고, 회의 내용이 녹화 및 녹음될 수 있다. 또한 화상회의 참 여를 위한 접근코드가 유출되기 쉬워 외부로부터의 무단 침입이 가능하 고, 화면에 회의 장소에 대한 정보 및 민감한 문서 등이 노출될 수 있다.

특히 팬데믹 시기 화상회의는 해킹과 정보 유출 및 데이터 트래픽 폭증 에 의한 서비스 장애 등 다양한 문제를 노출했다. 또한 제3자가 화상회의 에 침투하여 포르노와 혐오 사진을 전송하는 등 '줌 바밍zoom-bombing' 혹 은 화상회의 트롤링trolling도 빈번하게 발생한다. 일부 국가에서는 각료회 의가 외부로 노출될 뻔했던 사고도 일어났고, 중국의 화상회의 서비스인 줌Zoom 서버가 중국을 경유하므로 중국 정부에 의한 회의 사찰이 가능하 다는 문제가 지적되는 등, 화상회의와 관련된 보안 문제는 지속적으로 제 기된다.

더불어, 보안 문제 외에도 당사국 간 대면 회의를 통해서만 논의할 수 있는 협상 의제가 있고, 협상 정보의 기밀 유지가 극도로 민감한 사안일 경우에도 복도외교를 시행한다. 특히 국익 전반에 지대한 영향을 끼치는 군사안보 및 통상 관련 정부 간 협상은 기밀 유지와 협상 사안에 대한 온전한 집중을 위해 직접적인 대면 회의를 반드시 동반한다.

## 3. AI를 활용한 외교와 문제점

외교의 영역에 인공지능AI이 개입할 수 있는 가능성도 조심스럽게 점쳐진다. 인간의 다양한 커뮤니케이션 행위 중 특히 '협상'은 고도의 언어 능력과 문맥 사이 상대방의 의도를 파악하는 추론 능력 및 설득력을 필요로 하므로, 인간만이 수행하는 고유 영역으로 인식되어왔다. 더군다나 국가 안보 및 경제에 영향을 끼칠 수 있는 국가 간 협상만큼은 국가가 다른 행위자에게 권한을 이임할 가능성이 가장 낮은 영역이다. 그런데 최근 AI 기술을 활용한 전략적 의사결정 프로그램이 개발되면서 AI 알고리즘이 '협상'의 영역에 진출할 가능성이 높아지는 상황이다.

실제로 미국 IT기업 팩텀Pactum은 AI와 챗봇 인터페이스를 이용하여 월마트Walmart, 물류기업 머스크 그룹Maersk Group과 같은 대기업의 계약체결 협상을 자동화하는 소프트웨어를 개발하여 사용한 바 있다. 월마트는 이 AI 프로그램을 납품 계약 협상에 사용하여 2.8퍼센트에서 6.8퍼센트까지 수익률을 증대시켰고 팩텀도 과거보다 열 배 이상의 순이익을 거뒀다. 하지만 AI는 사람 협상가가 사용하는 언어의 미묘한 뉘앙스를 잘 이해하지 못했다. 협상 상대는 AI와의 협상에서 협상 테이블 밖 접대 등으로 거래

조건을 변화시키는 전략을 취할 수 없거나 AI와의 협상 자체를 달가워하지 않기도 한다.

AI 기술이 이렇게 협상과 같은 의사결정에 필요한 고도의 사고능력을 갖추게 된 것은 AI 알고리즘이 훈련 데이터를 통해 인간의 내러티브와 스토리텔링을 이해하고 스스로 언어를 구사하며 쌍방향 커뮤니케이션 능력을 갖추면서부터다. 이미 AI의 쌍방향 커뮤니케이션 프로그램을 활용한 소셜 봇social bot이나 봇 부대bot army 등은 소셜미디어 공간에서 활발하게 이용된다. 특히 일부 국가들은 이러한 프로그램으로 소셜미디어 플랫폼에서 가짜뉴스나 딥페이크deepfake와 같은 허위정보를 확산시키는 방식의 심리전cyber psychological warfare을 은밀하게 전개한다. 이러한 국가발 디지털 프로파간다digital propaganda 활동은 공격 대상으로 삼은 국가의 온라인 여론을 왜곡하고 사회 분열을 촉발하는 등 민주주의 제도의 정상적 작동을 방해하고 정부의 정치정당성을 약화하는 전복적인 목표를 갖는다(송태은, 2020).

디지털 커뮤니케이션 기술과 AI 알고리즘의 스토리텔링 기술을 악용하는 이러한 정보활동은 현대 사회의 '초연결성'과 민주주의 온라인 공론장의 '개방성' 및 '투명성'을 취약점으로 이용한 사이버공격이다. 특히 선거철 빈번한 공격 대상이 되어온 많은 민주주의 국가들은 이러한 공격을 주권에 대한 도전으로 인식하고 군사적 차원에서 대응한다(송태은, 2020).

정리하면, 고도화되고 있는 현대 디지털 커뮤니케이션 기술은 국가 간 외교활동을 원활하게 하는 데에 기여하고, 동시에 이러한 기술을 이용한 정보 유출이나 해킹 등 보안문제, 사이버공격에 의한 국가 시스템 마비, 적성국의 디지털 프로파간다 활동을 비롯해 국가 간 새로운 형태의 다양한 갈등이 대거 발생하는 데에도 영향을 끼쳤다.


## III. 디지털 데이터와 외교

컴퓨터와 인터넷 등 디지털 기술의 발전과 대중적인 상용화로 인해 급증한 디지털 데이터는 국제사회에 새로운 이슈와 문제를 불러일으킨다. 1990년대 인터넷이 등장하면서 구동된 하이퍼텍스트 위주의 소위 '웹1.0' 환경은 정보제공자가 일방적으로 제공하는 정보를 인터넷 사용자가 찾아보는 웹 환경을 일컫는다. 이러한 디지털 정보는 외교정책에도 적극적으로 활용되기 시작했다. 정형 데이터를 디지털화해서 활용하는 '외교 정보화' 사업이 외교행정이나 여권 발행 같은 업무를 지원하기 위해 이루어진 것이다.

정부기관 내부 인트라넷을 사용한 이러한 정보화 작업은 다양한 부서가 작성하고 수집한 자료를 체계적으로 관리, 공유하여 외교 업무를 효율화하려는 시도였다. 현재에도 외교부 본부와 해외공관 간 연결된 인트라넷인 외교부 포털을 통해 외교부 내 다양한 부처가 국내외 외교 일정과 주요국이나 국제기구에서 논의된 회의록, 성명, 연설문 등 광범위한 외교정보를 함께 수집, 축적, 기록하며 공유한다.

한편 아무리 많은 정보가 사용자에게 제공되어도 웹1.0 환경에서는 사이트 운영자가 보여주는 정보 외에 음악이나 동영상 등 동적인 데이터의 제공은 극도로 제한된다. 2000년대 초 형성된 웹2.0 시대에 들어서면서 출현한 소셜미디어에 의해 디지털 데이터의 양과 질 및 인터넷 사용자의 상호 커뮤니케이션 방식이 극적으로 변화했다. 웹2.0의 성격은 소셜미디어가 만들어내는 정보·커뮤니케이션 환경의 특징을 통해 파악할 수 있다. 웹2.0은 매체 사용자가 직접 참여하여 정보를 생산하는 '플랫폼'으로서의 웹이며, 정보를 소유하고 판매하기보다 오픈소스로 '개방', '공유'하고 수많은 참여자의 집단지성을 활용한다. 이러한 웹 환경에서 국가의 외교정책 및 국제적 사안에 대한 정보와 지식은 국내외로 더욱 풍부하게 공유되고 쉽게 확산될 수 있게 되었다. 또한 소셜미디어의 실시간 쌍방향 커뮤니케이션을 통해 시민들도 외교 현안과 국제적 사건에 대해 즉각적으로 반응할 수 있게 되었고, 국가도 그러한 사안에 대해 신속하게 대응할 수 있게 되었다.

최근 등장한 웹3.0은 빅데이터로 축적되는 개인정보와 개인의 검색 기록 등을 분석해 맞춤화된 서비스를 제공하는 인공지능형 웹 시스템으로서 현실세계와 가상세계를 연동할 수 있다. 메타버스metaverse와 같은 가상공간의 기술발전을 촉진하는 웹3.0은 계속 진화하며, 지능형 사물인터넷IoT의 발전과 함께 인간과 사물, 사물과 사물 간 대화가 가능한 웹4.0으로 이행한다. 현대의 이러한 정보커뮤니케이션 환경에서 이루어지는 개인의 모든 정보·커뮤니케이션 활동, 디지털 기기를 통한 상거래와 일상생활, 그리고 더불어 발생하는 위치 기반 정보 등은 모두 기록으로 축적되어 거대 데이터, 즉 '빅데이터big data'를 형성한다. 무선인터넷, LTE, 5G, 블루투스 등을 통한 개인의 다양한 정보통신 기기의 사용과 바코드, GPS, 블랙박스, 사물인터넷, 다양한 센서 장비와 감시기술은 모두 무수한 실시간 데이터를 만든다.

빅데이터는 그 자체로서는 가치가 없으나 일정한 경향성 등 AI 알고리즘으로 추출될 만한 특정 정보, 즉 메타데이터로 전환될 때 정보로서 가치를 갖는다. 외교실무에 사용되는 디지털 데이터의 유용성은 이러한 빅데이터의 활용에서 두드러진다. 우리 정부도 재외 국민의 사건·사고 데이터와 각국의 정치·경제·관광 인프라 지표를 결합한 빅데이터를 분석하고, 이를 대상 국가의 실업률이나 정치적 안정도 등 각국의 위험도 지표를 예측하고 재외국민 보호를 위한 업무에 이용한다.

일반적인 통계분석과 비교할 때 빅데이터 분석은 특정 외교 이슈나 국제정치 사건과 관련하여 미처 예측하지 못했던 새로운 변수나 사실을 발견하게 하는 유익을 제공한다. 국제정치적 인물의 발언은 뉴스나 블로그, 소셜미디어 등 다양한 매체에서 자주 언급되고 온라인상에 오픈데이터 기록으로 남기 때문에 다양한 분석이 가능하다. 예컨대 GDELT Global Database of Events, Language, and Tone 프로젝트는 전 세계 온라인 네트워크상에 존재하는 과거, 현재, 실시간의 다양한 사건이나 발언과 관련된 데이터를 분석하여 지구상에서 일어나는 일들을 포착하고 부상하는 담론이나 다가오는 위기를 예측한다. 또한 BBDA Bebida Beverage Co.의 빅데이터 분석은 전 세계적으로 '생물다양성' 담론이 '지속가능한 성장'과 관련된 주요 이슈로 부상했음을 발견했다. 이러한 다양한 빅데이터 분석은 외교안보 정책 결정에 도움을 주었던 기존의 HUMINT human intelligence 기반의 정보력를 넘어 OSINT open source intelligence를 토대로 한 새로운 정보력을 제공하는 것이다.

활용가치가 있음에도 디지털 데이터가 항상 사회적 공공재로서 사회에 기여하는 것은 아니다. 인종차별이나 사회취약층에 불리한 분석을 빈번하게 도출하는 알고리즘 편향성은 AI 기술의 윤리와 규범 문제를 환기한다.

또 CCTV나 AI 안면인식기술 등 다양한 첨단 디지털 감시 기술을 통해 무차별적으로 광범위하게 수집되고 오·남용되는 개인정보 보호 문제도 가시화된다. AI 알고리즘 개발의 조건이 되는 질 좋은 대규모 데이터의 확보 여부는 결국 데이터 확보를 둘러싼 국가 간 치열한 경쟁으로 이어진다. 질 좋은 데이터 확보를 위해 국가나 기업이 수집하는 다양한 데이터가 국경을 넘어 이동하면서, 데이터 주권과 프라이버시 침해 이슈는 국가 안보와 경제 및 인권 문제와 관련하여 국가 간 새로운 갈등 변수가 되었다.

이제 데이터 윤리를 다루는 이슈는 각국 정부뿐 아니라 유엔UN, 경제협력개발기구OECD, 유럽안보협력기구OSCE와 같은 국제기구가 나선다. 더불어, IT 기업, NGO, 시민사회를 포함한 많은 행위자가 데이터 거버넌스를 위한 국제규범 형성 과정에 참여한다.


## Ⅳ. 디지털 여론환경과 외교의 주체 및 방식

### 1. 정보·커뮤니케이션 환경의 변화와 외교주체의 확대

국가의 외교정책은 국내외 여론의 영향을 받고, 여론은 정보·커뮤니케이션 환경의 영향을 받는다. 정보·커뮤니케이션 환경은 정보와 뉴스를 발신하는 미디어와 정보 전달과 소통을 위한 커뮤니케이션 매체에 의해 성격이 달라진다. 예컨대 오늘날 인터넷과 소셜미디어 기능이 탑재된 스마트폰은 개인의 정보접근성을 높여 해외 동향이나 국제적 사건, 외교정책과 관련된 정보가 쉽게 유통, 공유될 수 있게 한다. 즉 특정 외교 이슈에 대한 국내외 여론이 쉽게 형성되는 정보·커뮤니케이션 환경이 조성된 것이다. 하지만 전통적으로 외교에서 대중 여론은 외교정책 결정에 중대하게 고려되는 변수가 아니었다. 그러한 가장 큰 이유는 국제정치 이슈에 대한 여론의 통찰력을 엘리트층이 불신했기 때문이다.

과거에는 대중이 외교 현안과 관련된 고급정보에 대한 접근성이 낮았기 때문에 대중이 외교 현안에 대해 상대적으로 감정의 영향을 받기 쉬웠다. 즉 정부 관료와 엘리트층은 국제정치에 대한 고급정보를 충분히 접하지 못한 대중이 외교 현안을 두고 냉철하게 평가할 수 있는지에 대해 상당히 유보적인 판단을 내렸다. 여론에 대한 이러한 회의적인 통념은 소위 '아몬드-립만 합의Almond-Lippmann consensus'로 일컬어진다. 이는 곧, 외교정책 여론은 국내 정치로부터 쉽게 영향을 받고 일관성이 없으므로, 국가의 중대 외교정책 결정의 토대나 기준으로 삼을 수 없다는 인식을 반영한다. 그런데 베트남전쟁과 한국전쟁에 대한 여론조사 결과를 분석한 미 정치학계와 커뮤니케이션 학계의 연구는 이와 같은 기존의 통념을 반박했다. 외교안보 정책에 대한 개인의 판단이 나름의 손익계산에 근거한 합리적인 평가이거나 개인이 정보 분별을 위해 다양한 인지 전략을 사용한다고 주장했다. 이러한 주장은 합리적인 정보 분별자로서의 대중의 새로운 면모를 제시하는 것으로, 현재까지도 논쟁적인 이슈다.

그런데 인터넷과 소셜미디어의 등장으로 인해 대중의 외교 현안 정보에 대한 접근성이 획기적으로 높아졌다. 이제 소수의 전문가가 아닌, 다수의 일반인이 집단지성의 형태로 지식 생산에 참여할 수 있게 되었고 커뮤니케이션도 쌍방향의 수평적 대화를 통해 이루어졌다. 즉, 온라인 공간에서의 권력관계는 자연스럽게 수직적 위계질서와 중앙집권 형태가 아닌 분

제5부 외교·안보·무역

산된 수평적 관계가 된 것이다. 다시 말해, 매체 이용자는 언론사로부터 정보와 지식을 수동적으로 제공받기보다 정보를 스스로 생산할 수도 있게 된 것이다. 블로그, 위키, 유튜브, 페이스북, 트위터, 인스타그램, 카카오톡 등의 소셜미디어를 통해 개인은 외교현안에 대한 자신의 의견을 피력하거나 사용자 간 자유롭게 정보와 의견을 교환하기가 더욱 쉬워졌다.

이러한 소셜미디어를 통한 정보 생산과 커뮤니케이션 방식은 외교정책 정보의 유통이나 정책 결정이 위계적이며 폐쇄적으로 이루어지는 것과 상반된다고 볼 수 있다. 외교가 다루는 이슈 자체가 군사안보와 경제통상 등 국익 전반에 영향을 끼치는 중차대함으로 인해 외교정책이 폐쇄적·중앙집권적·위계적 과정으로 결정되는 것은 전혀 이상한 일이 아니다. 또한 외교 정보의 기밀성과 보안의 중요성으로 인해 정부 행위자들은 자연스럽게 보수적인 정보·커뮤니케이션 환경을 선호한다. 하지만 여론이 외교정책에 영향을 끼치는 것이 바람직한지 아닌지 하는 논쟁을 떠나, 현대의 정보·커뮤니케이션 환경에서는 개인을 포함한 다양한 비국가 행위자가 외교 이슈와 국제사회의 어젠다에 더 쉽게 개입할 수 있는 정치적 공간을 확보할 수 있다.

특히 소셜미디어의 등장은 세계적 이슈에 대해 다양한 활동을 펼쳐온 기존의 NGO뿐 아니라 개인도 '1인 미디어'로서 외교정책과 국제정치 사안에 대한 정보를 온라인 공간에서 생산·유통·확산하거나 문제를 제기하는 등 정치적 목소리를 낼 수 있게 했다. 요컨대 21세기 정보통신기술의 발전은 비정부 행위자가 외교 영역으로 진입할 수 있는 기회를 열어놓았고, 개방된 온라인 공간은 곧 국가의 외교활동과 관련된 정보 혹은 기밀정보의 유출을 철저하게 통제하는 것이 매스미디어 시대처럼 쉽지 않게 했다. 외교 사안 자체에 대한 정보 생산과 유통이 개인 차원에서도 가능해졌으므로 정부 간 협의와 협상의 내용은 더 쉽게 관심과 분석의 대상이 되고, 논란이 될 경우 국내 정치적 쟁점으로 이슈화되는 일이 잦아진 것이다.

## 2. 세계여론의 활성화와 시민 공공외교의 활용

우리나라도 타국과의 군사·통상·역사와 관련된 협상 의제에 대해 온라인 공간에서 집단적으로 여론이 동원된 사례가 2000년대 들어 빈번해진 것은 정보·커뮤니케이션 환경의 변화와 밀접한 관련이 있다. 2008년과 2011년 한미 FTA 협상, 2012년과 2016년 한일군사정보협정, 2015년 한일 '위안부' 협상, 2016년 사드THAAD 배치 협상, 2020년 한국에 대한 일본의 수출 통제 이후 한국인의 일본 상품 불매운동에 이르기까지, 통상 및 안보 협상, 역사문제에 대해 온·오프라인에서 여론이 빨리 형성되고 대거 표출되는 일이 과거보다 자주 발생한 것이다. 즉, 인터넷을 통해 대항 담론을 생산하고 공동행동을 추구하는 커뮤니케이션 주체들은 집단적으로 '디지털 다중digital multitude'의 성격을 지녔고 이들의 여론 분출은 일종의 네트워크 현상으로도 볼 수 있다(송태은 2013, 2017a).

흥미롭게도 외교정책이나 국제정치 이슈와 관련하여 온라인 공간을 통해 집단적으로 여론이 동원, 분출되는 일은 세계적 차원에서도 쉬워졌다. 예컨대 NGO가 온라인 공간을 통해 제기한 군축·비핵화 캠페인 의제가 영향력을 발휘하며 국제기구의 정책에 반영되기도 했다. 세계 핵무기 폐기를 주장하는 101개국 소속 468개 NGO로 구성된 연합체 '핵무기폐기국제운동ICAN'은 2016년 7월 핵무기 전면 폐기와 개발 금지를 목표로 하는 '유엔 핵무기금지조약'이 채택되는 데에 결정적인 역할을 했고 2017년 노벨평화상을 수상했다. 미국을 비롯한 다섯 개 핵보유국과 인도, 파키스탄, 북한은 이 협약에 참여하지 않았으나, 이 사례는 시민사회의 온라인 공간을 통한 활동이 세계적 군사안보 의제에도 영향을 끼칠 수 있음을 보여주었다.

이러한 현상은 각국 외교에 두 가지 함의를 갖는다. 첫째는 정부가 선호하는 외교정책 추진이 아래로부터의 개입에서 자유롭지 못하게 된 것이며, 그 결과 정부 입장에서 외교정책 입안과 실행의 과정에서 시민들을 직접적으로 설득해야 할 필요가 과거보다 매우 높아졌다. 특히 언론과 표현의 자유가 법적·제도적으로 보장되는 민주주의 국가의 경우 정부의 외교어젠다는 국내 정책처럼 정책의 일관성, 다른 정책과의 조화, 단기적·장기적 국익 도모 여부 등이 여론의 지지를 받는 것이 과거보다 중요해졌다. 둘째로 외교의 주체가 현대의 정보·커뮤니케이션 환경으로 확장된 점이다. 이러한 상황은 반드시 외교부처에 부정적으로 작용하는 것은 아니다. 외교안보 사안에 대한 NGO와 학계 등 시민사회의 관심과 참여는 국내 지지세력 확보의 방법이 될 수 있다. 이들의 의견과 기술 및 전문지식이 외교정책에 반영되게 하는 것은 민주적 의사결정을 외교정책에도 적용하는 것으로, 외교부의 국내 정치적 지지기반을 구축하는 일이 될 수 있다(송태은, 2017b).

정보·커뮤니케이션 환경의 변화에 앞서 탈냉전기에 들어서며 진전된 세계화에 의해 증대한 상호의존성, 개별 국가가 홀로 해결하기 힘든 다양한 지구적 문제의 급증, 그리고 다양한 비국가 행위자의 국제정치 무대로의 진입도 외교 주체가 확장되는 결과를 낳았다. 결과적으로 이러한 모든 변화는 외교 현안에 아래로부터의 개입과 간섭을 증대시켰고, 국내외 여론과 미디어를 관리하는 일이 외교의 필수적인 임무가 되게 했다. 따라서 최근 인터넷과 소셜미디어를 통해 해외 대중과 소통하고 국가의 메시지를 효과적으로 전달하는 'E-diplomacy', 'Digiplomacy', 'cyber diplomacy'와 같은 '디지털 외교'는 이제 전혀 새로운 방식의 외교 형태가 아닌, 모든 국가가 수행해야 하는 당연한 외교 방식이 되었다. 특히 팬데믹 동안 전통적인 정무외교의 대부분이 화상회의로 수행되면서 디지털 외교가 일반적인 외교방식으로 정착되는 계기가 되었다.

한편 디지털 여론환경의 변화는 국내 정치에 대해서 국제사회가 문제를 제기하는 등의 정치적 압력이 발생할 수 있는 여지를 만들어줬다. 개방성, 투명성, 속보성을 띠게 된 현대의 디지털 여론환경에서 각국 정부는 자국의 이미지와 평판에 영향을 끼칠 수 있는 자국 관련 정보를 통제하기 어렵게 되었다. 결과적으로 각국 정부는 국익 증진을 위해 세계여론을 관리할 필요를 경험하는 것이다.

그러한 사례로 2021년 미얀마 군부에 저항하는 민주화 운동 시위대와 미얀마의 K팝 팬들이 소셜미디어에 한글로 불복종 운동에 대한 지지를 호소하는 글을 쓰고, 한국 정부가 미얀마와의 국방 및 치안 분야 신규 교류 및 협력과 군용물자 수출을 불허하고 미얀마와의 개발협력사업을 재검토하는 등 제재를 개시한 것을 들 수 있다. 이러한 '디지털 청중'의 등장으로 인해 각국은 지구적 커뮤니케이션 공간에서 유통되는 자국 관련 정보와 세계여론을 항시 모니터링하는 등 국내외 여론을 적극적으로 관리하게 되었다. 그 결과, 해외 청중을 대상으로 미디어·문화·예술·교육·관광·학술 활동 및 다양한 민간 교류를 통해 자국을 알리고 그들의 '마음을 얻어winning hearts and minds' 자국의 이미지와 평판을 고양하려는 '공공외교public diplomacy'가 오늘날 모든 국가의 주요 외교활동으로 자리 잡게 된 것이다.

특히 시민들의 자발적 참여를 통해 전개되는 시민 공공외교는 국가 주도의 공공외교보다 진정성이 있으므로 세계 대중의 마음을 얻고 설득하는 데에는 더 효과적인 방법이고 공공외교의 원래 목적을 달성하는 데에 더 부합한다. 시민이 참여하는 공공외교는 단순히 외교의 수행 주체가 확장되어 외교 행위자가 다양해지고 많아진 것만을 의미하지 않는다. 현재 많은 국가가 시민 공공외교를 장려하는 것은 수많은 개인의 아이디어와 지혜가 모아진 집단지성을 통한 공공외교의 이점이 많기 때문이다. 시민 공공외교는 국가가 전면에 나서는 공공외교에 비해 국가 프로파간다로 오해받을 수 있는 문제를 불식시킬 수 있고, 더 역동적이고 창의적인 활동을 전개할 수 있다. 수평적이고 개방적인 온라인 공간에서의 자발적인 지적 협업과 여론 동원이 동반되는 시민 공공외교는 특히 자국의 문화와 역사에 대한 잘못된 정보를 수정하고 정확한 정보를 제공하는 등, 지식운동이나 문화외교에 적합하며, 이러한 공공외교는 국가보다도 시민이 스스로 펼칠 때 더 효과적이다.


## V. 4차 산업혁명 시대의 외교

4차 산업혁명의 진전에 의한 첨단 디지털 기술의 발전이 국제정치에 끼치는 영향에 대한 논의는 주로 금융과 통상 혹은 기술혁신에 의한 새로운 무기체계의 출현 등 군사와 경제에 대한 것이었다. 그런데 최근 국제정치의 장에서 첨단기술의 출현으로 새롭게 발생하는 문제를 외교가 다루게 된 데에는 다음과 같은 몇 가지 변수가 원인이 되었다. 첫 번째, 사이버공간을 이용한 타국의 전산망이나 주요 인프라에 대한 공격은 시공의 제약 없이 이루어질 수 있다는 점이다. 이는 사이버공간을 국가와 비국가 행위자가 모두 공격할 수 있는 분쟁의 장이 되게 했다. 즉, 사이버공간의 등장은 세계 정보·커뮤니케이션 공간의 활성화와 사이버공간의 안보화 혹은 전장화, 두 가지 측면에서 각국 외교가 다뤄야 할 이슈를 급증시켰다. 디지털 기술의 발전으로 사이버공간에서 새롭게 등장한 국제정치적 문제들은 외교가 직접 다루고 해결해야 할 현안이 된 것이다.

두 번째, 디지털 기술이 국가의 경제와 안보 모두에 끼치는 영향력이 지대해지면서, 각국 외교관들은 첨단기술이 국제정치와 외교정책에 미칠 영향을 모두 염두에 두며 외교활동을 펼쳐야 하는 도전을 맞았다. 사이버 공간이 안보화된 것과 마찬가지로 오늘날 AI뿐 아니라 5G, 로봇, 드론, 생명공학기술, 자율무기 등 다양한 신기술은 각국의 기술 경쟁 및 진영 간 핵심 갈등 영역으로 부상했다. 더군다나 오늘날의 미중패권경쟁의 핵심에는 기술경쟁이 가장 중요한 변수가 되고 있다. 따라서 각국은 이러한 새로운 기술과 관련된 자국의 이익을 확보할 수 있는 경제안보 정책을 추구하면서도 미국, 중국과의 관계를 고려한 외교와 협상을 펼치고 있다.

세 번째, 국가 경제와 안보 및 개인의 삶에 광범위하게 막강한 영향을 끼치는 신기술과 관련된 다양한 이슈는 국제기구, 정부 간 협의체, 산업계와 학계 및 NGO 등이 직접 다뤄야 하는 최상위 주요 의제가 되었다. 따라서 각국은 이러한 다양한 행위자들 즉 다중 이해당사자들을 다루고 혹은 함께 협업하며 자국 국익을 관철시키는 다자외교를 펼치는 상황 속에 있다. 하지만 문제는 신기술과 관련된 다양한 문제를 다루는 국제규범이 체계적으로 확립되어 있지 않다는 점이다. 최근 유엔의 경우 적극적인 의제 설정자 역할을 자임하며 빠르게 발전하는 첨단 디지털 기술을 이용하여 2030년까지 '지속가능한 개발'을 실현하고 '디지털 공공재', '디지털 포용성', '디지털 역량 강화', '디지털 인권', '디지털 신뢰성' 등 다양한 디지털 협력 의제를 제안했다. 이렇게 유엔이 디지털 거버넌스 외교에 적극적인 역할을 취하는 것도 국제규범이 부재한 신기술 분야로 인한 불확실성과 안보 위협을 완화하는 목표가 한 국가 차원에서는 마련되기 어렵고, 국제적 공조와 거버넌스 외교를 통해서 이루어질 수 있기 때문이다. 이와 같이 주요 국제기구들은 국제사회의 디지털 협력을 촉진하기 위해 다자간 협력과 기업 및 시민사회를 포함한 민간과의 협력을 강조하면서 디지털 기술의 국제사회적 영향력을 직접 다루고 관리한다(송태은, 2021: 18-35).

네 번째, 오늘날 국가 간 패권경쟁에서 핵심이 되는 건 기술경쟁이다. 그런데 기술경쟁은 단순히 군사 및 산업 경쟁에서 끝나지 않고 진영 간 혹은 정치체제와 가치 및 이념 경쟁으로도 이어지면서 각국이 외교적으로도 복잡한 전략을 구사하게 한다. 특히 서구권 민주주의 국가들은 중국을 중심으로 전 세계적으로 확산되는 '디지털 권위주의digital authoritarianism'의 부상을 크게 우려한다. 디지털 기술의 이슈는 가치중립적인 영역이 아니며 디지털 윤리와 디지털 인권 등의 이슈는 국제사회가 새로운 규범을 구축해야 할 분야가 되었다. 오늘날 서구 기술강국과 유엔 등 국제기구는 구글, 아마존, 페이스북 등 첨단기술의 개발자이자 판매자인 세계적 IT기업과 함께 디지털 거버넌스가 다뤄야 하는 신기술의 다양한 문제에 대해 해결책과 표본이 될 원칙, 규범과 제도를 구축하고자 협업한다. 특히 세계적 IT기업들은 기업 활동이 외부로부터 규제받고 개발과 혁신이 위축되는 상황이 발생하지 않도록 선제적으로 해결책을 제시하며 스스로 문제를 관리한다.

## 나가며

기술이 외교에 끼치는 영향은 외교의 행위자, 방식, 영역 모두에서 다차원적이고 심층적이며, 앞으로 디지털 기술과 관련된 복잡한 문제들은 민·관·산·학이 함께 다룰 수밖에 없을 만큼 점점 더 거버넌스 외교를 통해 다뤄질 것으로 보인다. 이러한 맥락에서 앞으로 외교의 개념은 디지털 기술 환경의 역동적인 변화를 포괄적으로 담아낼 필요가 있다. 즉, 기술사회의 변화를 반영하는 더 유연하고 풍부하며 개방된 외교 개념은 국제사회와 인류의 삶에 지대한 영향을 끼치는 첨단기술의 문제를 다각도로 접근하도록 할 것이다. 또한 급속도로 발전하는 디지털 시대에 국제정치와 기술사회의 상호작용이 외교에 어떤 역할을 요구하고 어떤 도전을 주는지 파악하기 위해서는 가장 먼저 외교에 대한 경직된 전통적인 보수적 시각을 탈피하는 시도가 요구된다. 기술이 각국 경제, 군사, 정치체제와 가치 및 규범에도 영향을 끼치는 다차원적 영향력을 염두에 둘 때 과학기술과 산업계 전문가들만이 이 이슈를 다루는 것이 아니라 외교정책과 국가 간 관계를 다루는 외교관들도 첨단기술과 관련된 다양한 쟁점과 문제를 깊숙이 이해할 수 있어야 한다.

## 참고 문헌

송태은(2013), 「소셜미디어를 통한 다중의 외교정책 논쟁과 집합행동: 커뮤니케이션 환경의 변화가 대중의 외교정책태도에 미치는 영향」, 『국제정치논총』 제53집 1호.

송태은(2017a), 「외교정책에 대한 시민의 관심과 정치적 관여: 2008년 미 쇠고기 수입협상과 2011년 한미FTA 협상 사례」, 『세계지역연구논총』 제35집 3호.

송태은(2017b), 「4차 산업혁명과 외교의 변환」, 김상배 외, 『4차 산업혁명과 한국의 미래전략』, 사회평론아카데미.

송태은(2020), 「디지털 허위조작정보의 확산 동향과 미국과 유럽의 대응」, 『주요국제문제분석』, 2020-13, 국립외교원 외교안보연구소.

송태은(2021), 「인공지능 기술을 이용한 국가의 사회감시 체계 현황과 주요 쟁점」, 『정책연구시리즈』 2020-12, 국립외교원 외교안보연구소.

Berridge, G. R. (2010), *Diplomacy: Theory and Practice*, Palgrave Macmillan.

# 18

# 디지털 안보

## DIGITAL SECURITY

윤정현

국가안보전략연구원

● 

안보 개념이 군사적 측면뿐만 아니라 경제·사회·환경 부문에 걸쳐 개인에 이르기까지 그 외연을 확대하기 시작한 역사는 그리 길지 않다. 탈냉전의 정치적 격변으로 시작된 안보의 주된 대상과 적용 범위의 확장은 급기야 21세기 급속한 디지털 전환을 맞이하며 안보에 대한 접근방식과 이를 위협하는 존재의 확장, 지켜야 할 대상의 가치에 이르기까지 질적인 변화로 이어지게 되었다.

첫째, 정형화된 안보 개념이 아닌, 기술·사회 시스템의 불확실성과 가변성을 반영한 동태적 관점에서의 '신흥안보' 개념이 부상했다. 일상의 미시적인 사안이라도 디지털을 기반으로 한 복잡하게 연계된 사회시스템을 거치며 언제든지 거시적인 안보 문제로 비화될 가능성을 배태하고 있기 때문이다. 둘째, 디지털 기반 신기술 체계가 군사 분야에 적용됨으로써 나타나는 공·수 비대칭성과 이로 인한 안보 딜레마의 문제가 야기되었다. 이러한 문제는 비인간 행위자를 포함하는 위협의 원천이 확대됨에 따라 더 심각해진다. 셋째, 지속가능한 사회의 혁신과 번영을 위해 핵심기술 분야에 대한 자유로운 접근성을 강조하는 '기술주권' 이슈의 부상과 이에 따른 안보적 시각의 필요성을 제기한다.

이러한 세 가지 측면의 변화는 과거 아날로그 시대와 대비되는 디지털 전환 시대의 안보 개념이 지닌 속성과 대상, 위협의 원천, 가치의 확대를 설명해주는 핵심적인 요소라 할 수 있다. 즉, 디지털 전환은 안보의 대상과 가치, 범위 측면에서의 확장뿐만 아니라 안보를 위협하는 원천과 문제의 속성, 새로운 주권 개념에 대한 질적인 변화까지도 수반함을 알 수 있다. 따라서 이 글은 디지털을 기반으로 한 새로운 도전과 위협이 안보 환경에 어떻게 투영되는지 주목하고, 디지털 전환 시대에 필요한 안보 개념의 확장과 대안적 접근이 시사하는 바를 살펴보기로 한다.

# Ⅰ. 탈냉전 시대의 정치적 격변과 디지털 전환 사회의 부상

어원적으로 '안보security'는 '걱정이 없는 상태without care'를 의미하는 라틴어 'securitas'에 뿌리를 두고 있으나(민병원, 2012), 근현대를 거치며 '개인과 집단의 핵심 가치들에 대한 위협이 없는 상태'를 지칭하는 의미로 통용되어왔다(Makinda, 1996). 그러나 안보가 실제로 군사적 측면에서 국가 안보를 넘어 경제·사회·환경 부문에 걸쳐 개인에 이르기까지 그 외연을 확대하기 시작한 역사는 그리 길지 않다. 주권에 대한 '안전보장安全保障'을 다룬 국제연맹 규약 전문에 처음 등장한 안보 개념은 처음부터 '국가'의 관점에서 출발했으며(김현·송경호, 2020), 특히 냉전기 동안은 외부의 군사적 위협으로부터 주권과 영토를 보호하는 '국가안보' 논의에 주로 집중돼왔기 때문이다.

안보는 '위협으로부터 보호해야 할 대상이 무엇인가?', 다시 말해 보호해야 할 가치를 어디에 두느냐에 따라 그 구성요소와 적용범위가 달라질 수 있다. 특히 1990년대 탈냉전기가 도래하면서 20세기를 지배해온 국가안보 패러다임은 심각한 도전을 받았으며, 복잡다단해진 일상의 위협요인을 폭넓게 다루기 위한 안보 개념 확대의 필요성이 제기되었다. 그리고 탈냉전 후 30여 년이 지난 시점에서, 우리는 '디지털 전환digital transformation'이라는 글로벌 차원의 또 다른 변혁의 흐름과 마주한다.

디지털 전환은 자동화된 디지털 플랫폼 기술을 적용함으로써 전통적인 비즈니스 서비스를 혁신시키는 것을 의미한다(Gobble, 2018). 이러한 변화는 시장 영역에 머무르지 않고 일상과 공공부문으로 파급되며 사회구조 전반의 디지털화로 이어진다. 특히, 인공지능AI, 사물인터넷IoT, 클라우드 컴퓨팅 등 이른바 디지털 '범용기술general purpose technology'의 확산은 일상의 광범위한 데이터를 실시간으로 분석하여 자동화된 판단이 가능한 초연결·초지능 사회로 변모시켰다. 그러나 이 같은 혁명적인 변화는 아날로그 시대의 안보 환경과 구별되는 새로운 도전과 위협요소를 낳았으며, 세 가지 차원에서 안보 개념의 확장 및 대안적 접근의 필요성을 제기했다.

첫째, 고도로 복잡화된 기술시스템의 불확실성을 반영한 동태적 안보 개념으로의 변화다. 금융·교통 시스템, 데이터 센터, 스마트에너지 송전망 등 오늘날 국가 핵심 인프라는 디지털화되었으며, 자동 제어 시스템에 의해 운용된다. 이들이 만약 기술적 결함이나 외부의 공격에 의해 정상적으로 기능하지 못할 경우, 국가 수준, 나아가 지역 및 글로벌 차원의 위기로도 이어질 수 있다. 특히, 그 시작은 특정 부문의 미시적인 안전 문제였을지라도, 디지털을 기반으로 한 복잡하게 연계된 사회시스템을 거치며 언제든지 거시적인 안보 문제로 비화될 가능성을 배태하고 있다는 데 문제의 심각성이 있다. 따라서 이러한 디지털 위험 요소가 가진 초국가적 안보로의 양적·질적 변화의 가능성을 염두에 둔 '신흥안보emerging security' 차원에서의 대안적 안보의 시각이 필요함을 주장하는 것이다.

둘째, 디지털을 기반으로 한 신무기 개발이 야기하는 새로운 안보 딜레마와 안보 위협 대상의 확장이다. 최근 인공지능 기반의 자율무기체계, 공격형 드론 등 군사안보 분야에 디지털 기술의 적용이 활발히 이루어졌다. 이들은 전통무기체계뿐만 아니라 사이버공간의 새로운 전력 요소로 부상 중이며, 국가 행위자 외에도 테러집단, 심지어 개인 단위에서도 손쉽게 이용된다. 특히 인공지능을 활용한 공격을 통해 익명성과 책임성의 문제를 낳는다. 이는 안보의 위협 대상이 국가에서 비정형 조직으로, 나아가 비인간 행위자로 이어질 수 있음을 시사하는 것이다. 이처럼 위협 대상의 규정이 모호한 상태에서 이들에 대한 방어기술체계를 마련하거나 이를 규제할 국제규범 등을 적용하기는 더욱 어려워진 상태다. 이러한 취약점은 결국 디지털 안보 전장에서의 공·수 비대칭 구도의 심화를 낳는다. 즉, 디지털화된 위협에 비례한 적절한 대응수단이 부재함으로써 초래되는 새로운 안보 딜레마를 유발할 가능성이 커졌다.

셋째, 보호해야 할 안보적 가치 대상의 확대다. 냉전기 국가안보에서 탈냉전기 인간안보 패러다임을 넘어 이제는 핵심기술 그 자체에 대한 확보의 중요성이 증대되었다. 이른바 디지털 범용기술에 대한 접근의 자유도가 공동체와 국가, 진영의 번영을 결정짓는 사안으로까지 확대된 것이다. 이러한 변화로 인해 핵심기술 분야의 기술 주권 이슈가 부상했고, 이에 따른 안보적 시각의 필요성이 제기된다. 디지털 전환 사회에서의 지속가능한 혁신과 사회발전을 위한 핵심자원으로, 디지털 산업 전반에 적용되는 인공지능·반도체·통신네트워크 등의 범용기술체계의 중요성이 부각되는 것이다. 이들에 대한 안정적인 공급망과 표준 확보는 디지털 시대의 사활적인 안보 문제로 대두되는 맥락이라 할 수 있다.

탈냉전과 시작된 1990년대의 안보담론에서 주목할 특징은 안보의 대상referent objects에 대한 인식이 다양화·복잡화되었다는 점이다. 미·소 간의 첨예한 군사적 긴장에 가려 있던 수많은 다양한 이슈들이 복합적으로 발생했으나, 국가안보 개념의 협소한 시각은 이에 효과적으로 대응하기 어려웠다. 따라서 냉전기 안보담론에 대한 비판적 논의의 시작은 바로 안보 대상에 관한 것이었다. 국가에 가해진 위협뿐만 아니라 개인에게 가해진 위협 요소를 제거하는 것이 안보의 궁극적인 목표가 되어야 한다는 주장이 제기되었는데(Booth, 1991: 319), 이는 안보의 대상이 전통적인 국가 단위체에서 보편적인 인간, 즉, '개인'에 주목해야 한다는 것을 의미했다. 이러한 시각은 '인간안보human security' 관점에서의 논의를 확장하는 시금석이 된다.

유앤개발계획UNDP 역시 "Human Development Report"에서 인간안보를 '가정이나 직장, 공동체 같은 일상적 생활환경에서 굶주림, 질병, 억압 같은 고질적인 위협에 처하지 않도록 보호하는 것'이라 정의했는데(UNDP, 1994), 이는 개인이 자유롭게 자신들의 선택에 따라 시장과 사회적 기회에 접근할 수 있도록 함을 의미했다. 즉, 1990년대 탈냉전이 낳은 정치적 격변은 안보의 대상으로서 '국가'를, 그리고 이에 대한 위협 요소로서 '군사적 위협'이라는 매우 제한적인 접근을 넘어, 질병·환경·사회문제 등 일상의 광범위한 도전과 그로부터 지켜야 할 안보 대상의 범위를 대폭 확장했다고 볼 수 있다.

이어 지구적 차원에서 급속히 진행된 세계화와 정보혁명은 21세기의 전환기에 세계정치의 지형을 크게 변화시키는 기제로 작용해왔다. 특히, 디지털을 기반으로 한 정보화 사회로의 이행은 데이터 기반의 지식정보화에 따른 광범위한 편의성을 제공했다고 볼 수 있다. 이러한 변화는 시장 영역에 머무르지 않고 일상과 공공부문으로 파급되었으며 사회구조 전반의 디지털화를 촉진했다. 인공지능, 사물인터넷, 클라우드 컴퓨팅 등 이른바 4차 산업혁명을 주도하는 '범용기술'의 광범위한 적용 과정은 일상의 방대한 데이터가 실시간으로 분석되고, 자동화된 판단이 가능한 초연결·초지능의 사회로의 변모 양상을 설명해준다. 그러나 동시에 디지털 전환 사회의 새로운 유형의 위험들이 수반하는 새로운 위험들을 증대시키게 됐다.

사실 기술적 위험은 이전부터 존재해왔다. 하지만 당시의 위험은 주로 국지적이거나 비구조적인 것이었으며, 대개는 정태적·잠재적 가능성의 수준에 머물렀다. 반면, 사회 전반이 디지털로 융합되는 사회에는 그 존재와 인식의 토대 자체가 기술에 뿌리를 두고, 정보기술이 사회의 구조적 기반을 이룬다는 점에서 기술적 위험이 도처에 편재했다고 할 수 있다. 이 같은 기술적 위험은 포괄적이면서도 구조적 성격을 띠며 언제든지 예상치 못한 곳에서 발원할 수 있다는 점에서 큰 차이를 보인다.

정보기술, 정보 시스템, 정보망 등이 생산과 서비스의 중심이 되는 디지털 사회로 진입하면서, 인간이 직접적으로 경험할 수 있는 차원을 넘어서 생산되는 이차적·비자연적·인위적 불확실성과 구조화된 위험들, 즉, 통제할 수 없는 위험의 잠재성은 더욱 확대된다. 소프트웨어, 자동화시스템 등 정보시스템은 업무용 컴퓨터에서부터 의료장비, 원자력발전소에 이르기까지 전 영역에 걸쳐 활용되며, 사람을 대신하여 복잡한 일을 처리하고, 기존에는 사람이 할 수 없었던 일들을 창조해낸다. 이로 인해 정보기술의 오

작동 및 실패, 혹은 의도적이고 악의적인 접근 등으로 위험이 현실화되는 사례 역시 증가하게 되었다(유지연·정국환, 2010: 38-39).

특히 기술시스템 관리의 실패로 나타나는 사고에 대한 예측이 어려워졌다. 기술의 복잡성이 증가한 만큼, 불확실성 또한 높아졌으며, 높아진 불확실성으로 인해 기술 위험에 대한 과학적 평가나 적절한 위험 수준을 결정하는 것도 난제로 작용하기 때문이다(Wildavsky, 1988). 그리고 이 같은 딜레마는 사회 전반이 디지털화되는 이른바 '디지털 융합 사회'로 진화하면서 더욱 심화될 전망이다. 디지털 기기와 시스템이 고성능화, 다기능화되고 저장공간이 늘어나면서 디지털 기기와 시스템을 대상으로 하는 공격들 역시 다양해지기 때문이다. 무엇보다도 사이버공간과 현실공간이 융합되면서 현실공간에 존재하는 사물과 사람에 대한 직접적인 통제가 가능하다는 특징이 있는데, 이는 개인의 신체까지도 쉽게 위협할 수 있는 확률을 높인다.

이러한 디지털화의 심화는 안보적 측면에서 세 가지 변화 양상을 증폭시킨다. 첫째, 고도로 복잡화된 기술시스템의 불확실성과 역동적 변화 가능성에 초점을 맞춘 안보 관점의 변화로서, 이른바 '신흥안보'에 대한 접근의 필요성이다. 둘째, 디지털 기술을 활용한 새로운 위협 수단이 야기하는 신기술의 안보 딜레마와 안보 위협 대상 확장의 문제이다. 셋째, 보호해야 할 안보적 가치 대상의 확대로서, 범용기술 확보를 둘러싼 안보적 관점에서 바라본 '기술 주권' 이슈의 대두다.

## II. 디지털 전환 사회의 안보 개념 변화

### 1. 위험의 불확실성과 동태적 변화, 신흥안보적 접근의 필요성

문제는 기술의 고도화, 특히 디지털화에 따른 초연결성과 복잡성의 증대가 시스템 관리의 취약성을 높임으로써 과거에는 상상하기 어려웠던 양상과 규모의 안보 위험 또한 배태하게 되었다는 점이다. 물론, 이러한 위험들은 그 충격과 파급 효과를 가늠하기 힘들고, 어떠한 맥락에서 발생하는가에 대한 명확한 이해도 쉽지 않다는 난제를 안고 있다. 사이버테러, 정보 유출과 같은 새로운 위험들은 기존의 일국적 차원에서는 효과적으로 대응하기 어려우며 글로벌 수준에서의 표준 수립과 협력·관리되어야 할 필요성을 제기했다. 한편, 지금까지 국가적 관심을 끌지 못했던 일상의 안전 이슈나 멀리 떨어진 지구 반대편의 문제 또한 공동체에 위협을 가할 수 있는 초국가적 위험 이슈로 증폭될 수 있는 가능성을 안게 되었다. 실제로 위험 이슈의 대처에 필요한 제도적 안전망의 미비나 이해관계자들의 갈등 조정에 실패하는 경우, 사회정치적 혼란을 야기할 수 있으며 심지어 지역, 나아가 지구적 차원의 불확실성을 심화시키기도 한다.

최근 IT 기술과 인터넷 환경을 필두로 한 인프라 환경은 언제, 어디서든 실시간 제어가 가능한 사회시스템으로 변모시켰다. 특히 에너지·교통·국방·행정 등 대부분의 사회 기반 시설도 디지털 기술이 접목되어 사이버공간에 편입되었다. 그러나 사이버공간을 통해 드나드는 모든 데이터에 대한 관리 및 통제가 사실상 불가능해지면서 그 빈틈을 악용하는 사례가 늘어나는 중이다. 문제는 사이버공격으로 인한 온라인에서의 피해가 현실의 물리적 피해로 전환되며 그 경계가 불분명해졌다는 점이다.

특히 이렇게 고도화된 인터넷 서비스를 뒷받침하기 위해서는 광범위하고 복잡한 인프라의 운용이 필요하다. 문제는 인프라 환경이 복잡해질수록 다양한 내부적·외부적 충격 요인에 민감해질 수 있으며, 사고 발생 시 막대한 피해가 예상된다는 데 있다. 특히 누구나 스마트 기기를 사용하게 됨에 따라 거의 모든 사람들이 예상치 못한 디지털 기기의 운용에 따른 잠재적 피해자가 될 수 있다. 언제, 어디서든 사회 인프라나 주요 공공서비스 대부분을 인터넷을 통해 이용하는 상황에서 인터넷망에 포함된 금융·국방·교통신호체계·전력망 등이 직접 타격받으면 사회 전체가 혼란에 빠질 수도 있다.

이러한 맥락에서 디지털 전환 사회의 위험요소가 가진 초국가적 불확실성과 가변성을 이해하고 효과적인 접근방법 모색을 위한 '신흥안보'적 시각이 제기된다. 신흥안보 개념은 거시적 차원의 국가안보와 이와 대비되는 미시적 차원의 안전을 구분하는 접근을 넘어, 이들 간의 경계가 모호해지는 동태적 변화 양상에 주목하는 것이 특징이다(김상배, 2016). 특히 잠재적 안보 이슈로 전환될 수 있는 위험요소 또한 안보 관점에서 이해하려는 적극적인 시도를 보인다. 전환 과정에서 국가 외 다양한 비정부기구, 비인간 행위자 들이 복합적으로 상호작용하며 생기는 파급 효과 또한 예상치 못한 경로로 확산될 수 있기 때문이다(윤정현, 2019).

즉, 전통안보와 구별되는 신흥안보 위험이 갖는 가장 큰 차이는 역동적인 가변성과 불확실성이라 볼 수 있다. 때로는 위험요소의 양적 축적에 따라 거시적인 안보 문제로 비화되지만, 반대로 다른 부문의 직간접적인 이슈와 연계되는 질적 전환 경로를 따라 거시적인 안보 문제로 발전하기도 한다. 또한 이 두 가지 방식이 동시에 나타나는 양적·질적 변환 과정도 마찬가지로 거시적 차원의 안보 문제로 귀결된다.

　탈냉전과 함께 등장한 코펜하겐 학파의 '비전통 안보nontraditional security' 및 2000년대 이후 기술적·환경적 위험에 주목한 '신안보new security' 적 관점은 전통적·거시적 수준의 국가안보 이슈로 대별되는 위험 유형들을 포괄하고 있는 정태적 관점이라 할 수 있다. 반면, 신흥안보 개념은 이들 간의 경계를 구분 짓기보다는 잠재적 안보 이슈로 전환 가능한 미시적 안전 문제들 역시 안보적 관점에서 적극적으로 바라보려는 시도로서, 양질 전환의 확산 과정에 나타나는 동태적 변화에 초점을 둔다. 또한 국가 행위자뿐만 아니라 다층적 수준에서 비국가 행위자들 간의 복합적인 상호작용의 유의미한 영향에도 주목한다(윤정현, 2019).

　이 같은 신흥안보 위험은 전통안보와 달리 역동적으로 변하는 속성, 그리고 변화의 메커니즘을 초기부터 예측하기 어려우며 단일 국가 차원에서의 정의하고 대응하기 어려운 속성을 띤다. 오늘날의 신흥안보 위험들은 다양한 국가 및 비국가 행위자는 물론, 역내 규범적 요소 또한 포함할 수 있기 때문에 보편적이거나 고정된 해법 마련을 더욱 어렵게 한다. 또한 이들을 방치할 경우, 그것이 예상치 못한 취약한 사회부문의 이슈와 연계되어 새로운 정치적 위기를 촉발하는 양상이 관찰되기도 한다.

　즉, 정태적 차원에서 위험 유형의 특징이 명확히 구분되는 전통적 안보 이슈와 달리 동태적 전환 가능성을 배태하고 있는 신흥안보 이슈는 언제나 문제의 유형과 파급력에서 가변적인 속성을 보인다. 다음 쪽 [그림 1]은 일상적인 디지털 전환 사회에서 미시적 차원의 분절형 위험 이슈가 글로벌 차원의 초국가적 난제로 전환될 수 있는 세 가지 가능한 메커니즘을 보

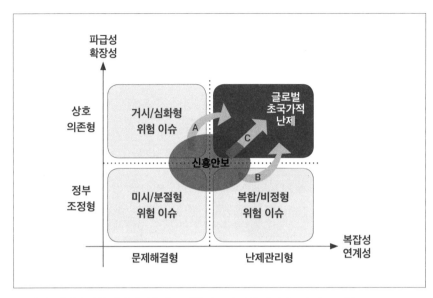

**[그림 1]** 디지털 전환 사회의 신흥안보 위험 이슈의 전환 메커니즘과 안보 유형

여준다. 먼저, 신흥안보 이슈는 양적 점증에 따른 변환(경로 A)에 따라 거시·심화형 위험 이슈를 거쳐 초국가적 난제가 될 수 있다. 또한 새로운 부문의 이슈 연계로 위험의 질적 변환(경로 B)에 따라 복합·비정형 위험의 경로를 거쳐서도 전환 가능하며, 마지막으로 위험점증·이슈 연계에 따른 양질 동시 변환(경로 C) 등을 통해서도 두 가지 속성을 모두 갖춘 초국가적 난제로 변모될 수 있다.

## 2. 신무기가 초래하는 공·수 불균형의 안보 딜레마와 위협 대상의 확장

최근 인공지능 기반의 자율무기체계Autonomous Weapons Systems: AWS,

공격형 드론 등 디지털 기술의 군사안보 분야 적용이 활발히 이루어졌다. 이들은 전통무기체계뿐만 아니라 사이버공간의 새로운 전력 요소로 부상 중이며 국가 행위자 외에도 테러집단, 심지어 개인 단위에서도 손쉽게 이용된다. "Global Risk Report 2020"에서는 세계 경제가 강대국 간의 경제·환경·기술 분야에서의 극심하게 대립하는 '격변Turbulence'의 '뉴노멀New Normal' 시대로 접어들었음을 시사하며, 사회통합과 환경 리스크, 양극화를 심화시키는 공통적인 요인으로써 디지털 전환에 따른 신기술 발달의 문제를 짚은 바 있다(WEF, 2020).

인공지능과 블록체인 등 4차 산업혁명의 근간이 되는 이른바 '범용기술'들은 그 복잡성과 초연결성으로 인해 외부의 공격에 취약한 구조를 안고 있다. 데이터 조작과 탈취, 기술진화의 부작용 등이 낳는 파급력은 이전보다 더 커졌기 때문이다. 이를 반영하듯, 지난 2021년 1월 발표된 "Global Risk Report 2021: Fractured Future"에서는 '디지털 권력 집중에 따른 불평등'과 '사이버안보 관리의 실패'가 기술안보 측면에서 2년 이내 발생 가능한 단기적 위험 요소로 제시된 바 있다. 3~5년 이내의 중기적 관점에서는 'IT 인프라의 붕괴'가 기술뿐만 아니라 경제·사회·환경·정치 모든 분야를 통틀어 2위로 높게 나타났으며, '기술 거버넌스의 실패' 역시 임박한 위험으로 전망되었다(WEF, 2021). 이처럼 디지털 전환이 초래한 위험의 불확실성과 가변성은 신무기 개발에도 적용되어 아날로그 시대에 없었던 새로운 안보 쟁점과 도전 이슈를 낳는다.

대표적으로, 사이버안보 환경의 변화를 살펴보자. 4차 산업혁명이 부른 기술의 고도화로 온·오프라인 간의 경계가 모호해지면서 사이버공간을 통해 물리적 공간에 대규모 피해를 유발할 수 있게 됐다. 지리적인 공간 제약을 받지 않는 익명의 공격 주체에 의해 감행되는 사이버공격은 효과적인 방어와 책임 규명이 어려우며, 현실적으로 기존의 법·제도로 규제하기 어려운 수많은 문제점을 안고 있다. 그리고 이 문제는 사이버공간에서의 적합한 억제와 처벌, 예방의 전략 수립을 불가능하게 해왔으며, 적절한 사이버전쟁 양식과 규범을 만들기 위한 끝없는 안보 담론을 유발한다.

인공지능의 경우, 머신러닝 기반의 알고리즘이 가진 방대한 데이터 분석력을 무기로 이미 사이버공격 전술의 주요 수단으로 부상했으며, 사이버 공격과 방어의 형태를 더욱 정교화할 것으로 전망된다. 특히, 디지털 전환에 따른 사이버물리시스템Cyber Physics System: CPS과 인공지능 알고리즘의 적용 확대는 단순히 사이버전쟁 방식의 고도화나 공간의 확장에 그치지 않는다. 2010년 이후 발생한 최근의 사이버전의 모습은 단순히 금융 분야의 해킹이나 개인정보 취득을 넘어, 디지털화된 사물인터넷 기기와 산업 인프라에 물리적 피해를 입힐 수 있는 형태로 진화했음을 보여준다. 이러한 흐름 속에 사이버전쟁은 이미 가상과 현실의 경계를 넘나들며 전통적인 군사전략의 보완적 수단을 넘어선 지 오래다. 따라서 오늘날 사이버공간의 안정성 확보는 국가핵심기반시설의 중추적 기능 유지와도 밀접히 연결되어 있기 때문에 국가안보와 직결되는 사안으로 간주되기도 한다.

또한 전방위적인 디지털화로 인해 사이버테러 및 해킹을 통한 주요 전산 시스템과 데이터베이스에 대한 공격이 물리적 공격보다 큰 피해를 초래할 가능성이 높아지면서, 디지털 영역이 안보적 충돌의 핵심 공간으로 변모되었다. 특히, 대중들의 온라인·모바일 사용도 급증으로 인해 개인정보 탈취를 통한 감시와 선전propaganda을 통해 여론을 제어하고 선동할 잠재적 위협도 수반하게 되었다. 여기에 인공지능 기반의 대규모 사이버테러나 자율무기체계를 활용한 공격은 국제사회의 익명성과 책임성의 문제를 낳는다. 실제로 이들 기술을 적극적으로 활용하는 주체가 국가 행위자에 그치지 않고 특정 범죄조직, 개인, 심지어 인공지능 알고리즘으로까지 확대되면서, 디지털 전환 시대의 안보 환경은 이제 비인간 행위자로부터의 위협도 포함해야 하는 상황이 되었다. 위협 대상을 특정하기 어려운 환경에서는 기술적 대응 수단뿐만 아니라 이를 규제할 국제규범 등을 적용하기도 어렵게 된다. 디지털화된 위협에 비례한 적절한 대응 수단이 부재한 가운데, 이러한 취약점은 디지털 안보 전장에서의 공·수 불균형 문제에 따른 안보 딜레마를 유발할 가능성을 증대시킨다.

이를 반영하듯, 신기술에 의해 촉발되는 안보 이슈들은 국제협력개발기구OECD, G20, OSCE, 유럽연합EU 등 국제기구 및 협의체를 중심으로 다자 논의가 진행되었다. 특히 위협이 보다 가시화되고 있는 인공지능 기반 자율살상무기체계 및 사이버, 우주 분야를 중심으로 유엔UN 차원의 국제규범 형성 논의가 우선적으로 진행되었다. 이는 이 문제들이 군사안보에 보다 직접적이고 현실적인 영향을 끼치기 때문이며, 실제 전략무기로서 가치를 갖는 핵심기술이기 때문이다.

최근 인공지능 기술의 군사적 활용에 따른 문제점을 국제적으로 규제하려는 논의가 '자율살상무기 정부전문가그룹Group of Governmental Experts on Lethal Autonomous Weapons: GGE LAWS'에서 진행되는데, 미·중·러 등 주요 기술 선도국들과 '비동맹그룹NAM' 간 입장 차가 현저한 실정이다(국가안보전략연구원, 2019). 그뿐만 아니라 강대국 내에서도 공격무기로서의 제한과 방어용의 의미를 어떻게 해석할 수 있을 것인가에 대해 각국의 입장이 첨예하다.

결국, 디지털 기반 기술 자체는 중립적인 존재이나, 그것의 군사적인 활용 목적에 따라 안보전략적 차원에서 중대한 의미를 띠게 되었다. 이미 광범위한 산업 분야에 적용되는 인공지능은 군사 분야의 무인전력체계에 우선적으로 도입된 바 있다. 그리고 공격무기에 이를 적용함으로써 전력효과를 극대화한다. 특히, 사이버·ICT 분야는 국제적으로 합의된 규범의 부재로 국가 또는 비국가 행위자에 대한 효과적 대응이 어려운 분야다. 또한 물리적 충돌을 감행하기 어려운 현대의 강대국 간의 갈등이 우회적으로 펼쳐지는 공간으로서, 최근에는 5G 표준을 둘러싼 경쟁이 가속화되었다. 이처럼 신기술을 둘러싼 강대국 간의 이해관계 충돌과 대립 구도는 향후 갈등의 진영화로 확대될 소지가 있으며, 정치적 문제를 넘어 민간·산업 기술 부문에까지 영향을 미침으로써 전략적 선택의 고민을 안겨줄 가능성이 높다.

## 3. 핵심기술에 대한 안보적 가치의 확대와 '기술 주권' 이슈의 부상

디지털 전환 시대의 안보 개념 변화가 초래하는 또 다른 특징은 '핵심기술' 영역으로까지 안보 대상이 확대되는 양상이라 할 수 있다. 냉전기 국가안보에서 탈냉전기 인간안보 패러다임을 넘어 이제는 기술 자체가 수단에 그치지 않고 안보의 궁극적인 가치로 변모하는 현상이다. 이른바 '디지털 범용기술'의 보유 여부는 특정 산업 공동체를 넘어 국가, 지역, 거대 진영의 번영을 결정짓는 사안으로까지 확대되었다. 이러한 변화는 기술이라는 변수에 대한 안보적 시각을 고찰할 필요성을 제기한다. 인공지능·반도체·통신네트워크 등 디지털 산업 전반에 적용되는 범용기술체계는 이제 지속가능한 혁신과 사회발전을 위한 핵심자원으로 그 중요성이 부각되는 것이다. 결국 이들에 대한 안정적인 접근성과 공급망의 확보는 디지털 시대의 사활을 건 안보 이슈가 된다.

이러한 맥락에서 최근 선도 기술 분야의 주도권을 둘러싼 강대국 간의 경쟁은 단순한 시장점유율의 확보가 아닌, 안보적 측면에서 표준을 장악하고 기술력의 우위를 지속하기 위한 첨예한 갈등의 양상으로 볼 수 있다. 이미 각국은 국가경쟁력과 밀접한 핵심 과학기술의 대외 의존도를 줄이고, 자체 생태계에 기반한 미래 유망 기술 원천화를 위해 끊임없이 노력 중이다. 특히, 미·중 양자 간 기술혁신과 신기술 개발을 둘러싼 경쟁의 심화가 대표적이라 할 수 있으며, 상호 견제를 위해 동맹 세력과 국제기구, 레짐 형성에까지 경쟁의 전선을 확대하고 있는 모습이 관찰된다.

그간 글로벌 경제의 번영은 산업과 기술, 세계 지향의 개방적 무역 정책, 국경을 아우르는 과학 네트워크 등의 측면에서 국제적인 분업체계 위에 구축돼왔다. 그러나 코로나 19 바이러스의 혼란은 유럽연합과 미국을 비롯한 주요 선진국들이 글로벌 분업화된 산업구조에서 특정 분야의 과도한 해외 의존이 제기하는 위험성을 목도하게끔 했다. 위기 발생 시 생활 인프라 서비스 등 필수 품목에 한해서는 자국의 국내 생산 역량을 통해 제공할 수 있어야 한다는 사실을 경험한 것이다. 무엇보다도 장기적으로는 자국 경제가 경쟁력을 유지하고 사회의 본질적인 요구를 충족시킬 수 있게끔, 중요한 기술에 관해서는 경쟁자들에게 가능한 가장 낮은 구조적 의존성을 가지도록 정치적으로 자율적인 행동 범위를 보존하거나 창출할 방안을 고민할 필요성이 제기되었다.

이를 반영하듯, 도널드 트럼프Donald Trump 행정부 이후 보다 격화되고 있는 미·중 갈등은 쌍방 간의 단순한 무역제재를 넘어 첨단기술 분야의 생산과 글로벌 교역 시스템 구조를 재편하는 양상으로 변했다. 최근 미국은 인공지능과 블록체인 등 신기술에 관한 국내 규범이나 시스템을 정립하고, 이를 기반으로 국제 기술 경쟁에서 우위를 지속하기 위해 국제적인 협력과 경쟁국에 대한 견제를 주된 전략으로 추진한다. 특히 새로운 국제 규제를 제정하고 수출 통제를 강화하며, 외국인 투자 심사와 공급망 안전성 등의 확보를 위해 동맹국들과의 협력을 강화 중이다.

미국은 전략기술 분야에서 자국 기업이나 연구소에 중국 연구자들이 진출하는 것을 제약한다. 미국의 이러한 전략적 행보는 중국의 인공지능 분야의 굴기를 차단하고, 글로벌 네트워크에서 분리·고립시키는 것을 목표로 한 결정이었다. 특히, 4차 산업혁명의 핵심 범용기술 분야인 인공지능, 클라우드 컴퓨팅, 데이터 통신체계를 둘러싼 양측의 대립은 표준을 둘러싼 기술패권 경쟁을 심화시키는 한편, 정보통신기술 분야의 교역 의존도가 높은 국가들에게 어려운 정치적 선택을 강요한다.

이처럼 미·중 경쟁은 오랜 기간 경제적 상호의존을 유지했던 글로벌 기술 공급체계의 지속가능성에 대한 의문을 제기하는 한편, 두 진영 간 디지털 생태계, 플랫폼의 급속한 '탈동조화decoupling' 현상을 낳는다. 최근에는 '디지털 달러 대 디지털 위안'으로서 디지털 기축통화를 둘러싼 치열한 대결을 펼쳤다. 또한 인공지능, 블록체인, 5G 등 4차 산업혁명의 디지털 전환을 가속하는 범용기술의 엄청난 잠재력을 이해하고, 이들에 대한 자유로운 접근과 활용 확대를 강조하는 주장이 제기되었다. 안보적 관점에서 이른바 '기술 주권technology sovereignty'의 문제를 직시해야 한다는 것이다.

여기서 기술 주권을 갖춘 국가는 '자국의 국민에게 복지, 경쟁력, 행위 능력에 중요하다고 간주하는 기술들 제공할 수 있으며, 일방적·구조적 의존 없이도 기술을 개발하거나 다른 경제영역에서 원천화할 수 있는 능력을 보유한 국가로 정의된다(Edler et al., 2020).

즉, 기술 주권은 국제분업과 세계화에 의문을 제기하거나 중요하게 분류된 모든 기술에 대한 포괄적인 '기술 자립autarky'을 목표로 하는 것이 아니다. 핵심은 일방적 의존성을 피하고 자국의 역량을 개발·유지할 수 있는 충분한 선택지를 확보하는 것을 의미한다. 국가나 특정 경제 공동체 및 지역이 자체적으로 제공하거나 개발할 수 없는 중요한 기술자원을 제삼자로부터 안정적으로 공급받을 수 없을 때, 이러한 상황을 기술 주권에 대한 제약을 우려할 수 있는 심각한 안보의 위협 상황으로 간주하는 것이다.

이러한 시각은 최근 코로나 19 바이러스를 경험하며 기본적인 방역 물자생산에 곤란을 겪었던 유럽을 중심으로 제기되었다. 타국에 대한 과도한 의존을 피하기 위해 안보적 차원에서 한 국가가 자국의 국내 역량을 이용해 자국 인구에 필수 물자를 공급할 수 있어야 한다는 것이다. 이는 사회경제적 안정에 필수적이며, 자체의 공공 업무를 수행하는 데 필요한 물자의 확보와 혁신적 해결방안 마련에 필요한 적합한 기술, 그리고 충분한 연구 역량을 반드시 갖춰야 한다는 명제를 내포했다.

그러나 여기서 기술 주권은 안보의 필요조건일 뿐, 번영을 담보하지는 못한다. 혁신을 창출하고 확산시킬 수 있는 '혁신 주권'이나 더 나아가 경제 무역에 대한 자결권, 즉 '경제 주권'을 위한 충분조건은 아닌 것이다. 따라서 기술 주권 개념은 보다 상위에 있는 혁신 주권 및 경제 주권의 개념과 구별될 필요가 있다. 다만, '기술 주권'은 국가 주권의 더 큰 그림에서 특별한 역할을 한다. 경제 주권을 확립하고 자율적인 국가 행동을 지속가능하도록 이끄는 기반이 된다.

　그러나 다른 한편으로 이러한 안보적 관점에서의 '기술 주권' 논의는 오늘날 이미 국제적인 상품과 서비스 교역의 재화들이 'made in world'로 비유되는 초국적 생산가치로 이루어진다는 것을 고려할 때, 시대적 역행이라는 의문 또한 낳는 것이 사실이다. 과거 미·소 냉전 구도와 달리 미·중 관계는 군사안보적 긴장과 경제 분야에서의 협력과 상호의존이 복합적으로 나타나는 양상이 전개된다. 즉, 현재의 글로벌 지식의 생산·유통 구조에서 중국은 미국, EU 등과 효율적인 분업체계의 한 축을 형성해왔으며, 인공지능 등 첨단기술 분야에서의 긴밀한 연구 네트워크로 연결되어 있어, 어느 일방의 관세 확대와 기술 접근 제한은 결국 모두의 손실로 귀결되는 구조인 것이다. 예를 들어, 인공지능의 논문 성과 및 피인용 현황을 보면 중국은 미국, 유럽, 일본, 한국 등 주요 기술 강국들과 매우 긴밀한 공동 연구 체계를 구축했으며, 이들 네트워크의 중심에 위치한다. 이때 일방적인 관계 단절은 곧 자국의 피해로 직결되므로 군사적 긴장을 유지하면서도 경제적으론 협력하는 것이다. 이는 현재 미국과 서방이 주도하고 있는 대중국 배제 정책의 지속가능성과 효과성에 대한 의구심이 지속적으로 제기되는 이유기도 하다.

## 나가며

　살펴본 바와 같이 디지털 전환 시대의 도래는 국제정치학의 가장 첨예한 주제인 안보 개념의 속성과 이를 위협하는 존재의 확장, 지켜야 할 대상의 가치에 이르기까지 광범위한 변화를 낳았다. 특히 디지털 혁명이 공공과 민간에 걸쳐 사회시스템 전반의 운용방식을 혁신적으로 변화시킴에 따라 안보 영역의 변화도 나타난다. 초연결·초지능으로 상징되는 디지털 전환 사회에서는 20세기 냉전 및 탈냉전의 전환기에 나타나지 않았던 문제 역시 제기되는 중이다. 사회 전반의 지능화와 정보화를 촉진하는 디지털 기술체계가 갖는 의미는 불확실성을 반영한 동태적 안보 개념과 신무기 개발이 야기한 안보 딜레마, 그리고 수단을 넘어 안보 대상의 자체로서 '범용기술'이 갖는 새로운 가치에 이르기까지 광범위한 변화를 불러온다. 이 같은 21세기 디지털 전환 시대의 안보 개념 변화는 과거 탈냉전의 정치적 변화가 촉발한 적용 범위의 확대 의미를 넘어 안보 개념의 질적인 특징 변화를 보여주는 상징성을 갖는다고 할 수 있다.

흥미로운 점은 최근 이 같은 안보 개념의 변화와 접근방식에 대해 국내외 전통안보 연구 그룹조차 적극적으로 수용하려는 움직임이 관찰된다는 점이다. 특히, 신흥안보와 신기술 안보, 기술 주권 이슈와의 중첩되는 연결고리를 찾고 그 안에서 적극적으로 기여할 수 있는 공간을 탐색하기 위해 노력한다. 최근 미 국방부는 코로나 시대의 보건과 정치의 경계가 허물어졌다는 사실에 주목하면서 감염병 등 질병 정보의 감시와 안전한 관리는 대테러와 사이버안보, 하이브리드전의 수행과도 같음을 강조한 바 있다 (Baker et al., 2020). 그리고 이러한 임무에는 기민하고 전문적인 정보 수집·관리 역량을 갖춘 국방·정보 기관과 협력하는 것이 효과적이라는 제언 또한 빼놓지 않는다.

대표적으로 북대서양조약기구NATO는 2010년 발표한 전략적 개념에서 동맹국의 보건 위협, 기후변화, 물 부족, 에너지 수요 증가 같은 이슈가 동맹체의 중장기 계획과 운용에 상당한 영향을 미칠 수 있는 이른바 '위협의 승수threat multiplier'임을 인정한 바 있다. 특히, 환경 문제의 경우, NATO는 일차적인 당사자가 아니지만, 민주주의 동맹으로서 전쟁의 억지나 인도주의적 지원과 마찬가지로 생태환경에 대한 안전과 평화 유지의 측면에서, 관찰자 이상의 역할이 필요함을 주장하기도 했다(Puhl, 2016).

이 같은 디지털 전환 시대의 안보 개념 변화에 대해 안보 연구 그룹 간의 비판과 의제 수용은 미래의 또 다른 안보 패러다임의 변화에 대응하기 위한 발전적 논의의 시사점을 제공한다. 특히 탈냉전과 지구화의 심화, 4차 산업혁명의 초연결 시대를 지나면서 그 능력의 한계와 비판에도 국가 행위자가 여전히 필요한 역할을 모색하는 바와 같이, 신흥안보와 신기술안보, 기술주권 이슈의 도전은 또 다른 새로운 안보 환경의 도래에 대해 우리가 가져야 할 유연한 시각과 인식론적 전환이 필요함을 일깨워준다.

## 참고 문헌

국가안보전략연구원(2019), 『2019 글로벌 新안보 REVIEW』, 국가안보전략연구원.

김상배(2016), 『신흥안보의 미래전략』, 사회평론아카데미.

김현·송경호(2020), 「시큐리티(security)는 어떻게 '안보'가 되었을까?」, 『국제정치논총』 60(4), 41-77.

민병원(2012), 「안보담론과 국제정치: 안보개념의 역사적 변화를 중심으로」, 『평화연구』 20(2), 203-240.

박인휘(2001), 「주권과 글로벌 안보: 세계화시대 주권과 안보의 개념적 재구성」, 『한국정치학회보』 35(3), 455-474.

유준구(2019), 「신기술안보 논의 동향과 시사점」, 『IFANS 주요국제문제분석』 2019-55.

유지연·정국환(2010) 『공공정보화 선진화를 위한 디지털위험관리 방안 연구』, 정보통신정책연구원.

윤정현(2018), 「디지털 위험사회의 극단적 사건(X-event) 사건 전망과 시사점」, 『신안보연구』 3(1), 33-66.

윤정현(2019), 「신흥안보 거버넌스: 이론적 접근과 대안적 분석틀의 모색」, 『국가안보와 전략』 19(3), 1-46.

윤정현 외(2020), 「인공지능과 블록체인 등 신흥안보의 미래전망과 대응방안」, 외교부.

Baker, M. S. et al. (2020), "The Intersection of Global Health, Military Medical Intelligence, and National Security in the Management of Transboundary Hazards and Outbreaks", *Asia-Pacific Center for Security Studies 21*.

Booth, K. (1991), "Security and Emancipation", *Review of International Studies 17*(4), 313-326.

Edler, J. et al. (2020), "Technology Sovereignty: From demand to concept", Fraunhofer ISI No. 02 / 2020.

Gobble, M. M. (2018), "Digitalization, Digitization, and Innovation", *Research-Technology Management 61*(4), 56-59.

Herd, G. P. et al. (2013), "Emerging Security Challenges: Framing the Policy Context", GCSP Policy Paper.

Makinda, S. M. (1996), "Sovereignty and International Security: Challenges for the United Nations", *Global Governance 22*(2), 149-168.

Puhl, D. (2016), "Emerging Security Challenges: An Introduction", *Connections 15*(2), 5-7.

UNDP (1994), "Human Development Report 1994: New Dimensions of Human Security", New York, (January, 1. 1994).

WEF (2020), "The Global Risks Report 2020: An Unsettled World", *Geneva: World Economic Forum*.

WEF(2021). "Global Risk Report 2021: Fractured Future", https://reports.weforum.org/global-risks-report-2021/global-risks-2021-fractured-future/, World Economic Forum.

Wildavsky, A. (1988), *Searching for Safety*, Routledge.

# 19

# 디지털 무역

## DIGITAL TRADE

**강하연**

정보통신정책연구원

●

디지털 기술의 부상으로 글로벌 무역 질서의 지각변동이 진행 중이다. 디지털 기술은 국가 간 교역에 본격적으로 활용되며 무역 비용을 줄이고, 데이터 처리 기술력이 뛰어난 국가가 비교우위에 설 수 있도록 이끈다. 디지털 기술 덕택에 상품뿐만 아니라 서비스나 데이터를 기반으로 하는 무역 형태가 가능해졌다. 특히 물리적 공간의 제약 때문에 과거에는 교역이 불가능하던 재화들이 국경을 넘나들기 시작했다. 이 덕에 기존 국제무역체제에서 소외되거나 상대적으로 약체이던 중소기업이나 개도국도 세계 시장에 진출할 가능성이 생겼다. 디지털 무역이 주목받는 이유는 인터넷을 기반으로 제공되는 새로운 형태의 다양한 서비스들이 등장하면서 무역의 범주와 대상이 확대되었기 때문이다. 한마디로 21세기 디지털 무역은 과거의 상품 위주의 전통적 무역과 질적으로 다르며, 기업들은 디지털 기술을 포용하지 않고서는 글로벌 경쟁력을 갖추기 힘든 세상이 되었다.

디지털 무역에 대한 국제적으로 합의된 정의는 아직 없다. 통상적으로 '데이터 이동을 기초로 하는 국가 간 교역활동 전반'으로 이해되지만, 디지털 무역이 이전의 무역과 무엇이 다르기에 우리가 주목해야 하는지, 특히 글로벌 경제에 어떠한 영향을 주며 이로 인해 발생하는 정치경제적 변화는 무엇인지에 대한 분석은 이제 겨우 시작했다고 할 수 있다.

따라서 이 글에서는 디지털 무역의 개념에 대한 기존의 논의를 정리, 소개하고 디지털 무역으로 인해 야기되는 정치경제학적 변인들을 살펴보고자 한다. 디지털 무역으로 인해 기존 무역 질서의 변화가 예상되는 지점을 구체적 특정하고, 새로운 무역 질서의 부상과 함께 국가, 기업 및 개인 단위에서 어떠한 변화가 예상되는지 살펴보겠다.

# Ⅰ. 디지털 무역의 개념

## 1. 디지털 무역의 등장

디지털화digitalization는 우리 사회·경제·문화에 깊은 영향을 주나, 이를 구체적으로 파악하는 것은 생각보다 어렵다. 그 이유는 디지털화 현상의 측정 방법, 또는 측정을 목적으로 하는 디지털화의 대상이 무엇인지에 대한 국제적 합의가 존재하지 않기 때문이다. 특히 국가 간 무역의 맥락에서 볼 때, 디지털 무역의 가시도visibility가 어려운 근본적 이유는 국가의 경제 활동은 주로 기업firm과 상품goods 또는 제품product 개념에 근거하여 분석되어왔기 때문이다. 지금까지 국가 간 무역은 기업이 생산하는 상품의 이동을 추적하고 이를 측정하면 되었으며, 국제적으로 합의된 상품분류체계에 근거하여 분석했다. 그런데 디지털 기술은 재화 무역(이동)의 지리적·공간적 제약을 과감하게 해결하여 이전과는 질적으로 다른 방식의 교환을 가능하게 했다.

여기에다 무역의 대상이 확대되어 국가 간 무역이 불가능했던 분야의 무역도 가능하게 한다. 예를 들어, 과거의 교육은 물리적 장소(학교)에서 전문가(교사)에 의해 제공되었지만, 지금은 장소의 제약이 없이, 심지어는 해외 교육기관이 제공하는 교육 콘텐츠에도 접근할 수 있게 되었다. 무형의 상품 또는 서비스를 지리적·공간적 제약 없이 소비할 수 있게 된 디지털 경제에서는 재화의 구매 및 제공 방식에 대한 분석이 더 유연해야 한다. 달리 말하면, 과거에는 상품의 생산과 이동에 주력한 분석이면 충분했으나, 이제는 누가 무엇을 생산하는지를 넘어 무엇이 어떻게 소비되는지를 파악하는 발상의 전환도 필요한 것이다.

디지털 무역에 관한 개념의 역사를 잠시 살펴보자. 지금까지 '전자상거래 무역'과 '디지털 무역' 두 개의 개념이 혼용되었는데, 최근에는 디지털 무역이 더 포괄적 개념으로 인식되는 것 같다. 세계무역기구WTO는 1990년대 후반 전자상거래를 '전자적 수단으로 상품 및 서비스의 생산, 마케팅, 판매 또는 배송'으로 정의한 바 있다(WTO, 1998). 이와 관련해 1990년대에서 2000년대 초반까지 미국과 유럽 중심으로 전자상거래가 상품 무역의 범주에 해당하는지 서비스 무역의 범주에 해당하는지에 대한 치열한 논쟁이 전개되었다. 미국은 전자상거래를 WTO의 비차별대우non-discriminatory treatment 원칙 적용이 용이한 상품의 영역으로 취급되길 원했으나, 유럽연합EU는 규제 권한 확보가 상대적으로 쉬운 서비스 분야로 취급되길 희망했으며, 이들 간의 이견은 좁혀지지 않았다. 전자상거래 개념에 대한 WTO 회원국 간 논의는 오랫동안 결론 없이 이어지다가 2000년대 들어서 미국이 WTO 외 무역협정의 장에서 디지털 무역 담론의 주도권을 추구하면서 달라지게 되었다.

미국은 2007년 타결된 「한미 FTA 협의문」 '제15장 전자상거래'에서 '디지털제품digital product' 개념을 새롭게 도입하는 데 성공한다. 이때 디지털제품은 "전달 매체에 고정되는지 또는 전자적으로 전송되는지 여부에 관계없이 디지털 방식으로 부호화되고 사업적 판매 또는 배포를 목적으로 생산된 컴퓨터 프로그램, 문자열, 동영상, 이미지, 녹음물 및 그 밖의 제품"으로 정의되었으며(한미 FTA 협정문, 2007), 이후 이 정의는 미국이 체결한 모든 지역 및 양자 무역협정에서 채택되었다. 아직 디지털제품에 대한 정의가 WTO 차원에서 채택되지 못했으나, 디지털 기술로 인해 기존의 유형 재화 무역과 구별되는 개념의 필요성에 대한 국제적 컨센서스는 상당히 도달한 것으로 보인다. 단순히 상품이나 제품의 거래뿐만 아니라, 인터넷을 기반으로 제공되는 무형의 서비스, 컴퓨터 기술로 인해 생성된 새로운 유형의 서비스를 포괄하는 개념에 대한 필요성이 인정된 것이다.

## 2. 디지털 무역과 데이터

2000년대 후반부터는 고도의 컴퓨팅기술, 클라우드, 빅데이터 등 인터넷을 넘어 디지털화로 설명되는 경제환경이 글로벌 담론에 반영되기 시작한다. 미국의 대외무역 분석을 담당하는 미 국제무역위원회USITC는 2013년 전자상거래와 디지털 무역을 개념적으로 분리했다. 전자상거래e-commerce는 '인터넷이나 인터넷 기술을 사용하여 수행되는 거래 행위', 그리고 디지털 무역digital trade은 '인터넷을 통해 제공되는 상품과 서비스의 자국 내 및 국제 무역'으로 정의했다(USITC, 2013). 또한 미국의 통상부처인 USTR은 '디지털 무역은 인터넷상에서의 소비자 제품의 판매와 온라인 서비스의 공급뿐만 아니라 글로벌 가치 사슬, 스마트 제조를 가능하게 하는 서비스, 그리고 수많은 다른 플랫폼과 애플리케이션app을 가능하게 하는 데이터 흐름을 포괄하는 광범위한 개념'으로 정의하여 데이터의 역할을 강조했다(USTR, 2017).

유럽 또한 글로벌 무역에서 데이터의 역할을 강조한다. 유럽의 대표적 싱크탱크인 ECIPE는 글로벌 무역의 핵심 요소로 데이터를 주목하고 글로벌 무역의 활성화를 위하여 세계 각국은 디지털 상품 및 서비스, 투자, 관련 인력의 이동, 그리고 데이터의 이동을 보장해야 한다고 주장한다. 2019년에는 '디지털무역제한지수Digital Trade Restrictiveness Index: DTRI'를 개발하여 주요국의 데이터 규제정책을 분석한 프로젝트를 진행한 바 있는데, 데이터의 국경 간 이동을 가장 많이 제약하는 상위 5개국으로 중국, 러시아, 인도, 인도네시아, 베트남을 선정했다. 이 프로젝트에서 한국은 15위로 지정되었으며, 흥미롭게도 미국이 22위를 차지했다. 데이터의 국경 간 이동을 가장 잘 보장하는 국가로 뉴질랜드와 이스라엘이 각각 1위와 2위를 차지했다(Ferracane et al., 2019). ECIPE의 조사가 흥미로운 것은 국제협력개발기구OECD가 발표한 서비스 무역 장벽지수 조사 결과와 유사하다는 점이다.[1] 디지털 기술의 발전으로 인해 서비스 무역의 비중이 커지는 배경에서 데이터에 대한 제약을 둔 국가들은 결국 서비스 무역의 발전을 방해했음을 시사한다.

같은 맥락에서 세계경제포럼WEF 또한 데이터의 중요성을 강조했다.

---

1    OECD Services Trade Restrictiveness Index 2021.
     https://stats.oecd.org/Index.aspx?DataSetCode=STRI

[그림 1] 디지털 무역의 범주(WEF, 2020을 기반으로 정리함)

작년 10월 온라인으로 개최된 국제 무역 및 투자에 관한 GFC Global Future Council 포럼 세미나에서 디지털 무역이 네 가지 요소를 지닌다고 소개했다 (WEF, 2020). ① 애플리케이션, 소프트웨어 및 비디오 서비스와 같은 디지털 상품과 서비스, ② 책이나 양말 구입, 온라인 식료품 쇼핑, 예약 여행 또는 온라인 금융과 같은 디지털 방식으로 제공되는 유형의 상품과 서비스, ③ 디지털 물류 추적, 결제 또는 보험 제품 및 사이버 보안과 같은 디지털 거래, 그리고 유형 상품 및 서비스들의 디지털 거래방식을 구현하게 하는 서비스, ④ 인공지능, 사물인터넷, 3D 프린팅, 빅데이터, 블록체인 등 새로운 혁신 디지털 기술 등이다. WEF의 논의는 실물경제의 맥락에서 디지털 무역의 양상을 이해하는 데 도움이 되며, [그림 1]로 도식화할 수 있다.

지금까지의 논의를 정리하자면, 디지털 무역에 대한 합의된 정의는 없으나 다음 몇 가지 요소가 고려되어야 한다. 전통적 무역은 물리적 상품의 주문과 배송으로 구성되었으나 디지털 무역은 거래(경제행위)의 일부, 심지어 거래의 전부가 디지털 방식으로 진행될 수 있으며, 유형 재화의 거래 뿐만 아니라 무형 재화의 거래까지 포괄한다. 그리고 디지털 무역으로 인해 물리적 거래에 더하여 '디지털' 방식으로 상품과 서비스의 거래, 그리고 새로운 유형의 서비스(디지털 서비스)의 거래도 가능해졌다. 즉, 무역의 범주 및 무역 방식에 대한 재고가 필요한 것이다.

여기에 데이터, 정확히 말하면 데이터를 통해 생성되는 정보가 무역 행위자들에게 가장 중요한 자산이 되었으며, 데이터의 국경 간 이동이 보장되는 무역 환경이 중요해졌다. 디지털 경제/무역은 단순히 상품과 서비스를 디지털화하는 것만을 의미하는 것이 아니며 데이터 그 자체가 새로운 가치의 원천이자 거래되고 소비되는 재화로 기능하는 부분을 포괄한다. 즉, 디지털 무역 개념에는 데이터의 확보와 활용에 대한 개념이 반영되어야 한다. 사물인터넷, 인공지능 등 데이터의 추출과 활용에 기반한 새로운 분야의 무역이 앞으로는 더욱더 중요해질 것이다.

한편, 디지털 기술로 인해 중간재 및 서비스의 물리적 전달이 증가하고 거래 비용이 낮아진 점은 인정되나 글로벌 무역의 근본적 성격이 변화했다고 보기 힘들다는 견해도 있다. 그러나 디지털화가 무역을 '무엇을 거래하는가' 하는 문제에서 '어떻게 거래하는가' 하는 문제로 시각의 전환을 촉발한 것은 부인하기 힘들다.

## 3. 디지털 무역량의 측정

OECD는 WTO, IMF와 함께 디지털 무역의 측정방식에 대한 이론적·실증적 분석을 시도한 바 있다. 동 보고서에서 눈여겨볼 점은 앞 단락에서 논의한 "어떻게 거래하는가"의 문제, 즉 디지털 중개 플랫폼digital intermedi-ation platform: DIP의 역할을 설명하는 부분이다. DIP는 아마존, 알리바바, 이베이, 우버, 부킹닷컴, 쿠팡과 같이 상품과 서비스의 거래를 원활하게 하는 거래 중개 플랫폼들이며, 클라우드, 빅데이터, 인공지능기술과 같은 디지털 기술과 데이터를 기반으로 활동한다. DIP들은 기존의 산업통계에서 분류되기 어려운 기술적 문제를 내포하고 있어 이들의 실질적 영향력을 파악하기 쉽지 않다.

　DIP들은 다양한 생산자와 구매자 들의 연결을 용이하게 하면서 막상 자체적인 생산 또는 구매는 하지 않는 경우가 많다. 생산보다 거래 중개 역할 그 자체에서 이익을 창출하기 때문이다. 그리고 DIP들은 공간의 물리적 제약에 구속받지 않는 특징을 갖는다. 디지털 기술 덕분에 서비스의 제공지가 소비지에 있을 필요가 없게 됐으므로 물리적으로는 한곳에 위치하되, 전 세계 여러 나라에 서비스를 제공할 수 있다. 이러한 DIP들의 초국가적 성격 때문에 이들은 기존 무역 및 경제에 파괴적 영향력disruptive impact을 끼친다. DIP들은 국가 경제 단위의 법제도 및 경제환경의 구속을 당하지 않으나 이들의 행보가 국가 경제 소속 행위자들에게는 상당한 영향을 미칠 수 있기 때문이다(OECD et al., 2020).

　디지털 무역 논의에서 많이 다루어지지 않은 비화폐적non-monetary 방식의 거래행위 또한 주목할 필요가 있다. 개인(이용자) 및 기기device에서 생성되는 천문학적 규모의 데이터 및 정보의 흐름이 바로 그것이다. 기업 내부에서 생성되고, 기업 간 전송되는 엄청난 규모의 정보, 개인이 소셜미디어를 사용하면서 발생하는 데이터, 머신 대 머신 간 송수신되는 데이터 등은 상업적 거래 과정을 거치지 않기 때문에 기존의 산업통계 분류체계

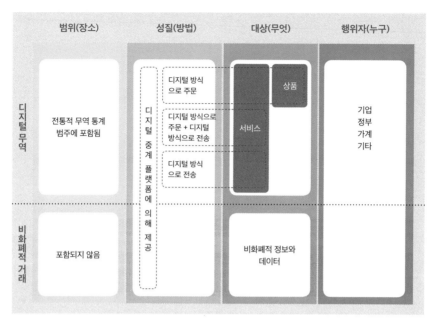

| 범위(장소) | 성질(방법) | | 대상(무엇) | | 행위자(누구) |
|---|---|---|---|---|---|

디지털 무역

| 전통적 무역 통계 범주에 포함됨 | 디지털 중계 플랫폼에 의해 제공 | 디지털 방식으로 주문 / 디지털 방식으로 주문 + 디지털 방식으로 전송 / 디지털 방식으로 전송 | 서비스 | 상품 | 기업 정부 가계 기타 |

비화폐적 거래

| 포함되지 않음 | | | 비화폐적 정보와 데이터 | | |

[그림 2] 디지털 무역 개념 프레임(OECD et al., 2020: 33을 기반으로 정리함)

에서 잡히지 않는다. 그러나 이러한 데이터는 DIP의 비즈니스 모델의 핵심요소다. 비화폐적 거래를 통해 얻은 데이터들이 지식화 과정을 거쳐 부가가치가 부여되어 다양한 상업적 이익(화폐적 거래)을 추구할 수 있기 때문이다.

　디지털 무역 환경에서 무엇이 어떻게 거래되는지에 초점을 두게 되면 디지털 방식으로 재화를 구매하는 소비자(개인, 기업, 정부)의 역할에 대한 재조명도 필요하다. 소비자에게 디지털 기술은 국내뿐만 아니라 국외에서도 상품이나 서비스의 구매를 가능하게 하여 소비의 선택지를 넓혀줬다. 무엇보다도 디지털 기술로 인해 소비자가 단순한 구매자가 아닌, 생산자의 자격으로 교환행위를 하게 된 점을 디지털 무역 현상에서 눈여겨봐야 한다. 개인 또는 기업은 서비스의 구매자이지만, DIP 등을 통해 거래행위를 하면서 정보(데이터)를 생산하기도 한다. 기업의 경우, 과거에는 무역 활동이 가능한 규모나 조건을 갖춘 기업들만 글로벌 무역활동을 했으나, 이제는 작은 기업들도 DIP가 제공하는 거래플랫폼을 통해 세계시장에의 접근이 가능해졌다. 이러한 변화를 동반한 디지털 무역은 무역 거래 중 국내에서 발생하는 행위와 해외에서 발생하는 행위를 구분하기 어려우며, 화폐성 거래와 비화폐성 거래를 구분하기도 어렵다.

## II. 디지털 무역, 글로벌 정치경제질서의 향방

### 1. 디지털화로 인한 글로벌 무역의 변화 양상

리처드 볼드윈Richard Baldwin에 따르면, 글로벌 무역은 역사적으로 세 개의 동력에 의해 확산했다. 첫 번째 동력은 19세기 후반 철도와 선박 등 운송수단이 발전으로, 이로 인해 재화의 이동비용이 낮아지면서 영국을 중심으로 한 글로벌 무역이 발전했다. 두 번째 동력은 20세기 중반부터 전 산업에 적용되기 시작한 컴퓨터 및 인터넷 기술이다. 인터넷 덕분에 지식 및 노하우의 지리적 이동이 간편해지고 생산의 글로벌 분업화를 가능하게 하여 여러 국가가 글로벌 무역에 참여할 수 있게 되었다. 세 번째 동력은 빅데이터, 클라우드와 같은 새로운 디지털 기술의 발전이다. 디지털 기술로 글로벌 경제활동의 실시간화가 가능해졌으며, 특히 코로나 19 바이러스 이후로 거래 비용이 절대적으로 낮아진 언택트untact 경제의 시대가 열리면서 물리적 지리적 조건에 구애를 받지 않는 진정한 의미의 글로벌 무역의 시대가 도래했다(Baldwin & Forslid, 2019).

이 중 세 번째 동력이 가져온 글로벌 경제의 디지털화는 국가 경제의 운영을 책임지는 정부에 새로운 어려움을 안겨준다. 20세기 제조업 중심의 경제에서 국가는 자국의 경쟁우위에 입각한 생산과 무역을 추진했다. 이런 환경에서 임금경쟁력을 보유한 저개발 국가는 노동 비용 절감 효과를 추구하는 기업과 해외 자본을 자국에 유치하는 정책을 추진하고, 기술 또는 자본 우위를 보유한 선진국들은 자국 기업의 R&D 역량을 지원하거나 저임금 일자리 감소를 보완하는 복지정책에 주로 집중할 수 있었다. 그런데 디지털 기술로 인해 글로벌 무역의 무게중심이 제조업에서 서비스 중심으로, 특히 데이터와 서비스 기반 경제구조로 전환하면서 과거 많은 개도국이 추구하던 제조업 중심의 경제성장 전략이 더는 유효하지 않게 되었다. 글로벌 무역의 걸림돌이 과거처럼 관세나 통관의 문제가 아니라 상대국의 차별적 규제나 문화, 소비성향 등이 되면서 글로벌 무역 원활화를 위해서는 시장 진입을 저해하는 불필요한 규제가 최소화되고 해당국의 법제도(규제)에 대한 예측 가능성 및 시장 환경의 호환성을 높이는 것이 중요해졌다.

이런 환경에서 국가는 지식 또는 경험을 재화로 변환시킬 수 있는 자국 경제의 역량을 개발하기 위한 다양한 정책을 고민해야 한다. 공공데이터를 공개하고 민간데이터와의 결합을 통해 새로운 시장을 만들어낸다든가, 예컨대 디지털 기술 기반 혁신 성장을 촉진하기 위해 일시적 규제 유예(규제 샌드박스)를 도입하는 등, 한마디로 유연하면서도 정교한 정책을 추진해야 한다. 정부의 행정 역량은 국제적으로도 시험받을 것이다. 디지털 기술로 인해 초국적 서비스가 가능해지면서 프라이버시, 소비자 보호, 사이버 범죄 등 다양한 규제 이슈와 관련하여 국가 간 정책적 조율이 요구된다. 특히 국민의 개인정보 보호 문제와, 데이터의 국경 간 이동에 대한 규제는 글로벌 어젠다가 될 것이다.

또한 글로벌 클라우드 환경에서 데이터 헤게모니 주도권 갈등 가능성이 존재한다. 클라우드 환경의 특성상 일부 국가 또는 지역으로 데이터가 몰리는 데이터 중력 현상data gravity에 맞서 중국이나 러시아처럼 데이터의 국외 이전을 통제하는 국가들이 생겨났고 이로 인한 데이터의 블록화 가능성이 우려된다. 2018년 일본 오사카서 개최된 G20 정상회의에서 참여국들은 오사카 트랙Osaka Track으로 알려진 '신뢰할 수 있는 데이터의 자유로운 흐름' 원칙을 지지했으나, 중국, 러시아 등 일부 국가들은 이를 지지하지 않았다. 데이터의 자유로운 이동 보장 원칙을 둘러싼 새로운 국제정치적 갈등이 부상했다고 본다.

궁극적으로 국가의 차별적 보호조치나 규제 권한 행사의 남용을 최소화하는 것을 전제로 한 글로벌 디지털 무역 규범의 도입이 필요한 상황이다. 그런데 글로벌 무역원칙을 관장하는 WTO는 오랜 노력에도 디지털화된 무역의 현실을 반영하지 못했다. 관련 이슈는 거대 테크기업을 보유하고 있는 미국의 주도로 양자무역협정 또는 지역무역협정 차원에서 추진 중이다. 미국이 추진하는 새로운 디지털 무역 규범의 대표 사례로 '국경 간 정보의 자유로운 이동 보장', '컴퓨터 설비의 현지화 요건 부과 금지', '소스코드 접근 및 이전 요구 금지', '전자적전송물(디지털제품)의 비차별 대우 의무' 등을 꼽을 수 있는데, 한마디로 요약하면 국가 간 상이한 규제체계의 일원화harmonization를 추구하는 미국(및 일부 선진국)의 이해가

[표 1] 주요 디지털 무역 조항 내용

> - **디지털제품에 대한 비차별 대우**: 외국 디지털 제품에 대한 차별 대우 금지
> - **국경 간 정보 이동의 자유**: 데이터/정보의 국경 간 이동 제한 금지(개인정보 포함)
> - **컴퓨터 설비의 현지화 금지**: 컴퓨터 등의 설비에 대한 현지화 요구 금지
> - **소스코드의 접근·이전 금지**: 소스코드에 대한 접근 및 이전 요구 금지(알고리즘 포함)
> - **전자적 전송물에 대한 무관세 적용**: 전자적 전송물과 관련된 관세, 수수료, 기타 부과금 면제(디지털콘텐츠, 소프트웨어 등 포함)

반영된 내용으로 보면 된다. 언급한 디지털 무역 규범은 지역무역협정인 CPTPP, USMCA, 미-일 디지털 무역 협정, 및 RCEP Regional Comprehensive Economic Partnership(역내 포괄적 경제 동반자 협정)에 들어갔다. 참고로 우리나라는 2020년 타결된 RCEP에서 해당 규범들을 채택했다.[2]

## 2. 빅테크 플랫폼 기업과 정부 제도

디지털 경제에서의 핵심 플레이어는 데이터의 화폐화 monetization 또는 상업화를 가능하게 하는 플랫폼 기업이다. 플랫폼 기업은 그 자체가 인프라이면서 동시에 다양한 경제행위자를 연동하는 중개자 역할을 한다. 따라서 플랫폼을 사용하면 할수록 경제적 가치가 더 커지는 규모의 경제가 실현될 수 있다. 이러한 기업이 어디에 존재하며, 어떻게 데이터를 모으고 사용하여 부가가치를 생성하느냐에 따라 국가 경제의 향방이 달라질 수

---

2   CPTPP Comprehensive and Progressive Agreement for Trans-Pacific Partnership: 태평양 지역을 중심으로 열한 개 국가가 참여한 지역자유무역협정.

있다. 현재 세계 경제는 마이크로소프트, 애플, 아마존, 구글, 페이스북, 텐센트, 알리바바 일곱 개 기업이 운영하는 거대 플랫폼 기업에 의해 돌아가고 있다고 봐도 과언이 아니며, 이들 일곱 개 플랫폼은 전 세계 데이터 시장의 3분의 2를 차지한다(UNCTAD, 2019: 18-20).

구글의 경우 전 세계 검색엔진 시장의 90퍼센트를 차지하고, 페이스북은 전 세계 소셜미디어 시장의 3분의 2를 차지하는 동시에 85개 국가에서 제1위 소셜미디어 사업자의 위치를 자랑한다. 아마존은 전 세계 온라인 소매상거래의 40퍼센트를 담당하며 아마존 웹 서비스는 세계 클라우드 시장에서 비슷한 점유율을 차지하는 것으로 알려졌다. 중국의 텐센트가 보유한 위챗은 중국 소셜미디어 시장에서 1위(10억 사용자)이며, 중국 온라인 상거래 시장의 60퍼센트를 차지한 알리바바와 텐센트 두 개 사업자가 중국 모바일 금융시장을 독점한다.

언급한 일곱 개 플랫폼 중 텐센트와 알리바바는 중국 기업이고 나머지는 미국 기업이다. 한편 유럽은 SAP가 있으나 미국 및 중국과 비교해보면 그 규모는 매우 작으며 아프리카와 남미 지역은 언급할 수준의 플랫폼이 아예 존재하지 않는다. 우리나라의 가장 큰 플랫폼인 네이버가 중국 텐센트의 20분의 1 수준인 점을 생각해보면 언급한 일곱 개 거대 플랫폼의 영향력을 상상해볼 수 있다.

디지털 경제에서 플랫폼을 보유한 기업들의 시장 영향력은 더욱 공고화될 것으로 전망되는데, 그 이유는 플랫폼의 네트워크 효과 때문이다. 네트워크 효과는 잘 알려졌듯이 기업이 제공하는 플랫폼을 사용할수록 플랫폼을 이용하는 이용자의 효용이 더욱 증대되고, 동시에 플랫폼의 가치는 더욱 커지며 궁극적으로 기업의 시장 영향력이 증가하는 현상을 일컫는다.

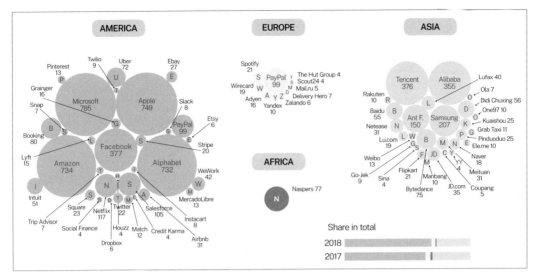

**[그림 3]** 시가총액 기준 글로벌 디지털 플랫폼(단위: 10억 달러)(UNCTAD, 2019)

플랫폼에서 추출되는 데이터를 독점적으로 사용할 수 있게 된 기업은 더 많은 가치 창출을 할 수 있다. 이용자가 플랫폼을 사용하면 사용할수록 더 많은 데이터가 창출되고, 데이터가 많아질수록 그 데이터에 가장 먼저 접근 가능한 기업은 경쟁기업보다 더 빨리 혁신적 서비스를 시장에 내놓을 수 있다. 플랫폼이 시장에 안착하게 되면서 기업은 다양한 통합서비스를 제공할 수 있게 되고, 소비자 대부분은 다른 플랫폼으로의 이전 비용이 커지면서 충성스러운 고객으로 남는다. 이렇게 플랫폼의 선점 효과를 통해 시장을 독점한 일부 기업들은 자신들의 영향력을 활용하여 경쟁자들을 쉽게 물리치고 자신들의 시장적 지위를 공고히 할 수 있다. 실제로 위에 언급한 일곱 개 플랫폼 기업들은 경쟁사를 인수하거나, 선도 기술에 투자하거나, 또는 선도 기업을 인수함으로써 시장 권력을 공고화하는 전략을 추구한다. 마이크로소프트의 노키아와 링크드인 인수, 페이스북의 왓츠앱 인수, 구글의 모토로라 인수가 유명한 사례다.

이런 흐름에 반응해 최근 유럽에서 페이스북과 구글의 시장지배력을 근절하기 위하여 경쟁법 기반 규제를 적용하려는 시도가 있었으며, 미국 조 바이든Joe Biden 정부는 아마존, 구글, 페이스북 등 플랫폼 기업의 시장 지배력 완화를 목적으로 연방거래위원회의 수장을 새롭게 임명했다.[3] 중국 또한 알리바바, 바이두 등 거대 플랫폼 기업들의 불공정행위에 대한 조사에 들어갔으나, 아직까지는 이들 기업의 길들이기가 주목적인 것으로 보는 시각이 지배적이다.

미국과 중국 두 국가가 전 세계 70여 개 DIP의 시장가치의 90퍼센트를 차지한다는 점은 많은 시사점을 준다. 데이터의 네트워크 효과 때문에 디지털 경제의 주도권은 궁극적으로 얼마나 많은 데이터를 모으고 활용하여 새로운 부가가치 창출을 할 수 있느냐 하는 문제로 귀결된다. 많이 알려져 있듯이 미국과 중국은 기술패권 경쟁 구도에서 각자 상이한 데이터 전략을 펼치며, 미래의 디지털경제는 미국 플랫폼과 중국 플랫폼 간 상호 호환이 안 되는, 두 개의 분리된 플랫폼 진영으로 분화할 가능성이 크다. 이러한 구도에서 독자적 플랫폼을 갖지 못했거나 미국 또는 중국 플랫폼에 의존적인 국가들은 경제적 자율성을 유지하기 어려울 수 있다.

디지털 무역의 활성화 논의에서 빼놓을 수 없는 마지막 중요 변수는 개인 또는 소비자다. 디지털 기술이 만든 넓어진 소비 선택지와 구매력을 앞세운 소비자들의 행보가 글로벌 무역에 미칠 영향은 이전과 비교할 수 없이 커졌다. 특히 개인이 디지털 경제행위를 통해 생산하는 정보(데이터)의

---

3　바이든에 의해 새롭게 임명된 연방거래위원회FTC 위원장 리나 칸Lina Khan은 아마존 저격수로 알려진 공정거래법 전문가다.

가치가 중요해졌다. 모바일 메신저 앱인 카카오톡으로 시작한 카카오그룹이 보유고객 데이터를 기반으로 인터넷 금융회사로 성공한 사례와, 글로벌 소매금융 전문 기업이었던 씨티은행Citibank의 주요 수익이 소비자 데이터의 거래에서 발생하고 있다는 점을 볼 때, 디지털 경제에서의 개인정보의 산업적 가치와 중요성은 점점 더 커질 것이다.

일반적으로 데이터는 복제 및 재생산이 쉽기 때문에 법적 배타적 이용권이 부여되지 않으나, 디지털 경제에서 개인 데이터의 중요성이 드러나면서 개인이 생산하는 정보에 대한 통제권 논의가 부상했다. 유럽연합의 개정된 일반 개인정보 보호법General Data Protection Regulation: GDPR에서 도입한 '개인정보 전송요구권' 개념이나, 최근 여러 나라서 추진하는 마이데이터 사업은 데이터의 소비자이자 생산자로서 디지털 경제의 주요 축을 담당하는 개인의 역할을 감안하여 만든 정책들이다. 개인 데이터가 초국가적으로 수집되고 활용되는 환경이지만 개인 데이터 주권에 대한 논의는 아직 시작 단계에 불과하다. 디지털 경제의 핵심 자원인 데이터의 생산 주체인 개인이 합당한 보상과 권리를 행사하되, 데이터 기반 혁신을 저해하지 않는 법제도적 환경을 갖추는 것이 앞으로의 정책적 숙제일 것이다.


## 나가며


팬데믹을 겪은 지구촌의 디지털 전환 속도에 가속도가 붙었다. 국가마다 디지털 기술의 수용도가 높아질수록 글로벌 무역의 제약 변수로 여겨지던 물리적·지리적 거래 비용이 획기적으로 낮아질 것이다. 상품 기반 무역의 비중보다 스트리밍과 같은 무형 재화 및 서비스의 비중이 높아질 것이다. 엄청난 양의 데이터를 확보한 플랫폼 기업의 활약이 국가 경제의 미래를 결정지을 수도 있다. 개인의 프라이버시 보호와 데이터의 상업적 활용 사이의 균형을 찾는 정책이 중요해질 것이며 양질의 데이터를 축적하고 활용하려는 국가 간 데이터 전략 경쟁이 치열할 것으로 예상된다. 세계경제가 개방성과 접근성에 기반한 열린 정치경제로 갈지, 아니면 폐쇄적 데이터 블록으로 분절될지 글로벌 디지털 무역 원칙을 주도하고자 하는 미국 및 일부 국가의 행보에 주목해야 한다. 데이터가 주도하는 새로운 세계화가 촉발하는 기회와 위기를 슬기롭게 관리할 수 있는 국가적 역량이 주문되는 시점이다.

## 참고 문헌

한미 FTA 협정문(2007), 제15장 전자상거래 협정.

Baldwin, R. (2016), *The Great Convergence*, Harvard University Press.

Baldwin, R. & Forslid, R. (2019), "Globotics and Development: When Manufacturing is Jobless and Services are Tradable", WIDER working paper 94, UNU-WIDER.

Congressional Research Service(2019), Digital Trade and the US Economy.

Ferracane, M. F. et al. (2019), "Digital Trade Restrictiveness Index." ECIPE.

OECD Services Trade Restrictiveness Index 2021, https://stats.oecd.org/Index.aspx?-DataSetCode=STRI

OECD STRI Regulatory Database, https://qdd.oecd.org/subject.aspx?Subject=063bee63-475f-427c-8b50-c19bffa7392d

OECD et al. (2020), Handbook on Measuring Digital Trade(Version 1).

UNCTAD (2019), "Digital Economy Report 2019: Value Creation and Capture- Implication for Developing Countries", UN.

USITC (2013), "Digital Trade in the US and Global Economics, Part 1", USITC.

USTR (2017), Key Barriers to Digital Trade, https://ustr.gov/about-us/policy-offices/
press-office/fact-sheets/2017/march/key-barriers-digital-trade.
WEF (2020), "Advancing Digital Trade in Asia", World Economic Forum Report.
WTO (1998), "Work Programme on Electronic Commerce", WT/L/274.

# 20

# 상호의존

INTERDEPENDENCE

**이승주**
중앙대학교 정치국제학과

●

이 글은 21세기 상호의존이 국제정치의 성격을 근본적으로 변화시키는 현상에 주목한다. 1980년대 이후 신자유주의에 기반한 세계화는 자유무역과 경제 통합을 촉진함으로써 세계 번영과 평화의 토대를 한층 탄탄하게 한 것으로 보였다. 그러나 2008년 글로벌 금융위기 이후 보호주의와 자국 우선주의의 확대, 미중 전략 경쟁의 격화, 코로나 19 바이러스의 세계적 확산은 신자유주의적 세계화의 한계와 문제점을 고스란히 드러냈다. 이는 국가 간 협력을 촉진하는 요인으로 생각되었던 상호의존이 국가 간 갈등의 원인이 될 수 있다는 인식의 전환으로 연결되었다. 상호의존의 양면성에 대한 재조명이 이루어진 것은 이 때문이다.

물론 비대칭적 상호의존을 전략적 이익의 실현수단으로 활용하는 등 전통 국제정치에서도 상호의존의 무기화 현상이 없었던 것은 아니다. 그러나 이러한 전통적 방식은 제재를 부과하는 국가도 상당한 경제적 손실과 국내정치적 리스크를 감수해야 했다. 21세기 상호의존의 무기화는 세계경제의 네트워크화와 미국과 중국이 전략 경쟁이라는 조건 위에서 작용한다는 점에서 전통적인 상호의존과 차별화된다. 촘촘히 연결된 국가 및 비국가 행위자들이 하드파워뿐 아니라 네트워크 내의 유리한 위치를 상대에 대한 압박의 수단으로 활용하기 때문이다. 상호의존의 전략적 활용은 국가 차원에서 경제적 통치술로 나타난다. 21세기 경제적 통치술은 개별 국가들이 처한 국내외 상황에 따라 수단과 방식에 차이가 있기는 하지만, 자국 우선주의를 추구하는 공통점이 있다. 미국과 중국은 물론 세계 주요국들이 자국의 이익을 우선 추구함에 따라, 경제적 통치술이 확산되는 국제정치의 변화가 발생한다.

# I. 상호의존의 양면성

현대 국제정치에서 지구적 단위의 경제 통합을 위해 작동하는 힘과 주권국가체제를 유지하려는 힘 사이의 긴장은 언제나 존재했다. 상호의존은 이러한 긴장 관계의 중심에 있다. 제2차 세계대전 이후 무역의 지속적인 증가와 2000년대 디지털 경제의 확대에 따른 세계화의 진전은 국가 간 상호의존을 획기적으로 높여놓았다. 상당히 높은 수준으로 진전되었던 상호의존이 일시에 붕괴했던 20세기 초에 비해, 전후 상호의존은 한층 견고한 이념적·제도적 토대 위에 형성·유지된 것처럼 보였다. 그러나 상호의존이 초래하는 국제정치적 결과에 대해서는 여전히 논쟁적이다.

자유주의자들은 상호의존이 초래하는 국제정치적 결과에 대해 긍정적이다. 이들에 따르면 복합적 상호의존 관계를 형성하는 국가들의 상호의존이 쌍방향적이고 힘이 분산되어 있다. 상호의존의 취약성 역시 한 국가가 아닌 양국 모두의 문제이기 때문에 갈등을 평화적으로 해결하려는 동기를 가질 수 있다. 경제적 상호의존의 증대는 상호의존이 붕괴했을 때

국가 간 민감성과 취약성의 증대를 초래하기 때문에 국가들은 갈등이 있더라도 비군사적 해결을 우선 추구하게 된다는 것이다(Keohane & Nye, 1977).

특히 무역·투자·생산 등 경제활동뿐 아니라, 인적 및 문화적 교류가 초래한 복합적 상호의존의 상황은 세계 주요국들이 갈등을 물리적 군사력으로 해결하기보다는 대안적 수단을 모색하는 결과를 초래할 것이라는 낙관적 전망을 낳았다. 사활적 이해관계를 가진 행위자들이 상호의존 붕괴의 가능성이 현실화되지 않도록 영향력을 행사할 것이라는 주장이 낙관적 전망에 보태어졌다. 20세기 초의 세계화와 달리, 전후 세계화가 미국을 비롯한 선진국들이 주도하여 촘촘하게 짜놓은 국제제도의 네트워크도 상호의존의 붕괴를 방지하는 안전판 역할을 할 것이기 때문에 상호의존이 상당히 견고한 제도적 토대 위에 형성·유지되고 있다는 지적은 이러한 전망을 뒷받침했다.

그러나 상호의존의 현실이 언제나 낙관적인 것만은 아니었다. 국가 간 상호의존이 증가한 것은 사실이나, 대부분의 국가들이 직면한 현실은 비대칭적 상호의존이었다. 비대칭적 상호의존의 전략적 활용에 대한 이론적 논의는 앨버트 허시먼Albert O. Hirschman에 의해 제공되었다. 허시먼은 경제적 상호의존이 비대칭적일 경우, 이를 정치적 압박 또는 협상의 지렛대로 활용될 수 있다는 점에 주목했다. 경제적 상호의존의 누적적 결과는 비대칭적 상호의존으로 나타날 가능성이 높다. 특히 양자 무역 관계에서 수입 대체가 어려운 상황에 처할 경우, 상대국의 압력에 취약해진다. 비대칭성이 권력과 지배의 근원이라는 것이다(Hirschman, 1971).

이러한 상황은 궁극적으로 군사안보에 대한 위협과 전쟁 가능성의 증가로 귀결될 수 있다. 안보적 고려가 경제적 이해관계를 제약하는 효과에 초점을 맞추기 때문에, 현실주의자들은 경제적 상호의존을 증가시키는 데 매우 신중하게 접근해야 한다고 경고한다. 더 나아가 경제적 상호의존의 증가가 평화와 안보의 증진으로 이어질 것이라는 기능주의적 접근에 대한 비판의 핵심은 연성 이슈의 협력과 경성 이슈의 협력 사이에 전환의 메커니즘에 관한 것이다. 현실주의의 관점에서 보면 경제적 상호의존의 증가가 안보에 미칠 부정적 영향을 고려하여 경제·안보 연계에 대해 매우 신중한 입장을 취해야 한다. 이렇듯 현실주의자들은 경제적 상호의존의 증대로 인해 발생하는 경제적 이득 자체는 인정하더라도, 그 장기적 효과에 주목한다.

상호의존의 양면성은 동맹 관계에서도 발견된다. 일반적으로 동맹국들과 경제적 교환을 하는 것은 안보 외부효과에 대한 우려를 완화할 수 있는 하나의 방법이 되기 때문에 경제 영역에서도 균형을 추구하기 위해 '국가를 따라 무역'을 하는 중상주의적 정책을 추구할 필요가 있다고 역설한다(Gowa, 1995). 한편, 동맹 내의 특정 동맹국들 사이에서 발생한 사건은 다른 동맹국들의 기대에 상당한 영향을 미치기 때문에(Henry, 2020), 동맹국과 자국의 이익이 일치되어 방기 또는 연루의 위험이 없다는 조건하에서 동맹국 사이의 신뢰가 형성된다. 동맹 관계에서 동맹국에 기대하는 것은 충성이 아니라 신뢰인데, 동맹국이 방기 또는 연루의 위험을 가할 경우 신뢰를 상실하게 된다. 이때 상대 동맹국은 이러한 위험을 완화하기 위하여 헤징hedging, 외교적 자제, 동맹 내 협상, 이탈 위협, 동맹 파기, 편승, 핵 확산 등 다양한 전략을 시도하게 된다.

# II. 기술혁신과 상호의존의 무기화

## 1. 기술혁신과 세계경제의 네트워크화

4차 산업혁명으로 상징되는 기술혁신은 세계화의 양적 확대뿐 아니라, 질적 변화를 수반했다. 5G, 사물인터넷, 데이터 분야의 기술혁신은 국내뿐 아니라 세계적 차원에서 초연결을 가능하게 하는 원동력이 된다. 기술혁신은 이전까지 진행되었던 상호의존의 양상을 근본적으로 바꾸어놓았다. 우선, 기술혁신은 그동안 세계화의 사각지대에 놓여 있었던 국가들에까지 빠르게 확산되었다. 유선 인터넷이 전국민적으로 보급되지 않았음에도 휴대전화를 통한 소셜미디어SNS를 광범위하게 사용하는 아프리카 개도국, 신용카드 단계를 뛰어넘어 휴대전화 기반의 전자상거래 플랫폼을 도입해 활용하는 중국, 블록체인에 기반한 개발 협력 모델을 수립하여 시행하는 공여국 등의 사례에서 나타나듯이 기술혁신은 세계화와 국가 간 상호의존의 성격을 변화시킨다. 때로는 '후발의 이점'을 전략적으로 활용하는 국가들이 기존 산업과 시장의 지형을 근본적으로 바꾸어놓고, 더 나아가 세계화의 국제정치 지형까지 바꾸어버리는 요인으로 작용하기도 한다.

한편, 기술혁신은 신자유주의 이념과 결합하여 생산과 무역의 국경 간 장벽뿐 아니라 국경 내 장벽을 낮추는 데 기여했다. 국가 간 또는 국내 장벽이 완화 또는 철폐됨에 따라 생산과 무역의 양적인 팽창이 가능해졌다.

기술혁신은 또한 국가 간 연결성의 증가를 초래했다. 기술혁신은 세계화의 지속적인 진전을 가능하게 했고, 그 결과 세계 경제의 네트워크화가 빠르게 진행되었다. 세계화는 효율성의 증진이라는 측면에서 긍정적 효과를 발생시키기 때문에 다수의 국가와 기업 들이 기술혁신을 적극적으로 수용하여 네트워크화를 추진했다. 기술혁신에 기반한 세계 경제의 네트워크화는 국제정치적으로 주목할 만한 몇 가지 효과를 초래했다. 네트워크화의 첫 번째 특징은 세계 대다수 국가들이 하나의 공통된 시스템을 사용하게 된다는 것이다. 세계의 은행 간 거래를 촉진하기 위해 신뢰할 수 있는 환경에서 금융 거래 정보를 교환할 수 있도록 한 SWIFT Society for World-wide Interbank Financial Telecommunication는 그 대표적 사례다.

두 번째 특징은 네트워크의 비대칭성이다. 효율성의 향상을 위해 추구했던 세계화가 네트워크화 과정을 거치면서 비대칭성을 수반하게 되었다. 비대칭적 네트워크 구조 속에서 형성되는 상호의존은 네트워크 허브 국가가 다른 국가들에 비해 더 많은 국가들과 연결되기 때문에 국력의 불균형을 초래하는 현상이 점증한다. 그 국제정치적 결과는 비대칭성을 전략적 우위를 확보하는 수단으로 활용할 수 있다는 점이다. 네트워크의 중앙집중화가 강화될수록 구조적으로 우월한 위치에 있는 국가와 취약한 위치에 있는 국가 사이의 차별성이 드러나게 되고, 네트워크 내에서 유리한 위치를 확보한 국가는 이를 전략적 우위를 위한 수단으로 활용하게 될 가능성이 커진다. 즉, 비대칭적 네트워크 구조하에서 허브 국가가 상호의존적 관계를 활용하여 상대국을 압박하는 상호의존의 무기화 가능성이 높아진다고 할 수 있다. 재화, 데이터, 자금, 인간의 이동이 이루어지는 네트워크 구조에서 핵심 노드를 공식적으로 장악한 국가는 다른 국가들에 비용을 전가할 수 있을 뿐 아니라, 다른 국가들을 압박할 수 있는 능력을 보유하게 된다.

비대칭적 또는 위계적 네트워크 구조를 형성할 때 상호의존의 위험성이 드러남에 따라, 상호의존의 증가, 특히 지구적 차원의 경제 네트워크의 형성이 초래하는 안보적 함의가 점차 증가했다. 그 결과 네트워크의 비대칭성에 기반한 새로운 형태의 상호의존의 무기화 현상이 대두되었다. 네트워크의 비대칭성으로 인해 일부 국가들이 핵심 노드를 효과적으로 관장하게 될 경우, 이러한 구조적 이점을 강압적 목적을 위해 사용할 수 있게 된다. 상품·금융·데이터 등의 초국적 이동의 증가는 새로운 리스크를 수반하는데, 국가들은 리스크를 완화하거나 활용함으로써 모든 것이 전쟁 또는 압박 수단이 될 수 있는 상황이 초래된다.

## 2. 경제-안보 연계의 고리 역할을 하는 기술

미중 전략 경쟁은 상호의존이 새로운 국면으로 전개되도록 한 또 하나의 요인이다. 전략 경쟁이 격화되는 과정에서 미중 양국은 경제와 안보를 긴밀하게 연계하는 모습을 보였다. 기술, 특히 첨단기술은 경제와 안보를 연계하는 고리로서 역할을 했다. 미국과 중국이 경제와 안보를 유기적으로 연계하는 것은 전략 경쟁에서 우위를 확보하는 데 필수적이다.

과거 냉전기 미소 경쟁이 군사 부문의 경쟁 위주였기 때문에, 미국과 소련은 경제적 상호의존을 낮은 수준으로 유지하는 가운데, 군비 경쟁과 동맹 강화를 통해 경쟁을 전개했다. 1980년대 중반 이후에는 일본의 경제적 부상이 미국의 패권적 지위를 위협할 수 있다는 우려가 미국 내에서 광범위하게 제기되었다. 당시 미일 경쟁은 미국이 막대한 정부 지원을 통해 개발한 군사 기술에서 파생된 첨단기술을 일본이 상용화하는 데 탁월한 능력을 발휘했던 것과 관련이 있다. 일본이 스핀오프spin-off를 광범위하게 추구하면서 첨단기술의 상업화를 통해 미국을 빠르게 추격했던 것이다.

미중 전략 경쟁은 미소 경쟁과 미일 경쟁의 두 가지 측면을 모두 보인다. 4차 산업혁명의 대표적 기술인 5G, 인공지능AI, 사물인터넷, 우주, 양자 컴퓨팅 등이 대부분 군사력에 직·간접적인 영향을 미칠 뿐 아니라, 21세기 전쟁의 양상에도 지대한 영향을 미칠 수 있다는 점에서 기술 경쟁의 성격을 강하게 내포한다. 미국이 기술에 대한 중국의 접근과 탈취를 차단하기 위해 수출 통제를 강화하는 것은 이 때문이다. 또한 4차 산업혁명에서 주목받는 첨단기술의 대부분은 이른바 이중 용도 기술dual-use technology로, 산업 경쟁력에도 커다란 영향을 끼친다. 무역 전쟁으로 시작된 미중 전략 경쟁이 단시간에 기술 경쟁으로 전환된 것은 이 때문이다.

한편으로는 미중 양국이 현재의 이슈인 무역보다는 미래 경쟁력의 기반이 되는 첨단기술에서 경쟁우위를 확보하는 것이 전략 경쟁에 결정적 영향을 미친다. 미중 양국은 첨단 산업의 경쟁력을 제고하기 위해서 산업 정책과 보호주의를 포함한 다양한 정책수단을 동원한다. 이와 동시에 이중 용도 기술이 군사력의 강화와 미래전의 향방에 미치는 영향이 점증하고 있어 수출 통제와 기술혁신을 중심으로 한 미중 경쟁 역시 불가피하다. 미중 양국이 수출 통제를 강화하는 한편 자국의 기술혁신 역량을 제고하기 위한 정책을 추진하는 것은 이러한 맥락이다.

## 3. 상호의존의 무기화

세계화의 진전은 상호의존의 증가를 초래했는데, 높은 수준에서 형성된 상호의존이 국가 간 경쟁과 연계되면서, 국제정치의 성격이 근본적으로 변화하게 되었다. 전통적인 연구들은 양자 관계에서 비롯되는 상호작용의 성격과 그로 인해 일방에게 초래되는 취약성을 설명하는 데 초점을 맞추었으나, 국가들이 네트워크의 구조적 특성을 강압적 목적으로 활용할 수 있는 조건을 탐구할 필요성이 증대했다. 비록 일반적으로 세계화의 진전으로 인해 국가 간 관계에서 네트워크의 파편화와 분산이 이루어지고 국가 간 힘의 비대칭성과 그에 따른 영향력이 감소했다는 주장이 제기되었으나, 이러한 시각은 주요국들이 데이터와 금융 거래 네트워크를 자국의 전략적 이익을 위해 활용하는 현상을 설명하는 데 한계가 있다(Farrell & Newman, 2019b).

21세기 세계정치에서 상호의존은 네트워크적 성격을 띠기 때문에, 총량의 비대칭적 상호의존과 구분할 필요가 있다. 21세기 상호의존은 연결성과 불균질성heterogeneity이라는 구조적 특징을 갖는다(Oatley, 2019). 네트워크화된 세계경제는 비대칭적으로 확장하는 속성이 있기 때문에 특정 국가가 다른 국가에 비해 훨씬 더 많은 연결성을 지니게 된다. 연결성의 차이는 궁극적으로 위계적 구조의 네트워크 형성을 초래한다.

21세기 상호의존의 이러한 특징은 인터넷 네트워크, 세계 금융 네트워크, GVCs 등에서 잘 나타난다. 위계적 네트워크의 국제정치적 의미는 소수의 국가들이 네트워크 내의 위치를 활용하여 독과점적 영향력을 행사할 수 있다는 데 있다. 세계금융 네트워크의 경우, 미국을 포함한 소수의 국가들이 세계금융 센터로서 자본을 유치하고 중개하는 역할을 할 수 있는 반면, 대다수 국가들은 상호 느슨하게 연결된다. 이런 상황에서 허브 위치를 차지하고 있는 국가들은 그렇지 않은 국가들에 대하여 자금과 정보를 차단할 수 있는 능력을 갖게 된다.

연결성을 활용하여 상대국을 압박하는 현상은 미국과 중국 사이에서만 발견되는 것은 아니다. 9·11 테러 이후 지정학적 갈등의 해결을 위해 경제적 제재를 동원하는 현상이 확대되었다. 미국과 유럽연합EU이 서구 진영과의 금융 거래를 제한함으로써 상대국에 경제 제재를 부과하는 것이 매우 강력한 제재 수단이 될 수 있다는 점은 다수의 연구를 통해 뒷받침된다(Caytas, 2017). 예를 들어, 러시아가 크리미아를 병합했을 때, EU가 군사적 행동에 나서는 대신 러시아의 에너지 탐사를 위한 자금 동원을 차단하는 경제 제재를 가했다. 유엔과 미국도 테러와의 전쟁을 선포한 이래 테러 주도국과의 금융 거래 차단을 중심으로 한 경제 제재를 현재까지도 빈번하게 활용한다. 중국은 일대일로一帶一路를 통해 역내 국가들과의 협력을 증진하는 한편, 비대칭적 상호의존에 근거하여 상대국을 간접적으로 압박하는 무기화의 수단으로 이용한다(Berger & Russel, 2020).

## 4. 초연결성과 네트워크 제재

네트워크를 활용한 제재는 초연결성을 전제로 한다. 냉전 시대 미국과 소련이 치열하게 경쟁했음에도 양 진영 사이에 연결성이 약했기 때문에 경제 제재의 효과는 제한적이었다. 반면, 기술혁신으로 촉진된 세계화가 국가 간 연결성은 물론, 개인 간 연결성을 획기적으로 높여놓았다(Leonard, 2016). 세계가 하나의 네트워크를 통해 연결되어 있다고 해도 과언이 아니다. 초연결성은 분쟁 해결의 수단으로 각광받던 상호의존을 국가 경쟁과 힘의 투사 수단으로 변모시켰다.

위계적 네트워크에서 허브 위치를 확보한 국가는 '파놉티콘 효과panopticon effect'와 '조임목 효과chokepoint effect'를 누릴 수 있게 된다(Farrell & Newman, 2019b). 파놉티콘 효과는 허브 위치를 활용하여 네트워크 내 정보의 흐름을 파악함으로써 다른 국가 또는 행위자들의 동향을 파악할 수 있는 능력을 보유하게 되는 것이다. 디지털화의 진전으로 특정 개인 또는 집단을 감시·추적하는 것이 가능해져 상대방을 향한 다양한 조작이 용이해졌고, 더 나아가 전략적인 영향력을 행사하는 정보의 무기화 현상이 대두되었다(Crain & Donovan & Nadler, 2018).

조임목 효과는 네트워크 내 특정 노드를 차단함으로써 상대 행위자들에게 유통되는 정보, 자금, 자원 등을 제한하는 능력이다. 이러한 능력은 모두 비대칭적 네트워크를 전제로 성립된다. 조임목 효과가 아무런 제약 없이 행사될 수 있는 것은 아니다. 상호의존의 구조가 국력이 행사되는 방식에 영향을 미치는데, 인터넷, 지구적 가치 사슬, 금융 거래 등 경제적 상호의존 네트워크가 국내 제도 및 규범과 상호작용하여 강압적 정책을 형성한다는 점에 주목할 필요가 있다. 비대칭적 네트워크에서 주요 링크를 차단할 수 있는 능력을 보유한 국가라고 하더라도 국제규범과 국내적 제도의 뒷받침이 있을 때 비로소 조임목 효과가 행사될 수 있다. 반대로 네트워크의 비대칭성을 활용할 수 있는 능력을 보유했다고 하더라도, 상호의존을 무기화하는 데 대한 국제규범의 제약이 있거나 국내 차원에서 제도적 뒷받침이 결여되어 있을 경우, 상호의존의 무기화를 현실화하는 데 어려움에 직면할 수 있다.

## 5. 상호의존을 무기화하기 위한 국내적 조건

국내적 요인 역시 상호의존을 무기화하는 데 커다란 영향을 미친다. 상호의존을 무기화하는 전통적인 사례인 경제 제재의 경우, 그 효과에 대한 평가는 극단적으로 엇갈린다. 경제 제재는 일반의 예상과 달리 기대한 외교정책적 성과를 달성하지 못하는 비효과적인 수단이 되기도 한다. 특히, 탈냉전 시대 경제 제재가 의도한 결과를 이끌어내지 못하는 경우 다수 발견되었기 때문에 경제 제재 무용론이 제기되기도 했다(Haass, 1998; Pape, 1997). 결국 경제 제재는 다양한 국내적 조건이 충족되었을 때 의도한 결과를 기대할 수 있다는 결론에 도달하게 됐다(Blanchard & Ripsman, 1999).

경제 제재를 당하는 국가가 요구에 순응하지 않는 것에 따른 비용을 극대화할 수 있을 때 비로소 경제 제재의 효과가 나타난다. 경제 제재로 인해 초래되는 경제적 비용 또는 희생뿐 아니라, 상대국이 요구에 순응을 선택하거나 거부할 때 발생하는 정치적 비용이 충분히 높을 때 기대한 효과를 거둘 수 있다. 즉, 상대국이 경제적 피해와 정치적 비용에 기반하여 순응 여부를 결정하기 때문에, 경제 제재는 이러한 조건을 감안하여 실행될 때 의도한 효과를 얻을 수 있다.

한편, 상호의존을 무기화하는 국가에도 국내적 요인에 대한 고려는 매우 중요하다. 상호의존을 실제로 무기화할 수 있는 능력은 네트워크 구조와 국내 제도와 밀접한 관련이 있다. 국내적 차원에서 제도적 뒷받침이 있을 경우, 네트워크를 활용하여 정보를 수집하고 정보의 유통을 관장함으로써 상대의 취약성을 이용하고 정책 변화를 압박하며 자국에 불리한 정책을 억제할 수 있게 된다. 미국의 경우, 미국 국가 안보국NSA의 제도적 역량과 9·11 테러 이후 도입된 법률들로 인해 방대한 정보 수집을 통해 전략적 이점을 활용할 수 있는 환경이 조성되었다.

반면, 국내적 차원에서 상호의존으로부터 이득을 얻는 집단이 있기 때문에, 상호의존을 무기화하는 데 대한 견제와 저항이 발생하기도 한다. 도널드 트럼프Donald Trump 행정부는 관세 부과, 경제 제재, 달러화에 대한 접근 차단 등 다양한 방식으로 상호의존을 무기화했는데, 적대 세력은 물론, 동맹국과 미국 내부에서도 비판과 반발에 직면했다(Nye, 2020). 특히, 국내적 차원에서 개인 또는 집단 사이의 상호의존의 무기화에 대한 우려가 증대되는 것은 지속가능성에 커다란 영향을 미치는 요인으로 작용한다. 트럼프 행정부가 중국을 대상으로 수출 통제와 거래 제한의 수위를 높인 데에 대하여 수출 면허 신청이 이어지고, 상호의존의 무기화의 역효과에 대한 비판이 끊이지 않은 것은 미국의 대중국 전략의 일관성을 유지하는 데 상당한 장애요인이 된다.

## III. 상호의존의 증가와 아시아 패러독스

1990년대 이후 아시아 지역은 상호의존의 긍정적 효과가 가시화되는 최적의 지역이 될 것이라는 기대가 형성되었다. 매킨지 글로벌 연구소에 따르면, 1990년대 이후 아시아 국가들 사이의 경제 통합이 지속적으로 진전되었고, 이러한 추세는 2000년대 이후에도 지속되었다. 가치 사슬의 구조적 변화와 함께 무역 규모가 지속적으로 증가한 결과, 아시아 국가 간 역내 무역의 비중이 60퍼센트에 달하는 것으로 추산된다. 아시아 국가 간 역내 투자의 비중 역시 지속적으로 증가하여 59퍼센트에 달한다(McKinsey Global Institute, 2019). 가치 사슬 기반의 경제 통합과 역내 무역 비율의 증가는 상호 연관되어 있다. 가치 사슬의 확대와 심화는 최종재 무역에 비해 중간재 무역이 빠른 속도로 증가했음을 의미하는 것이고, 가치 사슬이 주로 아시아 지역에 형성되어 있었기 때문에 역내 무역의 비중이 증가했다. 2010년대 초 아시아 역내 무역에서 중간재 무역의 비중이 56.9퍼센트로 최종재 무역의 비중 28.2퍼센트에 비해 압도적으로 높은 비중을 차지했다는 점이 이를 대변한다(IIT, 2014).

아시아 국가들 사이의 경제 통합이 빠르게 증가함에 따라 아시아 국가들 사이의 분쟁이 감소할 것으로 기대되었다. 그러나 2000년대 이후 현실은 상호의존의 증가가 역내 국가들 사이의 평화로 이어지지 않는 '아시아 패러독스Asia paradox'다. 이 때문에 경제 통합 또는 연성 안보 중심의 협력이 경성 안보 협력으로 이어질 것이라는 기능주의적 접근의 한계에 대한 지적이 제기되었다. 더 나아가 협력의 순서를 뒤집어 경성 안보 분야의 다자 협력 체제의 수립이 선행되어야만 경제 통합과 연성 안보 협력을 더욱 촉진할 수 있다는 견해가 대두되었다.

아시아 패러독스는 아시아 국가 간 상호의존의 몇 가지 특징과 관련이 있다. 첫째, 2000년대 이후 중국이 역내 가치 사슬의 최대 시장으로 등장함과 동시에 중국의 최종 생산품이 역외로 수출되는 '재삼각화're-triangulation가 진행되었다는 점이다(Athulkorala, 2011). 1990년대까지 지역 가치 사슬의 허브였던 일본이 2000년대 중국으로 대체되었다. 이 과정에서 중국이 역내 투자의 최종 기착지가 되는 현상이 발생했다. 2000년 기준 동아시아 국가들이 유치한 해외 투자 중 중국의 비중은 62퍼센트에 달했는데, 이를 바탕으로 중국은 2000년대 아시아 지역을 넘어, 지구의 생산 기지로 부상할 수 있었다(WTO, 2011). 특히 주목할 것은 중국 중심의 지역 가치 사슬이 형성되는 구조적 변화에도 역외 의존도가 여전히 높아 재삼각화가 진행되었다는 점이다. 이러한 측면에서 미국과 중국 사이의 무역 불균형은 지역 가치 사슬에 참여하는 중국과 아시아 국가들의 무역 불균형과 불가분의 관계에 있다. 중국이 아시아 역내 국가들로부터 중간재와 소비재를 수입함으로써 아시아 지역 가치 사슬의 집중도가 강화되는 현상이 발생한 것이다. 즉, 미중 무역 불균형의 이면에서 작동하는 구조적 요인은 지역 가치 사슬의 구조적 변화다.

둘째, 2000년대 이후 중국에 대한 비대칭적 상호의존이 증가했다. 아시아 경제의 심층적 통합, 특히 중국이 산업적으로 업그레이드되어 지역 가치 사슬의 허브로 부상하는 과정에서 지역 가치 사슬에 참여하는 국가가 증가하는 동시에, 아시아 국가들의 중국에 대한 무역 의존도가 일제히 상승하여 가치 사슬의 구조가 위계화되는 두 가지 변화가 동시에 발생했다. 한중 무역 관계의 경우, 한국의 대중 수출 의존도는 2019년 기준 25.1퍼센트, 중국의 대한국 수출 의존도는 4.3퍼센트에 불과하다(현대경제연구원, 2020). 비대칭적 상호의존은 양국 경제 규모의 차이뿐 아니라, 아시아 지역 내 가치 사슬이 중국을 중심으로 형성된 것과 관련이 있다. 비대칭적 상호의존은 중국이 역내 국가들을 상대로 압박을 가하는 수단으로 작용하는 측면이 있다는 점에서 동아시아 지역주의의 동학에 상당한 변화 요인으로 작용한다.

셋째, 지역 차원에서 중국이 경제 영역, 미국이 안보 영역에서 지배적 영향력을 행사함으로써 경제와 안보가 서로 분리된 질서가 형성되었다는 주장이 제기된 바 있다. '이원적 질서dualistic-order', '이중 구조dualistic structure', '이중 리더십dual leadership', '이중 위계dual hierarchy' 등이 아시아 지역 질서의 이러한 특징을 나타내는 개념들이다(Xiong & Zhao, 2016; Ikenberry, 2016). 이러한 주장에 따르면, 중국의 부상이 가시화되면서 미국 중심의 지역 안보 체제가 유지되는 가운데, 중국이 아시아 국가들과의 경제 관계를 확대, 심화함으로써 안보와 경제가 차별화되는 이중적 지역 질서가 되었다는 것이다(Liu & Liu, 2019). 대부분의 아시아 국가들이 미국 중심의 지역 안보 질서를 유지하는 가운데, 중국에 대한 경제적 의존도가 높아진 것은 사실이다. 그러나 중국 중심의 지역 경제 질서가 형성되었다기보다는 미국과 중국이 지역 경제 질서의 재편을 위해 경합한다고 보는 것이 타당할 것이다.

이러한 관점에서 볼 때, 아시아 국가들이 경제와 안보를 연계하는 방식에 주목하여 아시아 지역 질서의 특징을 분석할 필요가 있다. 미국과 중국이 경제와 안보 영역에서 모두 압도하지 못하고 있기 때문에, 역설적으로 역내 국가들이 전략적 유연성을 발휘할 수 있는 전략적 환경이 조성되었다. 아시아 국가들에게 균형 전략이 지배적 전략이었던 적이 없었던 것은 이 때문이다(Chan, 2010). 아시아 국가들은 수용, 관여, 헤징 등을 통해 미국과 중국 사이에서 선택해야 하는 상황을 최대한 회피하기 위해 다각적인 노력을 기울이는 공통적인 모습을 보인다(Liu & Liu, 2019).

# IV. 미중 전략 경쟁과 경제적 통치술의 재등장

상호의존의 무기화는 경제적 통치술의 중요성에 대해 다시 주목하게 하는 원인이 되었다. 경제적 통치술이 경제 제재를 중심으로 실행되던 전통적 방식에서 탈피하여 정부가 자국의 전략적 지위에 영향을 미칠 목적으로 동원하는 경제적 수단으로 확대되는 현상에 주목할 필요가 있다. 현대적 형태의 경제적 통치술은 전략 산업의 육성을 위한 산업정책, 외국 기업에 대한 차별적 보호무역정책, 경쟁 기업의 시장 활동을 제한하는 규제정책, 강제적 압박수단으로써의 경제 제재 등 다양한 수단을 포함한다. 경제적 통치술이 미중 전략 경쟁의 핵심으로 부상하게 된 것은 이러한 배경이다(Aggarwal & Reddie, 2020).

경제적 통치술의 중요성이 부각된 또 다른 원인은 중국의 부상에 따른 미중 전략 경쟁이 본격화된 것이다. 중국은 국방 혁신 시스템에 긴요한 산업의 확대를 위해 산업정책을 광범위하게 동원했는데, 중국 산업정책의 핵심에는 민군 융합이 있다(Cheung & Hagt, 2020). 겸용 기술의 혁신은 중국 경제-안보 연계 전략의 핵심인데, 자국 내 기업들에는 토착 기술혁신을 위한 산업정책을 광범위하게 시행하고, 외국 기업들에는 강요된 기술혁신과 규제를 통해 차별적 조치를 취하는 것도 겸용 기술의 혁신을 위한 시도의 일환이다(Kennedy & Lim, 2018).

미국은 중국의 경제적 통치술을 견제하기 위해 상호의존의 관리를 통해 전략적 대응을 추구한다. 미국의 전략적 대응은 중국의 미국 첨단기술에 대한 접근 차단, 미국 기업에 대한 인수합병 제한, 기술혁신 및 생산 역량 강화로 요약된다. 외국인투자위험심사현대화법Foreign Investment Risk Review Modernization Act of 2018: FIRRMA은 주요 기술 관련 기업에 투자하는 해외 기업에 대한 조사의 범주를 대폭 확대했는데, 이는 상호의존에 대한 선제적 관리를 통해 상호의존의 무기화 가능성에 대비하는 것으로 볼 수 있다. 구체적으로 FIRRMA는 ① 주요 인프라를 소유 또는 유지하는 기업, ② 주요 기술의 개발, 설계, 생산에 관여하는 기업, ③ 미국 시민의 민감한 개인정보를 수집 또는 관리하는 기업에 대한 모든 투자를 검토할 권한을 외국인투자위원회The Committee on Foreign Investment in the United States: CFIUS 에 부여했다. 또한 FIRRMA는 해외 투자자가 ① 기업의 비공개 기술 정보가 포함된 자료를 취득할 경우, ② 기업의 이사회에 참가 자격 또는 옵서버 자격을 갖게 될 경우, ③ 기업의 의사 결정에 관여할 경우에도 CFIUS가 그 적정성에 대한 검토를 할 수 있도록 했다. 미국 기업에 대한 통제권이 해외로 이전되는 것과 관련되지 않는 거래에 대해서도 공개·검토·조사의 대상이 되도록 했다.

상호의존을 무기화하는 현상은 미국과 중국 사이에서는 물론, 미국과 중국이 제3국을 상대로도 빈번하게 발생한다. 중국은 경제적으로 부상하는 과정에서 역내 대다수 국가들과 비대칭적 상호의존 관계를 형성하게 되었는데, 이후 이 관계를 자국의 정책에 대한 협력을 유도 또는 압박하기 위해 다양한 방식으로 활용했다. 첫째, 중국 역시 경제력의 비대칭성을 정치적 압박과 협상의 지렛대로 전환하는 전통적 방식을 사용한다. 중국은 특히 막대한 자금력을 천연자원을 획득하고 분쟁 해결의 수단으로 이용한다. 중국이 아프리카 국가들을 상대로 대규모 원조를 제공하고 석유와 같은 전략 물자를 확보하고 있는 것과 일대일로는 중국이 자금력을 활용한 경제적 통치술을 대대적으로 확대한 대표적인 사례다.

둘째, 중국은 상대국에 대하여 비대칭적인 경제적 의존 상황을 초래하고, 이에 기반하여 상대국 사회에 침투하는 샤프파워sharp power 전략을 사용한다(Chang & Yang, 2020). 이러한 경제적 통치술은 물리적 강제력에 기반한 하드파워나 가치·문화·제도 등에 기반한 소프트파워와도 구분된다. 중국은 역내 국가들에 대해서 경제적 상호의존과 네트워크의 비대칭성을 이용하여 자국의 외교정책에 대한 협력을 압박하고, 더 나아가 상대국이 중국에 대하여 우호적인 입장을 취하도록 다양한 전략을 행사한다. 중국은 하드파워나 소프트파워 전략이 효과적으로 작동하지 않는 경우, 샤프파워의 행사를 주저하지 않는 모습을 보인다.

중국의 경제적 통치술은 지구적 연결성을 활용한 상호의존의 무기화를 추구함으로써 경제적 통치술이 작용할 수 있는 구조적 토대를 만들어낸다는 점에서 전통적인 경제적 통치술과 차별화된다. 샤프파워는 정보 차단, 검열, 불투명성 등을 주요 특징으로 한다. 샤프파워는 상대국 사회에 침투하여 행사하는 권위주의적 영향력을 의미하는데, 주로 정보 조작을 통하여 민주주의의 정당성을 폄훼함으로써 민주주의 국가 내에 균열을 초래, 증폭하기 위해 사용된다. 특히, 권위주의 국가들이 디지털 기술을 활용하여 허위정보를 퍼트려 분열적 정보를 확산시키는 한편, 문화 교류, 학문 교류, 미디어를 포함한 다양한 방식을 활용한다. 이에 민주주의 국가들은 정보 공개와 투명성에 기반하여 샤프파워에 대응하는 전략을 추구한다.

## 나가며

　21세기 경제와 안보가 유기적으로 연계됨에 따라 국가 간 상호의존의 성격에 본질적 변화가 발생했다. 상호의존은 전통적으로 국가 간 갈등과 분쟁을 평화적으로 해결하는 데 기여하는 것으로 인식되었으나, 21세기 상호의존은 네트워크의 비대칭성과 위계성을 더욱 강화함으로써 상대국을 압박하는 무기화의 수단으로 활용된다. 비대칭적 네트워크에서 유리한 위치를 확보한 국가는 자국의 피해를 최소화하면서 상대국을 압박할 수 있게 되었다. 미중 전략 경쟁은 21세기 무기화된 상호의존의 파괴력을 극명하게 보여주었다.

　한편, 기술, 특히 첨단기술은 세계경제의 네트워크화와 미중 전략 경쟁이 동시 진행되는 과정에서 경제와 안보를 연계하는 핵심수단으로 대두되었다. 미국과 중국을 포함한 주요국들이 경제와 안보를 유기적으로 연계할 수 있었던 것은 기술혁신에 기반한 세계경제의 네트워크화에서 그 근본 원인을 찾을 수 있다. 4차 산업혁명의 주요 기술들은 초연결성의 증진을 가능하게 했을 뿐 아니라, 지정학적 목적 달성을 위한 경제 제재의 효율성을 높이는 데 기여했다. 21세기 상호의존이 심화된 세계경제에서 경제 제재가 더욱 활성화되는 근본 원인은 여기에 있다.

　세계경제의 네트워크화와 미중 전략 경쟁이 상호의존의 무기화를 촉진하는 결과를 초래했다는 데는 이견이 없다. 그러나 상호의존의 무기화가 가져올 장기적 효과에 대해서는 좀 더 체계적인 검토가 필요하다. 네트워크를 활용한 상호의존의 무기화가 상대국에 대한 압박의 효과는 극대화하는 한편, 자국의 피해는 최소화할 수 있다는 점에서 매력적인 선택지임은 틀림없다. 그러나 상호의존의 무기화가 반드시 상대국의 순응 또는 협력을 이끌어내는 것은 아니다. 트럼프 행정부가 중국을 상대로 대대적인 공세를 펼친 결과 일부 기업에 타격을 주는 데 성공했을 수는 있으나, 미국에 대한 중국의 협상 태도에 근본적인 변화가 있다거나, 더 나아가 미국이 '국가 자본주의'를 변화시키는 데 영향을 미쳤다고 보기는 어렵다.

또한 네트워크 제재가 단기적으로 자국에 대한 피해를 관리할 수 있다는 장점이 있으나, 장기적으로 상대국이 네트워크 차단을 우회하는 새로운 네트워크를 형성하거나, 자체적인 역량을 강화하는 근본적인 대응 전략을 수립할 수 있다. 이 경우, 상대국에 영향력을 행사할 수 있는 네트워크 기반의 압박수단을 상실할 수 있다는 점에서 신중한 접근이 요구된다.

## 참고 문헌

현대경제연구원(2020), 「2020년 국내 수출의 주요 이슈」, 경제 주평.

Aggarwal, V. K. & Reddie, A. W. (2020), "New Economic Statecraft: Industrial Policy in an Era of Strategic Competition", *Issues & Studies* 56(2).

Athukorala, P. (2011), "Production Networks and Trade Patterns in East Asia: Regionalization or Globalization?", *Asian Economic Papers* 10(56).

Berger, B. H. & Russel, D. R. (2020), "Weaponizing the Belt and Road Initiative", Asia Policy Institute.

Blanchard, J. F. & Ripsman, N. M. (1999), "Asking the right question: When do economic sanctions work best?", *Security Studies* 9(1-2), 219-253.

Caytas, J. D. (2017), "Weaponizing Finance: U.S. and European Options, Tools, and Policies", *Columbia Journal of European Law* 23(2), 441-475.

Chan, S. (2010), "An odd thing happened on the way to balancing: East Asian states' reactions to China's rise", *International Studies Review* 12(3), 387-412.

Chang, C. & Yang, A. H. (2020), "Weaponized Interdependence: China's Economic Statecraft and Social Penetration against Taiwan", *Orbis 64*(2), 312-333.

Cheung, T. M. & Hagt, E. (2020), "China's Efforts in Civil-Military Integration, Its Impact on the Development of China's Acquisition System, and Implications for the United States", Naval Postgraduate School.

Crain, M. & Donovan, J. & Nadler, A. (2018), *Weaponizing the Digital Influence Machine: The Political Perils of Online Ad Tech*, Data&Society.

Farrell, H. & Newman, A. L. (2019a), "Japan and South Korea are being pulled into a low level economic war", https://www.washingtonpost.com/politics/2019/08/01/japan-has-weaponized-its-trade-relationship-with-south-korea/, Washington Post(August 1).

Farrell, H. & Newman, A. L. (2019b), "Weaponized Interdependence: How Global Economic Networks Shape State Coercion", *International Security 44*(1), 42-79.

Gowa, J. (1995), *Allies, Adversaries, and International Trade*, Princeton University Press.

Haass, R. ed. (1998), *Economic Sanctions and American Diplomacy*, A Council on Foreign Relations.

Henry, I. D. (2020), "What Allies Want: Reconsidering Loyalty, Reliability, and Alliance Interdependence", *International Security 44*(4), 45-83.

Hirschman, A. (1971), *National Power and the Structure of Foreign Trade*, University of California Press.

IIT (2014), "20th International Conference on Ion Implantation Technology".

Ikenberry, G. J. (2016), "Between the Eagle and the Dragon: America, China, and Middle State Strategies in East Asia", *Political Science Quarterly 131*(1), 9-43.

Kennedy, A. B. & Lim, D. J. (2018), "The innovation imperative: technology and US-China rivalry in the twenty-first century", *International Affairs 94*.

Keohane, R. O. & Nye, J. S. (1977), *Power and interdependence: world politics in transition*, Little, Brown and Company.

Leonard, M. (2016), *Connectivity Wars*, European Council on Foreign Relations.

Liu, F. & Liu R. (2019), "China, the United States, and order transition in East Asia: An economy-security Nexus approach", *The Pacific Review 32*(6), 972-995.

McKinsey Global Institute (2019), "China and the world: Inside the dynamics of a changing relationship".

Nye, J. S. Jr. (2020), "Power and Interdependence with China", *The Washington Quarterly 43*(1), 7-21.

Oatley, T. (2019), "Toward a political economy of complex interdependence", *European Journal of International Relations 25*(4), 957-978.

Pape, R. A. (1997), "Why Economic Sanctions Do Not Work", *International Security*

*22*(2), 90-136.

WTO (2011), "World Trade Report 2011", https://www.wto.org/english/res_e/booksp_e/ anrep_e/world_trade_report11_e.pdf.

Xiong, Q. & Zhao, S. (2016), "Hedging and geostrategic balance of East Asian countries toward China", *Journal of Contemporary China 25*(100), 485-499.

# 저자소개

### 1장 배영자

건국대학교 정치외교학과 교수다. 서울대학교 외교학과를 졸업하고 미국 노스캐롤라이나 대학교에서 정치학 박사학위를 받았다. 주요 연구 분야는 국제 정치경제, 과학기술과 국제정치, 인터넷과 국제정치, 과학기술 외교다. 주요 논문으로는 「과학기술의 세계정치 연구 현황」(2021), 「국제정치패권과 기술혁신: 미국 반도체 기술 사례」(2020), 「과학기술과 공공외교」(2013) 등이 있다.

### 2장 박경렬

카이스트KAIST 과학기술정책대학원 조교수다. 경영공학부 겸임교수와 카이스트 인공지능연구소 사회정책위원회 위원장을 맡고 있다. 서울대학교 화학생물공학부(외교학 복수전공)를 졸업하고 하버드대학교 케네디스쿨에서 정책학 석사학위를 취득한 뒤 영국 런던정치경제대학교(LSE) 경영학부에서 정보시스템과 혁신으로 박사학위를 받았다. 세계은행World Bank 이노베이션 랩Innovation Lab에서 근무하며 디지털기술 공공데이터와 개발도상국 사회혁신에 관한 연구와 프로젝트를 수행했다. 주요 연구 분야는 지속가능 발전, 디지털 전환, 글로벌 기술 거버넌스다.

### 3장 우하린

한국행정연구원 미래행정혁신연구실 부연구위원이다. 조지아대학교에서 행정학 박사학위를 받았다. 주요 연구 분야는 조직, 성과관리, 정보관리다.

### 4장 유지연

상명대학교 휴먼지능정보공학과 교수다. 고려대학교에서 정보경영공학 박사학위를 받았고 정보통신정책연구원에서 부연구위원을 지냈다. 주요 연구분야는 기술과 사회, 디지털 윤리, 국가 위험 관리다.

## 5장 민병원

이화여자대학교 정치외교학과 교수다. 서울대학교 외교학과에서 학사 및 석사 과정을 이수하고 미국 오하이오 주립대학에서 국제정치 전공으로 정치학 박사학위를 받았다. 주요 연구 분야는 국제정치 이론, 안보, 문화정치, 정보화 정치다. 세종연구소 연구원과 미국 머숀 센터Mershon Center 연구펠로우, 서울대학교 국제문제연구소 연구위원, 서울과학기술대학교 IT정책대학원 교수를 역임했다.

## 6장 최은창

서울대학교 법과대학원 석사·박사 과정을 수료하고 예일대학교 로스쿨에서 석사학위LLM를 받았다. 옥스퍼드대학교 법과대학 사회적 법학Socio-Legal Studies 센터의 방문학자, 예일대학교 로스쿨의 정보사회 프로젝트Information Society Project 펠로우, 과학기술정책연구원STEPI 펠로우로서 연구했다. ITU 아·태지역 최고위교육센터, 이화여자대학교 경영대학원, 고려대학교 국제대학원에서 강의했다. 역서로는 『네트워크의 부』(2015), 『사물인터넷이 바꾸는 세상』(2017), 『디지털 문화의 전파자 밈Meme』(2021), 저서로는 『레이어 모델』(2015), 『가짜뉴스의 고고학』(2020), 공저로는 『인공지능 윤리와 거버넌스』(2021) 등이 있다.

## 7장 김도승

목포대학교 법학과 교수다. 성균관대학교에서 법학 박사학위를 받고 정보통신정책연구원 연구원, 대통령소속 국가정보화전략위원회 전문위원, 한국법제연구원 법제분석지원실장을 역임했다. 현재 전자정부추진위원회 위원, 공공데이터분쟁조정위원회 위원, 국가사이버안보센터NCSC 자문위원, 인터넷신문자율공시기구IDI 검증위원장을 맡고 있다. 개인정보보호법학회 부회장, 한국인터넷윤리학회 부회장, 한국공법학회 연구이사, 한국정보법학회 총무이사, 한국재정법학회 연구이사 등을 맡아 정보법 분야에서 활발한 학술활동을 이어가고 있다. 주요 연구 분야는 전자정부, 데이터행정, 개인정보 보호, 사이버안보, 국가재정 등이다. 주요 저서(공저)로는 『개인정보 판례백선』(2022), 『디지털 뉴딜 시대의 스마트관광도시』(2021), 『재정건전성과 법치』(2020), 『사이버 안보의 국가전략

3.0』(2019) 등이 있다.

## 8장 이호영

서울대학교 사회학과 및 동 대학원을 졸업하고 파리 제5대학교에서 문화사회학을 전공했다. 국민경제자문회의 위원, 4차산업혁명위원회 위원을 역임했다. 현재 정보통신정책연구원 디지털경제사회연구본부 선임연구위원으로 재직 중이다. 기술로 인한 사회변동, 디지털 불평등에 관심을 갖고 있다. 현재 디지털 대전환 메가트렌드 연구를 수행 중이다. 공저로는『플랫폼 사회가 온다』(이재열 외)(2020)가 있다.

## 9장 정원모

국민대학교에서 사회학과 박사과정을 수료했다. 현재 아시아퓨쳐스그룹 이사로 재직 중이다. 주요 연구 분야는 미래사회 미래연구 방법론이다.

## 10장 조현석

서울과학기술대학교 IT전문대학원 명예교수다. 서울대학교 외교학과에서 정치학 박사학위를 받았다. 전공 분야는 국제정치경제와 국제정치며 주 관심 분야는 정보기술의 국제 정치경제 및 신흥 군사안보다. '미국과 EU 간 개인정보 보호 분쟁', '디지털 보호주의', '자율무기체계와 미래 전쟁' 등을 주제로 한 논문들이 있다.

## 11장 최항섭

국민대학교 사회학과 교수다. 서울대학교 사회학과를 졸업하고 프랑스 파리 제5대학에서 사회학 박사학위를 받았다. 정보통신정책연구원에서 연구위원을 역임했다. 주요 연구 분야는 정보사회학, 미디어사회학, 문화사회학이다. 대표 저서로는『지능정보사회의 이해』(공저)(2021), *Global Capitalism and Culture in East Asia*(공저)(2019), 『4차산업혁명 아직 말하지 않은 것들』(공저)(2018)가 있으며, 주요 논문으로는 "A sociological study on the disgust of the young generation toward the Elderly in Korean society"(2021), "La Consommation nomadique des jeunes coréens"(한국청년세대의 유목적 소비)(2020) 등이 있다.

## 12장 양종민

서울대학교 국제문제연구소 객원연구원이면서 육군사관학교와 국민대학교에서 강사로 재직 중이다. 서울대학교 외교학과에서 학사와 석사 학위를 받고 미국 플로리다 주립대학교에서 정치학 박사학위를 받았다. 서울대학교 국제문제연구소 선임연구원을 역임했다. 주요 연구 분야는 문화산업의 국제 정치경제, 국가-시장 관계, 군·산·학 복합체, 밀리테인먼트 등이다. 주요 논문으로「군-산-대학-연구소 네트워크: 게임의 밀리테인먼트Militainment」(2020),「디지털미디어 콘텐츠 플랫폼의 정치경제: 자유시장의 관리 vs. 보호된 자유경쟁」(2022) 등이 있다.

## 13장 김상배

서울대학교 정치외교학부 교수다. 서울대학교 외교학과를 졸업하고 동 대학에서 석사학위를 받은 뒤 미국 인디애나대학교에서 정치학 박사학위를 받았다. 주요 연구 분야는 신흥안보, 사이버안보, 디지털 경제, 공공외교, 미래전 중견국 외교다. 대표 저서로는『아라크네의 국제정치학: 네트워크 세계정치이론의 도전』,『버추얼 창과 그물망 방패: 사이버안보의 세계정치와 한국』,『미중 디지털 패권경쟁: 기술·안보·권력의 복합지정학』등이 있다.

## 14장 백욱인

서울과학기술대학교 기초교육학부 사회학과 교수다. 서울대학교 사회학과에서 석사와 박사 학위를 받았다. 주요 연구 분야는 정보사회의 정치경제와 문화다. 대표 저서로는 『인터넷 빨간책』(2015),『번안 사회』(2018) 등이 있다.

## 15장 이원경

일본 조치대학교Sophia University 글로벌교육센터 조교수다. 고려대학교 영어영문학과에서 학사학위, 서울대학교 외교학과에서 석사학위를 받은 뒤 일본 와세다대에서 정보통신정책 연구로 박사학위를 받았다. 주요 연구 분야는 동아시아 지역연구, 과학기술과 국제정치, 디지털 커뮤니케이션 등이다. 주요 연구로는「일본 인터넷 민족주의 전개와 한국에 대한 함의」(2013), 「인터넷 미디어를 활용한 일본 시민운동의 현황과 의의」(2018) 등이 있다.

## 16장 송경재

상지대학교 사회적경제학과 교수다. 경희대학교 정치학과에서 박사학위를 받았다. 사이버커뮤니케이션학회 연구 이사와 부회장, IT정치연구회 회장, 여성정치문화연구소 이사, 신문발전위원회 연구위원을 역임했다. 최근 디지털 민주주의(민주주의 기술), 디지털 기술의 정치과정 분석, 지역 거버넌스와 사회적 자본에 관한 연구를 진행 중이다. 대표 저서로는 『디지털 파워 2021: SW가 주도하는 미래사회의 비전』(공저, 2021, HadA) 등이 있고, 주요 논문으로는 「4차 산업혁명과 민주주의의 기술ICT for Democracy: 전자민주주의 논의의 성찰과 재인식」(2021), 「사회적 자본은 시민참여를 강화하는가?」(2020) 등이 있다.

## 17장 송태은

국립외교원 안보통일연구부 조교수다. 성균관대 정치외교학과 학사, 미국 캘리포니아대학교 샌디에고UCSD에서 국제관계학 석사학위, 서울대에서 외교학 박사학위를 받았다. 주요 연구 분야는 신기술, 사이버전, 하이브리드전, 심리전, 전략커뮤니케이션 및 위기대응 등 신안보와 글로벌 커뮤니케이션 이슈다. 주요 논문은 「러시아-우크라이나 전쟁의 사이버전」(2022), 「러시아-우크라이나 전쟁의 정보심리전」(2022), 「바이든 행정부의 인공지능 국가 정책」(2022), 「신기술 무기의 안보적 효과와 주요 쟁점」(2021) 등이 있다.

## 18장 윤정현

현재 국가안보전략연구원INSS 부연구위원으로 재직 중이다. 서울대학교에서 외교학 박사학위를 받았다. 과학기술정책연구원STEPI 선임연구원, 국가과학기술자문회의 전문위원을 역임했다. 주요 연구 분야는 신흥안보, 신흥기술 안보와 미래 리스크, 미래 전망 연구다. 주요 논문으로 "Governance on COVID-19 as Emerging Security Challenges"(2022), 「메타버스 가상세계의 진화 전망과 혁신전략」(2021) 등이 있으며, 과학기술과 국제정치를 아우르는 학제 간 융합 연구에 많은 관심을 갖고 있다.

## 19장 강하연

정보통신정책연구원KISDI 국제협력연구본부 다자협력연구실장이다. 캐나다 브리티시
컬럼비아대학교에서 국제관계학 학사, 연세대학교에서 정치학 석사, 미국 노스웨스턴대
학교에서 정치학 박사 학위를 받았다. 주요 연구 분야는 디지털 통상과 국제 정치경제,
ICT분야 국제관계 및 국제협력, 남북 ICT 협력이다.

## 20장 이승주

중앙대학교 정치국제학과 교수다. 미국 캘리포니아대학교 버클리 캠퍼스에서 정치학 박
사학위를 받았다. 싱가포르국립대학교 정치학과 교수를 역임했다. 한국국제정치학회 부
회장, 한국정치학회 이사, 외교부 정책자문위원으로 활동하고 있다. 주요 연구 분야는 미
중 기술 경쟁, 경제-안보 연계, 아시아 지역 질서의 변화다. 저서 및 편저서로는 *Korea's
Middle Power Diplomacy*, 『사이버 공간의 국제정치경제』, 『일대일로의 국제정치』 등이
있다. 주요 논문으로 「기술과 국제정치: 기술 패권경쟁시대의 한국의 전략」, 「세계 경제
의 네트워크화와 미중 전략 경쟁: 복합 지경학의 부상」 등이 있다.

# 찾아보기